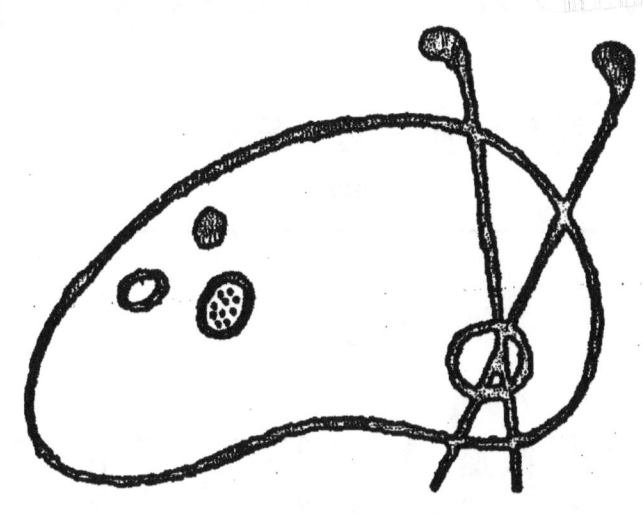

Début d'une série de documents
en couleur

COLLECTION DE ROMANS A 1 FR. 25

EUGÈNE SUE
— ŒUVRES —

LE
COMMANDEUR
DE MALTE

NOUVELLE ÉDITION

PARIS
C. MARPON ET E. FLAMMARION
ÉDITEURS
26, RUE RACINE, PRÈS L'ODÉON.

CHEZ LES MÊMES ÉDITEURS :
ŒUVRES D'EUGÈNE SUE
à 1 fr. 25 le vol. FRANCO

Les Misères des Enfants Trouvés...............	4 vol.
Les Mystères de Paris.......................	4 vol.
Mathilde (Mémoires d'une Jeune Femme)........	4 vol.
Les Sept Péchés capitaux.....................	8 vol.
L'Envie...................................	1 vol.
La Luxure et la Colère......................	1 vol.
L'Orgueil, Cornélia d'Alfi...................	2 vol.
La Paresse, l'Avarice et la Gourmandise........	1 vol.
Arthur, Journal d'un Inconnu................	2 vol.
Deux Histoires (1772-1810). — Aventures d'Hercule Hardi. — Le colonel de Surville.............	1 vol.
Jeanne d'Arc, la Pucelle d'Orléans.............	1 vol.
L'Alouette du Casque ou Victoria la Mère des Camps..	1 vol.
La Clochette d'airain. — Le Collier de fer.......	1 vol.
La Coucaratcha............................	1 vol.
La Famille Jouffroy.........................	3 vol.
La Faucille d'or. — La Croix d'argent...........	1 vol.
La Salamandre.............................	1 vol.
Latréaumont...............................	1 vol.
La Vigie de Koat-Ven.......................	2 vol.
Le Commandeur de Malte....................	1 vol.
Le Juif Errant.............................	4 vol.
Le Morne au Diable........................	1 vol.
Les Enfants de l'Amour.....................	1 vol.
Les Fils de Famille.........................	2 vol.
Les Mémoires d'un Mari. — Fernand Duplessis....	2 vol.
Mademoiselle de Plouernel...................	1 vol.
Miss Mary................................	1 vol.
Paula Monti...............................	1 vol.
Plick et Plock. — Atar-Gull..................	1 vol.
Thérèse Dunoyer...........................	1 vol.

LES MYSTÈRES DU PEUPLE
ou Histoire d'une famille de prolétaires à travers les âges
12 volumes in-8°. — Prix....... 60 fr.

Chaque volume se vend séparément 5 fr.

Envoi FRANCO contre mandat

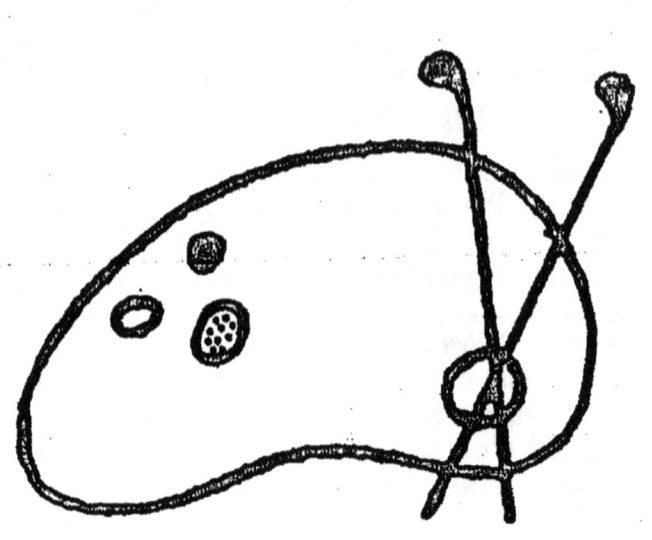

Fin d'une série de documents en couleur

LE
COMMANDEUR
DE MALTE

CHEZ LES MÊMES ÉDITEURS :

ŒUVRES D'EUGÈNE SUE
à 1 fr. 25 le vol. FRANCO

Les Misères des Enfants Trouvés..................	4 vol.
Les Mystères de Paris...........................	4 vol.
Mathilde (Mémoires d'une Jeune Femme).........	4 vol.
Les Sept Péchés capitaux........................	5 vol.
L'Envie...	1 vol.
La Luxure et la Colère..........................	1 vol.
L'Orgueil, Cornélia d'Alfi......................	2 vol.
La Paresse, l'Avarice et la Gourmandise.........	1 vol.
Arthur, Journal d'un Inconnu....................	4 vol.
Deux Histoires (1772-1810). — Aventures d'Hercule Hardi. — Le colonel de Surville.............	1 vol.
Jeanne d'Arc, la Pucelle d'Orléans..............	1 vol.
L'Alouette du Casque ou Victoria la Mère des Camps..	1 vol.
La Clochette d'airain. — Le Collier de fer......	1 vol.
La Coucaratcha.................................	1 vol.
La Famille Jouffroy............................	2 vol.
La Faucille d'or. — La Croix d'argent..........	1 vol.
La Salamandre..................................	1 vol.
Latréaumont....................................	1 vol.
La Vigie de Koat-Ven...........................	2 vol.
Le Commandeur de Malte.........................	1 vol.
Le Juif Errant.................................	4 vol.
Le Morne au Diable.............................	1 vol.
Les Enfants de l'Amour.........................	1 vol.
Les Fils de Famille............................	2 vol.
Les Mémoires d'un Mari. — Fernand Duplessis....	2 vol.
Mademoiselle de Plouernel......................	1 vol.
Miss Mary......................................	1 vol.
Paula Monti....................................	1 vol.
Plick et Plock. — Atar-Gull....................	1 vol.
Thérèse Dunoyer................................	1 vol.

LES MYSTÈRES DU PEUPLE
ou Histoire d'une famille de prolétaires à travers les âges
12 volumes in-8°. — Prix....... 60 fr.

Chaque volume se vend séparément 5 fr.

Envoi FRANCO contre mandat

EUGÈNE SUE

— ŒUVRES —

LE COMMANDEUR DE MALTE

Nouvelle édition

PARIS
C. MARPON ET E. FLAMMARION
ÉDITEURS
26, RUE RACINE, PRÈS L'ODÉON.

Tous droits réservés

INTRODUCTION

Les voyageurs qui parcourent maintenant les côtes pittoresques du département des Bouches-du-Rhône, — les paisibles habitants des rives embaumées par les orangers d'Hyères, — les curieux touristes que les paquebots à vapeur transportent incessamment de Marseille à Nice ou à Gênes, — ignorent peut-être qu'il y a deux cents ans, sous le ministère florissant du cardinal de Richelieu, le littoral de la Provence était, presque chaque jour, infesté de pirates algériens ou autres barbaresques, dont l'audace n'avait pas de bornes.

Non-seulement ils capturaient tous les bâtiments marchands à leur sortie des ports (quoique tous ces navires fussent armés en guerre), mais encore ils débarquaient jusque sous le canon des forts, et venaient impunément enlever les habitants dont les demeures n'étaient pas suffisamment armées et fortifiées.

Les choses empirèrent à ce point que, vers 1633, M. le cardinal de Richelieu chargea M. de Séguiran, un des hommes les plus éminents de cette époque[1], de visiter les côtes de Provence, afin d'aviser aux moyens de mettre cette province à l'abri de l'invasion des pirates.

Nous citerons un passage du Mémoire de M. de Séguiran,

---

[1] Voir le *Voyage et Inspection maritime sur la côte de Provence* de M. Henri de Séguiran, seigneur de Bouc, chevalier, conseiller du roi en ses conseils, et premier président en sa cour des comptes, aides et finances de Provence; vol. III, p. 296. — Correspondance d'Escoubleau de Sourdis, archevêque de Bordeaux, chef des armées navales du roi, accompagnée d'un texte historique, de notes, et d'une introduction sur l'état de la marine en France sous Louis XIII, par M. Eugène Sue, 1839. 3 vol. in-4, *publiés par ordre du roi.*

afin de donner au lecteur une idée exacte du théâtre de l'action qui va suivre.

« Il y a, — dit-il, — au lieu de la Ciotat une logette que les consuls ont fait bâtir sur l'une des pointes du rocher du cap de l'Aigle, en laquelle ils entretiennent un homme très expert en la navigation, qui s'y tient jour et nuit, pour prendre garde aux vaisseaux pirates.

» Tous les soirs, à l'entrée de la nuit, le garde de la logette de la Ciotat allume son fagot, et ainsi est continué en toutes les autres et semblables logettes jusqu'à la tour de Bouc.

» C'est le signal assuré qu'il n'y a aucun corsaire à la mer.

» Si ledit garde de la logette en avait, au contraire, reconnu un, il ferait deux feux, et ainsi des autres depuis Antibes jusqu'à la tour de Bouc, ce qui serait achevé en moins de demi-heure de temps.

» Les habitants de la Ciotat avouent qu'ès années dernières le commerce était meilleur. Mais il est ruiné au point qu'on voit.

» Les corsaires de Barbarie leur sont venus enlever une année vingt-quatre barques et mis à la chaîne environ cinquante de leurs meilleurs mariniers. »

Ainsi que nous l'avons dit, la terreur des pirates barbaresques était si grande sur la côte, qu'on voyait chaque maison transformée en forteresse.

« Continuant notre chemin, — dit M. de Séguiran, — nous serions arrivés à la maison du sieur de Boyer, gentilhomme ordinaire de la chambre du roi, laquelle maison nous aurions trouvée en défense en cas de descente des corsaires, ayant une terrasse en devant, qui en regarde l'entrée du côté de la mer, et sur elle douze pièces de fer coulé, plusieurs bâtardes[1] et deux pierriers, et dans ladite maison, quatre cents livres de poudre, deux cents boulets, deux paires d'armes[2], douze mousquets et demi-piques. »

« A Bormez et à Saint-Tropez, — dit plus loin M. de Séguiran, — le commerce est si gêné qu'il ne pouvait arriver à dix mille livres. Ce qui procède non-seulement de la pauvreté des habitants, mais aussi des courses que font les pirates qui abordent presque tous les jours en leurs ports, en sorte que bien

---

[1] Bâtardes, pièces de petit calibre.
[2] D'armures.

souvent les barques sont obligées de prendre terre, pour que les hommes qui les montent puissent se sauver, ou que les habitants du lieu se mettent en armes.

» A Martigues, communauté qui avait souffert de grandes pertes ès personnes de ses habitants, estimés les plus courageux et meilleurs mariniers de la Méditerranée, plusieurs d'iceux ayant été faits esclaves par les corsaires d'Alger, de Tunis, qui exercent plus que jamais leurs pirateries à la vue des forts et des forteresses de cette province. »

Le lecteur concevra le dédain des Barbaresques pour les forts de la côte, en sachant que le littoral était dans un si déplorable état de défense que M. de Séguiran dit, dans un autre passage de son rapport au cardinal de Richelieu :

« Le lendemain, 24 dudit mois de janvier, sur les sept heures du matin, serions allés au château fort dudit Cassis, appartenant au sieur évêque de Marseille, où nous n'aurions trouvé, pour toute garnison, qu'un concierge, serviteur domestique dudit évêque, qui nous aurait fait voir ladite place, où il y a seulement deux fauconneaux dont l'un est éventé. »

Plus tard, M. l'archevêque de Bordeaux faisait la même remarque à propos de l'une des positions les plus fortes de Toulon.

« Le premier de ces forts et le plus important, — dit le prélat guerrier, dans son rapport, — c'est une vieille tour où il y a deux batteries, dans lesquelles on pourrait mettre cinquante canons et deux cents soldats; il y a du bon canon dedans, mais il est tout démonté, et nulles munitions que celles qui ont été mises par ordre de Votre Éminence (il s'agit du cardinal de Richelieu). il y a quinze jours. Un bonhomme de gouverneur qui n'a, pour toute garnison, que sa femme et sa servante, y est, y ayant vingt ans qu'il n'a reçu un denier, à ce qu'il dit [1]. »

Tel était l'état des choses, lorsque quelques années auparavant le cardinal de Richelieu avait été investi par Louis XIII de la charge de grand maître chef et surintendant général de la navigation et commerce de France.

En étudiant attentivement le but, la marche, les moyens et les résultats du gouvernement de Richelieu, en comparant enfin le point de départ de son administration aux fins impérieuses

---

[1] Correspondance de Sourdis, déjà citée. Juin 1637, t. I, p. 409.

INTRODUCTION

de centralisation absolue vers lesquelles il tendit toujours, et qu'il atteignit si victorieusement, on est surtout frappé, spécialement en ce qui concerne la marine, de l'incroyable confusion et multiplicité de pouvoirs ou de droits rivaux qui couvraient le littoral du royaume de leur inextricable réseau [1].

Lorsque le cardinal fut chargé des intérêts maritimes de la France, il pouvait à peine compter sur l'appui d'un roi timoré, faible, inquiet et capricieux ; il sentait encore la France sourdement agitée par de profonds discords politiques et religieux. Seul, en face de prétentions exorbitantes représentées par les plus puissantes maisons de France, hautaines et jalouses dépositaires des dernières traditions d'indépendance féodale, il fallut que la volonté de Richelieu fût bien intrépide, fût bien opiniâtre, pour écraser sous le niveau de l'unité administrative des intérêts si nombreux, si vivaces, si rebelles ! Telle fut pourtant l'œuvre de ce grand ministre.

Sans doute, l'ardent et saint amour du bien général, le noble instinct des besoins et des progrès de l'humanité, ces pures et sereines aspirations des de Witt ou des Franklin, n'eussent pas suffi au cardinal pour entreprendre et pour soutenir une lutte si acharnée ; peut-être qu'il lui fallait encore se sentir animé d'une ambition effrénée, insatiable, afin de braver tant de haines formidables, mépriser tant de clameurs, prévenir ou punir tant de menaçantes révoltes par la prison, par l'exil ou par l'échafaud, et d'arriver à rassembler dans sa main mourante et souveraine tous les moyens d'action de l'État.

Ce fut ainsi, nous le pensons du moins, que le génie de Richelieu, exalté par son indomptable personnalité, parvint à

---

[1] Ainsi, outre les droits de l'amiral du Levant, du gouverneur de la province, des communautés consulaires de chaque bourg et de l'amiral de France, quantité de gentilshommes exerçaient divers droits en vertu de lettres patentes conférées par divers rois. Ainsi, on lit dans le même rapport de M. de Séguiran : « Comme aussi sachant qu'il y avait un droit appelé *la table de la mer*, donné par engagement du feu roi au feu sieur de Libertat, aurions appris qu'aujourd'hui il appartenait aux sieurs Sanson et de Paris en qualité de maris des demoiselles de Libertat ; lesdits droits consistant à demi pour cent qui s'exige sur tous les étrangers et sur toutes sortes de marchandises, excepté les drogueries et épiceries qui payent un pour cent. »

Plus loin il nous dit que « depuis trente années, le sieur de Beyer, gentilhomme ordinaire de la chambre du roi, par lettres patentes de Henri IV, avait eu seul permission et faculté de poser dans la mer des filets à pêcher les thons depuis le cap de l'Aigle jusqu'à Antibes, etc. » (Sourdis, t. III, p. 261.)

consommer cette admirable centralisation des pouvoirs, but constant, glorieux terme de son ministère.

Malheureusement il mourut alors qu'il commençait d'organiser cette autorité si vaillamment conquise.

Si la France, au moment de la mort du cardinal, offrait encore à sa surface les larges traces d'un complet bouleversement social, le sol commençait du moins à être débarrassé de mille pouvoirs parasites et rongeurs qui l'épuisaient depuis si longtemps.

Aussi, dirait-on que presque toujours les hommes éminents, quoique de génies divers, naissent à point pour parachever les grands travaux des sociétés.

A Richelieu, cet infatigable et résolu défricheur, succède Mazarin, qui nivelle ce terrain si profondément labouré; puis Colbert, qui l'ensemence, qui le féconde!...

L'impériale volonté de Richelieu apparaît sous une de ses faces les plus brillantes dans la longue lutte qu'il eut à soutenir lorsqu'il fut chargé de l'organisation de la marine.

Jusqu'alors les gouverneurs généraux de Provence avaient toujours récusé les ordres de l'amirauté de France, se disant *amiraux-nés* du Levant.

Comme tels, ils prétendaient au commandement maritime de la province; quelques-uns de ces gouverneurs, tels que les comtes de Tende et de Sommerives, et, à l'époque dont nous parlons, le duc de Guise, avaient reçu du roi des lettres d'amiraux particuliers; ces concessions arrachées à la faiblesse du monarque, loin d'appuyer les prétentions des gouverneurs généraux, protestaient au contraire contre leur usurpation, puisque ces titres prouvaient clairement que les commandements de terre et de mer devaient être distincts[1].

---

[1] Il en allait de même pour les autres provinces. Les lieutenants généraux de Guienne se montraient tout aussi rebelles à l'amiral de France, prétendant avoir sous leurs ordres le littoral et les forces navales de leur gouvernement depuis le Bec de Ratz jusqu'à Bayonne, en vertu d'un traité conclu en 1453 entre Charles VII et le roi d'Angleterre, traité par lequel il avait été stipulé, à l'occasion de la reddition de Bordeaux, que les gouverneurs de Guienne continueraient de garder le commandement supérieur de la marine. Mais ce fut la vieille et dure Armorique qui résista le plus longtemps à cette centralisation de pouvoirs. Les ducs de Bretagne, quoique grands vassaux de la couronne, avaient d'abord exercé dans leurs États le droit régulier d'amirauté, comme princes souverains, en vertu d'un traité conclu en 1231 par saint Louis et Pierre de Dreux; mais, après la réunion de cette province à la couronne, le gouverneur général de l'Armorique et ses successeurs, refu-

Ce furent ces pouvoirs si divisés, si rivaux, que le cardinal voulut impérieusement réunir et centraliser dans sa charge de grand maître de la navigation.

On le voit par ce bien rapide aperçu, et par les citations que nous avons empruntées au rapport de M. de Séguiran, un effroyable désordre régnait dans toutes les branches du pouvoir.

Ce désordre était encore augmenté par les conflits de juridiction perpétuellement soulevés, soit par les gouverneurs de province, soit par les amirautés, soit par les prétentions féodales de plusieurs gentilshommes riverains.

En un mot, abandon ou désorganisation des places fortes, ruine du commerce, rapines du fisc, invasion du littoral, terreur des populations se retirant dans l'intérieur des terres pour fuir les attaques des pirates barbaresques; tel était l'affligeant tableau que présentait la Provence à l'époque où va commencer cette histoire, faits incroyables qui semblent plutôt appartenir à la barbarie du moyen âge qu'au dix-septième siècle.

sèrent toujours d'abdiquer leur autorité et de reconnaître les droits de l'amirauté de France. Richelieu, et après lui Mazarin et Colbert, ne purent vaincre l'opiniâtreté de la Bretagne; car, sous le règne de Louis XIV, M. le comte de Toulouse ayant succédé à M. de Vermandois comme amiral de France, le roi trouva dans cette province une résistance si énergique à reconnaître les droits de M. de Toulouse, qu'il fut forcé de remplacer M. de Chaulnes, gouverneur de Bretagne, par M. de Toulouse, qui, se trouvant de la sorte gouverneur général de Bretagne et amiral de France, put confondre ces deux pouvoirs en un seul.

LE COMMANDEUR DE MALTE

CHAPITRE PREMIER

Vers la fin du mois de juin 1633, trois voyageurs de distinction, arrivant à Marseille, s'établirent dans la meilleure auberge de la ville. Leur costume, leur accent, paraissaient étrangers; on sut bientôt qu'ils étaient Moscovites; quoique leur suite fût peu nombreuse, ils vivaient avec magnificence; le plus âgé des trois voyageurs avait été visiter M. le maréchal de Vitry, gouverneur de Provence, alors résidant à Marseille. Le maréchal lui rendit sa visite, circonstance qui fit beaucoup présumer de l'importance des étrangers.

Ils employaient leur temps à visiter les bâtiments publics, le port, les chantiers. Le gouverneur du plus jeune de ces voyageurs s'enquit particulièrement auprès des consuls (avec l'agrément de M. le maréchal de Vitry), s'enquit, disons-nous, des productions et du commerce de la Provence, de l'état de la marine marchande, de ses armements, de leur destination, paraissant curieux de faire comparer à son élève la marine naissante du Nord avec la marine d'une des plus importantes provinces de France.

Un jour ces Moscovites dirigèrent leur promenade vers la route de Toulon.

Le plus vieux des trois étrangers paraissait avoir cinquante ans; sa physionomie offrait un singulier mélange de dédain et de causticité; il était vêtu de velours noir; une longue barbe rousse tombait sur sa poitrine; ses cheveux de même couleur, mêlés de quelques mèches argentées, s'échappaient d'un bonnet tartare garni de riches fourrures. Ses yeux vert de mer, son teint blême, son nez recourbé, ses sourcils épais, ses lèvres minces, lui donnaient un air ironique et dur.

Il marchait à quelque distance de ses compagnons; il parlait peu et seulement pour lancer de temps en temps quelque sarcasme.

L'âge et la figure des deux autres Moscovites offraient un contraste frappant.

L'un, qui semblait le précepteur du plus jeune, avait environ quarante-cinq ans. Il était petit, gros, presque obèse, quoiqu'il parût d'une constitution vigoureuse.

Il portait une longue robe de tabis brun à l'orientale, un bonnet de forme asiatique; un poignard persan d'un riche travail ornait sa ceinture de soie orange.

Son visage gras, coloré, ombragé d'une épaisse barbe brune, ses lèvres épaisses, respiraient la sensualité; ses petits yeux gris pétillaient de malice. Parfois il laissait échapper d'une voix grêle quelques plaisanteries d'un audacieux cynisme, souvent faites en latin, et surtout empruntées à Pétrone ou à Martial; les deux voyageurs, faisant sans doute allusion au goût de leur compagnon pour les œuvres de Pétrone, lui avaient donné le nom d'un des héros de cet écrivain, et l'appelaient Trimalcyon.

L'élève de ce singulier précepteur paraissait âgé de vingt ans au plus; sa taille était moyenne, mais accomplie; son costume, ainsi que celui des Moscovites de cette époque, offrait un heureux mélange de modes du Nord et de l'Orient, équilibrées avec un goût parfait.

Sa longue chevelure brune, naturellement bouclée, sortait d'un feutre noir, plat et sans bord, posé de côté et orné d'une tresse d'or mêlée de pourpre; les deux bouts de ce cordon, finement ouvragés et frangés, retombaient sur le collet d'une tunique de brocatelle fond noir à dessins pourpre et or, serrée aux hanches par un châle de cachemire; une seconde tunique à manches flottantes en riche vénitienne noire, doublée de taffetas ponceau, lui descendait un peu au-dessous des genoux; enfin ses larges pantalons à la moresque flottaient sur des bottines de maroquin rouge.

Un observateur eût été très embarrassé d'assigner un caractère certain à la physionomie de ce jeune homme.

Ses traits étaient d'une régularité parfaite; une barbe naissante et soyeuse ombrageait son menton et ses lèvres; ses grands yeux brillaient comme des diamants noirs sous ses étroits sourcils bruns; l'éblouissant émail de ses dents égalait à peine le carmin foncé de ses lèvres; son teint était d'une pâleur mate et brune; ses formes sveltes et nerveuses réunissaient la force à l'élégance.

Mais ce visage, aussi charmant qu'expressif et mobile, reflétait tour à tour les impressions diverses que les deux compagnons de ce jeune homme éveillaient en lui.

Trimalcyon faisait-il quelque plaisanterie grossière et licencieuse, le jeune homme, que nous appellerons Érèbe, y applaudissait par un sourire moqueur et libertin, ou enchérissait encore sur le cynisme de son précepteur.

Le seigneur Pog, l'homme silencieux et sarcastique, prononçait-il quelque rare et amère parole, soudain les narines d'Érèbe se gonflaient, sa lèvre supérieure se retroussait dédaigneusement, et ses traits exprimaient à l'instant la plus méprisante ironie.

Si, au contraire, Érèbe ne subissait pas ces deux fatales influences, s'il n'affichait pas le vice par une coupable jactance, sa figure redevenait douce, sereine, un calme enchanteur se répandait sur ses beaux traits : car si le cynisme et l'ironie agitaient passagèrement son âme, ses instincts nobles, élevés, reprenaient bientôt leur cours; de même qu'une source pure reprend sa limpidité première lorsqu'une main fangeuse ne trouble plus le cristal de ses eaux.

Tels étaient ces trois personnages.

Ils se promenaient alors, nous l'avons dit, sur la route de Marseille à Toulon.

Érèbe, silencieux et pensif, marchait à quelques pas en avant de ses compagnons.

Le chemin s'enfonçait dans les gorges d'Ollioules, et s'encaissait au milieu de ces roches solitaires.

Érèbe venait d'arriver à une petite plate-forme, d'où il dominait une assez grande partie de la route; cette route, fort escarpée à cet endroit, formait un coude au pied de l'éminence où le jeune homme était placé, et la contournait en s'élevant vers elle.

Tiré de sa rêverie par un chant encore lointain, Érèbe s'arrêta pour écouter.

La voix s'approchait de plus en plus.

C'était une voix de femme, d'un timbre plein de fraîcheur et de grâce.

L'air et les paroles qu'elle chantait respiraient une mélancolie naïve.

Bientôt, à un brusque détour de la route, Érèbe put voir, sans en être vu, un groupe de voyageurs; ils venaient paisiblement au pas de leurs montures, qui gravissaient avec peine cette route escarpée.

Si la côte de Provence était souvent désolée par les pirates, l'intérieur du pays était aussi très peu sûr; les gorges d'Ollioules, solitudes presque impénétrables, avaient maintes fois servi de refuge à des bandes de voleurs.

Érèbe ne s'étonna donc pas de voir la petite caravane s'avancer avec une sorte de circonspection militaire.

Sans doute le danger ne semblait pas imminent, car la jeune fille ne discontinuait pas de chanter; mais le cavalier qui ouvrait la marche appuyait néanmoins par précaution son mousquet à rouet sur sa cuisse gauche, et de temps à autre il avivait la mèche de son arme qui laissait derrière lui un petit nuage de fumée bleuâtre.

Cet homme, dans la force de l'âge, à la tournure militaire, portait un vieux buffle, un large feutre gris, un haut-de-chausses écarlate, des bottes fortes, et montait un petit cheval blanc; un couteau de chasse pendait à sa ceinture; enfin un grand lévrier noir à longs poils et à collier de cuir, hérissé de pointes de fer, marchait devant son cheval.

A trente pas environ derrière cette sentinelle avancée, venaient un vieillard et une jeune fille.

Celle-ci montait une haquenée d'un noir de jais, élégamment caparaçonnée d'un chasse-mouche de soie et d'une housse de velours bleu; les bossettes d'argent reluisaient au soleil couchant; les rênes, à peine tenues par la jeune fille, tombaient négligemment sur le col de la haquenée, dont le pas était si doux, si réglé, qu'il n'altérait en rien l'harmonieuse mesure des chants de la belle voyageuse.

Celle-ci portait noblement le charmant habit de cheval si souvent reproduit par les peintres du règne de Louis XIII. Sur la tête elle avait un large chapeau noir à plumes bleues, qui retombaient en arrière sur un ample col de dentelle de Flandre; son justaucorps de taffetas gris-perle, à larges basques carrées, avait une longue jupe de même étoffe et de même couleur;

jupe et corsage ornés de légers passements de soie bleu céleste, dont la pâle nuance s'assortissait à merveille à la couleur de l'habit.

Si l'on pouvait mettre en doute que le type grec ne se fût pas conservé dans toute sa pureté chez quelques familles de Marseille et de la basse Provence, depuis la colonisation des Phocéens (le reste de la population provençale rappelait davantage la physionomie ligurienne et arabe), l'aspect de la jeune fille eût servi pour ainsi dire de preuve vivante à cette transmission de la beauté antique dans toute sa splendeur primordiale.

Rien de plus suave, de plus fin, de plus pur, que les lignes de ce charmant visage; rien de plus limpide, de plus azuré que ses grands yeux bleus, frangés de longs cils noirs; rien de plus blanc, de plus impérial que ce front d'ivoire, où se jouaient de nombreuses boucles de cheveux châtain clair qui contrastaient délicieusement avec l'arc droit et mince de ses sourcils d'un noir de jais et veloutés; les proportions de sa taille, fine et ronde, se rapprochaient plus de l'Hébé ou de la Vénus de Praxitèle que de la Vénus de Milo.

Tout en chantant, elle se laissait nonchalamment aller au pas mesuré de sa monture, et les voluptueuses ondulations de ce corps souple, charmant, faisaient deviner des trésors de beauté.

Son petit pied étroit et cambré, chaussé d'une bottine de cordouan, étroitement lacée à la cheville, apparaissait de temps à autre sous les plis traînants de sa longue jupe. Enfin sa main d'enfant, gantée de chamois brodé, jouait négligemment avec une houssine destinée à hâter la marche de la haquenée.

Il serait difficile de peindre la candeur du front virginal de cette jeune fille, la gaieté sereine de ses grands yeux bleus, brillants de bonheur, de jeunesse et d'espoir, la malice naïve de son fin sourire, et surtout le regard rempli d'exquise sollicitude, de tendre vénération, qu'elle jetait quelquefois sur son père, vieillard encore robuste, qui l'accompagnait.

La pétulance, l'air joyeux et hardi de ce vieux gentilhomme, contrastaient quelque peu avec sa moustache blanche, tandis que la couleur vineuse de ses joues, un peu enluminées, annonçait qu'il n'était pas insensible à l'attrait des vins généreux de la Provence.

Un feutre noir à plume rouge, un pourpoint écarlate galonné

d'argent avec un petit manteau pareil, un baudrier de soie, richement brodé, supportant une longue épée, de hautes bottes de basane blanche à éperons dorés témoignaient assez de la qualité de Raimond V, baron des Anbiez, chef de l'une des plus anciennes maisons de Provence, parent ou allié des hautes et illustres maisons baronniales des Castellane, des Baux, des Villeneuve, des Fraus, etc.

Le chemin que suivait la petite caravane était alors si étroit, qu'à peine deux chevaux pouvaient y marcher de front : aussi un troisième personnage se tenait à quelques pas en arrière du baron et de sa fille. Deux domestiques bien montés et bien armés fermaient la marche.

Ce troisième personnage, jeune homme de vingt-cinq ans environ, d'une taille haute et bien prise, d'une figure agréable et remplie de douceur, maniait son cheval avec grâce et portait un habit de chasse vert, galonné d'or.

Ses traits exprimaient quelquefois un indicible ravissement en contemplant mademoiselle Reine des Anbiez, qui de temps à autre retournait la tête, et, sans cesser de chanter, lui jetait un charmant regard, auquel le chevalier Honorat de Berrol répondait de son mieux, en fiancé éperdument épris qu'il était.

Le baron écoutait chanter sa fille avec une joie, avec un orgueil tout paternel; sa bonne et vénérable figure rayonnait de bonheur.

Quelquefois cependant sa félicité contemplative était un peu troublée par les brusques soubresauts de son petit cheval de la Camargue, étalon bai à longue crinière et à longue queue noire, à l'œil sournois, farouche, plein de vigueur et de feu, et qui semblait continuellement préoccupé du désir de désarçonner son maître, afin d'aller retrouver sans doute en liberté les marais solitaires et les bruyères sauvages où il était né.

Malheureusement pour les desseins de Mistraoü[1] (ainsi surnommé à cause de la rapidité de son allure et aussi sans doute de son mauvais caractère), le baron était excellent cavalier.

Quoique souffrant toujours des suites d'un coup de feu reçu à la hanche pendant les troubles civils, Raimond V, perché sur une de ces antiques selles qu'on nomme de nos jours selles

---

[1] Le vent du nord-ouest, appelé mistral ou mistraoü par les Provençaux, est un vent très impétueux et très désastreux quand il souffle : il cause souvent de grands ravages.

à piquet, accueillait à bons coups de gaule [1] et d'éperons les velléités capricieuses de l'indomptable animal.

Mistraoü, avec cette sagacité patiente et diabolique que les chevaux poussent jusqu'au génie, après quelques vaines tentatives, avait attendu sourdement une occasion plus favorable de se défaire de son cavalier.

Reine des Anbiez continuait de chanter.

Par un caprice enfantin, elle s'amusait à jeter aux échos sonores des gorges d'Ollioules des modulations tour à tour vibrantes ou voilées qui eussent désespéré un rossignol.

Elle venait de faire entendre le plus brillant, le plus mélodieux arpége, lorsque tout à coup, devançant presque les échos, une voix à la fois douce, mâle et mélodieuse, redit le chant de la jeune fille avec une perfection incroyable.

Pendant quelques moments, ces deux voix charmantes, mises ainsi par hasard à un merveilleux unisson, furent longuement répétées par les nombreux échos de cette profonde solitude.

Reine cessa de chanter, et regarda son père en rougissant.

Le baron stupéfait se tourna vers Honorat de Berrol, et lui dit avec son exclamation habituelle : — Maujour!!! chevalier, est-ce le diable qui contrefait ainsi la voix d'un ange ?

Dans son premier mouvement de surprise, le baron laissa malheureusement tomber ses rênes sur le col de Mistraoü.

Depuis quelque temps l'indocile animal marchait sournoisement le pas avec une gravité, avec une sagesse digne de la mule d'un évêque; il ne se sentit pas plutôt abandonné à lui-même, qu'en deux bonds vigoureux, et avant que le baron eût eu le temps de se reconnaître, il gravit un escarpement assez rapide qui encaissait la route.

Par malheur, le cheval fit un tel effort pour escalader cette roide montée, qu'en arrivant sur son faîte il baissa brusquement la tête, les rênes lui passèrent par-dessus les oreilles, et flottèrent à l'aventure. Tout cela dura moins de temps qu'il ne faut pour l'écrire.

Le baron, excellent écuyer, quoiqu'un peu surpris par la brusque entreprise de Mistraoü, se remit en selle; son premier mouvement fut de tâcher de ressaisir les rênes... Il ne put y parvenir.

[1] L'ancienne équitation se servait de gaule au lieu de cravache.

Alors, malgré tout son courage, il frémit d'épouvante, en se voyant à la merci d'un cheval sans frein, qui se mit à s'emporter en bondissant vers les bords d'un torrent desséché.

Ce gouffre large et profond s'étendait parallèlement à la route, et n'était séparé d'elle que par un espace de cinquante pieds environ.

Emboîté dans sa selle, incapable d'en sortir par suite de sa blessure et de se jeter à terre, avant d'arriver à l'obstacle infranchissable où son cheval allait s'abîmer, le vieillard donna sa dernière pensée à Dieu, à sa fille, fit le vœu d'une messe quotidienne et d'un pèlerinage annuel à la chapelle de Notre-Dame de la Garde, et se prépara à mourir...

De la hauteur où il s'était placé, Érèbe avait vu le danger du baron; il se trouvait séparé de lui par le lit profond du torrent, large de dix à douze pieds, vers lequel arrivait le cheval.

Par un mouvement plus rapide que la pensée, d'un bond vigoureux, presque désespéré, Érèbe franchit l'abîme, se précipita au-devant du cheval, saisit les rênes flottantes et roula sous ses pieds...

Le baron poussa un cri terrible... il crut son sauveur emporté avec lui dans le gouffre, car, malgré la douleur et l'effroi que lui causa cette violente saccade, Mistraoü ne put pas arrêter subitement l'impétuosité de son élan, et entraîna Érèbe pendant quelques pas.

Celui-ci, doué d'une force peu commune et d'un sang-froid admirable, avait, en tombant, entortillé les rênes autour de ses poignets... Aussi le cheval, ayant les barres brisées par le poids énorme qui y pesait, s'assit presque sur ses jarrets, après avoir obéi à l'impulsion involontaire que lui imprimait sa vitesse.

Dix pas à peine séparaient le baron des bords escarpés du torrent, lorsque Érèbe se releva lestement, saisit d'une main le mors sanglant du cheval, et de l'autre rejeta sur le col fumant de Mistraoü les rênes qu'il offrit au vieillard.

Nous le répétons, tout ceci s'était passé si vite, que Reine des Anbiez et son fiancé, gravissant l'escarpement de la route, arrivèrent auprès du baron, sans même soupçonner l'effroyable danger qu'il venait de courir.

Érèbe, après avoir remis les rênes aux mains du vieillard, ramassa sa toque, secoua la poussière qui couvrait ses habits, rajusta sa chevelure, et, sauf le coloris inaccoutumé de ses joues, rien dans son maintien ne révélait la part qu'il venait de prendre à cet événement.

— Mon Dieu, mon père ! pourquoi avoir gravi cet escarpement ? quelle imprudence ! — s'écria Reine, inquiète, mais non pas épouvantée, en sautant légèrement de sa haquenée, et sans apercevoir l'inconnu placé de l'autre côté du cheval du baron.

Puis, voyant la pâleur et l'émotion du vieillard qui descendit péniblement de cheval, la jeune fille pressentit le péril qu'avait couru le baron, et s'écria, en se jetant dans ses bras : — Mon père, mon père, que vous est-il arrivé ?...

— Reine, mon enfant, mon enfant chérie ! — dit le seigneur des Anbiez d'une voix entrecoupée, en embrassant sa fille avec effusion. — Ah ! que la mort m'eût donc été affreuse... ne plus te voir !...

Reine se retira brusquement des bras de son père, mit ses deux mains sur les épaules du vieillard et le regarda d'un air stupéfait.

— Sans lui, — dit le baron, en serrant cordialement dans ses mains la main d'Érèbe, qui s'était avancé quelque peu, et qui contemplait avec admiration la beauté de Reine, — sans ce jeune homme... sans son courageux dévouement, j'étais brisé dans ce gouffre.

En peu de mots, le vieillard raconta à sa fille et à Honorat de Berrol comment l'inconnu l'avait sauvé d'une mort certaine.

Plusieurs fois, pendant ce récit, les yeux bleus de Reine rencontrèrent les yeux noirs d'Érèbe; si elle détourna lentement son regard pour le reporter ensuite sur son père avec adoration, ce ne fut pas que l'air de ce jeune homme fût hardi ou présomptueux; au contraire, une larme brillait dans ses yeux, sa ravissante figure exprimait l'émotion la plus profonde. Il contemplait ce touchant tableau avec un noble, avec un sublime orgueil. Quand le vieillard lui ouvrit les bras, par un mouvement presque paternel, il s'y jeta avec un bonheur indicible, le pressa plusieurs fois contre son cœur, comme s'il eût été attiré vers le vieux gentilhomme par une secrète sympathie, comme si ce jeune cœur encore noble et généreux eût été au-devant des battements d'un cœur noble et généreux aussi.

Tout à coup Trimalcyon et Pog, qui à vingt pas de là, et du haut du rocher où ils étaient restés, avaient assisté à cette scène, crièrent à leur jeune compagnon quelques mots en langue étrangère.

Érèbe tressaillit, le baron, sa fille et Honorat de Berrol retournèrent vivement la tête.

Trimalcyon regardait la fille du baron avec une sorte de convoitise railleuse et grossière.

La physionomie étrange de ces deux hommes surprit le baron, sa fille et Honorat les observaient avec une sorte de crainte involontaire.

Un peintre habile et coloriste eût tiré parti de cette scène.

Qu'on se représente une solitude profonde, au milieu de grands rochers de granit rougeâtre, dont la cime était seulement éclairée par les derniers rayons du soleil.

Sur le premier plan, presque au bord du torrent desséché, le baron, entourant de son bras gauche la taille de Reine, serrait cordialement dans sa main droite la main d'Érèbe, et attachait un regard inquiet, surpris, sur Pog et Trimalcyon.

Ceux-ci, au second plan, de l'autre côté du torrent, étaient debout, côte à côte, les bras croisés, et détachaient leur silhouette caractérisée sur l'azur du ciel, qu'on apercevait en cet endroit à travers une déchirure des rochers.

Enfin, à quelques pas du baron, on voyait Honorat de Berrol, tenant son cheval et la haquenée de Reine, plus loin les deux domestiques, dont l'un s'occupait alors à rajuster le harnachement de Mistraou.

Aux premières paroles des étrangers, les beaux traits d'Érèbe exprimèrent une sorte d'impatience douloureuse, on eût dit qu'il souffrait des ressentiments d'une lutte intérieure; sa figure, où rayonnaient naguère les plus nobles passions, s'assombrit peu à peu, comme s'il eût subi une mystérieuse et invincible influence.

Mais quand Trimalcyon, de sa voix grêle et railleuse, eut de nouveau prononcé quelques mots en indiquant Reine d'un insolent coup d'œil, mais lorsque le seigneur Pog eut ajouté dans la même langue, inintelligible pour les autres acteurs de cette scène, sans doute quelque sanglant sarcasme, les traits d'Érèbe changèrent complétement d'expression.

D'un geste presque dédaigneux, il repoussa brusquement la main du vieillard et attacha sur mademoiselle des Anbiez un regard effronté.

Cette fois la jeune fille rougit et baissa les yeux.

Cette soudaine métamorphose dans les manières de l'inconnu fut si frappante, que le baron recula d'un pas. Pourtant, après

un silence de quelques secondes, il dit à Érèbe d'une voix émue :
— Comment jamais reconnaître, monsieur, le service que vous venez de me rendre ?
— Ah ! monsieur, — ajouta Reine en surmontant la singulière émotion que lui avait causée le dernier regard d'Érèbe, — comment pourrons-nous vous prouver notre reconnaissance ?...
— En me donnant un baiser, et cette épingle pour souvenir de vous... — répondit l'audacieux jeune homme.

Il avait à peine prononcé ces paroles, que sa bouche effleura les lèvres virginales de Reine, pendant qu'il enlevait d'une main hardie la petite épingle d'argent émaillée qui attachait les revers du corsage de la jeune fille.

Après ce double larcin, Érèbe, avec une agilité merveilleuse, franchit d'un nouveau bond le gouffre qui était derrière lui, et rejoignit ses deux compagnons, avec lesquels il disparut bientôt derrière un bloc de rochers.

L'émotion, l'effroi de Reine, furent si violents, que la jeune fille pâlit, ses jambes fléchirent, et elle tomba évanouie entre les bras de son père.

Le lendemain du jour où s'était passée la scène qu'on vient de décrire, les trois Moscovites prirent congé de M. le maréchal duc de Vitry, quittèrent Marseille avec leur suite, et prirent, dit-on, la route du Languedoc.

CHAPITRE II

LE GUETTEUR

Le golfe de la Ciotat, situé à une distance égale de Toulon et de Marseille, se creuse entre les deux caps d'Alon et de l'Aigle. Ce dernier s'élève à l'ouest de la baie.

Les consuls de la ville de la Ciotat avaient fait bâtir au sommet de ce promontoire une logette destinée au guetteur. Cet homme, chargé de découvrir la venue des pirates barbaresques et de signaler leur approche, devait donner l'alarme sur toute la côte, en allumant un grand feu qui pouvait se voir de fort loin.

La scène que nous allons décrire se passait au pied de cette logette vers le milieu du mois de décembre 1633.

Un impétueux vent du nord-ouest, le terrible *mistraou* de la Provence, soufflait avec fureur. Le soleil, à demi voilé par de grandes masses de nuages gris, s'abaissait lentement dans les flots. Leur courbe immense, d'un vert sombre, se détachait sur une large zone de lumière rougeâtre, qui diminuait à mesure que des nues noires, épaisses, s'étendaient à l'horizon.

Du sommet du cap de l'Aigle, où se trouvait la logette du guetteur, on dominait toute l'enceinte du golfe; les derniers escarpements calcaires des montagnes blanchâtres de Sixfours et de Notre-Dame de la Garde, s'abaissant en amphithéâtre jusqu'au bord du golfe, se joignaient à de petites falaises formées d'un sable fin et blanc, qui, soulevé par le vent du midi, envahissait une partie de la côte. Un peu plus loin, sur la pente des collines, brillaient les lueurs de plusieurs fours à chaux, dont la fumée noire augmentait encore le sombre aspect du ciel.

Presque au pied du cap de l'Aigle, à l'entrée de la baie, adossée aux montagnes, on voyait à vol d'oiseau l'île Verte, et la petite ville de la Ciotat, dépendant du diocèse de Marseille et de la viguerie d'Aix.

La ville formait à peu près un trapèze, dont la base s'appuyait sur le port. Ce port contenait une douzaine de polacres et de caravelles, chargées de vins et d'huiles; elles n'attendaient qu'un temps favorable pour se rendre sur la côte d'Italie. Environ trente bateaux destinés à la pêche de la sardine, et appelés *essanguis* par les Provençaux, étaient amarrés dans une petite baie du golfe nommée l'anse de la Fontaine [1]. Les clochers des églises et du couvent des Ursulines rompaient seuls la monotonie des toits presque entièrement couverts en tuiles.

Sur le versant des collines qui dominaient la ville, on voyait des champs d'oliviers, quelques bouquets de chênes verts, plusieurs coteaux de vignes, et à l'extrême horizon les cimes boisées de pins de la chaîne des monts Roquefort.

Au bord oriental de la baie de la Ciotat, entre les pointes *Carbonières* et des *Lèques*, on distinguait d'anciennes ruines romaines appelées *Torrentum*; de loin en loin, vers le nord, plusieurs moulins à vent, jetés çà et là sur les hauteurs, ser-

---

[1] *Chirographie de Provence*, t. I, liv. IV, ch. IV, p. 334. — *Statistique du département des Bouches-du-Rhône*, par le comte de Villeneuve.

valent de signes de reconnaissance aux bâtiments qui venaient mouiller dans le golfe.

Enfin, en dehors et à l'ouest du cap de l'Aigle, située presque sur le bord de la mer, s'élevait une maison fortifiée nommée *les Anbiez*, dont nous parlerons plus tard.

Le sommet du cap de l'Aigle formait un plateau de cinquante pieds de circonférence. Presque partout, on retrouvait le vif d'une roche de grès jaunâtre, bigarrée de brun; des genêts marins, des bruyères, des cytises, y croissaient çà et là; la logette du guetteur était construite à l'abri de deux chênes à liége rabougris, et d'un pin énorme, qui depuis deux ou trois siècles bravait la furie des tempêtes.

Que le vent fût très violent, quoique le promontoire fût élevé de plus de trois cents pieds au-dessus du niveau de la mer, on entendait gronder sourdement le ressac des lames qui se brisaient à sa base.

La logette du guetteur, solidement construite en larges blocs de grès, était recouverte de dalles prises à la même carrière; cette construction massive et basse pouvait seule résister aux coups de vent qui, dans les lieux élevés, sont d'une extrême violence.

La principale ouverture de cette cabane était ménagée au midi, de là on pouvait complétement découvrir l'horizon.

Près de la porte, on voyait un large et profond fourneau carré, fait d'une grille de fer posée sur des assises de maçonnerie. Ce fourneau était continuellement rempli de sarments de vignes et de fagots de bois d'olivier, propres à produire une flamme très haute et très brillante qui devait s'apercevoir de fort loin. L'ameublement de cette cabane était fort pauvre, à l'exception d'un bahut d'ébène sculpté, d'un très beau travail, orné d'armoiries et de croix de Malte, et qui contrastait singulièrement avec la modeste apparence de ce réduit. Un coffre de bois de noyer contenait quelques livres de marine et de pilotage, assez curieusement recherchés par les érudits de nos jours, entre autres le *Guide du vieux Lamaneur* et le *Petit Flambeau de la mer*; aux murailles recouvertes d'un grossier enduit de chaux pendaient un coutelas, une hache d'armes et un mousquet à rouet.

Deux grossières estampes enluminées représentant saint Elme, le patron des mariniers, et le portrait du grand maître de l'ordre hospitalier de Saint-Jean de Jérusalem, alors existant, étaient clouées au-dessus du bahut d'ébène; enfin, sur le sol, près du foyer où brûlait lentement un gros tronc d'olivier, une natte de joncs recouverte d'un vieux tapis de Turquie formait une assez bonne couche, car l'habitant de cette retraite isolée n'était pas indifférent à une sorte de bien-être.

Le guetteur du cap de l'Aigle examinait alors attentivement tous les points de l'horizon à l'aide d'une lunette de Galilée, ainsi qu'on nommait alors les longues-vues. Le soleil couchant traversa l'épais rideau de nuages qui le voilait, jeta un dernier reflet qui dora le tronc rougeâtre du grand pin, les arêtes raboteuses des murs de la logette et les angles d'un bloc de roche brune où s'appuyait le guetteur.

La figure calme, intelligente de cet homme, brilla ainsi un moment vivement éclairée.

Son teint hâlé par le vent, tanné par le soleil, était couleur de brique, et çà et là profondément ridé; le capuchon ou *traversier* de son épais caban à larges manches, cachant ses cheveux blancs, projetait une ombre portée sur ses yeux noirs et sur ses sourcils; ses longues moustaches grises tombaient bien au-dessous de sa lèvre inférieure et se joignaient à une large royale qui lui couvrait tout le menton.

Une ceinture de laine rouge et verte serrait ses braies de marin autour de ses hanches; des courroies attachaient ses guêtres de cuir au-dessus de son genou; une bourse d'étoffe assez richement brodée, suspendue à sa ceinture à côté d'un long couteau à gaine, renfermait son tabac, tandis que son *cachimbabaoü*, ou longue pipe turque à fourneau de terre, qui fumait encore, était appuyé au mur extérieur de la logette.

Depuis dix ans, Bernard Peyroù était guetteur du cap de l'Aigle; il avait été récemment élu syndic des prud'hommes pêcheurs de la Ciotat, qui tenaient leur séance les dimanches, lorsqu'il y avait matière à délibération. Le guetteur avait servi comme patron marinier sur les galères de Malte pendant plus de vingt ans, n'ayant presque jamais quitté dans ses navigations le commandeur Pierre des Anbiez, de la vénérable langue de Provence, et frère de Raimond V, baron des Anbiez, qui habitait sur la côte la maison forte dont nous avons parlé. A chacun de ses voyages en France, le commandeur ne manquait jamais d'aller visiter le guetteur. Leurs entretiens duraient longtemps; on remarquait que la sombre et habituelle mélancolie du commandeur augmentait après ces conversations.

Peyroü, toujours souffrant de plusieurs blessures graves, et ne pouvant plus servir activement sur mer, avait été, à la recommandation de son ancien capitaine, choisi pour guetteur par les consuls de la ville de la Ciotat. Lorsque le dimanche il présidait le conseil des prud'hommes, un marin expérimenté le remplaçait à la logotte. Doué d'un esprit juste, d'un sens droit, Peyroü, vivant depuis dix années dans la solitude, entre le ciel et la mer, avait agrandi son intelligence par la réflexion. Déjà pourvu des connaissances nautiques et astronomiques nécessaires à un commis de galère au dix-septième siècle, il avait encore augmenté son savoir en étudiant attentivement les grands phénomènes de la nature qu'il avait constamment sous les yeux.

Grâce à son expérience, à son habitude de comparer les effets et les causes, nul mieux que lui ne savait presque à coup sûr prédire le commencement, la durée ou la fin des différents vents qui régnaient sur la côte.

Il annonçait le calme ou la tempête, les désastreux ouragans du *mistraoü* [1]; les pluies douces et fécondantes du *miegiou* [2], les violentes tourmentes des *labechades* [3]; enfin la forme des nuages, l'azur plus ou moins vif du ciel, les teintes variées de la mer, ces bruits vagues, sourds, sans nom, qu'on entend parfois surgir au milieu du silence des éléments, étaient pour lui autant de signes évidents dont il tirait les inductions les plus certaines.

Jamais un capitaine de bâtiment marchand, jamais un patron de barque ne mettait à la voile sans avoir consulté maître Peyroü.

Les hommes entourent presque toujours d'une sorte de superstitieuse auréole les gens qui vivent dans un profond isolement.

Peyroü subit la loi commune.

Comme ses prédictions météorologiques s'étaient presque toujours réalisées, les habitants de la Ciotat et des environs se persuadèrent bientôt qu'un homme qui connaissait si bien les choses du ciel devait ne pas être étranger aux choses de la terre.

[1] Nord-ouest en provençal.
[2] Vent du sud.
[3] Vent du sud-ouest.

Sans passer précisément pour sorcier, le solitaire du cap de l'Aigle, consulté dans beaucoup de circonstances graves, devint le dépositaire de beaucoup de secrets.

Un malhonnête homme aurait cruellement abusé de cette influence. Peyroû en profita pour encourager, pour soutenir, pour défendre les bons; pour accuser, pour confondre, pour épouvanter les méchants.

Philosophe pratique, il sentit que ses avis, ses prédictions ou ses menaces perdraient beaucoup de leur autorité si elles n'étaient pas entourées d'un certain appareil cabalistique : aussi les accompagnait-il presque toujours, quoiqu'à regret, de formules mystérieuses.

Ce qui aidait merveilleusement Peyroû dans sa divination, c'était son excellente lunette de Galilée; non-seulement il la braquait à l'horizon pour y découvrir les chebecs ou les galères barbaresques, mais encore il la promenait sur la petite ville de la Ciotat, sur les maisons isolées, sur les champs, sur les grèves; il surprit ainsi bien des secrets, bien des mystères, dont il profita pour augmenter l'espèce de vénération craintive qu'il inspirait.

Peyroû se plaçait donc au-dessus des sorciers vulgaires par son complet désintéressement. Avait-il à soulager quelque honorable misère, il ordonnait à l'un de ses clients un peu aisés de déposer une modique offrande dans quelque endroit secret qu'il lui indiquait; le client pauvre, averti par Peyroû, allait ensuite recueillir cette mystérieuse aumône.

Entraînés par un zèle aveugle, des prêtres du diocèse de Marseille voulurent incriminer la vie mystérieuse de Peyroû; mais la population environnante prit aussitôt une attitude si menaçante, les consuls de la Ciotat rendirent un si bon témoignage du guetteur, qu'il continua paisiblement sa vie solitaire.

Son seul compagnon dans cette profonde retraite était une aigle femelle, qui, deux années auparavant, était venue pondre dans un des *baoüs*, ou creux inaccessibles des rochers qui bordent la côte. Sans doute le mâle avait été tué, car le guetteur ne le vit pas reparaître pour apporter la curée à ses aiglons.

Peyroû donna quelque nourriture aux aiglons; peu à peu leur mère s'habitua à le voir, se priva, et l'année d'ensuite elle vint en toute confiance pondre dans un excellent nid, que Peyroû lui prépara dans une roche voisine.

Souvent l'aigle se perchait sur les branches de l'énorme pin qui ombrageait la logette du guetteur, et quelquefois même venait se promener de son pas lourd et embarrassé sur la petite plate-forme.

Ce jour-là Brillante (le guetteur avait ainsi nommé le noble oiseau) vint le tirer de sa rêverie ; il s'abattit pesamment des branches supérieures du pin, et, les ailes à demi ouvertes, il accourut près de son ami, avec ce balancement disgracieux, particulier aux oiseaux de proie, si peu faits pour marcher.

Son plumage, d'un noir brun sur les ailes, était cendré et moucheté de blanc sur le corps et sur le col ; ses serres formidables, qui semblaient recouvertes d'écailles épaisses et dorées, se terminaient par trois ongles et un éperon tranchant, d'une corne noire et polie... Brillante leva vers le guetteur sa tête plate et grise, où brillaient deux grands yeux hardis, ronds, dont l'iris noir se dilatait dans une cornée transparente, couleur de topaze.

Son bec, fort et bleuâtre comme de l'acier bruni, laissait voir en s'entr'ouvrant une langue effilée d'un rouge pâle.

Sans doute pour attirer l'attention du guetteur, l'aigle mordit légèrement le bout de son soulier de cuir fauve.

Peyroû baissa la tête et caressa Brillante, qui, courbant le col, hérissa les plumes de son dos, en faisant entendre un petit cri rauque et entrecoupé...

Mais tout à coup, entendant marcher quelqu'un dans l'étroit sentier qui conduisait à la logette, l'aigle s'enleva, poussa un long glapissement, déploya ses ailes puissantes, plana un instant au-dessus du pin gigantesque, d'un seul trait de vol s'élança rapidement dans l'espace... et bientôt ne parut plus qu'une tache noire sur le bleu foncé du ciel.

CHAPITRE III

STÉPHANETTE

Une jeune fille au teint doré, aux yeux noirs, aux dents blanches, au malin et gai sourire, parut et s'arrêta un moment sur le dernier degré de l'escalier de roches qui conduisait à la logette du guetteur.

Elle portait le costume si gracieux, si pittoresque des filles de Provence : un jupon brun, un corset rouge à larges basquines et à manches justes ; son petit chapeau de feutre laissait voir un élégant chignon et de longues tresses de beaux cheveux noirs roulés sous une sorte de réticule de soie à mailles écarlates.

Orpheline, sœur de lait de mademoiselle Reine des Anbiez, Stéphanette lui servait à peu près de fille de compagnie, et était plutôt traitée par elle en amie qu'en suivante.

Le cœur de Stéphanette était bon, dévoué, reconnaissant, sa conduite irréprochable ; elle n'avait d'autre défaut qu'une malicieuse coquetterie villageoise, qui faisait le désespoir de tous les pêcheurs et patrons de barque du golfe de la Ciotat : nous n'excepterons pas du nombre de ces intéressantes victimes le fiancé de la jeune fille, le capitaine Luquin Trinquetaille, ex-bombardier et alors capitaine de la polacre¹ *la Sainte-Épouvante des Moresques, avec la grâce de Dieu.*

Longue et significative appellation, inscrite tout au long sur le tableau de poupe du bâtiment du capitaine Trinquetaille.

Vaillamment armée de six pierriers, la polacre escortait à forfait les navires de la Ciotat, qui, forcés par leur commerce de pratiquer souvent les côtes d'Italie, redoutaient les pirates barbaresques.

Stéphanette partageait la vénération craintive que le guetteur du cap de l'Aigle inspirait aux habitants des environs ; elle s'approcha de lui, les yeux baissés, presque tremblante.

— Que Dieu vous garde, mon enfant ! — lui dit affectueusement Peyroù, qui l'aimait comme il aimait tout ce qui appartenait à la famille de son ancien capitaine le commandeur des Anbiez.

— Que saint Magnus et que saint Elzéar vous assistent, maître Peyroù ! — répondit Stéphanette avec sa plus belle révérence.

— Merci de vos vœux, Stéphanette. Comment se portent monseigneur et mademoiselle Reine, votre jeune et bonne maîtresse ? Est-elle remise de son effroi de l'autre jour ?

---

¹ *Polacre*, bâtiment en usage dans la Méditerranée. Son gréement consiste en trois mâts et un bout de beaupré ; il porte les mêmes voiles qu'un navire à trois mâts à trait carré, à la différence que ses deux mâts principaux sont à *pible*, c'est-à-dire d'un seul morceau, sans hune, chouquet, ni barres de perroquet.

— Oui, maître Peyroü; mademoiselle va mieux, quoiqu'elle soit encore bien pâle. Aussi a-t-on vu pareil mécréant? Oser embrasser mademoiselle! et cela, devant monseigneur et son fiancé encore! Mais on dit ces gens de Moscovie si barbares! Ils sont plus sauvages et plus fils de l'Antechrist que le Turc, n'est-ce pas, maître Peyroü? Ils seront damnés deux fois et à double feu.

Sans répondre à l'argumentation théologique de Stéphanette, le guetteur lui dit: — Et monseigneur, ne se ressent-il plus de cette émotion?

— Lui! maître Peyroü, aussi vrai que Rosseline la sainte est au paradis, le soir même du jour où il faillit périr dans le torrent d'Ollioules, monseigneur a aussi gaiement soupé que s'il fût revenu d'un roumevage [1]. Certes! et il a bu de plus qu'à l'ordinaire deux grands coups de vin d'Espagne à la santé du jeune mécréant! Croiriez-vous, maître Peyroü, que monseigneur ne pouvait se lasser de vanter le courage et l'agilité de ce Moscovite? « Eh! maujour! — disait monseigneur, — au lieu de ravir épingle et baiser, comme un larron, que ne les demandait-il?... Ma fille Reine lui eût tout donné avec un baiser, et de bon cœur encore!... — Décidément, ces Moscovites sont d'étranges compagnons! » ne cesse de répéter monseigneur depuis ce jour-là; ce qui n'empêche pas M. Honorat de Berrol, malgré son air doux et réservé, de rougir d'indignation quand il entend parler de ce jeune audacieux qui a ravi un baiser à sa fiancée. Mais ce qui est bien étrange, maître Peyroü, c'est que monseigneur n'a jamais voulu se défaire de ce méchant petit cheval Mistraou, qui a été la cause de tout le mal; il le monte de préférence à tout autre : dites, maître Peyroü, n'est-ce pas tenter Dieu?

— Et ces étrangers sont partis de Marseille? — demanda le guetteur sans répondre à Stéphanette.

— Oui, maître Peyroü; ils ont pris, dit-on, la route du Languedoc, après avoir été visiter monseigneur le maréchal de Vitry. On dit ce vieux duc si étrange et si méchant, qu'il est bien digne de connaître de pareils scélérats. Ah! si monseigneur pouvait ce qu'il veut! le maréchal ne serait pas longtemps gouverneur de la province... Monsieur le baron ne peut entendre parler de ce seigneur sans entrer dans des co-

---

[1] Fête patronale.

lères... des colères... dont vous n'avez pas idée, maître Peyroü.

— Si, mon enfant, j'ai vu monseigneur, lors de la révolte des Cascaveoux, agir comme avait agi son père lors de la révolte des Razats, sous Henri III, et aussi lors de la rébellion contre les Gascons du duc d'Épernon, sous le dernier règne; oui, oui, je sais que Raimond V hait ses ennemis autant qu'il aime ses amis.

— Vous avez bien raison, maître Peyroü, la colère de monseigneur contre le gouverneur a surtout augmenté depuis que ce greffier de l'amirauté de Toulon, maître Isnard, qu'on dit si méchant, visite les châteaux du diocèse par ordre de Son Éminence le cardinal. Monseigneur dit que cette visite est un outrage à la noblesse, et que le maréchal de Vitry est un scélérat. Entre nous, je suis assez de cet avis, puisqu'il protège des effrontés Moscovites assez audacieux pour embrasser les jeunes filles sans qu'elles s'y attendent.

— M'est avis, Stéphanette, que vous êtes bien sévère pour les jeunes gens qui embrassent les jeunes filles, — dit le vieillard avec une gravité moqueuse; — ceci prouve votre naturel sauvage et farouche; mais que voulez-vous de moi?

— Maître Peyroü, — dit la jeune fille avec un certain embarras, — je voudrais savoir si le temps promet une bonne traversée pour aller à Nice, et si l'on peut partir pour ce port avec assurance.

— Vous allez donc à Nice... mon enfant?

— Non, pas moi précisément, mais un brave et honnête marin qui... que...

— Ah! j'y suis, j'y suis, — dit le guetteur d'un ton mystérieux en interrompant Stéphanette qui balbutiait, — il s'agit du jeune Bernard, patron de la tartane *la Sainte-Baume*?

— Mais non, maître Peyroü, je vous assure, il ne s'agit pas de lui, — dit la jeune fille en devenant vermeille comme une cerise.

— Allons, allons, il ne faut pas rougir pour cela; — et le guetteur ajouta tout bas: — Et le beau bouquet de thym vert qu'il a attaché, il y a trois jours, aux barreaux de votre fenêtre avec un ruban rose, était-il de votre goût?

— Un bouquet de thym vert! de quel bouquet parlez-vous, maître Peyroü?...

Le guetteur menaça Stéphanette du doigt et ajouta : — Comment, jeudi dernier, à l'heure du réveil des marjolaines[1], le patron Bernard n'a pas apporté un bouquet sur votre fenêtre?

— Attendez donc... attendez donc, maître Peyroù, — dit la jeune fille en ayant l'air de rappeler ses souvenirs, — c'est donc cela qu'hier en ouvrant ma croisée, j'ai trouvé sur son appui quelque chose comme un paquet d'herbes desséchées?...

— Stéphanette... Stéphanette... on ne trompe pas le vieux guetteur... Écoutez : à peine le patron Bernard était-il descendu, que bien vite vous êtes venue détacher le bouquet au ruban couleur de rose, vous l'avez mis dans un joli vase d'argile, et vous l'avez arrosé chaque matin... Hier seulement vous l'avez négligé, et il s'est fané...

La jeune fille contemplait le guetteur d'un air ébahi, et restait stupéfaite. Cette révélation tenait de la magie.

Le vieillard la regarda d'un air malin et continua :

— Ainsi, ce n'est pas le patron Bernard qui s'en va à Nice?

— Non, maître Peyroù...

— Il faut alors que ce soit le lamaneur Terzarol...

— Le lamaneur Terzarol! — s'écria Stéphanette en joignant les mains, — que Notre-Dame me soit en aide! J'ignore si ce pilote doit mettre en mer.

— Allons, allons, mon enfant, je m'étais trompé sur le compte du patron Bernard : soit, car en effet vous avez laissé faner son bouquet; mais je ne me trompe pas sur Terzarol, car hier, du haut de la tourelle du château, vous avez passé plus de deux heures à regarder le hardi lamaneur jeter ses filets.

— Moi, maître Peyroù, moi?

— Vous-même, Stéphanette, et à chaque beau coup de filet, Terzarol agitait son bonnet en signe de triomphe, et vous agitiez votre mouchoir en signe de félicitations... aussi il fallait voir avec quelle ardeur il jetait son tiercet[2], il a dû faire une bien bonne pêche... Vous venez donc me demander si Terzarol le lamaneur aura bonne traversée pour aller à Nice?

Pour le coup, Stéphanette eut peur, en voyant le guetteur si bien instruit.

— Ah! mon Dieu, maître Peyroù, vous savez donc tout? — s'écria-t-elle naïvement.

Le vieillard sourit, secoua la tête et répondit par ce pro-

---

[1] Au point du jour, locution provençale.
[2] Filet de pêche.

verbo provençal : *Experienço passo scienço* (expérience passe science).

La pauvre enfant, craignant que les découvertes merveilleuses du guetteur à l'endroit de ses coquetteries innocentes ne lui donnassent une mauvaise opinion d'elle, s'écria, en joignant les mains presque avec effroi, tandis que ses grands yeux devenaient humides de larmes :

— Ah! maître Peyroû, je suis une honnête fille!

— Je le sais, mon enfant, — et le guetteur lui serra affectueusement la main, — je sais que vous êtes en tout digne de la protection, de l'affection que vous témoigne votre noble et bonne maîtresse. C'est par pure malice et espièglerie de jeune fille que vous vous amusez à tourner les têtes de nos jeunes gens, et à rendre jaloux ce pauvre Luquin Trinquetaille, qui vous aime tant, et que vous aimez véritablement... Mais écoutez-moi, Stéphanette, vous savez le proverbe des vignerons de nos vallées : *Paou vignos e ben tengudos* (aie peu de vignes et cultive-les bien). Au lieu d'éparpiller ainsi toutes vos coquetteries, concentrez vos séductions sur un fiancé qui puisse devenir un sage et bon mari pour vous... vous vous en trouverez mieux... et puis, voyez-vous, mon enfant, ces jeunes gens sont vifs, ardents, courageux; l'amour-propre s'en peut mêler, la rivalité s'aigrir... une rixe s'ensuivre, le sang couler, et alors...

— Ah! maître Peyroû, que dites-vous là, j'en mourrais de désespoir. Tout cela, ce sont des folies; j'ai eu tort, j'en conviens, de m'amuser des œillades de Bernard et de Terzarol... mais avant tout j'aime Luquin, voyez-vous... il m'aime; nous devons nous marier le même jour que mademoiselle et M. Honorat de Berrol, monseigneur le veut ainsi... Enfin, vous qui devinez tout, maître Peyroû, vous devez bien savoir que je n'ai jamais pensé qu'à Luquin. C'est à propos de son voyage... que je venais vous consulter... Maître Talebard-Talebardon, consul de la Ciotat, envoie à Nice trois tartanes chargées de marchandises. Il a fait prix avec Luquin pour les escorter... croyez-vous, maître Peyroû, que la traversée soit bonne? Peut-il s'en aller en mer avec assurance? N'y a-t-il pas de pirate en vue? Oh! d'abord, si les corsaires sont proches, si la tempête menace, Luquin ne partira pas.

— Oh là!... oh là! mon enfant, croyez-vous avoir cette influence sur notre intrépide bombardier? vous vous abusez, je crois : le retenir au port quand il y a du péril à en sortir... autant vaudrait ancrer un navire avec un fil de votre quenouille !

— Oh ! soyez tranquille, maître Peyroû, — dit Stéphanette avec assurance, — pour retenir Luquin près de moi, je ne lui parlerai ni de labéchades [1], ni des tempêtes, ni des pirates... je lui dirai seulement que je donnerai dimanche au patron Bernard un ruban de mon corset pour parer sa lance de jouteur à la targue [2], ou bien que je demanderai au lamaneur Terzarol une bonne place à l'une des fenêtres de la maison de sa mère, pour aller avec dame Dulceline, la femme de charge de la Maison-Forte, voir la lutte et le saut de la barre sur la place de la Ciotat ; alors... je vous jure, maître Peyroû, que Luquin ne sortira pas du golfe, quand même le consul Talebard-Talebardon couvrirait de pièces d'argent le pont de sa polacre.

— Voyez-vous, la fine mouche ! — dit le vieillard en souriant, — je n'aurais jamais pensé à ces ruses... Hélas !... hélas ! *Buoü viel fa rego drecho* (vieux bœuf fait son sillon droit). Allons, allons, rassurez-vous, Stéphanette... vous n'aurez ni à dégarnir votre corset pour donner un ruban à Bernard, ni à demander une place à la fenêtre de la maison de Terzarol, le vent souffle du ponant ; s'il ne change pas au coucher du soleil, et si Martin-Bouffo [3] ne dit rien demain au point du jour, Luquin pourra sortir du golfe et aller à Nice sans crainte : quant à la traversée, j'en réponds ; quant aux pirates, je vais vous donner un charme d'un effet sûr, sinon pour les conjurer tout à fait, du moins pour les empêcher de s'emparer de *la Sainte-Épouvante des Moresques, avec la grâce de Dieu.*

— Ah ! que de reconnaissance, maître Peyroû, — dit la jeune fille en aidant le vieillard à se relever, car il marchait assez péniblement.

Celui-ci alla dans sa logette, y prit un petit sachet recouvert de signes cabalistiques et le remit à Stéphanette, en lui recommandant d'ordonner à Luquin de se conformer scrupuleusement aux instructions qu'il y trouverait.

— Que vous êtes bon, maître Peyroû, comment reconnaître...

[1] Coups de vent du sud-ouest très violents sur les côtes de Provence.
[2] Joutes sur mer.
[3] Grotte très profonde située dans l'intérieur du golfe ; lorsque les eaux s'y engouffrent avec bruit, c'est signe de tempête prochaine. — *Chirographie de Provence.*

— En me promettant, mon enfant, de laisser désormais les bouquets de Bernard sécher aux barreaux de votre fenêtre; alors, croyez-moi, il ne s'en retrouvera plus. Car un bouquet qu'on arrose en fait pousser d'autres... Ah!... il faut aussi me promettre de ne pas trop encourager la pêche de Terzarol le lamaneur... pour vous plaire, il détruirait tout le poisson de la baie. Il finirait par être appelé devant le conseil des prud'hommes pêcheurs... et je serais obligé de le condamner... A propos, où en est la discussion de monseigneur et des consuls sur le droit de pêche dans l'Anse... Raimond V y a-t-il toujours des madragues?

— Oui, maître Peyroü, il ne veut pas les retirer, il dit que le droit de pêche lui appartient jusqu'aux rochers de Castrembaoü, et qu'il ne cédera ce droit à personne.

— Écoutez, Stéphanette, votre maîtresse a l'oreille de son père, tâchez donc qu'elle lui conseille de s'arranger à l'amiable avec les consuls, cela vaudrait mieux pour tous.

— Oui, maître Peyroü, soyez tranquille, j'en parlerai à mademoiselle Reine.

— Bien, mon enfant; allons, adieu! surtout plus de coquetteries, me le promettez-vous?

— Oui, maître Peyroü... seulement...

— Eh bien, dites.

— Seulement, voyez-vous, maître Peyroü, je ne voudrais pas désespérer tout à fait Bernard et Terzarol, non à cause de moi... Notre-Dame! mais à cause de Luquin... car il faut bien que j'aie toujours un moyen de le retenir dans le port, en cas de grands... mais de très grands dangers, n'est-ce pas, maître Peyroü? et pour cela, la jalousie vaut mieux que toutes les ancres de son navire!

— C'est juste, — dit le guetteur en souriant avec malice, — il faut avant tout penser à Luquin...

La jeune fille baissa les yeux et sourit, puis elle reprit : — Ah! j'oubliais, maître Peyroü, de vous demander si vous croyez que M. le commandeur et le révérend père Elzéar seront arrivés ici pour les *calénos* de la Noël [1], comme monseigneur l'espère. Il a tant hâte de revoir ses deux frères! savez-

---

[1] Le jour de Noël est en Provence l'une des plus grandes fêtes de l'année. — On appelle *calénos* des présents de fruits et de poissons qu'on se fait à cette époque.

vous que voilà deux Noëls qui se fêtent sans eux à la Maison-Forte ?

Au nom du commandeur, la physionomie du guetteur s'assombrit tout à coup et prit une expression de mélancolie profonde.

— Si Dieu exauce le plus ardent de mes vœux, mon enfant, ils arriveront tous deux ; mais, hélas ! le père Elzéar est allé racheter des captifs à Alger, en digne et courageux frère de la Merci, et la foi des Barbaresques est bien perfide.

— Hélas ! oui, maître Peyrou, sa révérence le père Elzéar ne l'a que trop éprouvé quand il a été retenu pendant plus d'un an au bagne parmi les esclaves !!! A son âge... tant souffrir !!!

— Et cela sans se plaindre... sans que son adorable bonté ait été altérée en rien...

— A propos de cela, maître Peyrou, pourquoi donc la galère de M. le commandeur, au lieu d'être blanche et or comme les vaillantes galères du roi ou de monseigneur le duc de Guise, est-elle toujours peinte en noir, comme un cercueil ? Pourquoi donc ses voiles et ses mâts sont-ils noirs aussi ? En vérité, rien n'est plus lugubre... et ses mariniers ?... et ses soldats ? ils ont l'air dur et sévère comme des moines espagnols ; après tout, cela n'est pas étonnant, M. le commandeur a lui-même toujours l'air si triste... son visage pâle ne se déride jamais qu'une fois... c'est lorsque, en arrivant à la Maison-Forte, il embrasse monseigneur et ma jeune maîtresse... et encore, mon Dieu ! quel sourire mélancolique ! C'est étrange, n'est-ce pas, maître Peyrou ? d'autant plus que Luquin me disait l'autre jour que lorsqu'il servait comme bombardier à bord de *la Guisarde*, galère de monseigneur l'amiral, ès mers du Levant, maintes fois il a vu à Naples des commandeurs et des capitaines de Malte qui, malgré la sévérité de leur ordre, étaient joyeux comme les autres officiers.

Depuis quelques moments le guetteur ne semblait plus entendre la jeune fille ; bientôt il tomba dans une méditation profonde, baissa la tête sur sa poitrine, et répondit d'un geste de main affectueux aux adieux de Stéphanette.... Quelques moments après le départ de la jeune fille, il alla dans sa logette, ouvrit le meuble d'ébène sculpté qui s'y trouvait, poussa le secret d'un double fond et y prit une petite cassette d'argent ciselé ; une croix de Malte damasquinée ornait son couvercle.

Il regarda longtemps ce coffret avec une douloureuse attention : cette vue semblait éveiller en lui de cruels souvenirs... Puis, s'étant ainsi assuré que ce mystérieux dépôt était bien intact, il ferma les portes du meuble, et revint tout rêveur s'asseoir à la porte de sa cabane...

CHAPITRE IV

LES FIANCÉS

Stéphanette avait quitté le guetteur d'un pas léger ; elle allait abandonner l'esplanade, lorsqu'elle vit apparaître aux dernières marches de l'escalier la longue figure du capitaine Luquin Trinquetaille.

D'un signe impératif la jeune fille lui ordonna de s'en retourner par où il était venu.

Le marin montra une soumission exemplaire ; il s'arrêta, fit volte-face avec une prestesse et une précision dignes d'un grenadier allemand, et descendit gravement les marches qu'il venait de monter.

Ce rendez-vous était-il convenu entre les deux fiancés ? Nous l'ignorons ; toujours est-il que Stéphanette, précédée de son obéissant adorateur, descendit avec une légèreté de gazelle la rampe étroite et tortueuse qui l'avait conduite à la logette du guetteur.

Plusieurs fois Luquin tourna la tête pour tâcher d'apercevoir le bout d'une jambe fine et le petit pied qui arpentait si agilement les blocs de rochers inégaux ; mais Stéphanette, d'un geste menaçant et d'une dignité royale, arrêta la curiosité de l'ex-bombardier. Celui-ci se vit donc forcé de précipiter sa marche pour obéir à ces paroles vivement et souvent répétées.

— Mais avancez donc, Luquin, mais avancez donc !

Pendant que les deux amants descendent les escarpements du cap de l'Aigle, nous dirons quelques mots du capitaine Luquin Trinquetaille.

C'était un robuste garçon de trente ans environ, brun, hâlé, d'une figure mâle et hardie, à l'air ouvert, résolu et quelque peu fanfaron ; il portait un costume qui rappelait à la fois le marin et le soldat, un buffle et de larges chausses à la provençale, serrées autour de sa taille par le ceinturon de son petit sabre à lame recourbée.

Le froid étant assez vif, il avait sur son buffle un caban brun, dont les coutures étaient brodées en laine rouge et bleue, et dont le capuchon ou traversier, couvrant à demi son front, laissait voir une forêt de cheveux noirs et bouclés.

Parvenue au pied de la montagne, Stéphanette, malgré son agilité, sentit le besoin de se reposer un peu.

Luquin, ravi de cette occasion qui lui offrait un tête-à-tête, chercha soigneusement une belle place où sa fiancée pût être commodément assise.

Lorsqu'il l'eut trouvée, il ôta galamment son caban, l'étala sur le roc, de façon que Stéphanette eût une sorte de siège à dossier ; puis, croisant ses deux mains nerveuses sur le bout de son haut bâton, et appuyant son menton sur ses mains, il contempla Stéphanette avec une sorte d'adoration calme et heureuse.

Lorsque les mouvements moins précipités du corsage de Stéphanette annoncèrent qu'elle se remettait quelque peu de la rapidité de sa course, elle dit à Luquin, avec l'air capricieux d'un enfant gâté, et en femme sûre de sa domination despotique :

— Pourquoi, monsieur Luquin, vous êtes-vous permis de me venir chercher à la logette du guetteur, quand je vous avais prié de m'attendre au pied de la montagne ?

Tout occupé d'admirer Stéphanette, à qui sa marche hâtée avait donné les plus brillantes couleurs, Luquin ne répondit pas.

— A-t-on vu pareille chose ! — s'écria la jeune fille en frappant avec impatience la terre de son joli pied. — Mais savez-vous ce que je vous dis, monsieur Luquin ?

— Non, — dit le capitaine sortant de sa contemplation, — tout ce que je sais, c'est que de Nice à Bayonne, de Bayonne à Calais, de Calais à Hambourg, de Hambourg à...

— Avez-vous bientôt fini cette navigation européenne, monsieur Luquin ?

— C'est qu'enfin d'un pôle à l'autre il n'est pas une plus jolie fille que vous, Stéphanette.

— Comment ! c'est pour arriver à cette découverte que vous avez fait une si grande traversée, monsieur le capitaine ? Je plains les armateurs de *la Sainte-Épouvante des Moresques*, avec la grâce du Seigneur, si les voyages de cette pauvre vieille polacre n'ont pas de plus intéressants résultats.

— Ne dites pas de mal de ma polacre, Stéphanette; vous serez bien aise de voir son pavillon bleu et blanc se déployer à son antenne * lorsque j'arriverai de Nice, et que vous guetterez mon retour du haut de la tourelle de la Maison-Forte.

La fatuité de Luquin révolta la dignité de Stéphanette; elle répondit d'un air ironique :

— Allons, allons, je vois que le guetteur du cap de l'Aigle sera bientôt inutile. Toutes les jeunes filles qui attendent avec impatience le retour de M. le capitaine Trinquetaille, et tous les jaloux qui attendent son départ, les yeux fixés sur la mer, suffiront pour faire le guet et découvrir au loin les pirates... Il n'y aura plus à craindre ainsi les descentes des corsaires.

Luquin prit un air modestement triomphant et dit :

— Par saint Étienne, mon patron, je suis trop sûr et trop heureux de votre amour, Stéphanette, pour me faire attendre ou regretter par d'autres jeunes filles; et quoique Roson, la fille du mercier de l'*Ange-Gardien*, à la Ciotat, soit semblable à la fleur dont elle porte le nom, et qu'elle me dise souvent...

— Eh! mon Dieu! merci de vos confidences, monsieur Luquin, — dit Stéphanette avec une jalouse impatience qu'elle tâcha de dissimuler; — si je vous racontais aussi tout ce que me disent le patron Bernard et maître Terzarol, cela durerait jusqu'au soir.

En entendant prononcer le nom de ces deux rivaux, le capitaine Luquin fronça le sourcil, et s'écria :

— Foudre du ciel! si je savais que ces deux drôles osassent seulement regarder autre chose que la pointe de leurs souliers quand vous passez... je ferais de l'un une figure d'avant pour ma polacre, et de l'autre une girouette pour mon grand mât! Mais non, ils savent que Luquin Trinquetaille est votre fiancé, et ce nom-là rime trop bien avec bataille pour qu'ils s'avisent de se jouer à moi...

— Allons, allons, beau matamore, — reprit Stéphanette, se rappelant les avis du guetteur, et craignant d'exciter trop vivement la jalousie de l'inflammable capitaine, — si Bernard et Terzarol me parlent si longtemps, c'est que je ne leur réponds

---

* Pavillon des bâtiments de commerce. — Les seuls bâtiments de guerre portaient le pavillon blanc.

pas; on sait trop que je me suis affolée du plus méchant diable de la Ciotat... Mais tenez, voici ce que m'a remis pour vous maître Peyroû. Lisez cela, et faites surtout ce qu'il vous ordonne. Il est tard, le soleil baisse, le froid devient vif, rentrons à la Maison-Forte; mademoiselle pourrait être inquiète.

Les deux fiancés hâtèrent le pas, et tout en marchant, Trinquetaille lut les instructions suivantes, données par le guetteur :

« Tous les matins, au lever du soleil, le capitaine changera la charge de ses canons et mettra sur la balle une des mouches rouges qui sont jointes à ce papier...

» Après avoir fait une double croix sur la balle avec le pouce de la main gauche.

» Du lever au coucher du soleil, des gourmettes [1] se relèveront pour aller de guet au haut du mât; ils regarderont toujours vers l'orient et le sud, et de cinq minutes en cinq minutes ils diront *saint Magnus*.

» On rangera sur la poupe, trois par trois et la pointe en bas, les épées et les hassegaies.

» A droite du pont, les mousquets aussi trois par trois.

» Le jour du départ, au lever de la lune, on apportera sur le pont un vase rempli d'huile, on y jettera sept grains de sel, en disant, à chaque grain de sel, *saint Elme* et *saint Pierre*.

» On laissera le vase sur le pont jusqu'au coucher de la lune. A ce moment on le recouvrira avec un voile noir, sur lequel on écrira, avec du vermillon, *Syrakoë*. De cette huile on frottera, chaque matin au soleil levant, les armes et les rouets des mousquets. »

Le capitaine Trinquetaille s'interrompit à cet endroit de sa lecture et dit à Stéphanette : — Par saint Elme, Martin Peyroû est sorcier... Il y a trois mois, si j'avais eu ces mouches rouges de papier magique, au lieu de rester muets sur leurs pivots quand j'approchai la mèche, mes pierriers auraient vertement riposté à ce chebec tunisien qui vint surprendre notre convoi et qu'on n'aperçut que lorsqu'il fut presque sur nous...

— Mais vos vigies, Luquin, ne guettaient donc pas au loin?

— Non, et si elles avaient guetté en disant toujours *saint Magnus* toutes les cinq minutes, comme le dit maître Peyroû

---

[1] Mousses.

dans sa sorcellerie, bien certainement la vertu de saint Magnus eût empêché les pirates d'approcher sans être vus.

— Et cette huile magique pour les mousquets, Luquin, en auriez-vous fait usage?

— Sans doute; ce jour fâcheux où mes pierriers ne partirent pas, j'aurais donné toute l'huile qui brûle dans la lampe éternelle de la chapelle de Notre-Dame de la Garde pour une goutte de cette huile aux sept grains de sel et au couvercle subinscrit de ce mot formidable *Syrakoë*.

— Comment cela, Luquin?

— Mon artillerie était inutile, je voulus aborder le chebec à l'arme blanche à grand renfort de mousquetade... mais un méchant sort voulut que les armes fussent restées en bas, et que les batteries des mousquets fussent rouillées; vous voyez donc, Stéphanette, que si on eût rangé cabalistiquement les armes trois par trois sur le pont, et qu'on eût oint la batterie des mousquets de cette huile miraculeuse de Syrakoë, nous aurions pu résister, et peut-être prendre le chebec pirate au lieu de fuir devant lui comme une nuée de passereaux devant un épervier!

On a déjà sans doute remarqué que, sous ces formules mystérieuses et cabalistiques, le guetteur du cap de l'Aigle donnait les meilleurs avis pratiques, et cherchait à remettre en vigueur d'excellentes précautions nautiques, tombées en désuétude par incurie ou par négligence.

Ainsi les mouches rouges, mises chaque matin sur les boulets avec un triple signe de croix, avaient sans doute une vertu fort négative; mais, pour faire cette opération magique, il fallait nécessairement changer chaque matin la charge de l'artillerie, souvent avariée par l'eau de la mer, dont les vagues balayaient le pont pendant les gros temps; dans ce cas, la poudre humide ne prenait pas feu, et le secours des pierriers devenait nul.

Le conseil du guetteur, exactement suivi, empêchait donc ces graves inconvénients.

Il en était de même pour l'huile de Syrakoë, pour les cris de *saint Magnus* poussés par les vigies, et pour le nombre *trois* affecté au classement des armes sur le pont.

En regardant vers l'orient et le sud, points de croisière des pirates, les vigies devaient les signaler.

En s'astreignant à invoquer saint Magnus toutes les

minutes, elles ne risquaient pas de s'endormir sur les gabies.

Enfin, il était très important d'avoir toujours sur le pont des armes prêtes et en bon état ; le guetteur ordonnait donc qu'elles fussent rangées trois par trois, et soigneusement enduites de l'huile magique de Syrakoë qui les mettait parfaitement à l'abri des intempéries de l'air, en les préservant de la rouille.

Nous le répétons, le solitaire du cap de l'Aigle eût simplement donné ces recommandations, que sans doute elles eussent été négligées, oubliées. En les formulant d'une façon mystérieuse et cabalistique, il en assurait presque l'exécution.

Après s'être de nouveau extasiés sur la science et sur la sagacité du guetteur, Luquin et Stéphanette arrivèrent près de la Maison-Forte. Malgré son esprit moqueur et enjoué, la jeune fille sentit son cœur se serrer douloureusement en faisant ses adieux à son fiancé qui partait le lendemain au point du jour. Des larmes voilèrent son regard toujours si malin et si gai, elle tendit la main à Trinquetaille et lui dit d'une voix émue :

— Adieu, Luquin ; chaque matin et chaque soir je prierai le Seigneur pour qu'il vous garde de toute méchante rencontre... Ah ! mon Dieu... quand abandonnerez-vous donc ce périlleux métier qui me donne toujours des transes nouvelles ?

— Quand j'aurai assez de bien pour que mademoiselle [1] Trinquetaille puisse n'avoir rien à envier aux plus riches bourgeoises de la Ciotat.

— Pouvez-vous parler ainsi, Luquin ! — dit la jeune fille, avec un accent de tendre reproche, en essuyant les larmes qui baignaient ses yeux. — Que me fait à moi la parure et un peu plus ou moins d'aisance ?... Irez-vous pour cela risquer chaque jour votre vie ?

— Soyez tranquille, Stéphanette, les avis du guetteur du cap de l'Aigle ne seront pas perdus : avec l'aide de saint Magnus et de l'huile magique de Syrakoë, je défierais tous les pirates de la régence... Mais, adieu... Stéphanette, adieu, et pensez à Luquin.

Ce disant, le digne capitaine serra dans sa main vigoureuse les blanches mains de Stéphanette, et s'en alla brusquement de peur de laisser paraître une émotion qu'il voulait cacher, comme si elle eût été indigne de lui.

---

[1] Les femmes nobles étaient seules appelées *madame*.

La jeune fille suivit son fiancé du regard autant qu'elle le put, et regagna tristement la Maison-Forte de Raimond V, baron des Anbiez, où elle arriva à la nuit tombante.

CHAPITRE V

LA MAISON-FORTE

La Maison-Forte, ou château des Anbiez, s'élevait au bord de la mer. Dans les gros temps, les vagues venaient battre le pied d'une sorte de terrasse ou rempart qui s'avançait assez sur la côte pour protéger l'entrée du port de la Ciotat, et une petite anse où on voyait mouillés quelques bateaux pêcheurs et la tartane de plaisance de Raimond V, baron des Anbiez.

L'aspect du château n'offrait rien de remarquable ; bâti vers le milieu du quinzième siècle, il était d'une architecture ou plutôt d'une construction massive. Deux tours à toit pointu flanquaient le corps de logis principal exposé au midi et donnant sur la mer. Ses épaisses murailles, bâties de grès et de granit, étaient d'un gris rougeâtre et irrégulièrement percées de quelques rares fenêtres ressemblant à des meurtrières.

Les seules croisées d'une galerie qui traversait, au premier étage, le château dans toute sa longueur étaient grandes et cintrées.

Trois d'entre elles s'ouvraient sur un balcon orné d'une assez belle grille de fer forgé, au milieu de laquelle étaient ciselées les armoiries du baron, armoiries qui se retrouvaient encore sur l'entablement de la porte principale.

Un perron de quelques marches descendait à la terrasse.

Les nécessités des guerres civiles et religieuses de la fin du dernier siècle et la crainte incessante des pirates avaient changé en remparts armés et crénelés cette terrasse, qui était parallèle à la façade du château et rejoignait le pied des tourelles par deux retours à angle droit.

Quelques vieux orangers au tronc noir et à feuilles luisantes témoignaient encore de l'ancienne destination de cette esplanade, autrefois riant parterre ; mais deux guérites de vedettes, quelques parcs à boulets, huit fauconneaux, deux pièces de quatre sur leurs affûts et une longue couleuvrine à assiette tournante montraient que la Maison-Forte du baron des Anbiez était en bon état de défense.

La position de ce château était d'autant plus importante, que la petite baie qu'il commandait était, ainsi que le golfe de la Ciotat, le seul endroit où les bâtiments pussent mouiller, le reste de la côte n'offrant que des rochers inabordables.

La façade du château des Anbiez, qui regardait le nord et la terre, offrait un coup d'œil assez pittoresque.

Quelques bâtiments irréguliers, ajoutés à l'édifice principal, selon les différents besoins des propriétaires successifs, rompaient la monotonie de ses lignes.

Les écuries, le chenil, les bergeries, les communs, le logement des laboureurs et des métayers, formaient l'enceinte d'une espèce de cour immense, plantée de deux rangs de sycomores, à laquelle on arrivait par un pont-levis jeté sur un large et profond fossé.

Ce pont se retirait chaque soir, et une forte porte de chêne, solidement étayée à l'intérieur, mettait la petite colonie en sûreté pour la nuit.

Toutes les fenêtres de ces bâtiments s'ouvraient sur la cour, à l'exception de quelques lucarnes solidement grillées qui donnaient sur la campagne.

La Maison-Forte et ses dépendances contenaient environ deux cent cinquante personnes, tous domestiques, métayers, laboureurs ou bergers.

Parmi eux, on trouvait une soixantaine d'hommes de l'âge de trente à cinquante ans, dont la plupart avaient été habitués au maniement des armes pendant les guerres civiles auxquelles l'impétueux baron avait souvent pris part.

Royaliste et catholique, Raimond V avait toujours monté à cheval lorsqu'il s'était agi de défendre, contre les gouverneurs ou contre leurs délégués, les anciennes franchises et les droits acquis de la Provence, dont les rois de France n'étaient pas rois, mais *comtes*.

Les intendants de justice ou les présidents des cours, toujours chargés de recueillir les impôts et d'annoncer aux états assemblés le taux des dons volontaires que la Provence devait offrir au souverain, étaient presque toujours les premières victimes de ces révoltes contre l'autorité royale, faites au cri de : Vive le roi!

Dans ces circonstances, le vieux Raimond V était des premiers à s'insurger. Lors des dernières rébellions de *Cascaveoux* [1], qui avaient eu lieu deux années auparavant, nul n'avait crié d'une voix plus retentissante : *Vive le roi ! Fuoro Eleus !* nul n'avait plus bruyamment agité et fait agiter par les siens la clochette qui servait de signal aux révoltés.

En cela, le baron se montrait le digne fils de son père, Raimond IV, un des gentilshommes les plus gravement compromis dans la rébellion des *Razats* [2], qui éclata sous Henri III, en 1578, et qui fut difficilement comprimée par M. le maréchal de Retz.

Le baron voyait impatiemment l'omnipotence du cardinal de Richelieu s'accroître aux dépens de l'autorité royale, et le souverain disparaître dans l'ombre du premier ministre.

Quelques mouvements s'étaient manifestés en Languedoc et en Provence, en faveur de Gaston d'Orléans, frère de Louis XIII, que la faction royaliste opposait au cardinal.

Nul doute que, sans l'appréhension que causaient les pirates sur la côte, le baron n'eût pris une part active à ces menées ; mais, obligé de concentrer ses forces pour défendre sa maison

---

[1] On parlait dans toute la Provence du mal que les nouveaux impôts allaient y causer, impôts qui taxaient non-seulement les biens immeubles, mais les meubles et jusqu'au travail des artisans. Un chacun disait qu'il fallait s'opposer à une nouveauté pernicieuse ; et comme de bouche en bouche l'on disait : *Mais qui commencera à sonner la clochette ?* il y en eut quelques-uns qui attachèrent une sonnette, en langage provençal *cascaveou*, au bout d'une courroie de cuir, et faisant amas d'un très grand nombre de ces sonnettes, marquées au bout de la courroie du cachet en cire d'Espagne de celui qui était le chef de la compagnie, ils en donnèrent à ceux qui voulurent se joindre à eux, à charge que, partout où ils entendraient parler d'élections et d'élus, ils fissent grilleter leurs cascaveoux en criant : *Vive le roi ! Fuoro Eleus !* d'où la dérivation du nom de Cascaveoux donné à tous ceux qui firent en ce temps-là quelques remuements en Provence. Daubray, intendant de la justice à Aix, première victime, avait transféré la chambre des comptes d'Aix à Toulon. On y envoya le prince de Condé et toute la noblesse de Provence (Bouche, vol. IV, liv. XII).

[2] Le comte de Carces, étant grand sénéchal de Provence, donna une telle liberté aux gens de guerre pour l'exaction des deniers, qu'ils faisaient de grandes concussions partout où ils logeaient, et emportaient les biens des habitants partout où ils passaient ; d'où est venu le nom de *Razats* à ces pauvres spoliés de leurs biens, comme si le rasoir eût passé sur leur chef, par ceux qui étaient employés par le comte de Carces, ou d'un autre nom barbare *Marabes* ou *Maraboux*, nom que j'ai ouï attribuer de mon temps en Provence à des hommes cruels et sauvages (*Histoire de Provence*, liv. X, p. 667 ; Honoré Bouche, in-folio, vol. I).

et ses propriétés, il se contenta de déclamer violemment contre le cardinal, surtout depuis que celui-ci eut donné à M. le maréchal de Vitry le gouvernement de la Provence.

Ces importantes fonctions avaient jusqu'alors été remplies par M. le duc de Guise, amiral du Levant, qui, à la grande joie des Provençaux, et après maintes traverses, avait remplacé le duc d'Épernon.

Le vieil ours fut ainsi dévoré par le jeune lion, dit à ce sujet César de Nostradamus, en célébrant la nomination du jeune prince lorrain à ce poste important.

Lorsque M. de Vitry fut promu au gouvernement de la Provence, la noblesse fit éclater son indignation; car c'était à peine si un membre de la maison de Lorraine lui avait semblé digne de remplir cette dignité, ordinairement réservée à un prince du sang.

A propos de M. Louis Galluccio de l'Hospital, marquis, puis duc de Vitry, et pour donner une idée des façons de voir si différentes selon les temps et les mœurs, on fera remarquer que le cardinal de Retz, sans blâmer autrement M. de Vitry d'avoir été l'un des meurtriers du maréchal d'Ancre, dit simplement de lui : « Il avait peu de sens, mais il était hardi jusqu'à la témérité, et l'emploi qu'il avait *eu de tuer* le maréchal d'Ancre lui avait donné dans le monde *un certain air d'affaire et d'exécution.* »

Le baron des Anbiez, malgré ses velléités d'indépendance et de rébellion, était le meilleur, le plus généreux des hommes.

Adoré des paysans de ses domaines, révéré des habitants de la petite ville de la Ciotat, qui l'avaient toujours trouvé prêt à diriger leurs forces et à les aider de tout son pouvoir à se défendre contre les pirates, il exerçait une véritable influence dans les environs.

Enfin, sa vigoureuse opposition à quelques ordres de M. de Vitry, qui lui semblaient porter atteinte aux franchises de la Provence, avait été généralement et hautement approuvée dans le pays.

Lorsque Stéphanette revint à la Maison-Forte, le soleil était sur le point de se coucher. Le premier soin de la jeune fille fut de se rendre auprès de mademoiselle Reine des Anbiez.

Celle-ci occupait habituellement un cabinet situé au premier étage d'une des tourelles du château.

Cette pièce, de forme ronde, lui servait de cabinet d'étude, et était meublée avec un soin et une recherche extrêmes.

Le baron, idolâtre de sa fille, avait consacré à cet arrangement intérieur une somme assez considérable ; les murailles circulaires disparaissaient sous une riche tapisserie flamande, fond vert, à dessins plus foncés, rehaussés d'un fil d'or.

On remarquait, entre autres meubles, une bibliothèque de noyer, curieusement sculptée dans le goût de la renaissance, et incrustée de mosaïques de Florence.

Un riche et épais tapis turc couvrait le plancher ; les intervalles qui séparaient les poutrelles du plafond étaient d'un bleu d'azur, semé d'arabesques d'or d'un travail assez délicat.

Une lampe d'argent était suspendue à la maîtresse poutre par une chaîne aussi d'argent. La forme de ces lampes, encore usitées dans quelques villages de Provence, était très simple ; elles se composaient d'un carré de métal, dont les bords, relevés à un pouce de hauteur, contenaient l'huile, et formaient à chaque angle une sorte de bec, d'où sortaient les mèches.

Enfin, sur une table à pieds tors, placée dans la profonde embrasure de la fenêtre, on voyait un luth, un téorbe, et quelques ouvrages de tapisserie commencés.

Deux portraits, l'un de femme, l'autre d'homme, portant le costume du règne de Henri III, étaient placés au-dessus de cette table, et obliquement éclairés par de petits vitraux en châssis de plomb, qui garnissaient l'étroite et longue croisée.

Enfin, pour remédier au manque de cheminée, on voyait, dans un coin de cette pièce, un large brasier de cuivre assez curieusement ciselé, et supporté par quatre griffes massives. Il contenait un lit de cendres et de braises ardentes, où fumaient quelques brindilles de genêts odoriférants.

Reine des Anbiez portait une robe de gros de Tours brune un peu traînante, à manches et à corsage justes ; ses beaux cheveux châtains étaient renfermés dans une résille de soie pourpre.

Lorsque Stéphanette entra chez sa maîtresse, elle trouva celle-ci dans un état d'agitation extraordinaire : ses joues étaient colorées ; ses traits exprimaient la surprise, presque la frayeur.

Reine prit vivement sa camériste par la main, la conduisit près de la table, et lui dit :

— Regarde !

L'objet qu'elle désignait à l'attention de Stéphanette était un petit vase de cristal de roche.

De son col élégant et allongé sortait une sorte de lis orange foncé, dont le calice d'un bleu d'azur laissait voir de flexibles pistils d'un blanc d'argent ; cette brillante fleur exhalait une odeur délicieuse et comparable aux senteurs mélangées de la vanille, du citron et du jasmin.

Stéphanette joignit les mains avec admiration, et s'écria :

— Ah ! mademoiselle, la belle fleur ! Est-ce donc un présent de M. le chevalier de Berrol ?

Au nom de son fiancé, Reine rougit et pâlit tour à tour ; puis, sans répondre à Stéphanette, elle prit le vase avec une sorte d'effroi, et lui montra une petite figure émaillée qui s'y trouvait ; cet émail représentait une colombe blanche au bec rose, ayant les ailes étendues, et tenant entre ses pattes purpurines un rameau d'olivier.

— Notre-Dame ! — s'écria Stéphanette avec effroi, — c'est le portrait de l'épingle d'émail que ce jeune mécréant vous a dérobée dans les roches d'Ollioules, après qu'il a eu sauvé la vie de monseigneur !

— Et qui a pu apporter ici ce vase et cette fleur ? — demanda Reine en secouant la tête d'un air effrayé.

— Vous l'ignorez donc, mademoiselle ?

Reine fit, en pâlissant, un signe de tête affirmatif.

— Sainte Vierge ! il y a de la sorcellerie ! — s'écria Stéphanette en remettant vivement le vase sur la table, comme s'il lui eût brûlé la main.

Reine, contenant à peine son émotion, lui dit :

— Tantôt j'étais sortie pour voir mon père monter à cheval ; je me suis promenée jusqu'à la nuit dans la grande allée du pont-levis ; en rentrant ici, j'ai trouvé cette fleur sur cette table... Mon premier mouvement a été de croire, comme toi, qu'elle m'avait été apportée ou envoyée par M. de Berrol, quoique dans cette saison froide cette fleur m'eût paru une merveille ; j'ai demandé si le chevalier était venu à la Maison-Forte : on m'a répondu que non ; d'ailleurs j'avais sur moi la clef de cet appartement.

— Mademoiselle... mais c'est alors bien vraiment de la magie !

— Je ne sais que penser... En examinant plus attentivement ce vase, j'ai remarqué l'empreinte émaillée représentant l'épingle que...

Reine ne put achever.

Les mouvements précipités de son sein trahissaient la violente émotion que lui causait le souvenir de cette étrange journée, dans laquelle l'étranger avait osé approcher ses lèvres des siennes.

— Il faut consulter M. le chapelain ou le guetteur, mademoiselle! — s'écria Stéphanette.

— Non... non; tais-toi... N'ébruitons pas ce mystère qui m'effraye malgré moi; attendons... Épie bien les environs de cet appartement, peut-être découvrirons-nous quelque chose.

— Mais cette fleur! mais ce vase!... mademoiselle.

Pour toute réponse, Reine jeta la fleur dans le brasier.

On eût dit que la pauvre plante se tordait douloureusement sur les charbons ardents; le léger sifflement produit par la partie aqueuse de la tige qui s'épanchait, semblait autant de petits cris plaintifs.

Bientôt tout fut en cendres.

Reine ensuite ouvrit la fenêtre qui donnait sur l'esplanade, et lança en dehors le flacon de cristal; il se brisa en éclat sur le parapet, ses débris tombèrent dans la mer.

A ce moment on entendit des pas lourds et éperonnés retentir sur les dalles de l'escalier; la voix un peu rauque de Raimond V appela joyeusement sa fille pour venir voir — ce démon de Mistraoü!

— Pas un mot de ceci à mon père, — dit Reine à Stéphanette, en mettant un doigt sur ses lèvres.

Et elle descendit à la rencontre du bon vieux gentilhomme.

CHAPITRE VI

LE SOUPER

Reine, cachant à peine son émotion, rejoignit son père.

Raimond V baisa tendrement sa fille au front; s'appuyant sur son bras, il descendit les dernières marches de l'escalier de la tour. Il portait un vieux costume de chasse vert, à passements d'or ternis, des chausses écarlates, de grandes bottes de basane, couvertes de boue, et de longs éperons de fer rouillés. Il tenait à la main son feutre gris; car malgré le froid assez vif, le front hâlé et ridé de Raimond V était couvert de sueur.

Dans la cour du château, à la lueur d'une torche, un valet de ferme tenait par la bride le sournois et farouche Mistraoü, dont les flancs ruisselaient.

Un grand lévrier noir à longs poils et un petit chien d'arrêt épagneul blanc orangé étaient couchés aux pieds de l'étalon de la Camargue.

Le lévrier paraissait haletant; ses oreilles couchées sur son crâne, sa gueule entr'ouverte et remplie d'écume, ses yeux à demi fermés, le battement fébrile, précipité de ses flancs, sa respiration entrecoupée, tout annonçait qu'il venait de faire une course rapide.

La vue de Mistraoü, en lui rappelant la scène des rochers d'Ollioules, augmenta encore le trouble de Reine. Mais le baron était si peu clairvoyant, le succès de sa chasse dont il voulait se glorifier, le préoccupait tellement, qu'il ne s'aperçut pas de l'agitation de sa fille.

Il détacha une courroie qui suspendait un gros lièvre à l'arçon de sa selle, le présenta orgueilleusement à Reine en le soupesant, et lui dit:

— Croirais-tu qu'Éclair (à ces mots le lévrier, sans cesser de haleter, leva sa tête longue, fine et intelligente), croirais-tu qu'Éclair a forcé ce lièvre en treize minutes, dans les bruyères de Savenol? C'est le vieux Genêt (ici le petit épagneul leva la tête à son tour), c'est le vieux Genêt qui l'a mis sur pied. La vitesse de ce démon de Mistraoü est si grande, que je n'ai perdu Éclair de vue que pendant le temps que j'ai mis à gravir la colline des Pierres noires... J'ai fait ainsi, j'en suis sûr, plus d'une lieue et demie.

— Mon père... comment vous exposer à monter encore ce cheval, après l'épouvantable danger qu'il vous a fait courir!

— Maujour! — s'écria le vieux gentilhomme d'un air de gravité moqueuse, — il ne sera pas dit que Raimond V cédera jamais à un de ces fils indomptés de la Camargue.

— Mais, mon père...

— Mais, ma fille, je ne céderai pas plus sur terre que sur mer, je te dis cela parce que je viens de visiter les madragues que ces drôles de la Ciotat veulent m'empêcher de poser dans l'anse en dehors des roches de Castrembaoü; tout à l'heure

J'ai rencontré le consul Talebard-Talebardon sur sa haquenée ; nous en avons causé. N'a-t-il pas eu l'effronterie de me menacer du tribunal des prud'hommes pêcheurs... dont le guetteur est le syndic !... Maujour ! j'ai tant ri, que ce démon de Mistraoû, profitant de ma distraction, est parti comme un trait !

— Encore des dangers, mon père. Ce cheval vous sera fatal !

— Sois tranquille, mon enfant ; quoique je n'aie pas le poignet aussi vigoureux que ce jeune Moscovite à demi sauvage qui arrêta si adroitement Mistraoû au bord du précipice, la gaule, la bride et l'éperon auront toujours raison des ruades et des pointes d'un cheval vicieux... Mais permettez, belle châtelaine, que je vous offre le pied de l'animal que j'ai chassé.

Ce disant, le baron tira son couteau de sa poche, coupa la patte droite du lièvre et l'offrit galamment à sa fille, qui prit, non sans quelque répugnance, ce trophée de vénerie.

On reconduisit Mistraoû à son écurie, mais Éclair et Genêt, favoris du baron, le suivirent côte à côte, pas à pas, pendant qu'appuyé sur le bras de Reine, Raimond V faisait ce qu'il appelait son inspection du soir, en attendant l'heure du souper.

Les laboureurs et les métayers, revenus des champs, se livraient aux occupations de la veillée d'hiver, dans une vaste étable chaude et bien close.

Les femmes, les jeunes filles filaient au rouet, les hommes raccommodaient leurs filets, leurs instruments aratoires ou nettoyaient leurs armes ; maître Laramée, ancien sergent de la compagnie franche, levée par Raimond V lors des troubles civils, et alors majordome et commandant supérieur de la garnison du château, exigeait que les tenanciers du baron, qui faisaient tour à tour le service de sentinelles sur la terrasse du bord de la mer, fussent militairement armés.

D'autres peignaient aux couleurs du baron (rouge et jaune) de longues lances destinées aux joutes sur l'eau, ou des pieux employés au saut de la barre, divertissements accoutumés des fêtes de Noël.

Ceux-là, occupés plus sérieusement, préparaient les grains destinés aux semailles tardives ; ceux-ci tressaient avec grand soin des paniers de jonc destinés à renfermer les *calénos* ou présents de fruits qu'on se fait à la Noël.

Ces travaux étaient tantôt égayés par des chansons du pays, tantôt accompagnés de quelque légende merveilleuse ou de quelque épouvantable récit des cruautés des pirates.

Dans une salle supérieure remplie de fruits, des enfants et des vieillards s'occupaient de visiter les longues guirlandes de raisins qui pendaient aux poutres du plafond, ou serraient dans des corbeilles les figues odorantes qui séchaient sur des claies de paille.

Plus loin, c'était la lingerie où les lavandières, sous l'inspection immédiate de demoiselle Dulceline, femme de charge, s'occupaient du linge du château et le parfumaient, en mettant dans ses plis plus blancs que la neige des feuilles d'herbes aromatiques.

Souvent la voix aigre de Dulceline, surmontant les joyeuses chansons des lavandières, venait réprimander quelques paresseuses.

A côté de la lingerie était enfin la pharmacie du château, où les paysans des environs trouvaient tous les médicaments indispensables.

Cette pharmacie se trouvait dans les attributions du chapelain du baron, l'abbé Mascarolus, vieux et excellent prêtre, d'une piété angélique et d'une naïveté rare. Le chapelain possédait des connaissances médicales assez étendues, et croyait fermement à l'efficacité de l'étrange pharmacopée de ce temps-là.

Malgré la continuelle appréhension des pirates, tous les habitants de la Maison-Forte partageaient la gaieté pour ainsi dire traditionnelle que causait toujours en Provence l'approche de la Noël, la plus joyeuse, la plus grande solennité de l'année.

Chaque soir, avant souper, le baron faisait donc, en compagnie de sa fille, ce qu'il appelait son inspection, c'est-à-dire qu'il parcourait le théâtre des occupations si diverses dont nous venons d'entretenir le lecteur, causant familièrement avec tout le monde, accueillant les demandes, les plaintes, s'impatientant souvent, s'emportant et grondant quelquefois; mais, toujours plein de justice, de bonté, il faisait oublier par sa bonhomie cordiale ses mouvements de vivacité.

Raimond V mettait en valeur une grande partie de ses domaines; il causait longtemps à la veillée avec ses principaux bergers, vignerons, laboureurs et métayers, surveillait lui-même ses écuries et ses étables, persuadé de la sagesse de ces deux proverbes provençaux dignes du guetteur du cap de l'Aigle : *Luei doou mestre engraisso lou chivaou* (l'œil du maître engraisse le cheval).

Bouen pastre, bouen ave (bon berger, bon troupeau).

Le vieux gentilhomme finissait ordinairement sa tournée par une visite à la pharmacie, où il trouvait l'abbé Mascarolus, qui lui donnait une sorte d'état hygiénique de la santé des habitants du domaine des Anbiez.

Le jour dont nous parlons, Raimond V arriva dans la pharmacie, accompagné de Reine, en passant par la lingerie. On s'occupait des préparatifs de la fête de la Noël dans presque tous les départements du château; mais la confection de la pièce la plus importante de cette solennité était réservée aux soins de la vénérable Dulceline, qui avait prié l'abbé de l'éclairer de ses conseils.

Il s'agissait de la *Crèche*, sorte de tableau en relief et colorié, que l'on plaçait le jour de Noël dans la plus belle chambre de l'habitation, château, maison ou chaumière.

Ce tableau représentait la naissance de l'enfant Jésus; on y voyait l'étable, le bœuf, l'âne, saint Joseph, la Vierge tenant sur ses genoux le Sauveur du monde.

Chaque famille, pauvre ou riche, tenait à avoir une Crèche plus ou moins splendide, et ornée de guirlandes de feuillage, de clinquants, et surtout magnifiquement illuminée de petites bougies dont on l'entourait.

Raimond V, entrant dans la lingerie, fut surpris de n'y pas voir Dulceline. Toutes les lavandières firent une respectueuse révérence au baron, qui demanda où était la femme de charge.

— Monseigneur, — dit une jeune fille aux yeux noirs et aux joues couleur de grenade, — mademoiselle Dulceline est dans la chambre des philtres, avec M. l'abbé et Théréson; elle a défendu d'entrer, elle travaille à la Crèche.

— Diable, — dit le baron, — il me coûte de l'interrompre, mais le souper a sonné, il faut que l'abbé nous dise les grâces.

Il s'avança vers la porte, elle était intérieurement fermée. Il frappa.

— Allons, allons, l'abbé, le souper est servi et j'ai une faim de tous les diables.

— Permettez... un moment, monseigneur, — dit Dulceline, nous ne pouvons pas encore vous ouvrir. C'est un mystère!

— Ah! ah! l'abbé, je vous y prends, vous faites des mystères avec Dulceline, — dit joyeusement le vieux gentilhomme.

— Ah! monseigneur, Dieu nous garde! Théréson est avec

nons, s'écria la vénérable demoiselle, choquée de la plaisanterie du baron. Ouvrant précipitamment la porte, elle montra une figure pâle, ridée, encadrée dans une fraise et dans un béguin blanc, le tout digne du pinceau d'Holbein.

L'abbé, âgé de cinquante ans, vêtu d'une robe noire et d'un chaperon de même couleur qui lui emboîtait étroitement la tête, avait une figure douce et naïve.

Théréson, au moment où le baron entra, finissait de cacher sous une grande toile la mystérieuse Crèche.

Le baron, s'en approchant, allait témérairement lever ce voile, lorsque Dulceline s'écria d'un ton suppliant.

— Ah! monseigneur, laissez-nous le plaisir de vous surprendre; soyez seulement assuré que jamais plus belle Crèche n'aura orné la grande salle de la Maison-Forte, et c'est bien le moins, Notre Dame! puisque M. le commandeur et sa révérence le père Elzéar doivent venir des pays lointains pour assister à la Noël!

— Maujour! je serais trop malheureux s'ils n'y assistaient pas, — s'écria le baron, — voilà deux ans que mes pauvres frères n'ont passé ni une nuit ni un jour dans la maison de notre père, et par saint Bernard, mon patron, qui m'assiste, le Seigneur nous fera la grâce de nous réunir cette fois.

— Dieu vous entendra, monseigneur, et je joins mes prières aux vôtres, — dit l'abbé. Puis il ajouta : — Monseigneur, avez-vous fait bonne chasse?

— Très bonne, l'abbé, voyez plutôt! — et le baron prit la patte du lièvre que Reine tenait à la main et la montra à l'abbé.

— Si mademoiselle ne garde pas cette patte, — dit l'abbé, — je la lui demanderai pour ma pharmacie, en priant toutefois monseigneur de me dire si c'est la patte droite ou la patte gauche de l'animal.

— Eh! que voulez-vous faire de cela, l'abbé?

— Monseigneur, — dit le bon Mascarolus, en montrant un volume ouvert sur la table, — j'ai reçu hier ce livre de Paris. C'est le journal de M. de Maucannys, homme très illustre et très savant, et j'y lis ceci, page 317 : « Recette pour la goutte. Portez contre la cuisse, entre les chausses et la chemise du côté malade, deux pattes d'un lièvre tué entre la Notre-Dame de septembre et la Noël, mais avec cette importante observation qu'il faut se servir de la patte gauche de derrière, si c'est le bras droit qui est malade, et de la patte droite de devant, si c'est la jambe ou la cuisse gauche qui est malade ; à l'instant le mal cessera[1]. »

— Peste! l'abbé, — s'écria le baron en riant de toutes ses forces, — voilà une belle découverte ; désormais les braconniers diront qu'ils sont apothicaires et qu'ils ne tirent un lièvre à l'affût que pour se procurer des remèdes contre la goutte!

Le bon abbé, assez embarrassé des sarcasmes du baron, continua de lire pour se donner une contenance, et ajouta :

— Je vois ailleurs, monsieur le baron, page 177 : « Les cloportes donnés aux rossignols hydropiques les guérissent tout à fait. »

Ici les rires du bon gentilhomme redoublèrent. Reine, elle-même, malgré sa préoccupation, ne put s'empêcher d'imiter son père.

L'abbé Mascarolus sourit doucement, supporta ces innocentes railleries avec une résignation toute chrétienne, n'essayant même plus de défendre ses recettes empiriques, auxquelles on aurait d'ailleurs trouvé de fréquentes analogies dans les livres les plus sérieusement écrits sur l'art de guérir à cette époque.

Raimond V allait se livrer à un nouvel accès de gaieté, lorsque Laramée, à la fois majordome, maître d'hôtel et capitaine de la Maison-Forte, vint annoncer au baron que le souper l'attendait depuis longtemps.

Laramée, que nous avons vu former l'avant-garde de l'escorte du baron dans les gorges d'Ollioules, avait une physionomie de vrai pandour; son teint aviné, sa voix rauque, ses cheveux blancs et ras, sa longue moustache grise et ses continuels jurons n'étaient pas toujours du goût de Dulceline.

Elle accueillit l'entrée du majordome dans le sanctuaire de l'abbé avec une sorte de grondement sourd qui se changea en aigre glapissement, lorsqu'elle vit Laramée s'approcher indiscrètement du voile qui couvrait la mystérieuse Crèche et essayer de le soulever.

— Eh bien!... eh bien!... Laramée, — dit le baron, — mau-

[1] *Journal des voyages de M. de Maucounys*, conseiller du roi en ses conseils d'État et privé, et lieutenant criminel au siège présidial de Lyon, où les savants trouveront un nombre infini de nouveautés en machines de mathématiques, expériences physiques, raisonnements de la belle philosophie, curiosités de chimie, outre la description de divers animaux et plantes rares, et plusieurs secrets inconnus pour le plaisir et la santé, etc., et ce qu'il y a de plus digne de la connaissance d'un honnête homme dans les trois parties du monde. Paris, Louis Freinine, au Palais, 1631.

jour!! veux-tu donc être plus privilégié que ton maître, et voir les merveilles que Dulceline cache à nos yeux! Allons, allons, prends cette lampe et éclaire-nous, vieux soudard.

Puis, se retournant vers Mascarolus, Raimond V ajouta gaiement : — Puisque, d'après votre beau livre, les cloportes guérissent les rossignols hydropiques, il faudra essayer de votre remède sur ce vieux drôle, sans cesse menacé d'hydropisie, car c'est une véritable outre, toujours gonflée de vin à en crever... Du reste, il n'a du rossignol que l'habitude de chanter la nuit, et le diable sait quelles chansons!

— Sans compter, monseigneur, qu'il chante d'une voix à réveiller tout le château et à faire fuir les *buon loki*[1] du sommet de la vieille tour, — ajouta la femme de charge.

— Aussi vrai que j'ai bu ce matin deux verres de *saouvo-christian*[2], les orfraies se connaissent en chouettes, Dulceline ma mie! — dit le majordome d'un air goguenard, en passant avec sa lampe devant la surintendante de la lingerie.

— Monseigneur, — s'écria-t-elle, — vous entendez l'insolence de maître Laramée!

— Et vous serez vengée, ma chère, je vais lui faire boire une pinte d'eau à votre santé. Allons... allons... marche, majordome... la *bouille-à-baisse*[3] refroidit.

Le baron, Reine et l'abbé quittèrent la pharmacie, descendirent un escalier assez rapide, et traversèrent la longue et sombre galerie qui unissait les deux ailes de la Maison-Forte; ils entrèrent dans une vaste salle à manger, brillamment éclairée par un bon feu de hêtre, de racines d'olivier et de pommes de pin, qui répandaient dans cette pièce une odeur balsamique.

L'immense cheminée à grand manteau de pierre, aux chenets de fer massif, fumait bien un peu, mais, par compensation, les fenêtres treillissées de plomb et les lourdes portes de chêne ne fermaient pas assez hermétiquement pour que la fumée ne pût s'échapper par leurs nombreuses fissures.

La bise, en s'introduisant ainsi par ces ouvertures, faisait

---

[1] Surnom provençal de la chouette. Un préjugé populaire voulait que ces animaux allassent boire l'huile des lampes funéraires des églises (VILLENEUVE, *Statistique des Bouches-du-Rhône*).

[2] Sauve-chrétien. Eau-de-vie dans laquelle on fait infuser des graines de raisin avec des aromates.

[3] Mets de prédilection des Provençaux, sorte de soupe au poisson.

entendre de longs sifflements, victorieusement combattus par les joyeux petillements du hêtre et les craquements des troncs d'olivier qui flambaient dans l'âtre.

Les murs, simplement peints à la chaux, ainsi que le plafond aux grosses poutres de chêne noires et saillantes, n'avaient pour ornements que quelques peaux de renards, de blaireaux et de loups, symétriquement espacées et clouées par les soins du majordome.

Dans les intervalles que ces pelleteries laissaient entre elles, on voyait des lignes à pêcher, des armes de chasse, des fouets, des gaules, et, comme curiosités, une bride moresque avec son mors tranchant et ses houppes de soie cramoisie.

Sur un dressoir de chêne d'un très beau galbe, on voyait une antique et lourde vaisselle d'argent, dont la richesse contrastait singulièrement avec la rusticité presque sauvage de cette salle.

De grandes botrines de verre blanc étaient remplies des vins généreux de la Provence et du Languedoc; de plus petits flacons contenaient des vins d'Espagne, qui venaient très facilement et très promptement de Barcelone par les bâtiments côtiers.

Quelques valets campagnards, vêtus de casaques de cadis brun, faisaient le service sous les ordres du majordome, les livrées aux couleurs du baron ne sortant du vestiaire que lors des jours de fêtes.

La table oblongue, placée très près du foyer, reposait sur un épais tapis de sparterie. Le reste de la salle était pavé de dalles de grès.

Au haut bout de la table, on voyait le fauteuil armorié de Raimond V, à sa droite, le couvert de sa fille, à sa gauche, le couvert de l'étranger, usage d'une hospitalité touchante.

Au-dessous de cette place, la place du chapelain.

La table était délicatement et abondamment servie.

Autour d'une énorme soupière de bouille-à-baisse, composée d'excellentes murènes de la Ciotat, de tronçons de peï-spadou ou espadon, et de dattes de mer, on voyait des gangas ou gelinottes des Pyrénées, entourant une oie sauvage parfaitement rôtie; de l'autre côté, une selle d'agneau de trois mois et un demi-cabri d'un mois justifiaient par leur appétissante odeur le proverbe culinaire : *Cabri d'un mes, agneoü de tres* (cabri d'un mois, agneau de trois); des coquillages de toute espèce, tels que clovisses, carambotes, ayant surtout la saveur de roc, comme disent les Provençaux, remplissaient les intervalles laissés entre ces mets substantiels.

Enfin des hors-d'œuvre fortement salés et épicés, tels que crevettes, langoustes, artichauts, céleris et fenouils crus, formaient une réserve formidable que Raimond V appelait à son aide pour exciter sa soif lorsqu'elle commençait à se tarir.

Cette profusion, qui paraît énorme au premier aspect, s'explique facilement par l'abondance des ressources du pays, par la coutume hospitalière de cette époque, et par le grand nombre de gens qu'un seigneur de cette époque avait à nourrir.

Les grâces dites par le digne abbé Mascarolus, le baron, sa fille et le chapelain, se mirent à table, Laramée prit son poste habituel derrière le fauteuil de son maître.

CHAPITRE VII

LE FIANCÉ

A peine le baron était-il assis, qu'il s'écria :

— Où diable ai-je la tête? Et Honorat ne devait-il pas venir souper avec nous?

— Il nous l'avait du moins promis hier, — dit Reine.

— Et tu souffres que ton fiancé manque ainsi à sa parole! Quelle heure est-il donc, Laramée?

— Monseigneur, je viens de poser les deux factionnaires sur le rempart.

— C'est-à-dire qu'il est huit heures, n'est-il pas vrai, seigneur capitaine? — dit gaiement le baron au majordome en tendant son verre.

— Oui, monseigneur, huit heures bien passées.

— Ah çà! — reprit le vieux gentilhomme, en remettant son verre sur la table, sans l'avoir vidé, — pourvu qu'il ne soit rien arrivé à Honorat!

— Mon père, si l'on envoyait tout de suite quelqu'un à cheval du côté de Berrol! — dit vivement Reine.

— Tu as raison, mon enfant; de toute façon, nous serons plus rassurés : ce n'est pas qu'il y ait grand'chose à craindre;

mais, la nuit, le chemin des marais et des paludes de Berrol n'est pas sûr.

— Qui enverrai-je au-devant de M. le chevalier, monseigneur ? — dit Laramée.

Le baron allait répondre, lorsque le chevalier de Berrol parut précédé d'un valet qui tenait une lampe.

— Et d'où diable viens-tu, mon fils ? — dit le seigneur des Anbiez. Et il tendit la main à Honorat, qu'il appelait son fils, depuis qu'il devait épouser Reine. — As-tu rencontré la fée Esterelle dans les fondrières de Berrol ?

— Non, mon père ; mais j'étais allé chez le seigneur de Saint-Yves, et puis... — S'interrompant pour s'approcher de la jeune fille, Honorat lui dit : — Excusez-moi, je vous prie, Reine, d'être ainsi en retard.

Celle-ci lui tendit la main avec une grâce enchanteresse, en disant d'un ton pénétré, presque sérieux :

— Je suis heureuse... bien heureuse de vous voir, Honorat, car nous étions inquiets.

Il y eut dans ce peu de mots, dans le regard qui les accompagna, une telle expression de confiance, de tendresse, de sollicitude, que le chevalier tressaillit de bonheur.

— Allons, allons, mets-toi à table ; et maintenant que tu as fait ta paix avec Reine, conte-nous ce qui t'a retenu chez le seigneur de Saint-Yves.

Le chevalier se débarrassa de son épée et de son chapeau qu'il remit à Laramée, prit place à côté du baron, et répondit :

— Le greffier de l'amirauté de Toulon, qui est en tournée dans la province, accompagné d'un scribe et de deux gardes du gouverneur, était venu, par ordre de ce dernier, visiter le château du seigneur de Saint-Yves.

— Maujour ! — s'écria l'impétueux baron, — je suis sûr qu'il s'agit de quelque commandement insolent ! Ce maréchal, tueur de favoris, n'en donne jamais d'autres ; et on dit ce greffier de Toulon le plus mauvais coquin qui ait jamais signifié un arrêt !

— Mon père, calmez-vous, — dit Reine.

— Tu as raison... le Vitry ne mérite pas une généreuse colère. Il est pourtant pénible pour la noblesse provençale de voir un tel homme remplir des fonctions jusqu'ici toujours données à des princes du sang. Mais nous vivons dans un singulier temps. Les rois sommeillent, les cardinaux règnent, les évêques portent la cuirasse et le baudrier [1]. Cela n'est-il pas bien canonique, l'abbé ?

Le bon Mascarolus n'aimait nullement à se prononcer d'une manière précise, aussi répondit-il humblement :

— Sans doute, monseigneur, les canons de Jean VIII et le texte de saint Ambroise défendent aux prélats de porter les armes ; mais, d'un autre côté, la glose du concile de Worms les y autorise (avec approbation du saint-père), lorsqu'ils possèdent des domaines relevant de la couronne. Sous Louis le Jeune, les évêques de Paris allaient à la bataille. Hincmar et Hervich, archevêques de Reims, conduisirent des troupes sous Charles le Chauve et sous Charles le Simple ; Tristan de Salazar, archevêque de Reims, armé de toutes pièces, monté sur un bon coursier, une javeline à la main...

— Bien, bien ! l'abbé, par la grâce du cardinal, nous nous accoutumerons à voir les saints évêques vêtus en gendarmes, avec un casque pour mitre, un buffle pour étole, une lance pour crosse, répandre le sang au lieu d'eau bénite ; c'est convenu, l'abbé. A boire, Laramée ! Et toi, Honorat, achève ton histoire.

— Voici le fait, — dit le chevalier. — Le greffier Isnard, qu'on dit en effet sans pitié pour les pauvres gens, venait, en compagnie d'hommes de justice, s'informer du nombre d'armes de guerre et de la quantité de munitions que possédait le seigneur de Saint-Yves dans son château, afin d'en dresser un état d'après les ordres du maréchal de Vitry.

Le baron venait de vider glorieusement son verre. Il le tenait encore par le pied entre le pouce et l'index de sa main droite. En entendant ces mots, il resta immobile, attachant un regard stupéfait sur Honorat, et essuyant machinalement, du revers de sa main gauche, sa moustache blanche, trempée de vin.

Le chevalier, sans remarquer les signes d'étonnement du baron, continua : — Comme le seigneur de Saint-Yves hésitait à consentir à ce que demandait le greffier, et que celui-ci insistait presque avec menaces, disant qu'il agissait par ordre du gouverneur de la province au nom de monseigneur le cardinal, je voulus m'interposer entre eux, et...

---

[1] M. l'évêque de Nantes et M. l'archevêque de Bordeaux avaient des commandements militaires considérables. Ce dernier fut à la tête des flottes de France de 1637 à 1638.

— Comment ! Saint-Yves n'a pas fait clouer ces corbeaux par les pieds et par les mains à la porte de son manoir, pour servir d'épouvantail aux autres ! — s'écria le baron, pourpre d'indignation, en posant si violemment son verre sur la table, qu'il le brisa.

— Mon père ! — dit Reine avec inquiétude en voyant les veines qui sillonnaient le front chauve du baron se gonfler à se rompre.

— Mon père ! que vous importe... sans doute le seigneur de Saint-Yves a accédé aux ordres du gouverneur.

— Lui ! obéir à de tels ordres ! — s'écria Raimond V, — lui ! s'il avait eu cette lâcheté, et qu'il osât reparaître à la première assemblée de la noblesse d'Aix, j'irais à son banc le prendre par le collet, et je le chasserais de la salle à coups de baudrier... Comment ! un greffier viendra dans nos maisons fortes compter nos armes, notre poudre et nos balles ! comme un huissier va compter les marchandises d'un marchand ! Maujour ! ce serait par ordre exprès et signé du roi de France, notre comte, que je répondrais à un tel ordre à bons coups de mousquet et de fauconneau.

— Mais, monsieur... — dit Honorat.

— Visiter nos châteaux ! — s'écria le baron de plus en plus exaspéré. — Ah ! ce n'est pas assez d'avoir mis à la tête de la vieille noblesse de Provence un Vitry ! un assassin gagé... il faut encore que ce cardinal, que l'enfer confonde (priez pour lui, l'abbé, il en a diablement besoin), nous impose les obligations les plus humiliantes !... Visiter nos maisons ! Ah ! Vitry, tu veux savoir ce que nous pouvons tirer de coups de mousquet et de fauconneau ! eh bien, par la mort-Dieu ! viens donc assiéger la porte de nos châteaux, et tu le sauras !! — Puis, se retournant avec vivacité vers Honorat : — Mais qu'a fait Saint-Yves ?

— Monsieur, au moment où je l'ai quitté, il proposait d'entrer en accommodement, de dresser lui-même l'inventaire qu'on lui demandait, et de l'envoyer directement au maréchal.

— Laramée, — dit le baron, en se levant brusquement de table, — fais seller Mistraoü ; que cinq ou six de tes gens montent à cheval, arme-les bien, et tiens-toi prêt aussi à me suivre.

— Au nom du ciel, mon père, que voulez-vous faire ? — s'écria Reine en prenant l'une des deux mains du baron dans les siennes.

— Empêcher le bonhomme Saint-Yves de commettre une lâcheté qui déshonorerait la noblesse de Provence... il est vieux et faible, il n'a pas grand monde autour de lui... il se sera laissé intimider... Laramée, mes armes, et à cheval !... à cheval !

— Par cette nuit noire, par les mauvais chemins, monsieur ; vous n'y songez pas, — dit Honorat en prenant l'autre main du baron.

— Tu m'as entendu, Laramée ! — s'écria Raimond V d'une voix impétueuse...

— Mais, monsieur... — dit Honorat.

— Eh ! maujour ! mon jeune maître ! je fais ce que vous auriez dû faire ! à votre âge, j'aurais jeté par la fenêtre le greffier, son scribe et les gardes du gouverneur. Mordieu ! le sang de vos pères ne bout pas dans vos veines, jeunes gens !... Laramée, mes armes, et à cheval !

Aux reproches du baron, Henri ne répondit rien ; il baissa tristement la tête, et regarda Reine en secouant la tête comme pour lui faire comprendre ce qu'il y avait d'injuste et de dur dans les reproches de son père.

La jeune fille l'entendit sans doute ; pendant que Laramée s'occupait de décrocher, d'une des panoplies qui ornaient la salle à manger, les armes de son maître, elle dit :

— Laramée, faites aussi seller ma haquenée ; j'accompagnerai monseigneur...

— Au diable la folle ! — dit le baron en haussant les épaules.

— Folle ou non, je vous accompagnerai, mon père.

— Eh ! maujour ! non... non, cent fois non, tu ne m'accompagneras pas... par des chemins pareils... à l'heure qu'il est !

— Je vous suivrai, mon père... vous savez si je suis volontaire et opiniâtre...

— Certes... comme une chèvre... quand vous vous y mettez. Pourtant, cette fois, vous me céderez, j'espère.

— Je descends moi-même tout faire préparer pour mon départ, — dit Reine... — Venez, Honorat.

— Au diable la folle ! elle est capable de le faire, ainsi qu'elle le dit ! — s'écria le baron. — Ah ! voilà ! j'ai été trop bon, j'ai été trop faible pour elle... elle en abuse ! — s'écria le vieux gentilhomme en frappant du pied avec colère. Puis, prenant un ton plus doux : — Voyons... Reine... ma fille, ma chère fille... sois raisonnable, un branle de galop et je suis auprès de Saint-Yves; le temps de chasser ces misérables à coups de fouet, et je reviens...

Reine fit un pas vers la porte...

— Mais joins-toi donc à moi, Honorat; tu restes là comme un Terme!

— Ah! mon père... oubliez-vous donc que tout à l'heure vous avez traité de lâcheté sa conduite à la fois prudente et ferme dans cette affaire!

— Lui? Honorat? mon fils, lâche?... je couperais la figure à celui qui oserait le dire... Si j'ai dit cela, j'ai eu tort, c'est la colère qui m'a emporté... Honorat... mon fils...

Raimond V ouvrit ses bras à Henri qui s'y jeta en lui disant:

— Croyez-moi, monsieur; n'entreprenez pas ce voyage... mon Dieu! vous ne verrez ces gens-là que trop tôt.

— Que dis-tu là?

— Demain matin, sans doute, ils seront ici... aucune habitation noble n'est exceptée de cette mesure.

— Ils seront ici demain! — s'écria le baron avec une expression de joie difficile à rendre. — Ah!... le greffier sera ici demain... lui qui a fait condamner aux galères de pauvres diables pour des délits de faux-saunage... ah!... il sera ici demain. Vive Dieu! cela me remet le cœur en joie. Laramée, ne fais pas seller les chevaux... non... non; seulement, demain, au point du jour, prépare une vingtaine de bonnes gaules de coudrier, car j'espère que nous en casserons... puis arrange une bascule au-dessus du fossé, et... mais je te dirai cela ce soir en me couchant. A boire, Laramée, à boire! donne-moi la coupe de mon père et du vin d'Espagne. Il faut boire avec solennité à une telle nouvelle; du vin de Xérès, te dis-je... et au diable le vin de Lamalgue!... puisque les gens du tyranneau de la Provence seront ici demain, et que nous pourrons donner sur leur dos, en attendant mieux, les étrivières à Vitry.

Ce disant, le baron se remit dans son fauteuil, chacun prit sa place, à la grande joie du pauvre abbé, qui, pendant cette scène, n'avait osé dire un mot.

Le souper, troublé par cet incident, finit avec une certaine gêne.

Raimond V, préoccupé de la réception qu'il ménageait aux agents du gouverneur, s'interrompait à chaque instant pour parler bas à l'oreille de Laramée; il était facile de deviner le sujet de ces colloques secrets, en voyant l'air profondément satisfait avec lequel le vieux soldat recevait les instructions de son maître.

Comme tous les gens de guerre, Laramée nourrissait une haine instinctive contre les hommes de loi, il ne dissimulait pas sa joie diabolique, en pensant aux bons tours dont le greffier et son scribe devaient être victimes le lendemain matin.

Reine et Henri échangeaient des regards inquiets... Ils connaissaient l'humeur irascible et opiniâtre du baron, son goût pour la révolte et son aversion pour M. de Vitry.

La jeune fille et son fiancé craignaient avec raison que le baron ne se laissât entraîner dans quelque fâcheuse démarche. De récents et terribles exemples avaient prouvé que Richelieu voulait mettre un terme à l'indépendance des seigneurs, et absorber dans le pouvoir royal beaucoup de leurs privilèges féodaux.

Malheureusement, il ne fallait pas songer à empêcher Raimond V d'en faire à sa tête; de plus, tous les gens qui dépendaient de lui ne devaient que trop le seconder dans ses dangereux projets.

Le bon abbé Mascarolus se hasarda bien à dire quelques mots détournés sur l'obéissance, dont les seigneurs devaient eux-mêmes donner l'exemple; mais un coup d'œil sévère et irrité du baron coupa court à la moralité du chapelain, il n'osa pas même défendre le maréchal, comme il avait défendu les prélats guerriers.

Ce qui effraya Reine, c'est que son père, tout en buvant moins que de coutume, se laissait parfois aller à des éclats de gaieté presque extravagante, pendant ses aparté mystérieux avec Laramée.

Le souper terminé, par un ancien et invariable usage d'hospitalité, le baron prit une lampe et conduisit lui-même Honorat de Berrol à la chambre qu'il devait occuper.

Comme toujours, le jeune homme voulut arguer de sa position de fiancé de Reine pour épargner ce cérémonial au baron; le vieillard répondit aussi, comme toujours, qu'après les fêtes de la Noël, c'est-à-dire après le mariage d'Honorat avec Reine, le sieur de Berrol devenant son fils, il ne le traiterait plus avec formalité. Jusque-là Raimond V persistait à avoir pour son hôte les soins dus à tout gentilhomme qui couchait sous son toit.

Reine rentra chez elle, suivie de Stéphanette. Son apartement était fort près de celui de son père; elle prêta l'oreille, et s'aperçut, à son grand regret, que Laramée restait chez le baron beaucoup plus longtemps que d'habitude; elle vit par là que le baron poursuivait ses projets contre le greffier et les gens de justice; enfin, malgré l'heure avancée de la nuit, elle entendit le majordome ordonner à deux des gens du baron de monter à cheval pour porter, disait-il, *des invitations.*

Inquiète des desseins de son père, elle congédia Stéphanette, et rentra dans sa chambre à coucher.

Un nouvel objet d'étonnement, presque de frayeur, l'y attendait.

CHAPITRE VIII

LE TABLEAU

Après avoir fermé la porte de communication qui conduisait chez son père, Reine s'avança machinalement vers la table placée près de sa fenêtre. Quel fut son étonnement, en voyant sur cette table un petit tableau encadré dans une bordure de filigrane de vermeil.

Le cœur de Reine battit violemment, elle se rappela le vase de cristal; un secret pressentiment l'avertit que ce tableau avait encore un mystérieux rapport avec l'aventure des roches d'Ollioules.

Elle s'en approcha presque en tremblant.

La perfection de cette miniature, peinte sur vélin, à l'instar des anciens manuscrits, était incroyable.

Il représentait la scène des gorges d'Ollioules au moment où le baron, tout en pressant sa fille sur son sein, tendait cordialement la main au jeune inconnu; au loin sur le rocher, Pog et Trimalcyon, les deux étranges personnages dont on a parlé, semblaient dominer cette scène.

Quoique Reine ne les eût vus qu'un moment, leur ressemblance était si frappante, qu'elle les reconnut. Elle tressaillit involontairement à l'aspect sinistre de la figure de Pog, surtout reconnaissable à sa longue barbe rousse et au sourire amer qui contractait ses lèvres.

Les traits du baron, ceux de Reine, étaient rendus avec une vérité, avec un art surprenant, quoique les visages fussent à peine aussi grands que l'ongle du petit doigt. Ils étaient modelés avec une finesse qui approchait du merveilleux.

Malgré le talent inimitable de cette ravissante peinture, une chose bizarre, extravagante, en détruisait l'effet et l'ensemble.

La pose, la tournure, le costume d'Érèbe (le jeune homme inconnu), étaient parfaitement rendus; mais sa tête disparaissait sous un petit nuage, au milieu duquel était encore représentée la colombe émaillée déjà reproduite sur le vase de cristal.

Cette omission était étrange, peut-être habilement calculée, car Reine, malgré sa stupeur, malgré sa crainte, ne put s'empêcher d'évoquer ses souvenirs, pour parfaire le portrait de l'inconnu.

Bientôt elle le vit pour ainsi dire en elle... au lieu de le voir sur le vélin qu'elle tenait à la main.

Il y avait aussi, de la part de l'étranger, une sorte de délicatesse à effacer ses traits sous un symbole qui représentait sans doute à sa pensée le souvenir le plus précieux de cette journée; peut-être, enfin, était-ce une manière de calmer les scrupules de la jeune fille, si elle se décidait à garder cette peinture, puisque les traits de l'inconnu ne s'y trouvaient pas reproduits.

Pour faire comprendre la lutte qui s'éleva dans l'esprit de la jeune fille, entre le désir de conserver ce tableau et sa résolution de le détruire, il faut revenir quelque peu sur nos pas, dire un mot de l'amour de Reine pour Honorat de Berrol, et aussi de ses sentiments après l'aventure des gorges d'Ollioules.

Honorat de Berrol était orphelin et parent éloigné de Raimond V; il avait une fortune assez considérable; ses biens enclavaient ceux du baron; quelques communautés d'intérêt resserraient encore les liens qui existaient entre le chevalier et le vieux gentilhomme.

Depuis deux ou trois ans, Honorat venait presque chaque jour à la Maison-Forte. Le chevalier était la droiture, la sincérité, l'honneur même. Son éducation, sans être bien cultivée, était supérieure à celle de la plupart des jeunes gens de son âge.

Il s'occupait activement de régir ses biens; son ordre et son économie étaient remarquables, quoiqu'il sût à propos se montrer généreux.

Son esprit n'était pas très éminent ; mais il avait beaucoup de bon sens, beaucoup de raison ; son caractère, d'une douceur charmante, devenait très ferme et très décidé lorsque les circonstances l'exigeaient.

Ce qui prédominait chez Honorat de Berrol, c'était une parfaite justesse de son esprit ; peu capable d'enthousiasme ou d'exagération, très borné dans ses désirs, suprêmement heureux de sa position, il attendait avec une joie calme et sereine le jour de son mariage avec la fille du baron.

Il n'y avait eu dans cet amour aucune phase romanesque. Avant de se laisser entraîner à son amour pour Reine, Honorat avait franchement exposé ses vues à Raimond V, en le priant de sonder les dispositions de sa fille.

Le bon gentilhomme, assez peu fait aux tempéraments et aux demi-mesures, répondit à Honorat que son alliance lui convenait parfaitement ; il fit à l'instant part des vues du chevalier à mademoiselle des Anbiez.

Reine avait alors seize ans ; elle fut enchantée de M. de Berrol, dont la figure, l'éducation, les manières étaient si fort au-dessus de la plupart des gentilshommes campagnards que certaines solennités rassemblaient souvent à la Maison-Forte.

Reine accueillit à merveille les projets du baron. Celui-ci écrivit longuement au sujet de cette union à ses frères, le père Elzéar et le commandeur, sans l'avis desquels il ne concluait presque rien.

Leur réponse fut très favorable à Honorat. Le baron lui annonça qu'il pouvait regarder Reine comme sa fiancée, fixa le mariage aux fêtes de Noël qui suivraient l'accomplissement de la dix-huitième année de la jeune fille.

Deux ans se passèrent ainsi, au milieu des douces espérances de cet amour calme et pur.

Honorat, sérieux et tendre, commença dès lors son rôle de mentor ; il prit peu à peu un grand et utile ascendant sur l'esprit de Reine.

Raimond V aimait si aveuglément, si follement sa fille, que l'heureuse influence d'Honorat sauva celle-ci de la dangereuse faiblesse de son père.

Ayant perdu sa mère presque encore au berceau, élevée sous les yeux du baron par une bonne et honnête femme, dont Stéphanette était la fille, Reine, heureusement douée des meilleurs instincts, n'avait jamais eu d'autres guides que sa volonté, que son caprice.

D'une imagination vive, ardente, ses jugements, ses sympathies, ses répugnances étaient souvent d'une grande exagération ; aussi accueillait-elle quelquefois avec une impatience mutine et une malicieuse ironie les sages observations d'Honorat, toujours plein de raison et de mesure.

Bercée de contes, de légendes bizarres et romanesques, souvent Reine s'était vue, en pensée, l'héroïne de quelque étrange aventure.

Honorat, d'un souffle, dissipait ces visions fantastiques, et reprochait à sa fiancée, avec autant de gaieté que de grâce, ces imaginations vagabondes.

Mais ces légers dissentiments s'oubliaient bientôt. Reine avouait ses torts avec une adorable franchise ; et la douce intimité des deux fiancés ne faisait que s'accroître.

A son insu, Reine subissait de plus en plus l'influence d'Honorat ; au lieu de se complaire dans des rêveries vagues et sans fin, d'évoquer des événements improbables, auxquels elle serait mêlée, Reine occupait son esprit de pensées plus graves ; elle songeait au doux et paisible avenir que lui offrait son union avec Honorat. Elle reconnaissait le néant de ses visions d'autrefois. Chacun de ses pas dans cette voie sage et heureuse constatait les progrès de son amour pour le chevalier de Berrol.

L'esprit et le caractère de Reine subissaient enfin une si complète transformation, que Raimond V disait quelquefois en plaisantant que sa fille lui imposait par son sérieux et par la sévérité de son regard, lorsqu'il commençait à outre-passer un peu les bornes de la tempérance.

Le sentiment de Reine pour Honorat n'était donc pas un amour passionné, fébrile, nourri de difficultés, de hasards, et incertain de son issue, c'était une affection sincère, calme, raisonnée, dans laquelle la jeune fille reconnaissait, avec une sorte de tendre vénération, la supériorité de la raison de son fiancé.

Tels étaient les sentiments de mademoiselle des Anbiez lors de la fatale rencontre des roches d'Ollioules.

La première fois qu'elle vit Érèbe, ce fut sous l'influence d'un profond sentiment de reconnaissance : il venait de sauver la vie du baron.

Reine n'eût peut-être pas remarqué la surprenante beauté de l'étranger, sans les circonstances saisissantes au milieu desquelles il se présentait à elle.

Mais il venait d'arracher son père à un affreux péril. Ce fut la plus puissante séduction d'Érèbe.

Sans doute le charme cessa lorsque après avoir dit quelques mots à ses compagnons, l'inconnu, changeant tout à coup de physionomie, eut l'audace d'effleurer de ses lèvres les lèvres virginales de Reine.

Les traits de cet inconnu, qu'elle avait un instant auparavant trouvés d'une beauté si pure, d'une grâce si touchante, lui semblèrent tout à coup disparaître sous un masque insolent et libertin.

Depuis, Érèbe lui apparut toujours sous ces deux physionomies différentes.

Tantôt elle tâchait de bannir de son souvenir le téméraire qui lui avait si insolemment ravi une faveur qu'elle eût à peine accordée au sauveur de son père.

Tantôt elle songeait, avec un profond sentiment de gratitude, que le baron devait la vie à ce même étranger qui lui avait semblé d'abord si courageux et si timide.

Malheureusement pour le repos de Reine, Érèbe réunissait et justifiait, pour ainsi dire, ces deux physionomies si distinctes, et dans sa pensée elle lui accordait tour à tour son admiration ou son mépris.

Mais elle flottait sans cesse entre ces deux sentiments.

L'exagération naturelle de son caractère, plus assoupie que détruite, s'était réveillée par cette aventure bizarre.

Il lui semblait voir à la fois, dans l'inconnu, le génie du bien et le génie du mal.

Involontairement, son esprit ardent tâchait de pénétrer le secret de cette double puissance, et de deviner celle de ces deux influences qui était supérieure à l'autre.

Reine ne s'aperçut de sa constante préoccupation à ce sujet que par les tendres reproches d'Honorat de Berrol, qui l'accusait de distractions inaccoutumées.

Pour la première fois, Reine sentit presque avec effroi l'empire que le souvenir de l'inconnu prenait sur son esprit ; elle résolut d'y échapper, mais, ainsi que cela devait être, la persistance qu'elle mit à chasser Érèbe de sa pensée l'y établit davantage encore.

Dans son dépit, elle versa des larmes amères, pria, chercha un refuge et une distraction dans le sage et calme entretien d'Honorat.

Rien ne put lui faire oublier le passé. Malgré sa douceur, sa bonté, son fiancé lui imposait beaucoup par sa tendresse sérieuse, presque solennelle.

Elle n'osa pas lui ouvrir entièrement son cœur. Le baron était le meilleur des pères, mais absolument incapable de comprendre les angoisses indéfinissables de sa fille.

Concentré par le silence, surexcité par la solitude, un sentiment mêlé de curiosité, d'admiration et presque de haine, commença à jeter ses profondes racines dans le cœur de Reine.

Plusieurs fois, elle frémit en s'apercevant que la gravité d'Honorat la choquait. Elle lui reprochait presque de n'avoir dans sa carrière rien d'aventureux, rien de romanesque.

Elle comparait malgré elle l'existence paisible et uniforme de son fiancé au mystère qui entourait la vie de l'étranger.

Puis, honteuse de ces pensées, elle mettait tout son espoir dans son union prochaine avec Honorat, union sainte, solennelle, qui, en lui traçant des devoirs sacrés, devait effacer ses derniers rêves de jeune fille.

Tel était l'état du cœur de Reine lorsque, par un mystère inexplicable pour elle, elle trouva, dans la même journée, deux objets dont la vue vint redoubler toutes ses angoisses, exalter toutes les puissances de son imagination.

Cet étranger, ou l'un de ses agents, était donc invisiblement près d'elle ?

Elle ne pouvait soupçonner les domestiques intérieurs de la Maison-Forte d'être d'intelligence avec l'inconnu. Tous étaient de vieux serviteurs blanchis au service de Raimond V.

Élevée pour ainsi dire par eux, elle connaissait tellement leur vie et leur moralité, qu'elle les croyait incapables de tremper dans ces manœuvres souterraines.

Le fait du tableau placé sur son prie-Dieu, dans sa chambre, l'inquiétait surtout.

Elle fut sur le point d'aller tout dire à son père ; mais l'attrait presque instinctif du merveilleux la retint ; elle craignit de rompre le charme.

Son caractère romanesque trouvait dans ce mystère une sorte de plaisir mêlé de crainte.

Inaccessible aux idées surnaturelles, d'un esprit ferme, décidé, reconnaissant après tout qu'il n'y avait rien de réellement dangereux à laisser se dérouler la suite de cette étrange aventure, Reine se rassura quelque peu, surtout lorsqu'elle eut scrupuleusement visité sa chambre et celle qui la précédait.

Elle prit le tableau de nouveau, le considéra quelque temps ; puis, après être restée un moment rêveuse, elle le jeta dans le brasier comme à regret.

Elle suivit d'un regard mélancolique la destruction de ce petit chef-d'œuvre.

Par un hasard étrange, le vélin, détaché du cadre, s'enflamma d'abord des deux côtés.

La figure d'Érèbe brûla ainsi la dernière, et se dessina un moment seule sur la braise ardente du foyer... puis une légère flamme voltigea sur elle, tout disparut...

Reine demeura longtemps... longtemps les yeux attachés sur le foyer... comme si elle eût continué d'y voir le tableau, quoiqu'il fût consumé.

L'horloge de la Maison-Forte sonna deux heures du matin ; la jeune fille revint à elle, se coucha, et chercha longtemps le sommeil.

CHAPITRE IX

LE GREFFIER

Le lendemain du jour où s'étaient passées les différentes scènes que nous venons de raconter, un groupe de plusieurs personnes, les unes à pied, les autres à cheval, longeaient le bord de la mer, et paraissaient se diriger vers le golfe de la Ciotat.

Le personnage le plus important de cette petite caravane était un homme d'un embonpoint respectable, à figure grave et compassée, portant un manteau de voyage par-dessus son habit de velours noir.

Il avait une chaîne d'argent au cou, et montait un petit cheval qui marchait l'amble.

Ces personnages n'étaient autre que maître Isnard, greffier de l'amirauté de Toulon, et son clerc ou scribe, qui, monté sur une vieille mule blanche, portait en croupe d'énormes sacs remplis de dossiers et de deux grands registres dans leurs étuis de chagrin noir.

Le clerc était un petit homme entre les deux âges, au nez pointu, au menton pointu, aux pommettes saillantes, aux yeux perçants. Ce nez, ce menton, ces pommettes et ces yeux étaient fort rouges, grâce à un vent de nord très piquant.

Un valet, monté sur une autre mule, chargée de bissacs, et deux hallebardiers vêtus de casaques vertes et oranges à passements blancs, accompagnaient le greffier et son clerc.

Ces deux officiers de justice ne semblaient pas jouir d'une sérénité parfaite.

Maître Isnard, surtout, témoignait de temps à autre sa mauvaise humeur par des imprécations contre le froid, contre le temps, contre les chemins, et surtout contre sa mission.

Le clerc répondait à ces doléances d'un air humble et piteux.

— Maugrebleu ! — s'écria le greffier, — voilà deux jours seulement que j'ai commencé ma tournée... mais elle est loin de s'annoncer d'une manière agréable. Hum ! la noblesse prend mal le recensement des armes que monseigneur le maréchal de Vitry a ordonné : on nous reçoit dans les châteaux comme chez le Turc...

— Et encore bien heureux sommes-nous quand on nous y reçoit, maître Isnard, — dit le clerc. — Le sieur de Signerol nous a fermé au nez la porte de son manoir, et nous avons été obligés de verbaliser au clair de la lune... Le sieur de Saint-Yves nous a reçus fort à contre-cœur...

— Et toutes ces résistances ouvertes ou sourdes aux ordres de Son Éminence le cardinal seront dûment enregistrées, clerc... et les mauvais vouloirs seront punis !

— Heureusement que la réception du baron des Anbiez nous dédommagera de ces tribulations, maître Isnard... On dit ce vieux seigneur le meilleur des hommes. Son humeur joviale est aussi connue dans le pays que l'austérité de son frère le commandeur de la galère noire, et que la charité du père Elzéar de la Merci, son autre frère.

— Hum !... Raimond V fait bien d'être hospitalier, — murmura le greffier ; — c'est un de ces vieux remueurs toujours prêts à dégainer contre tout pouvoir établi... Mais, patience, clerc ! bon courage ! le règne des hommes de paix et de justice est arrivé, Dieu merci ! Tous ces arrogants batailleurs à longues rapières et à longs éperons se tiendront cois dans leurs maisons fortes comme des loups dans leurs tanières, ou, maugrebieu!... on rasera leurs demeures pour y semer le sel ! Enfin, — ajouta maître Isnard, comme s'il eût voulu se donner un courage factice, — nous sommes toujours sûrs de l'appui du cardinal ; et nous ôter un cheveu de la tête... voyez-vous, clerc, c'est arracher un poil de la barbe de Son Éminence !

— Ce qui doit être furieusement préjudiciable et sensible à ladite Éminence, maître Isnard ; car on dit qu'elle a une vraie barbe de chat, rare et rude.

— Vous êtes une pécore ! — dit le greffier en haussant les épaules et en donnant un coup de talon à son cheval.

Le clerc baissa la tête, ne dit mot, et souffla dans ses doigts par manière de contenance.

La petite caravane cheminait depuis quelque temps sur la grève, ayant à sa droite la mer, à sa gauche d'interminables rochers, lorsqu'elle fut rejointe par un voyageur modestement assis sur un âne.

Au teint basané de cet homme, à son surcot de cuir, à son bonnet rouge, qui laissait échapper une forêt de cheveux noirs, crépus et hérissés, enfin à une petite forge portative établie sur un des côtés du bât de son âne, on reconnaissait un de ces bohémiens ambulants qui allaient de ferme en village offrir leurs services aux ménagères pour ressouder ou raccommoder leurs ustensiles de ménage.

Malgré le froid, cet homme avait les jambes et les pieds nus. Ses membres grêles, mais nerveux, sa figure expressive, à peine ombragée d'une barbe noire et claire, offraient le type particulier aux hommes de sa race.

Son âne, à la physionomie calme et débonnaire, n'avait ni mors, ni bride ; il le conduisait au moyen d'un long bâton, qu'il lui approchait de l'œil gauche s'il voulait le faire aller à droite, et de l'œil droit s'il voulait le faire aller à gauche. En s'approchant du greffier et de sa suite, le bohémien prit l'âne par une de ses longues oreilles pendantes, et l'arrêta net :

— Pourriez-vous, messeigneurs, — dit respectueusement le bohémien au greffier, — pourriez-vous me dire si je suis encore loin de la Ciotat ?

Le greffier, regardant sans doute comme indigne de lui de répondre à cet homme, fit un geste dédaigneux et dit à son scribe :

— Clerc, répondez-lui, — et passa.

— La bouche est la maîtresse, l'oreille est l'esclave, — dit le bohémien en s'inclinant humblement devant le clerc.

Celui-ci gonfla ses joues maigres, prit un air superbe, se campa sur sa mule d'un air triomphant, et dit au valet qui le suivait, en montrant le bohémien :

— Laquais, répondez-lui... — et passa outre.

Petit-Jean, plus compatissant, dit au vagabond qu'il pouvait suivre la caravane ; qu'elle se rendait à un endroit tout proche de la Ciotat.

Les deux hallebardiers, un peu attardés, ayant rejoint le principal groupe, on continua de s'avancer sur la grève.

Le soleil fit bientôt sentir sa douce influence ; quoiqu'on fût au mois de décembre, ses rayons devinrent assez vifs pour que maître Isnard sentît le besoin de se débarrasser de son manteau ; il le jeta à son clerc, en lui disant :

— Êtes-vous bien sûr, clerc, de reconnaître la route qui conduit à la Maison-Forte de Raimond V, baron des Anbiez? car nous nous arrêterons d'abord dans le logis. C'est par là que je commencerai le recensement des armes dans ce diocèse. Eh ! eh ! clerc, l'air du matin et l'odeur saline de la grève m'ont ouvert l'appétit ! On dit que le baron fait une chère d'abbé, et qu'il est d'une hospitalité digne du bon roi René ; tant mieux, maugrebleu ! tant mieux ; ainsi, clerc, au lieu d'aller m'établir pour quinze jours dans quelque hôtellerie borgne de la Ciotat, eh ! eh !... je prendrai... mes quartiers d'hiver à la Maison-Forte de Raimond V, et vous m'y suivrez, clerc, — ajouta le greffier d'un air suffisant. — Au lieu de votre lard à l'ail et aux fèves, ou de votre raïto[1] des grands jours, vous n'aurez qu'à choisir entre la volaille, la venaison et l'excellent poisson du golfe... Eh! eh ! eh ! pour un affamé comme vous, c'est une rare aubaine ; aussi, clerc, vous allez vous en donner une fière râtelée...

Le pauvre scribe ne répondit rien à ces plaisanteries grossières dont il se sentait humilié, malgré son infortune, il dit seulement au greffier : — Je reconnaîtrai facilement le chemin, maître Isnard, car il y a un poteau à l'écu de Raimond V et une borne qui marque les terres Baussenques[2].

[1] Morue assaisonnée d'huile et de vin. Mets des pauvres provençaux.
[2] Terres exemptes de droits et de taxes par suite de concessions faites aux

— Des terres Baussenques ! — s'écria le greffier avec indignation, — encore un de ces abus que Son Éminence détruira, maugrebleu ! C'est à devenir fou que de vouloir se retrouver dans ce labyrinthe de priviléges féodaux ! — Puis, passant du sévère au plaisant, le greffier ajouta avec son gros rire : — Eh ! eh ! eh ! ce serait une tâche aussi difficile que s'il vous fallait distinguer le vin de Xérès du vin de Malaga; habitué que vous êtes à vous entonner la mauvaise eau de grappe* et à déguster un verre de *saouvo-christian* pour la bonne bouche.

— Heureux encore quand l'eau de grappe ne nous manque pas, maître Isnard ! — dit le pauvre clerc avec un soupir.

— Eh ! eh !... alors la rivière ne manque jamais, et les ânes y peuvent boire à leur aise, — reprit insolemment le greffier.

Sa malheureuse victime ne put que baisser la tête sans répondre, tandis que le greffier, fier de son triomphe, mettait sa main au-dessus de ses yeux pour voir si on ne découvrait pas enfin la Maison-Forte des Anbiez; car l'appétit de l'homme de loi était vivement excité.

Le bohémien, qui marchait après les deux interlocuteurs, avait entendu leur conversation.

Quoique ses traits fussent vulgaires, ils annonçaient beaucoup de finesse et d'intelligence. Ses petits yeux noirs, perçants, mobiles, se portaient sans cesse du greffier au clerc avec une expression tour à tour ironique et pitoyable. Lorsque maître Isnard eut terminé sa conversation par une plaisanterie grossière sur les ânes, il fronça vivement ses sourcils et parut sur le point de parler ; mais, soit qu'il redoutât le greffier, soit qu'il craignît de dire trop, il se tut.

— Dites-moi, clerc ! — s'écria le greffier en s'arrêtant court devant un poteau armorié marquant l'embranchement d'un chemin, — n'est-ce pas là la route des Anbiez ?

— Oui, maître Isnard. Il faut abandonner le rivage. Voici le chemin de la Maison-Forte ; elle est à deux cents pas d'ici ; ce bloc de rocher vous la cache, — ajouta le clerc en montrant une sorte de petit promontoire qui s'avançait dans la mer et empêchait en effet d'apercevoir le château.

seigneurs de la maison de Baux, une des plus anciennes de Provence, à laquelle Raimond V était allié.

* Vin de la seconde pressée.

— Alors, clerc, allez devant, — dit le greffier en retenant son cheval et en donnant un coup de houssine à la mule du scribe.

Celui-ci passa le premier, et la petite troupe s'aventura dans une espèce de chemin creux très rapide qui serpentait à travers les rochers de la côte.

Après un quart d'heure de marche, le chemin s'aplanit, des collines boisées, des vignes, des oliviers, des champs ensemencés, succédèrent aux rochers. Maître Isnard vit enfin avec joie la masse imposante de la Maison-Forte. Elle se dessinait au bout d'une immense avenue, plantée de six rangs de hêtres et de sycomores, qui conduisait à la vaste cour dont nous avons parlé.

— Eh! eh! — dit le greffier en ouvrant ses larges narines, — il est tantôt midi. Ce doit être l'heure du dîner de Raimond V; car ces seigneurs campagnards suivent la vieille mode provençale; ils font quatre repas, de quatre heures en quatre heures, déjeunent à huit heures, dînent à midi, goûtent à quatre heures et soupent à huit.

— Hélas! c'est à peu près comme s'ils mangeaient toute la journée, — dit le clerc avec un soupir de convoitise, — car ils restent quelquefois deux ou trois heures à table.

— Eh!... eh!... vous léchez déjà vos maigres badigoinces, clerc!... Mais ne voyez-vous pas une épaisse fumée du côté des cuisines?

— Maître Isnard, je ne sais pas où sont les cuisines, — dit le clerc, — je ne suis jamais entré dans l'intérieur de la Maison-Forte... mais on voit, en effet, une grosse fumée au-dessus de la tourelle qui regarde le ponant.

— Et ne sentez-vous aucune odeur de bouille-à-baisse ou de rôti? Maugrebleu! chez Raimond V, ce doit être la Noël tous les jours... Flairez... clerc... flairez.

Le scribe avança le nez comme un chien en quête, et répondit en secouant la tête : — Maître, je ne sens rien.

Lorsque le greffier fut à quelques pas de la cour de la Maison-Forte, il fut étonné de ne voir personne au dehors de cette vaste habitation à une heure où les soins domestiques exigent toujours tant de mouvement.

Nous avons dit que la cour formait une sorte de parallélogramme.

Au fond s'élevait le corps de logis principal.

De chaque côté, on voyait ses ailes en retour, ainsi que les communs.

Enfin, sur le premier plan, une haute muraille, percée de meurtrières, au milieu de laquelle s'ouvrait une porte massive; devant cette muraille régnait un large et profond fossé rempli d'eau, qu'on passait au moyen d'un pont volant établi en face de la porte.

Le greffier et ses gens arrivèrent à l'entrée du pont. Ils y trouvèrent maître Laramée.

Le majordome, solennellement vêtu de noir, portait à la main une baguette blanche, marque distinctive de ses fonctions.

Le greffier descendit de cheval d'un air d'importance, et s'adressant à Laramée, il lui dit : — De par le roi et Son Éminence monseigneur le cardinal, moi, maître Isnard, greffier, je viens faire le cens et dénombrement des armes et des munitions de guerre détenues ci en cette Maison-Forte, appartenant au sieur Raimond V, baron des Anbiez.

Puis, se retournant vers sa suite, à laquelle le bohémien s'était joint, le greffier dit : — Suivez-moi, vous autres.

Laramée fit un profond salut d'un air sournois, et répondit au greffier en lui montrant le chemin ; — Si vous voulez m'accompagner, monsieur le greffier, je vais vous ouvrir nos magasins d'armes et d'artillerie.

Encouragé par cet accueil, maître Isnard et ses gens traversèrent le pont, laissant leurs chevaux au dehors attachés au parapet, selon la recommandation expresse du majordome.

En entrant dans la cour plantée d'arbres, le greffier dit à Laramée : — Ton maître est-il céans? Eh! eh!... nous avons grand'faim et grand'soif, l'ami...

Le majordome regarda le greffier, ôta son feutre et répondit : — Vous me tutoyez, vous m'appelez l'ami; vous m'honorez beaucoup, monsieur le greffier.

— Va, va, je suis bon prince. Si le baron n'est pas à table, mène-moi d'abord à lui; et s'il est à table, conduis-moi encore bien plus vite à lui.

— On vient justement de servir monseigneur, monsieur le greffier; je vais aller vous ouvrir la porte d'honneur comme il convient.

En disant ces mots, Laramée disparut par un étroit passage.

Le greffier, son clerc, son valet, le bohémien et les deux hallebardiers restèrent dans cette vaste cour, occupés à regarder du côté de la porte principale du château, dont ils s'attendaient à chaque instant à voir ouvrir les deux battants.

Ils ne s'aperçurent pas que deux hommes retiraient le pont volant, en dehors du fossé, du côté des champs; de sorte que toute retraite était coupée aux hommes de justice.

CHAPITRE X

LE RECENSEMENT

Du côté de la cour, comme du côté de la mer, trois des fenêtres de la galerie qui s'étendait dans toute la longueur du bâtiment, donnaient sur un balcon dont le retable surplombait la porte principale du château.

Le greffier commençait à trouver qu'on mettait bien du cérémonial à l'introduire auprès du baron, lorsque les fenêtres s'ouvrirent brusquement, et dix ou douze gentilshommes en costume de chasse, galonnés, bottés, éperonnés, tenant un verre d'une main et une serviette de l'autre, se précipitèrent au balcon en poussant des clameurs et des ris immodérés.

A leur tête était Raimond V.

On voyait, à la rougeur avinée des compagnons du joyeux gentilhomme, qu'ils sortaient de table et qu'ils avaient glorieusement vidé plus d'une botrine de vin d'Espagne.

Les convives de Raimond V appartenaient à la noblesse des environs; ils étaient presque tous connus pour leur haine contre le maréchal de Vitry, et pour l'opposition ouverte ou sourde qu'ils faisaient incessamment au pouvoir du cardinal de Richelieu.

Honorat de Berrol et Reine, n'ayant pu détourner le baron de son dangereux projet, s'étaient retirés dans l'appartement de la tourelle.

Le greffier commença de croire qu'il s'était trompé en comptant sur un accueil favorable de la part du baron; il craignit même d'être victime de quelque tour diabolique en voyant la gaieté bruyante des hôtes de la Maison-Forte, surtout en reconnaissant parmi eux le sieur de Signerol, qui lui avait brutalement refusé l'entrée de son château.

Toutefois il fit bonne contenance : suivi de son clerc, qui tremblait de tous ses membres, il s'avança au-dessous du balcon, ayant ses deux hallebardiers sur ses talons.

S'adressant à Raimond V, qui, le corps penché sur la grille du balcon, le regardait d'un air ironique, il lui dit : — Au nom du roi et de Son Éminence monseigneur le cardinal...

— Au diable le cardinal! que Son Éminence infernale retourne d'où elle vient! — s'écrièrent quelques gentilshommes en interrompant le greffier.

— Belzébuth fait en ce moment rougir une barrette d'airain pour Son Éminence! — dit le sieur de Signerol.

— Les cordelières de Son Éminence devraient être en bonnes cordes à potence! — reprit un autre.

— Laissez dire le greffier, mes amis, — cria le baron en se retournant vers ses hôtes, — laissez-le dire ; ce n'est pas à un seul cri qu'on reconnaît l'oiseau de nuit... Allons... maujour! parle, greffier!... parle donc! continue ton grimoire!

Le clerc, complétement démoralisé, et méditant, sans doute, déjà sa retraite, tourna la tête du côté de la porte, et s'aperçut avec terreur que le pont était retiré.

— Maître Isnard, — dit-il tout bas et d'une voix tremblante, — nous sommes pris comme dans une souricière, on a enlevé le pont.

Malgré l'assurance qu'il affectait, le greffier regarda d'un clin d'œil par-dessus son épaule, et répondit à voix basse : — Clerc, ordonnez aux hallebardiers de se rapprocher de moi insensiblement.

Le scribe obéit ; le petit groupe se concentra au milieu de la cour, à l'exception du bohémien.

Placé au bas du balcon, il semblait contempler avec curiosité les gentilshommes qui s'y pressaient.

Maître Isnard, désirant accomplir sa tâche au plus vite, et voyant qu'il s'était trompé sur les dispositions hospitalières de Raimond V, lut d'une voix légèrement émue cette sommation judiciaire :

« Au nom de Sa Majesté, notre sire, roi de France et de Navarre et comte de Provence, et de Son Éminence monseigneur le cardinal de Richelieu, moi, Thomas Isnard, greffier de l'amirauté de Toulon, envoyé par le procureur du roi au siége de ladite amirauté, je viens ci, en cette Maison-Forte, faire le cens et le dénombrement des armes et munitions de guerre qui y sont renfermées, pour en dresser un état, sur lequel état statuera Son Excellence monseigneur le maréchal de Vitry, gouverneur de Provence, afin d'aviser à la quantité d'armes et de munitions qu'il devra laisser dans ladite Maison-Forte; en conséquence de ce, moi, Thomas Isnard, greffier de l'amirauté de Toulon, je me suis présenté, de ma personne, audit sieur Raimond V, baron des Anbiez, le requérant, et, au besoin, le sommant d'obéir aux ordres à lui signifiés... Fait à la Maison-Forte des Anbiez, dépendant du diocèse de Marseille et de la viguerie d'Aix, le 17 décembre 1632. »

Le vieux baron et ses amis écoutèrent le greffier avec un calme parfait, en échangeant entre eux quelques regards ironiques. Lorsque maître Isnard eut cessé de parler, Raimond V se pencha en dehors du balcon et répondit :

— Digne greffier, digne envoyé du digne maréchal de Vitry et du digne cardinal de Richelieu (Dieu sauve le roi, notre comte, de Son Éminence!), nous, Raimond V, baron des Anbiez et maître de cette pauvre maison, nous t'autorisons à remplir ta mission. Tu vois cette porte-là... à gauche, où est cloué cet écriteau : *Armes et artillerie*... ouvre, et fais ton office...

En disant ces mots, le vieux gentilhomme et ses hôtes s'accoudèrent sur le balcon, comme s'ils se fussent préparés à jouir de quelque spectacle intéressant et inattendu.

Maître Isnard avait suivi des yeux le geste du baron, qui lui indiquait le mystérieux magasin.

C'était une porte de moyenne grandeur, sur laquelle on voyait, en effet, un écriteau fraîchement peint, portant ces mots : *Armes et artillerie*.

Cette porte était située vers le milieu de l'aile gauche, en grande partie composée des communs.

Sans pouvoir se rendre compte de sa répugnance, le greffier jeta sur le magasin un regard inquiet, et dit à Raimond V, d'un air presque arrogant :

— Qu'un de vos gens vienne ouvrir cette porte !

Le visage du vieux gentilhomme devint pourpre de colère; il fut sur le point d'éclater; mais se contenant, il répondit :

— Un de mes gens, seigneur greffier? hélas! je n'en ai plus, le vieux bonhomme qui vous a reçu est mon seul domestique; les impôts que lève votre digne cardinal, et les dons volontaires qu'il exige de nous, réduisent la noblesse provençale à la besace, ainsi que vous voyez! Vous êtes accompagné de deux compères à hallebardes et d'un drôle à manteau de serge (ici, le clerc fait un salut respectueux), votre monde est plus que suffisant pour mettre vos ordres à exécution.

Puis, voyant le bohémien au pied du balcon, Raimond s'écria en l'appelant : — Eh!... l'homme au chapeau rouge, qui diable es-tu? approche; que fais-tu là? appartiens-tu à cette bande?

Le vagabond s'approcha du balcon, et répondit :

— Monseigneur, je suis un pauvre artisan ambulant, qui cherche à vivre de son travail. Je viens de Bany; je vais à la Ciotat; je suis entré pour savoir s'il n'y avait pas d'ouvrage au château.

— Maujour! — s'écria le baron, — tu es mon hôte; ne reste pas dans cette cour!

A cette singulière recommandation, les gens de justice se regardèrent effrayés; au même instant, le bohémien, avec une merveilleuse agilité, grimpa comme un chat sauvage à l'un des piliers de granit qui supportaient le balcon, et s'assit aux pieds du baron, en dehors de la balustrade, sur une petite saillie formée par les dalles.

L'ascension du bohémien fut si rapide, et faite d'une manière si leste, qu'elle excita l'admiration des hôtes de Raimond V.

Celui-ci, le tirant joyeusement par une des mèches de ses longs cheveux noirs, lui dit : — Tu grimpes trop bien pour t'arrêter en si beau chemin; m'est avis, drôle que tu es, que les fenêtres te sont portes, et que les toits te servent de promenade. Entre dans la maison, mon garçon; Laramée te donnera un coup à boire.

D'un bond léger, le bohémien passa par-dessus la grille du balcon, et entra dans la galerie qui servait de salle à manger dans les occasions solennelles, et où il trouva les restes du copieux dîner auquel les hôtes du baron venaient d'assister.

Le greffier, resté dans la cour avec son escorte, ne savait que résoudre.

Il contemplait la porte fatale avec une vague inquiétude, pendant que le vieux gentilhomme et ses amis semblaient attendre avec assez d'impatience l'issue de cette scène.

Enfin, maître Isnard, voulant sortir de cette position embarrassante, se retourna vers le baron, et lui dit d'un air solennel : — Je prends à témoin les gens qui m'accompagnent de ce qui peut m'arriver de messéant, et vous répondrez, monsieur, de toute dangereuse et fallacieuse embuscade qui porterait atteinte à la dignité de la loi ou de la justice, ou à notre recommandable personne.

— Eh! maujour! que nous chantez-vous? personne ne s'oppose, céans, à ce que vous fassiez votre office; mes armes et mon artillerie sont là; entrez, visitez, comptez : la clef est sur la porte.

— Oui, oui, entrez : la clef est sur la porte, — répétèrent en chœur les hôtes du baron, avec un ricanement qui parut au greffier d'un sinistre augure.

Ce dernier, exaspéré, mais se tenant fort éloigné de la fâcheuse porte, dit à son scribe :

— Clerc, allez ouvrir cette porte... et finissons.

— Mais, maître Isnard...

— Obéissez... clerc... obéissez, — dit le greffier en se reculant encore.

— Mais, maître Isnard...

Et le pauvre scribe montrait son registre qu'il tenait d'une main, et sa plume qu'il tenait de l'autre.

— Je n'ai pas les mains libres. Il faut que je puisse dresser le procès-verbal en toute occurrence; s'il éclate quelques maléfices derrière cette porte, ne dois-je pas, à l'instant même, le coucher sur le procès-verbal?

Ces raisons parurent faire quelque impression sur le greffier.

— Petit-Jean, ouvrez cette porte, — dit-il alors à son laquais.

— Monsieur, je n'oserais, — reprit Petit-Jean en se reculant derrière son maître.

— M'entendez-vous, misérable!

— Oui, monsieur; mais je n'oserais... il y a là quelque sorcellerie.

— Mais, maugrebleu!...

— Le salut de mon âme en dépendrait, monsieur, que je ne l'ouvrirais pas, — dit Petit-Jean d'un ton résolu.

— Allons!... allons!... — dit le greffier avec un dépit concentré, en s'adressant aux hallebardiers, — il sera dit... mes braves, que vous seuls agirez en hommes dans cette sotte affaire! Ouvrez cette porte, et que cette scène ridicule se termine...

Les deux gardes firent un mouvement de retraite, et l'un d'eux répondit :

— Écoutez donc, maître Isnard, nous sommes ici pour vous prêter main-forte, autant que nous le pouvons, si l'on se rebelle contre vos ordres... mais on ne vous empêche pas d'entrer... la clef est sur la porte... entrez donc tout seul, s'il vous plaît.

— Comment! un vieux pandour comme toi, tu as peur!

Le hallebardier secoua la tête, et dit :

— Écoutez, maître Isnard, les pertuisanes et les épées ne valent rien ici... ce qu'il faudrait, ce serait un prêtre avec son étole, et tenant à la main son goupillon.

— Michel a raison, maître Isnard, — dit l'autre garde; — m'est avis qu'il faudrait faire comme pour l'exorcisme des dauphins de l'an passé [1].

— Si ce chien de bohême ne s'était pas lâchement échappé, — dit le greffier en frappant du pied avec rage, — il eût ouvert cette porte.

Puis, tournant machinalement la tête, le greffier aperçut, à presque toutes les fenêtres de la Maison-Forte, des figures d'hommes et de femmes qui, à demi cachées derrière les vitres, semblaient regarder curieusement dans la cour.

Plus par amour-propre que par courage, maître Isnard, se voyant le point de mire de tant de personnes, marcha délibérément vers la porte, et mit la main sur la clef.

A ce moment, le cœur lui manqua.

Il entendit dans le magasin un bruit sourd et une sorte d'agitation extraordinaire qui jusqu'alors n'avaient pu frapper ses oreilles.

Ces sons rauques, voilés, n'avaient rien d'humain.

Un charme magique semblait attacher la main du greffier à la clef de la porte.

— Allons... greffier, mon fils, t'y voilà... t'y voilà... — s'écria un des hôtes en battant des mains.

— Je gage qu'il a aussi chaud qu'au mois d'août, quoique le vent souffle de la tramontane, — dit un autre.

— Laissez-lui le temps d'invoquer son patron et de faire un vœu, — reprit un troisième.

— Son patron est saint Couard, — dit le sieur de Signerol,

---

[1] César de Nostradamus raconte, en 1632, la fabuleuse histoire de dauphins si féroces qu'ils dévorèrent plusieurs mariniers du port et parurent menacer la ville d'une invasion. — Heureusement le clergé les exorcisa, et ils disparurent.

— il lui fait sans doute le vœu de ne plus jamais braver aucun autre péril s'il le délivre de celui-ci.

Poussé à bout par ces railleries, et réfléchissant qu'après tout Raimond V n'était pas assez cruel pour lui faire courir un danger réel, le greffier tira la porte à lui en se reculant brusquement.

Le greffier fut à l'instant rudement renversé par le choc de deux taureaux de la Camargue, qui s'élancèrent de l'étable en baissant la tête et en poussant des beuglements sourds et bizarres, car on les avait muselés.

Ces deux animaux n'étaient pas de haute taille, mais ils semblaient pleins de vigueur.

L'un était fauve, rayé de brun foncé, l'autre d'un noir de jais.

Le premier usage qu'ils firent de leur liberté, fut de bondir, de creuser la terre avec leurs pieds de devant et de tâcher de se débarrasser de leur muselière.

L'apparition des deux taureaux fut saluée par les cris de joie, par les huées et par les bravos des hôtes du baron.

— Eh bien! greffier, ton inventaire? — cria Raimond V, en se tenant les côtes et en donnant un libre cours à son hilarité. — Allons, clerc, couche sur ton procès-verbal mes taureaux *Nicolin* et *Saturnin*. Ah! tu demandes les armes que je possède! les voilà. C'est avec les cornes de ces compères de la Camargue que je me défends... Eh! maujour! je vois à ta peur que tu reconnais que ce sont des armes sérieuses et offensives... Allons, greffier, étiquette Nicolin et inventorie Saturnin...

— Mordieu! — s'écria le sieur de Signerol, — ce sont les taureaux qui ont l'air de vouloir faire l'inventaire des hauts-de-chausses du greffier et de son clerc.

— Notre-Dame! malgré son embonpoint, le greffier a fait une volte qui ferait honneur à un toréador!

— Et le clerc... comme il serpente à travers les arbres! on dirait une belette effarée.

— Noël, noël! Nicolin a un morceau de son manteau!

Il est inutile de dire que ces différentes exclamations signalaient les phases de la course improvisée, dont Raimond V donnait le régal à ses convives.

Les taureaux s'étaient en effet mis à la poursuite du greffier et de son scribe, qu'ils voulaient d'abord attaquer; les hallebardiers et Petit-Jean s'étaient prudemment rangés le long de la muraille.

Grâce aux arbres dont la cour était plantée, le greffier et son clerc purent pendant quelques moments échapper aux graves atteintes des taureaux, en se cachant et en courant d'arbre en arbre.

Mais bientôt leurs forces les trahirent. La peur paralysa leurs mouvements, ils allaient être foulés aux pieds par ces farouches animaux. Il faut le dire à la louange de Raimond V, malgré la brutalité de sa plaisanterie sauvage, il aurait été désolé de voir un dénoûment tragique à cette aventure.

Heureusement l'un des hallebardiers cria :

— Maître Isnard... montez à un arbre, vite... vite, pendant que le taureau se retourne.

Malgré son embonpoint, le greffier suivit le conseil du hallebardier, et s'élançant au tronc d'un sycomore, il s'y cramponna des genoux, des pieds et des mains, et commença lourdement son ascension, en faisant des efforts inouïs.

Le baron et ses hôtes, voyant que l'homme de loi ne courait plus aucun danger, recommencèrent leurs cris et leurs plaisanteries. Le clerc, plus leste que le greffier, fut bientôt en sûreté au sommet d'un sycomore.

— Maître Bruin [1] est enfin arrivé ; gare à l'enfourchure ! — s'écria Raimond V en riant aux larmes des efforts du greffier, qui tâchait de se mettre à cheval sur une des maîtresses branches de l'arbre au sommet duquel il était arrivé avec tant de peine.

— Si le greffier a l'air d'un vieil ours qui se cramponne à son poteau, — dit un autre, — le clerc a l'air d'un vieux singe grelottant, à le voir ainsi claquer des mâchoires...

— Allons, allons, à la besogne, clerc ; où est ta plume, ton encre et ton registre ? Tu es en sûreté maintenant, griffonne ton grimoire, — s'écria le sieur de Signerol.

— Attention, attention ! le tournoi recommence ! — s'écria un convive. — C'est Nicolin contre un hallebardier.

— Largesse !... largesse pour Nicolin !!!

Voyant les deux hommes de loi à l'abri de leurs cornes, les deux taureaux s'étaient retournés vers les hallebardiers.

Mais l'un de ceux-ci, s'acculant contre le mur, piqua si vigoureusement l'animal au nez et à l'épaule, que le taureau n'osa tenter une nouvelle attaque et s'en retourna en bondissant au milieu de la cour.

---

[1] Nom populaire de l'ours.

Voyant le courage du hallebardier, le baron s'écria :
— Ne crains rien, mon brave ! tu auras une pistole pour boire à sa santé, et je te fournirai le vin gratis... — Puis, s'adressant à l'invisible Laramée, le vieux gentilhomme s'écria :
— Dis au berger d'envoyer ses chiens, et qu'il fasse rentrer ses camargouins chez eux. La danse du greffier et du clerc a assez duré.

À peine le baron avait-il cessé de parler, que trois chiens de berger, de grande taille, sortirent d'une porte entre-bâillée et coururent droit aux taureaux. Ceux-ci, après quelques façons, finirent par rentrer au galop dans leur écurie, le prétendu magasin d'armes et d'artillerie de la Maison-Forte, ainsi que le disait traîtreusement l'écriteau.

Le greffier et son clerc, se voyant délivrés du péril, n'osèrent pourtant pas encore descendre de leur position presque inexpugnable. En vain Laramée, portant deux verres pleins sur un plateau, vint de la part du baron leur offrir le coup de l'étrier, leur disant, ce qui était vrai, que le pont était remis en place, et que les chevaux et les mules les attendaient dehors.

— Je ne sortirai pas d'ici que mon clerc n'ait dressé procès-verbal de l'énorme attentat dont le baron, votre maître, vient de se rendre coupable à notre égard, — s'écria le greffier d'une voix essoufflée, en s'essuyant le front, car il ruisselait de sueur, malgré le froid. — Vous nous réservez peut-être quelque autre mauvais traitement, mais monseigneur le gouverneur, et au besoin monseigneur le cardinal, me vengera... et, maugrebleu ! il ne restera pas pierre sur pierre de cette maison maudite, que Satan confonde !...

Raimond V, tenant à la main un grand fouet de chasse, descendit dans la cour, donna deux pistoles au hallebardier qui avait bravement combattu le taureau, et s'avança vers l'arbre au moment où le greffier fulminait ses menaces.

— Qu'est-ce à dire, drôle ? — dit le baron en faisant claquer son fouet.

— Je dis, — s'écria le greffier, — je dis que monseigneur le maréchal ne laissera pas cette offense impunie, et qu'à mon arrivée à Marseille, où il se trouve, je lui dirai tout... je...

— Eh ! maujour ! — s'écria le baron en faisant de nouveau claquer son fouet, — je l'espère bien, que tu lui diras tout ! c'est justement pour que tu le lui dises... que je t'ai reçu de la sorte, afin qu'il apprenne le cas que je fais de ses ordres. Maujour! — s'écria le vieux gentilhomme ne pouvant maîtriser sa colère, — la noblesse provençale a su, dans le dernier siècle, chasser de sa province l'insolent duc d'Épernon et ses Gascons, comme indigne de la commander, et elle ne chasserait pas un Vitry, un misérable assassin!!!... qui se conduit en bandit italien! qui laisse nos côtes sans défense, qui nous oblige à nous garder nous-mêmes, et qui veut nous ôter les moyens de résister aux pirates! Hors d'ici... drôle! et va rédiger ton grimoire ailleurs que chez moi.

— Je ne descendrai pas! — s'écria le greffier.

— Veux-tu donc que je t'enfume sur ton arbre comme un blaireau dans le tronc d'un saule? — s'écria le baron.

Croyant Raimond V capable de tout, maître Isnard descendit lentement de son arbre. Son scribe, qui était resté muet, imita ses mouvements, et il arriva à terre en même temps que son maître.

— Tiens, — lui dit le baron, en mettant quelques pièces d'argent dans la main du scribe, — tu boiras à la santé du roi, notre comte. Tout ceci n'est pas de ta faute, clerc.

— Je vous défends d'accepter une obole, — s'écria le greffier.

— Vous serez obéi, maître Isnard, — dit le scribe. — Ce sont deux écus d'argent et non pas une obole, — et il empocha le présent.

— Et moi, j'ajouterai dans mon procès-verbal que vous avez tenté de corrompre mes agents, — s'écria le greffier.

— Hors d'ici, hors d'ici, bête puante¹! — dit le baron, en faisant encore claquer son fouet.

— Vous donnez aux gens une étrange hospitalité, baron des Anbiez, — dit le greffier avec amertume.

Ce reproche parut affecter profondément Raimond V; il s'écria: — Maujour! tout le pays sait que le seigneur comme le pauvre ont toujours trouvé franc asile et loyale hospitalité dans cette maison. Mais je suis et je serai sans pitié pour les tyranneaux du cardinal tyran. Hors d'ici, te dis-je, ou je te fouaille comme un chien en défaut.

— Il sera bien dit, — s'écria le greffier pourpre de rage, en marchant à reculons et en se dirigeant vers le pont, — il sera bien dit que vous avez voulu attenter à la vie d'un officier

---

¹ On nomme ainsi, en termes de vénerie, renards, blaireaux, fouines, etc.

de la justice du roi, et que vous l'avez chassé de chez vous à coups de fouet, au lieu de lui laisser paisiblement exécuter les ordres de Son Éminence monseigneur le cardinal et de monseigneur le maréchal.

— Oui, oui, tu diras tout cela à ton maréchal, et tu ajouteras que s'il vient ici, quoique j'aie la barbe grise, je me charge de lui prouver, l'épée à la main et la dague au poing, qu'il n'est qu'un assassin gagé, et que son maître le cardinal (que Dieu en préserve le roi!) n'est qu'une manière de pacha chrétien, mille fois plus despote que le Turc... Tu lui diras qu'il prenne garde de nous pousser à bout... parce que nous pourrions nous souvenir à temps d'un noble prince, frère d'un noble et bon roi, pour le moment aveuglé par ce faux prêtre, cousin de Belzébuth. Tu lui diras, enfin, que la noblesse de Provence, lassée de tant d'outrages, aimerait autant avoir pour comte souverain Gaston d'Orléans, que le roi de France... puisqu'à cette heure le roi de France est Richelieu!

— Prenez garde, baron, — dit tout bas le sieur de Signerol : — vous allez trop loin.

— Eh! maujour! — s'écria l'impétueux baron, — ma tête répond de mes paroles; mais j'ai un bras, Dieu merci, pour défendre ma tête! Hors d'ici, drôle. Ouvre bien tes longues oreilles, et referme-les bien pour tout retenir! Quant à nos canons et à nos munitions, tu n'en verras rien. Nous renoncerons à nos armes, quand les chiens prieront les loups de leur couper les pattes et de leur arracher les dents... Hors d'ici, te dis-je, et répète mes paroles... et pis encore, si bon te semble...

Le greffier, étant arrivé à la grille, traversa rapidement le pont, suivi de son clerc et de ses gardes, et lança, en montant à cheval, un foudroyant anathème sur la maison du baron.

Raimond V, ravi de son équipée, rentra avec ses hôtes, et retourna se mettre à table, car l'heure du goûter était à peu près venue.

La fin de la journée se passa dans la joie, au milieu des gais propos que suscita cette aventure.

D'une des fenêtres du château, Honorat de Berrol avait assisté à cette scène. Sachant l'opiniâtreté de son futur beau-père, il n'avait tenté aucune remontrance; mais il ne put s'empêcher de frémir en songeant aux paroles imprudentes qu'avait prononcées Raimond V au sujet de Gaston d'Orléans.

CHAPITRE XI

LE NOBLESSE

Plusieurs jours s'étaient passés depuis que maître Isnard, le greffier, avait été chassé si vertement de la Maison-Forte des Anbiez.

La conduite du baron envers les envoyés du maréchal, duc de Vitry, avait été généralement approuvée par la noblesse des environs.

Un très petit nombre de gentilshommes s'étaient soumis aux ordres du gouverneur.

Maître Isnard, établi dans une hôtellerie de la Ciotat, avait envoyé un exprès à Marseille, afin d'avertir M. de Vitry des vives résistances qu'il rencontrait au sujet du recensement des armes.

La bourgeoisie se rangeait ordinairement du côté de la noblesse et du clergé, qui défendaient les droits et les priviléges provençaux.

Les trois états, — *clergé sacré*, — *noblesse illustre*, — *république et provençales communautés*, ainsi que les nomme César de Nostradamus [1], se soutenaient contre l'ennemi commun, c'est-à-dire contre tout gouverneur qui ne semblait pas digne aux Provençaux de régir leur pays, et qui attaquait leurs priviléges.

Néanmoins, il y avait quelquefois des scissions passagères entre la noblesse et la bourgeoisie, lorsque les intérêts particuliers se trouvaient en jeu.

Maître Isnard était arrivé à la Ciotat dans un moment favorable à ses ressentiments contre Raimond V.

L'un des consuls de la ville, maître Talebard-Talebardon, soutenait, au nom de la bourgeoisie, un procès contre le baron, au sujet de certains filets de pêche, appelés madragués, que le seigneur des Anbiez avait fait établir illégalement, disait le consul, dans une anse où il se prétendait le droit de pêche, ce qui portait un grand préjudice aux intérêts de la ville.

---

[1] *Histoire de Provence.*

Quoique les habitants de la Ciotat eussent en mainte occasion trouvé secours et appui auprès du baron, quoique, à la dernière descente des pirates, il eût, à la tête de ses gens armés, vaillamment combattu et presque sauvé la ville, la reconnaissance des citoyens n'allait pas jusqu'à une soumission absolue aux volontés de Raimond V.

Le consul Talebard-Talebardon, antagoniste personnel du baron, exagérant encore les torts de ce dernier, avait envenimé la question de telle sorte, qu'une assez grande irritation se manifestait déjà parmi les bourgeois.

Arrivant sur ces entrefaites, maître Isnard exploita ces dissentiments, aviva le feu, parla longuement de sa cruelle réception à la Maison-Forte. Quoiqu'il ne fût pas du pays, il parvint à faire envisager l'outrage qu'on lui avait fait comme une question de noble à bourgeois.

Le greffier décida les consuls à se renfermer dans leur dignité et à poursuivre rigoureusement le baron devant le tribunal des prud'hommes de mer, au lieu de continuer des négociations amiables alors entamées.

Une fois dans ces dispositions malveillantes, les esprits ne s'arrêtèrent pas là. On oublia les services réels que Raimond V avait rendus à la ville, son hospitalité généreuse, le bien qu'il faisait aux environs, pour se souvenir qu'il était injurieux, colère et toujours prêt à lever sa houssine.

On exagéra les dégâts que ses chiens faisaient pendant ses chasses; on parla de la façon brutale dont il avait traité les bourgeois lors de leurs représentations au sujet de la madrague; enfin, depuis l'apparition du greffier à la Ciotat, on commença à parler du seigneur des Anbiez comme d'un véritable tyran féodal.

Pendant que l'orage grossissait de ce côté, le calme le plus parfait régnait dans la Maison-Forte.

Raimond V buvait et chassait de plus belle; d'une activité non pareille, presque chaque jour, en parcourant ses domaines, il allait visiter ses voisins dans leurs gentilhommières, afin, disait-il, d'entretenir le feu sacré, ou plutôt l'animadversion générale contre le maréchal de Vitry, demandant à chacun sa signature au bas d'une manière de supplique adressée au roi.

Dans ce manifeste, la noblesse provençale lui demandait formellement le renvoi du maréchal, rappelant à Louis XIII que son père de glorieuse mémoire, le bon, le grand Henri, avait, dans de pareilles circonstances, rappelé le duc d'Épernon, pour faire droit aux justes doléances du pays.

Enfin, la noblesse exprimait, dans cet acte, ses respectueux regrets de ne pouvoir obéir aux ordres du cardinal, en renonçant au droit d'armer leurs maisons, leur propre salut leur commandant d'être toujours en état de défense.

Redoublant d'activité, le baron retrouvait, disait-il, ses jambes et ses bras de vingt ans, dans cette croisade contre le maréchal de Vitry.

— Telle était la physionomie *morale* de la Maison-Forte, quelques jours après l'événement dont nous avons parlé.

On n'a pas oublié le bohémien, qui, venu à la suite du greffier, avait, sur l'invitation du baron, escaladé le balcon d'une manière si leste et si surprenante.

Pour nous servir d'une expression toute moderne et toute spéciale, le bohémien vagabond était devenu *très à la mode* dans la rustique et guerrière habitation de Raimond V.

D'abord, il avait raccommodé une foule d'ustensiles de ménage avec une adresse remarquable.

Puis, Éclair, le lévrier favori du baron, s'étant luxé une patte, le bohémien alla cueillir sur la montagne certaines herbes au clair de lune, en entoura soigneusement la partie malade, et, le lendemain, Éclair put déployer ses jarrets nerveux sur les bruyères roses des vallées et des plaines baronniales.

Ce n'est pas tout, Mistraou, le cheval favori de Raimond V, avait été blessé à la fourchette par un caillou tranchant; au moyen d'une mince plaque de fer, adroitement placée dans l'échancrure du fer, le bohémien obtint une sorte de ferrure à la turque, qui préserva désormais de toute atteinte le pied douloureux de Mistraou.

Le baron raffolait du bohême. Dame Dulceline elle-même, malgré sa sainte horreur pour ce mécréant, qui, n'ayant pas été baptisé, ne portait aucun nom chrétien, s'apprivoisa quelque peu, lorsque le mécréant lui eut donné de merveilleuses recettes pour colorier des grains de verre, empailler des oiseaux, et faire d'excellentes liqueurs.

Le bon abbé Mascarolus n'était pas moins sous le charme, grâce à quelques spécifiques pharamineux dont le bohémien lui avait donné le secret. Le seul chagrin du digne chapelain était de trouver le vagabond fort rétif et fort sauvage à l'endroit de sa conversion.

Tel était le côté sérieux des avantages du bohémien.

Il joignait à cela les talents les plus variés et les plus agréables; il avait dans une petite cage deux charmants pigeons privés qui montraient une intelligence surhumaine; son âne étonnait les gens de la Maison-Forte, par la grâce avec laquelle il marchait sur ses pieds de derrière; enfin le bohémien jouait avec des balles de fer et des poignards, aussi bien que le meilleur jongleur indien; il était aussi bon tireur que le plus adroit carabin; enfin, pour abréger l'énumération des nombreux talents d'agrément de ce vagabond, il chantait à merveille en s'accompagnant d'une sorte de guitare moresque à trois cordes.

C'est sans doute à ce talent qu'on devait attribuer le sobriquet du *Chanteur*, seul nom sous lequel le bohémien était, disait-il, connu de ses camarades.

Stéphanette avait, la première, signalé à sa maîtresse le nouveau *troubadour*; de fait, quoiqu'il fût plutôt laid que beau, les traits mobiles et expressifs du bohémien avaient presque du charme lorsqu'il faisait entendre ses chants d'une mélodie suave et mélancolique.

Il faut se figurer la vie calme, monotone, des habitants de la Maison-Forte, pour comprendre le succès du bohémien.

Reine, obsédée par Stéphanette, consentit à l'entendre.

Honorat de Berrol, de concert avec sa fiancée, s'était rendu à Marseille, à l'insu de Raimond V, afin de juger de l'effet que produiraient les plaintes du greffier.

Dans le cas où le baron aurait eu quelque chose à craindre, Honorat devait aussitôt en prévenir Reine et employer l'influence d'un de ses parents, ami du maréchal, pour calmer les ressentiments que l'imprudente conduite du baron pouvait soulever.

Reine crut donc trouver une distraction à ses pensées en écoutant les chants du bohémien.

L'image de l'inconnu la poursuivait de plus en plus. Les circonstances mystérieuses, bizarres qui avaient si étrangement exalté ses souvenirs, l'intéressaient et l'effrayaient à la fois; cependant, voulant ou plutôt croyant mettre un terme à cette romanesque aventure, elle avait, à la grande joie d'Honorat, fixé son mariage au lendemain de la fête de Noël; et pourtant plus le moment approchait, plus Reine se repentait de sa promesse.

Descendant au fond de son cœur, elle se demandait avec effroi si elle n'aimait plus autant son fiancé que par le passé... Mais cette question était vague... la jeune fille n'osait, pour ainsi dire, écouter la réponse que lui faisait sa conscience.

Reine était donc assez tristement assise dans la tourelle qui lui servait de salon, lorsque Stéphanette entra et dit à sa maîtresse :

— Mademoiselle, voici le chanteur ; il est dans la galerie, puis-je le faire entrer ?

— A quoi bon ? — dit Reine avec insouciance.

— A quoi bon, mademoiselle ? mais à vous distraire de ces sorcelleries qui vous tourmentent. Quel dommage que ce mécréant soit un mécréant ! Vraiment, mademoiselle, depuis qu'il a quitté son surcot de cuir, et que monseigneur lui a fait présent d'un pourpoint écarlate, il a l'air d'un gendarme ; de plus, il a la langue dorée, je vous en réponds. Est-ce qu'il n'a pas fallu, s'il vous plaît, lui donner le ruban couleur de feu que j'avais autour de ma tête, pour nouer son collet ? sans cela, il n'aurait jamais osé, disait-il, se présenter devant mademoiselle.

— Je vois, mon enfant, que tu t'es sacrifiée, — dit Reine en souriant malgré elle, — je doute seulement que Luquin te félicite beaucoup de ce beau dévouement. Mais quand revient-il, ce brave capitaine ?

— Ce soir ou demain matin, mademoiselle ; des pêcheurs l'ont rencontré près de Fréjus, il était obligé de régler la marche de sa tartane sur celle des pesants bâtiments qu'il ramenait de Nice pour les escorter.

— Et il trouvera bon, crois-tu, que tu donnes des rubans à ce chanteur vagabond ?

— Notre-Dame ! qu'il le trouve bon ou mauvais, peu m'importe ; il s'agissait de procurer une distraction à ma chère maîtresse... je n'ai pas dû hésiter pour un méchant bout de ruban...

— Ah !... Stéphanette... Stéphanette... tu es bien coquette, j'ai vu plus d'une fois les yeux noirs et perçants de ce vagabond s'arrêter sur les tiens !

— Cela montre, mademoiselle, qu'il approuve le goût de Luquin, et mon capitaine ne peut qu'en être flatté, — dit la jeune fille en souriant.

— Tu as tort... tu fâcheras ton fiancé, — reprit Reine avec une expression plus sérieuse.

— Ah! ma bonne maîtresse, ne peut-on aimer loyalement, tendrement son fiancé, et se divertir des flatteries d'un vagabond étranger, comme vous le dites?

Reine prit pour une allusion à ses propres pensées cette réponse à laquelle Stéphanette n'avait réellement attaché aucun sens.

Elle regarda sévèrement sa suivante en lui disant d'un air impérieux : — Stéphanette!!!

Le naïf et joli visage de la jeune fille prit tout à coup une expression si triste, elle leva sur sa maîtresse ses grands yeux si douloureusement surpris, et dans lesquels une larme brillait déjà, que Reine lui tendit la main en lui disant :

— Allons, allons, tu es une folle... mais une bonne et honnête fille.

Stéphanette, souriant dans ses larmes, baisa avec une tendre reconnaissance la main de sa maîtresse, et dit en essuyant ses yeux du bout de ses doigts effilés : — Dois-je faire entrer le chanteur, mademoiselle?

— Allons donc, puisque tu le veux; que le sacrifice de ton beau ruban couleur de feu te serve à quelque chose, au moins.

Stéphanette sourit d'un air malin, sortit et rentra suivie du bohémien.

CHAPITRE XII

LA GUZLA DE L'ÉMIR

Malgré l'humilité de sa condition, le bohémien ne parut pas très intimidé par la présence de Reine.

Il la salua avec une sorte d'aisance respectueuse, tout en jetant un regard vif et rapide sur les objets qui l'entouraient.

Ainsi que l'avait remarqué Stéphanette, l'extérieur du chanteur avait beaucoup gagné; sa taille svelte et bien prise se dessinait à merveille sous le pourpoint écarlate, présent du baron; son collet était attaché par le nœud de ruban couleur de feu, présent de Stéphanette; il portait de larges braies de grosse étoffe blanche; ses guêtres de drap bleu, brodées de laine rouge, lui montaient au-dessus du genou. Ses cheveux noirs encadraient son visage maigre, hâlé, mais très intelligent.

Il tenait à la main une espèce de guitare à manche d'ébène, précieusement incrustée d'écaille de nacre et d'or; à son extrémité supérieure, le manche formait une sorte de palette, au milieu de laquelle on voyait une petite plaque ronde en or ciselé, ressemblant au couvercle d'un médaillon.

Nous insistons sur la richesse de cet instrument, parce qu'il paraissait au moins très étrange qu'un bohémien vagabond en fût possesseur.

Stéphanette elle-même en fut frappée, et s'écria :

— Mais je ne vous avais pas encore vu cette belle guitare, chanteur!

Ces mots attirèrent l'attention de Reine; aussi surprise que sa suivante, elle dit au bohémien :

— En effet, pour un artisan voyageur, voici qui est bien riche!

— Je suis pauvre, mademoiselle; j'ai quelquefois manqué de pain. Eh bien! je serais mort de faim plutôt que de vendre cette guzla. Mes bras sont faibles, mais ils deviendraient d'airain pour défendre cette guzla... On ne me la ravirait qu'après ma mort... C'est mon trésor le plus précieux... J'ose à peine en jouer... Mais la rose des Anbiez a voulu m'entendre; tout ce que je désire maintenant, c'est que ma chanson soit digne de l'instrument et de celle qui m'écoute.

Le bohémien parlait assez purement le français, quoiqu'il y eût quelque chose de guttural dans sa prononciation arabe.

Reine échangea un regard de surprise avec sa suivante en entendant ce langage d'une recherche orientale, qui contrastait singulièrement avec l'état de ce vagabond.

— Mais cette guzla, ainsi que vous appelez cet instrument, comment la possédez-vous?

Le bohémien secoua mélancoliquement la tête, et répondit :

— C'est une triste chanson que celle-là, mademoiselle; il y a là plus de larmes que de sourires.

— Dites, dites, — s'écria Reine, vivement intéressée par la tournure romanesque de cet incident. — Racontez comment cette guzla est entre vos mains. Vous semblez être au-dessus de votre condition.

Le bohémien poussa un profond soupir, attacha un regard

perçant sur Reine, et fit entendre quelques accords qui vibrèrent longtemps sous les voûtes sonores de la tourelle.

— Mais l'histoire de cette guzla? — dit Reine avec une impatience de jeune fille.

Le vagabond, sans répondre, fit de la main un geste suppliant. Il commença à chanter, en s'accompagnant avec goût, ou plutôt en jouant en sourdine des motifs d'une tendre mélancolie, pendant que, de sa voix douce et grave, il disait les stances suivantes.

Quoiqu'il manquât de mesure et de rime, ce langage avait un certain charme étrange. Le bohémien commença :

« Lointain est le pays où je suis né ; les sables du désert l'entourent comme une mer aride.

» Je vivais là près de ma mère : elle était pauvre, elle était vieille, elle était aveugle.

» J'aimais ma mère, comme les malheureux aiment ceux qui les aiment.

» Ma mère était triste, triste, bien triste depuis qu'elle avait perdu la vue.

» J'allais dans la vallée chercher des fleurs.

» Elle tâchait de se consoler de ne pas voir leurs riantes couleurs en sentant leur parfum.

» La voix d'un fils est toujours douce à l'oreille d'une mère...

» Je lui parlais ; elle souriait quelquefois.

» Mais ne plus voir! mais ne plus voir! cela l'accablait.

» Elle tomba peu à peu dans un morne désespoir.

» Avant ce désespoir, s'appuyant sur mon bras, elle sortait ; elle aimait à aller s'asseoir, au soleil couchant, sous les orangers du jardin du jeune et brave émir de notre tribu.

» La douce chaleur du soleil ranimait ma mère.

» Elle se plaisait au frais murmure des cascades, qui semblaient chanter en tombant dans leur bassin de marbre.

» Un jour qu'elle regrettait plus amèrement encore que de coutume sa vue perdue, elle refusa de sortir désormais.

» Je la priai... je pleurai... elle fut inflexible.

» Retirée dans le coin le plus solitaire de notre demeure, sa tête vénérable enveloppée dans sa mante noire, elle restait immobile.

» Elle ne voulut plus manger, elle voulut mourir.

» Depuis un long jour, depuis une longue nuit, elle avait tout refusé.

» En vain je disais : Ma mère... ma mère... comme vous aussi je mourrai.

» Elle restait silencieuse et sombre.

» Je pris sa main... sa main déjà glacée; je tâchai de la réchauffer de mon haleine : elle voulut retirer sa main. »

En disant ces mots, la voix du bohémien avait une telle expression de tristesse, les sons qu'il tira de sa guzla avaient un caractère si mélancolique, que Reine et Stéphanette échangèrent en silence leurs regards baignés de larmes. Le bohémien continua, sans s'apercevoir de l'émotion qu'il causait.

« Il faisait nuit.

» Une belle nuit pourtant ! A travers la fenêtre ouverte de notre maison... on voyait un ciel étoilé ; la lune argentait la plaine ; on n'entendait aucun bruit... aucun...

» Si, oh si ! on entendait la respiration fiévreuse de ma pauvre mère.

» Tout à coup, au loin... bien loin, très loin, s'éleva un léger bruit.

» C'était comme le doux et faible écho d'une voix chantant dans le ciel.

» Bientôt une bouffée de brise, toute chargée du parfum des citronniers, apporta des sons plus distincts.

» Je tenais toujours la main glacée de ma mère... je la sentis tressaillir.

» Cette voix céleste approchait... approchait.

» Les accords d'un instrument mélodieux l'accompagnaient et lui donnaient un charme inexprimable.

» Ma mère tressaillit encore... elle releva sa tête... elle écouta... pour la première fois depuis bien des heures, elle donna quelques signes de vie.

» A mesure que les accents enchanteurs arrivaient jusqu'à nous, on eût dit que ma mère renaissait.

» Je sentis sa main se réchauffer... je sentis sa main presser la mienne.

» J'entendis sa voix... enfin... sa voix jusqu'alors muette...

— Mon enfant !... ces chants me vont à l'âme... ils me calment... Des larmes... oh ! des larmes... enfin des larmes, j'avais tant besoin de pleurer.

» Et je sentis deux larmes brûlantes... tomber sur mon front.

» — Oh! ma mère... ma mère! — Silence... mon enfant... tais-toi, — dit-elle en mettant une de ses mains sur ma bouche, et me montrant de l'autre la fenêtre; — écoute la voix, écoute... la voilà... la voilà... »

Reine, profondément émue, serra la main de Stéphanette en secouant la tête avec une touchante expression de pitié.

Le bohémien continua.

« La lune de mon pays rayonne comme le soleil de ce pays-ci.

» A sa clarté passa lentement le jeune émir, monté sur Azib, son beau cheval blanc.

» Azib, doux comme l'agneau, courageux comme le lion, blanc comme le cygne.

» L'émir laissait flotter ses rênes d'or sur le cou d'Azib. Heureux, il chantait un amour heureux, en s'accompagnant de sa guzla.

» Ses chants n'étaient pas joyeux; ils étaient tendres, ils étaient mélancoliques.

» Il passa en chantant.

» — Silence... enfant... silence, — dit tout bas ma mère en me serrant convulsivement la main, — cette voix divine me fait tant de bien!...

» Hélas! peu à peu la voix s'éloigna, l'émir était passé, la voix s'affaiblit; puis bientôt on n'entendit plus rien... plus rien... pas un son.

» — Ah! je retombe dans la misérable horreur de ma nuit, — dit ma mère. — On eût dit que cette harmonie céleste en dissipait les ténèbres... Hélas!... hélas!... Et elle se tordait les mains avec désespoir.

» Hélas! toute la nuit elle pleura.

» Le lendemain, son désespoir augmenta, sa raison s'affaiblit; dans son délire... elle m'appelait méchant fils, elle m'accusait de ne plus lui faire entendre cette voix; si elle n'entendait plus cette voix, elle allait mourir.

» Elle allait mourir, en effet. Depuis bien des heures elle avait refusé toute nourriture. Que faire? que faire?

» L'émir de notre tribu était le plus puissant des émirs.

» S'il levait son djérid, dix mille de ses cavaliers montaient à cheval.

» Son palais était digne du sultan... ses trésors immenses. Hélas! comment oser seulement concevoir la pensée de lui dire : — Viens par tes chants arracher à la mort une pauvre vieille femme infirme et désespérée!

» Et pourtant cela... je l'osai. Ma mère n'avait peut-être plus que quelques heures à vivre... je me rendis au palais... »

— Et l'émir! — s'écria Reine profondément émue et intéressée, tandis que Stéphanette, non moins attendrie que sa maîtresse, joignait les mains avec admiration.

Le bohémien jeta aux deux jeunes filles un regard d'une indéfinissable tristesse, et dit, en interrompant cette espèce d'improvisation et en posant sa guitare sur ses genoux : — *Une femme fut ma mère,* — me dit l'émir, et il vint.

— Il vint! — s'écria Reine avec enthousiasme; — ah! le noble cœur!

— Oh! oui, le plus noble des nobles cœurs! — répéta le bohémien avec exaltation; — il daigna, lui si grand, lui si puissant, venir pendant cinq jours, chaque soir, dans notre pauvre demeure... Comment vous dire sa bonté touchante, presque filiale? Hélas! si ma mère n'avait pas eu en elle le germe d'une maladie mortelle, les chants de l'émir l'auraient sauvée... car l'effet qu'ils produisaient sur elle tenait du prodige... Mais elle mourut du moins presque sans souffrir... dans une extase profonde. Cette guzla!... c'était celle de l'émir; il me l'a donnée... Grâce à elle, les derniers moments de ma mère ont été paisibles... pauvre mère!...

Une larme brilla un moment dans les yeux noirs du bohémien; puis, comme s'il eût voulu chasser ces souvenirs douloureux, il reprit vivement la guzla, et dit ces autres stances d'une voix fière et exaltée, en faisant vibrer l'instrument sonore :

« Le nom de l'émir est sacré dans sa tribu : qu'il le dise, et nous mourrons...

» Pas un n'est plus brave... pas un n'est plus beau... pas un n'est plus noble.

» Il a vingt ans à peine, et son nom est déjà l'effroi des autres tribus.

» Son bras est délicat comme celui d'une femme, mais il est fort comme celui d'un guerrier.

» Son visage est riant, est beau comme celui du génie qui

apparaît dans les rêves des jeunes filles ! mais il est quelquefois terrible comme celui du génie des batailles !!...

» Sa voix charme et séduit comme un philtre magique, mais elle éclate aussi quelquefois comme le clairon. »

Dans son enthousiasme, le bohémien s'approcha de Reine et lui dit, en ouvrant le médaillon incrusté dans le manche de la guzla : — Voyez... voyez... s'il n'est pas le plus beau des mortels !

La jeune fille regarda le portrait... et poussa un cri de surprise et presque d'effroi... ce portrait était celui de l'étranger des roches d'Ollioules qui avait sauvé la vie à son père.

A ce moment, on ouvrit la porte du salon de Reine, et elle vit paraître Honorat de Berrol, suivi du capitaine Luquin Trinquetaille, arrivant de Nice sur la tartane la *Sainte-Épouvante des Moresques*, avec la grâce de Dieu.

CHAPITRE XIII

JALOUSIE

Lorsque Honorat de Berrol entra chez Reine, Stéphanette voulut se retirer pour laisser seuls les deux fiancés.

Elle fit un pas vers la porte, mais Reine lui dit vivement et d'une voix émue : — Restez.

Puis, contenant à peine ses ressentiments, elle baissa la tête et se cacha le visage dans ses deux mains.

Honorat, au comble de l'étonnement, ne savait que penser.

Le bohémien avait fermé le médaillon où était le portrait d'Érèbe, et l'avait posé sur une table.

Le capitaine de la *Sainte-Épouvante des Moresques* tâchait en vain de rencontrer le regard de Stéphanette, elle semblait prendre à tâche de l'éviter.

Luquin Trinquetaille fut d'autant plus sensible à cette affectation, qu'il venait de reconnaître au collet du bohémien certain ruban couleur de feu absolument pareil à celui que portait Stéphanette à son corsage.

Cette remarque, jointe à quelques perfides insinuations dont maître Laramée venait de se rendre coupable en trinquant avec Luquin, éveilla tout à coup la jalousie de ce dernier.

Il regarda le chanteur d'un air courroucé, puis, rencontrant par hasard les yeux de Stéphanette, il lui fit de la main gauche des signes mimiques des plus compliqués; car il s'agissait de demander à la jeune fille pourquoi le chanteur avait un ruban pareil à celui de sa gorgerette.

Comme, dans cette pantomime, le digne capitaine portait souvent la main à son collet, Stéphanette lui dit tout bas, du ton le plus naïf du monde : — Est-ce que vous avez mal à la gorge, monsieur Luquin?

Ces mots de la malicieuse fille, en excitant la colère du capitaine, semblèrent aussi arracher Honorat à la sorte de stupeur où l'avait plongé l'étrange accueil de sa fiancée.

Il s'approcha d'elle, et lui dit : — J'arrive de Marseille, Reine; j'ai à vous parler de choses très graves au sujet de M. votre père. Trinquetaille vient de la Ciotat, l'affaire de la pêche s'aggrave... les bourgeois semblent irrités. Pour causer de tout cela, il serait nécessaire que nous fussions seuls.

A ces mots, la jeune fille releva son visage baigné de larmes et d'un signe ordonna à Stéphanette de sortir; elle obéit en jetant un triste regard sur sa maîtresse.

Trinquetaille suivit sa fiancée d'un air courroucé, et le bohémien les accompagna.

— Reine, au nom du ciel, qu'avez-vous? — s'écria Honorat dès qu'il fut seul avec mademoiselle des Anbiez.

— Rien... je n'ai rien, mon ami.

— Mais vous pleurez, mais vos traits sont bouleversés. Qu'est-il donc arrivé?

— Rien, vous dis-je... un enfantillage. Le bohémien nous a chanté une romance de son pays; cela était touchant, je me suis laissé attendrir. Mais ne parlons plus de cette folie... parlons de mon père... Y a-t-il du danger? Le fâcheux traitement que l'on a fait subir au greffier a-t-il irrité le maréchal? Et pour la pêche, que dit Luquin? Mais Honorat... Honorat! répondez-moi donc!

— Écoutez-moi, Reine, quoiqu'il s'agisse en effet d'incidents, sinon dangereux, du moins graves, laissez-moi d'abord vous parler de ce qui, pour moi, passe avant toute chose... de mon amour pour vous.

— Honorat... Honorat... et mon père?

— Rassurez-vous, il n'y a dans ce moment aucun péril pour le baron. Le maréchal a dépêché deux de ses gens pour s'enquérir des faits.

— Mais, Luquin, que venait-il dire pour la pêche?

— Il venait vous annoncer que les consuls renvoyaient leur discussion avec votre père, pour les droits de pêche, par-devant le conseil des prud'hommes pêcheurs. Vous le voyez, Reine, ces nouvelles, quoique graves, n'ont rien de menaçant... et...

— Comment croyez-vous que le maréchal envisage la conduite de mon père? — dit Reine précipitamment, en interrompant encore Honorat.

Celui-ci la regarda avec autant de surprise que de chagrin.

— Mon Dieu, Reine, qu'est-ce que cela signifie? Ne devons-nous pas être unis dans quelques jours? à la Noël? Vous est-il donc importun de m'entendre vous parler de mon amour?

Reine fit un soupir et baissa la tête sans répondre.

— Tenez, Reine, — s'écria Honorat avec amertume, — depuis un mois, il se passe en vous quelque chose d'inexplicable... vous n'êtes plus la même, vous êtes distraite, préoccupée, taciturne; quand je vous parle de notre union prochaine, de nos projets, de notre avenir, vous me répondez avec contrainte... Encore une fois, ceci n'est pas naturel. Qu'avez-vous à me reprocher?

— Rien... rien... oh! rien... Honorat, vous êtes le meilleur, le plus noble des hommes!

— Mais enfin, il y a huit jours encore, vous avez vous-même formellement annoncé à votre père que vous désiriez que notre mariage eût lieu à la Noël, lors même que les événements empêcheraient votre oncle le commandeur et le père Elzéar d'y assister!

— C'est vrai...

— Eh bien!... avez-vous changé d'avis? Est-ce un nouveau délai que vous demandez? Vous ne me répondez pas... mon Dieu!... Qu'est-ce que cela signifie? Reine... Reine... Ah! je suis bien malheureux!

— Mon ami, ne vous désespérez pas ainsi... ayez pitié de moi... Tenez... je suis folle... je suis indigne de votre affection, je vous tourmente, vous si bon, si noble...

— Mais enfin... qu'avez-vous? que voulez-vous?

— Je ne sais... je souffre... je... Tenez, je vous dis que je suis folle, folle et bien misérable... croyez-moi.

Elle cacha son front dans ses mains. Honorat, au comble de l'étonnement, la contemplait avec une douloureuse angoisse.

— Ah! — s'écria-t-il, — si je connaissais moins la pureté de votre cœur; si l'évidence même ne m'empêchait pas de concevoir le moindre soupçon, je croirais qu'un rival m'a remplacé dans votre cœur... Mais non, non, si cela était, je connais votre franchise, vous me l'avoueriez sans rougir; car vous êtes incapable de faire un choix indigne... Mais alors, qu'est-ce donc? Il y a un mois, vous m'aimiez tant... disiez-vous... depuis un mois, qu'ai-je fait pour démériter auprès de vous?... Ah! c'est à devenir insensé!...

Et Honorat de Berrol, en proie à un violent chagrin, abîmé dans les plus tristes réflexions, marchait à grands pas en gardant un profond silence.

Reine, accablée, n'osait dire un mot. Un moment sur le point de tout avouer à Honorat, la honte l'avait retenue; elle ne pouvait d'ailleurs encore distinguer nettement ses impressions.

Le récit du bohémien, l'incroyable hasard qui venait de lui mettre sous les yeux le portrait de l'inconnu, augmentaient encore sa curiosité et l'intérêt romanesque qu'elle éprouvait malgré elle pour cet étranger.

Mais ce sentiment était-il de l'amour? D'ailleurs, quel était cet homme? Le bohémien le disait émir de sa tribu; mais à Marseille, lui et ses deux compagnons avaient au contraire passé pour Moscovites; comment dévoiler la vérité à travers tant de mystères?... Et puis enfin, reverrait-elle jamais cet homme? N'était-il pas idolâtre? Le trait touchant raconté par le bohémien était-il réel?

Abîmée dans ce chaos de pensées confuses, Reine ne trouvait pas un mot à répondre à Honorat.

A quoi bon lui avouer ce secret inexplicable? Si Reine eût senti son affection pour son fiancé décroître ou se modifier, avec sa loyauté ordinaire elle n'eût pas hésité à tout dire à Honorat; mais elle éprouvait pour lui la même tendresse grave et calme, la même confiance, la même vénération un peu craintive.

Si quelquefois, en quittant la Maison-Forte, et encouragé par Raimond V, Honorat appuyait ses lèvres sur le front de la jeune fille, elle souriait sans ressentir aucun trouble.

Rien ne lui semblait changé dans son attachement pour

Honorat, et pourtant elle voyait arriver avec inquiétude, avec angoisse, le jour de son mariage.

Sans doute ce manque de confiance envers Honorat était blâmable; mais Reine devinait, par un instinct tout féminin, qu'il était aussi dangereux qu'inutile de parler à son fiancé des étranges préoccupations de son cœur.

Honorat paraissait profondément chagrin. Reine se reprocha de ne lui avoir pas dit un mot pour l'apaiser; elle allait sans doute obéir à cette touchante inspiration, peut-être même, une fois dans cette voie de confiance et de sincérité, lui eût-elle tout avoué; l'air irrité d'Honorat arrêta soudain la parole sur ses lèvres...

A force de chercher en vain la cause du refroidissement et de la bizarre conduite de Reine, frappé tout à coup de quelques vagues souvenirs, se rappelant que depuis un mois environ le seigneur de Signerol était venu à la Maison-Forte un peu plus souvent que d'habitude, Honorat vit follement dans cet homme l'objet des nouvelles préférences de Reine.

Cette pensée était d'autant moins fondée, que la jeune fille, causant avec son fiancé le jour de l'aventure du greffier, avait blâmé le seigneur de Signerol en termes presque méprisants, l'accusant d'exciter encore l'humeur impétueuse de Raimond V. En un mot, M. de Signerol n'avait peut-être jamais dit un mot en particulier à mademoiselle des Anbiez.

Honorat, dans son état d'irritation et de douleur, devait accueillir tout soupçon capable de lui expliquer l'étrange changement de Reine.

Une fois ce soupçon admis, il fut indigné de la manière dédaigneuse dont Reine lui avait parlé de cet homme grossier; il vit dans ce langage la dissimulation la plus perfide.

Reine était à ses yeux doublement coupable. Libre de sa main, elle pouvait lui dire franchement d'y renoncer, au lieu de l'entretenir dans un douteux espoir. Une fois cette fausse donnée acceptée, M. de Berrol ne trouva que trop de sujets d'y rattacher les bizarreries qui le frappaient depuis quelque temps dans la conduite de Reine. Il alla jusqu'à s'imaginer que le bohémien était un émissaire de M. de Signerol.

Le trouble récent de Reine le confirma dans cette fausse idée. Ne pouvant cacher cette prévention, il dit tout à coup à Reine :

— Avouez, mademoiselle, qu'il est au moins étrange que

vous recevez familièrement chez vous un vagabond bohémien. Il me semble que, s'il n'avait fait que chanter, vous n'eussiez pas été si embarrassée, si émue, lorsque je suis entré ici.

Honorat, dans sa colère, n'avait fait ce reproche à Reine qu'à tout hasard; une fois ces paroles dites, il en eut honte. Quel fut donc son étonnement, son dépit, sa douleur, de voir Reine rougir et baisser les yeux sans répondre un seul mot.

Elle pensait au portrait de l'inconnu, à l'aventure qui s'y rattachait; elle ne savait si les paroles d'Honorat y faisaient allusion.

Le trouble de la jeune fille confirma le chevalier dans ses doutes, il s'écria avec amertume :

— Ah! Reine!... jamais je ne vous aurais crue capable de vous oublier jusqu'à compromettre vos intérêts les plus chers en les confiant à un tel misérable.

— Que voulez-vous dire, Honorat? Je ne vous comprends pas. Voici la première fois que vous prononcez de telles paroles.

— C'est que voici la première fois que j'ai la certitude d'être votre jouet! — s'écria-t-il, incapable de se contenir.

— Mais, en vérité, vous ne pensez pas à ce que vous dites!

— Je dis... je dis... que, maintenant, je m'explique vos hésitations, votre contrainte, votre embarras; mais, ce que je ne m'explique pas... c'est que vous ayez la cruauté de faire jouer un rôle avilissant à un homme qui vous avait voué sa vie tout entière.

— Mais, Honorat... vous perdez la tête... je ne mérite pas vos reproches.

— De deux choses l'une... ou depuis un mois vous songez à notre mariage, ou vous n'y songez plus. Si vous n'y songez plus, vous vous êtes jouée de l'amour d'un honnête homme... si vous y songez, malgré l'amour que vous avez dans le cœur... c'est odieux.

Quoique les soupçons d'Honorat fussent absurdes, Reine, frappée de ces mots, qui offraient une allusion si frappante à sa situation, garda le silence.

Honorat interpréta ce silence comme un aveu de la duplicité de Reine.

— Vous ne répondez rien... vous ne pouvez répondre. Je ne m'étais donc pas trompé! Ce bohémien est le secret émissaire de M. de Signerol.

— De M. de Signerol! — s'écria Reine. — Mais vous n'y

songez pas... Je n'ai jamais adressé la parole à cet homme que devant mon père... Vous savez d'ailleurs le cas que je fais de lui !

— Pour mieux dissimuler, sans doute, ce glorieux penchant !

— M. de Signerol... M. de Signerol !... Mais vous êtes fou...

— Cessons cette comédie, mademoiselle ; depuis un moment, je ne vous ai pas quittée des yeux ; j'ai remarqué votre trouble, votre rougeur, quand je suis venu à parler du bohémien. Cessons cette comédie, vous dis-je !

Soit fierté, soit chagrin, soit dépit de ne pouvoir expliquer la cause de son embarras, soit enfin qu'elle fût blessée des paroles acerbes d'Honorat, Reine, redressant la tête avec dignité, dit à son fiancé :

— Vous avez raison, Honorat ; ne continuons pas une pareille discussion : elle est peu digne de vous et de moi. Puisque vous me jugez si mal... puisque, sur les soupçons les plus fous, vous basez l'accusation la plus ignominieuse... je vous rends votre parole, et je reprends la mienne.

— Ah ! c'était là, sans doute, votre but, mademoiselle ; il a fallu que j'oubliasse presque ce que je vous devais pour vous forcer à la franchise. Eh bien, soit ! que ces plans de bonheur sur lesquels je fondais ma vie entière soient oubliés ! que les vœux les plus chers de votre père, de votre famille, soient foulés aux pieds !... Vous avez assez d'empire sur le baron pour le faire condescendre à vos desseins ; je vous assure que je ne m'y opposerai pas...

A ce moment, on entendit les talons éperonnés de Raimond V, et il entra précipitamment en tenant un papier à la main.

CHAPITRE XIV

LA SOMMATION

Raimond V paraissait beaucoup trop courroucé pour remarquer l'expression de tristesse et de chagrin empreinte sur les traits des deux fiancés.

S'adressant à Honorat, il s'écria :

— Maujour ! sais-tu bien ce que Trinquetaille vient de m'apprendre ? Croirais-tu, mon fils, que les bourgeois de la Ciotat, ces vils pourceaux que j'ai souvent engraissés de mes bienfaits, ou que j'ai sauvés de la dent des chiens barbaresques, veulent m'assigner, demain dimanche, devant les cinq prud'hommes de mer, pour notre contestation de pêche !... Et l'abbé prétend que...

Puis, se retournant vers la porte, le baron s'écria :

— Mais avancez donc, l'abbé ; où diable êtes-vous fourré ?

Le bon chapelain montra sa longue figure entre les deux pans de la portière ; car il s'était discrètement tenu dans l'antichambre.

— L'abbé, — reprit Raimond V, — l'abbé prétend qu'il est souverain, s'il vous plaît, ce beau tribunal ! composé du père Cadaoù, le marchand de poissons, et de quelques autres tritons mangeurs d'ail, qui possèdent à peine, à eux tous, une barque et un filet ; maujour ! mes enfants, me voyez-vous mis au ban de ces vieux drôles !

— Monseigneur, — dit l'abbé Mascarolus, — la juridiction des prud'hommes de mer en matière de pêche est suprême et sans appel. Elle a été confirmée par lettres patentes de Henri II, en 1537, de Charles IX, en 1564, et du roi, notre comte, en 1622. C'est une des plus vieilles coutumes des communautés provençales. Il n'y a pas d'exemple que noble, prêtre ou bourgeois ait décliné sa juridiction... et monseigneur...

— Assez, l'abbé... assez, — dit brusquement le baron, — s'ils ont l'impudence de me citer... je n'aurai pas la faiblesse d'obéir à leur citation... quand même elle me serait faite en vertu des lettres patentes de tous les rois que l'abbé vient de nous décliner... Aux patentes des rois, moi, j'opposerai des titres et des priviléges concédés par d'autres rois à ma maison pour les services que leur a rendus ma famille. Mes madragues et mes filets resteront où ils sont, et, par le diable ! j'en ferai faire bonne garde.

— Monsieur, permettez-moi... — dit Honorat.

— Monsieur ? Eh ! pourquoi, diable ! m'appelles-tu monsieur ? Ne suis-je plus ton père ? — s'écria le baron en interrogeant Honorat.

Celui-ci jeta un douloureux regard sur Reine, comme pour lui faire comprendre que, grâce à elle, il ne pouvait plus désormais donner ce tendre nom à Raimond V.

Honorat reprit d'une voix émue : — Eh bien ! puisque vous le désirez... mon père...

— Ah çà ! qu'est-ce qu'il a donc ? — demanda le baron à sa fille d'un air étonné. — Eh ! sans doute ! je veux que tu m'appelles ton père... puisque tu es... ou plutôt, puisque tu seras mon fils dans quelques jours.

Reine rougit, baissa les yeux, et resta muette.

— Eh bien ! voyons, parle donc maintenant, — dit le vieux gentilhomme à Honorat ; — qu'avais-tu à me dire ?

— D'après ce que j'ai su, — reprit celui-ci, — les consuls, excités par le greffier Isnard, ont manifesté quelques sentiments hostiles contre vous, mon père : ne craignez-vous pas que les bourgeois et que les pêcheurs se joignent à ces méchantes gens, s'ils vous voient refuser de paraître... et...

— Moi... craindre ces drôles !... Mais je m'en moque comme d'un éperon cassé ! — s'écria impétueusement le vieux gentilhomme. — J'ai, de père en fils, le droit de poser des madragues et des filets dans l'anse de Castrembaou ; je persisterai dans mon droit, quand tous les pêcheurs de la côte, d'ici à Sixfours, s'y opposeraient.

— Le fait est, monseigneur, — dit l'abbé, — que, bien qu'ils puissent être contestés, vous avez des droits. Vos titres et priviléges de pêche remontent à l'an 1221, le quatorzième jour des calendes de février, régnant Philippe, roi de France, lequel titre a été enregistré par Bertrand de Cornillon...

— Eh ! qu'ai-je besoin de l'autorité des Bertrand et des Cornillon ! — s'écria le baron, — le fait vaut le droit... et j'ai la force par-dessus le droit... Maujour ! a-t-on vu pareille chicane ! Quels bélitres !... moi qui les ai toujours soutenus et défendus ! Ah ! qu'ils viennent encore s'adresser à moi !

— Ah ! mon bon père !... ils vous trouveraient encore, ce qu'ils vous ont toujours trouvé... généreux et bon...

— Je le crois bien ; comment pourrais-je me venger de ces butors, si ce n'est en leur montrant qu'un gentilhomme est d'une meilleure souche qu'eux ?

— Ah ! je reconnais bien là monseigneur, — dit l'abbé. — S'il voulait seulement faire examiner ses titres par les prud'hommes...

— Comment ! faire examiner ? J'ai chassé à coups de fouet un greffier envoyé par un duc et pair, maréchal de France, et j'irais me soumettre à l'arbitrage de ces vieilles jaquettes goudronnées, qui descendront de leur misérable barque pour monter à leur tribunal... j'irais me découvrir devant de vieux drôles qui auront, le matin même de leur audience, crié sur le port : Achetez...achetez *la bouille-à-baisse!* Une populace que ma famille a toujours comblée... Dans son dernier voyage à Alger, pour racheter des captifs, mon brave et bon frère Elzéar n'a-t-il pas ramené de Barbarie cinq habitants de la Ciotat? Mon frère le commandeur, il y a trois ans, n'a-t-il pas donné la chasse, avec sa galère noire, à cinq ou six chebecs qui, croisant sur la côte, empêchaient leurs courses, et qui ont fui devant la capitane du commandeur comme une nuée de moineaux devant un faucon ? Et ce sont ces gens-là qui m'accusent!... Au diable!... qu'ils m'envoient leur greffier, et ils verront comment je l'accueillerai... j'ai justement une lanière neuve à mon fouet... Mais, assez parlé de ces misères. Donne-moi ton bras, ma fille. Il fait un temps superbe ; nous allons nous promener : viens avec nous, Honorat.

— Vous m'excuserez... mon père... j'ai besoin chez moi... et je ne pourrai vous accompagner...

— Tant pis... Alors, va-t'en vite... pour revenir plus vite encore... Je ne crains rien de ces imbéciles moutons parqués dans la Ciotat ; mais, s'ils faisaient quelques tentatives sur mes madragues... j'aurais besoin de toi... pour m'empêcher, dans mon premier mouvement, d'en faire pendre plusieurs par Laramée, au-dessus de mes filets, en manière d'épouvantails.

Puis, le baron, cédant à son caractère mobile et impétueux, changea de ton, et dit gaiement à l'abbé : — Or, si je faisais pendre quelques-uns de ces insolents, ce serait grave ; car je ne sache pas que vous ayez quelque recette pharamineuse contre la pendaison?

— Je vous demande pardon, monseigneur ; on m'a dit récemment, je n'oserais l'affirmer... qu'en faisant boire au patient, avant son exécution, une grande quantité d'eau ferrée... qui, pour ainsi dire, enveloppe, baigne le principe vital, et se fond avec lui... et que si, d'autre part, le patient porte, sur la peau nue, quelques grosses pierres magnétiques ou d'aimant, la force dudit aimant est telle, que, malgré l'agitation de la pendaison, il retient dans le corps le principe vital, saturé de fer, vu son irrésistible puissance d'attraction sur ce métal.

— Notre-Dame!... voilà un merveilleux remède ; eh ! qui vous l'a enseigné?

— Un pauvre homme qui a bien peu de souci de son âme,

mais qui connaît beaucoup de belles recettes ; c'est le bohémien qui a guéri le lévrier de monseigneur.

— Le chanteur... maujour ! je conçois qu'il s'occupe de pendu et de pendaison, il pense à l'avenir ; chacun prêche pour son saint, n'est-ce pas, l'abbé ? ce qui n'empêche pas ce vagabond d'être un habile homme, — dit Raimond V ; — jamais meilleur maréchal n'a levé le pied d'un cheval de chasse.

En entendant parler du vagabond, Reine rougit de nouveau ; Honorat put à peine réprimer un mouvement de dépit.

Raimond V continua :

— Dame Dulceline en est enchantée ; elle dit que, grâce à lui, elle aura une crèche des plus magnifiques pour la Noël... Mais tu l'as entendu chanter, ma fille, qu'en dis-tu ? Car je suis un mauvais juge, je ne connais d'autres chants que ceux de l'abbé et nos vieux refrains provençaux ; est-il vrai que ce vagabond ait une voix surprenante ?

Voulant mettre fin à une conversation qui lui était pénible par tant de motifs, Reine répondit à son père :

— Sans doute, il chante fort bien ; je l'ai à peine entendu. Mais si vous le voulez, mon père, nous irons nous promener ; il est déjà deux heures, et les jours sont courts.

Le baron descendit, suivi de sa fille. En passant dans la cour, il vit, par une porte de remise entr'ouverte, l'antique et lourd carrosse dont il se servait pour aller assister, à l'église paroissiale de la Ciotat, aux fêtes solennelles de l'année, quoiqu'il eût sa chapelle à la Maison-Forte.

Sachant l'espèce d'irritation qui régnait contre lui dans la petite ville, l'opiniâtre et hardi baron, à la vue de ce carrosse, eut l'ingénieuse idée de vouloir braver la colère publique en se rendant le lendemain même à l'église avec une certaine pompe.

L'étonnement de Reine fut donc extrême lorsqu'elle entendit son père ordonner à Laramée de faire tenir le carrosse prêt pour le lendemain matin à midi, heure de la grand'messe.

A toutes les questions de sa fille, le baron ne répondit que par un silence obstiné.

Maintenant, revenons à des acteurs moins importants.

En sortant avec Luquin de la chambre de sa maîtresse, Stéphanette avait dédaigné de répondre aux soupçons jaloux du capitaine, et s'était renfermée dans sa dignité et dans sa chambre. Les fenêtres de cette chambre donnaient sur la cour.

Par les fenêtres, la jeune fille vit à la fois et les préparatifs du carrosse, et Luquin Trinquetaille se promener de long en large d'un air agité.

Fut-ce curiosité de savoir par quel extraordinaire événement le baron s'apprêtait à sortir en carrosse... fut-ce pour se ménager une entrevue avec le capitaine, toujours est-il que la jeune fille descendit dans la cour.

Elle s'adressa d'abord à maître Laramée :

— Monseigneur va-t-il donc sortir en carrosse ?

— Tout ce que je sais, c'est que monseigneur m'a ordonné de faire préparer cette véritable arche de Noé. Et, à propos d'arche de Noé, — ajouta maître Laramée d'un air sournois et ironique, — si vous aviez un brin d'olivier dans votre joli petit bec rose, vous devriez le porter en signe de paix à ce brave capitaine marinier que vous voyez là arpenter la cour avec ses longues jambes, d'un air de possédé... On le dit en guerre ouverte avec la Bohême, et l'olivier est un symbole de paix qui flattera le digne capitaine Luquin.

— Il ne s'agit pas de cela, maître Laramée, — dit Stéphanette d'un ton sec. — Où donc monseigneur va-t-il en carrosse ? Est-ce aujourd'hui, est-ce demain qu'il doit s'en servir ?

— Demain saura aujourd'hui, et après-demain saura demain, mademoiselle, — dit brusquement le majordome, choqué de l'air impérieux de Stéphanette ; et il ajouta entre ses dents : — Voilà la colombe transformée en pie grièche.

Pendant cette conversation, Luquin Trinquetaille s'était approché de Stéphanette. Le capitaine avait tâché de prendre à la fois un air digne, froid et suprêmement dédaigneux.

— Ma chère petite, — dit-il à Stéphanette d'un ton dégagé, — ne trouvez-vous pas que c'est une jolie couleur... la couleur de feu ?

Stéphanette tourna la tête en regardant derrière elle, et dit à Luquin :

— Votre chère petite ? Si c'est à Jeannette la lavandière que je vois là-bas que vous adressez cette question, il faut parler plus haut.

— Ce n'est pas à Jeannette que je parle, entendez-vous ! — s'écria Luquin en perdant patience... — Jeannette, toute lavandière qu'elle est, n'aurait pas l'audace... l'effronterie de donner un ruban à un vagabond bohémien.

— Ah! nous y voilà... — dit la malicieuse fille. — Décidément ce ruban fait sur vous l'effet d'une banderole écarlate sur un taureau de la Camargue.

— Puissé-je être un taureau de la Camargue, et à doubles cornes, ce vagabond en sentirait la pointe. Mais il n'importe, ce mécréant payera cher son insolence; que je meure si je ne lui coupe pas les oreilles pour les clouer au mât de ma tartane!

— Ce serait plutôt de sa langue que vous devriez être jaloux, mon pauvre Luquin; car jamais trouvère du bon roi René n'a plus tendrement chanté.

— C'est donc la langue que je lui arracherai... mille doubles diables!

— Voyons, n'allez pas faire d'extravagances, Luquin. Le bohémien est aussi courageux, aussi adroit qu'un gendarme.

— Grand merci de votre pitié, mademoiselle!... mais je ne me bats pas avec un chien... je le bats.

— Oui; mais le chien a quelquefois de bonnes dents qui mordent bien serré, je vous en préviens.

— Que je sois maudit, si vous n'êtes pas la plus diabolique créature que je connaisse, — s'écria Trinquetaille. — Je crois, par saint Elme, mon patron, que je me battrais demain en champ clos contre cette face cuivrée, que vous diriez : — Notre-Dame pour le bohême!...

— Sans doute, je le dirais.

— Vous le diriez!!!...

— Mais oui. Ne faut-il pas être du parti du faible contre le fort, du petit contre le grand? Ne faudrait-il pas au moins encourager le pauvre homme qui irait affronter le bras redoutable et formidable du capitaine de *la Sainte-Épouvante des Moresques*?

— Sainte croix! vous plaisantez, Stéphanette, et je n'en ai nulle envie.

— Cela se voit bien.

— Où est ce vaurien, ce vagabond?

— Voulez-vous que j'aille m'en informer sur l'heure? Aucune recherche ne me sera plus agréable.

— C'est trop fort; vous vous jouez de moi. Eh bien, adieu! Tout est rompu, entendez-vous, tout est rompu entre nous.

Stéphanette haussa les épaules, et dit : — Pourquoi dites-vous ces vanités-là?

— Comment, des vanités?

— Sans doute, des imaginations.

— Des imaginations ! Ah ! vous croyez?... des imaginations !... Eh bien ! vous verrez. Ne croyez pas me prendre avec vos câlineries... Je les connais... larmes de crocodile.

— Ne dites pas cela, Luquin... Je vais vous forcer à vous mettre à genoux devant moi et à me demander pardon de votre sotte jalousie.

— Moi... à genoux !... moi... vous demander pardon ! Ah ! ce serait joli... Ah ! ah !... moi à genoux... devant vous !...

— A deux genoux, s'il vous plaît.

— Ah ! ah ! l'idée est plaisante, sur ma parole !...

— Allons, allons, à l'instant même... ici... à cette place.

— Mademoiselle, vous êtes folle.

— Monsieur Luquin, dans votre intérêt, faites-le donc, je vous prie...

— Tarare !

— Prenez garde...

— Ta, ta, la, la, la, — dit le capitaine en chantonnant entre ses dents, et en se levant en mesure sur la pointe des pieds pour retomber sur ses talons.

— Une fois, deux fois ; vous ne voulez pas vous mettre à genoux et me demander pardon de votre folle jalousie ?...

— J'aimerais mieux, voyez-vous, m'étrangler de mes propres mains.

— Luquin, vous savez que je veux ce que je veux. Si vous refusez ce que je vous demande, c'est moi qui vous dirai adieu. Et je ne reviendrai pas, moi, songez-y.

— Allez, allez, vous rencontrerez peut-être le bohémien sur la route.

Stéphanette ne dit pas un mot, se retourna brusquement et s'éloigna.

Luquin fut assez brave pendant quelques instants, puis son courage faiblit ; enfin, voyant que la jeune fille marchait d'un pas ferme, délibéré, sans retourner la tête, il la suivit, et d'une voix suppliante :

— Stéphanette !

La jeune fille doubla le pas.

— Stéphanette... Stéphanette, soyez donc raisonnable ; vous savez bien que je vous aime.

Elle marcha toujours.

— Enfin, mille diables ! est-ce qu'il est possible que je vous demande pardon de ma jalousie, quand j'ai vu que...

Elle doubla le pas.

— Stéphanette, eh bien! voyons... en vérité, vous m'ensorcelez... vous me faites faire tout ce que vous voulez.

Elle ralentit un peu son pas.

— Au fait, non, mille fois non! c'est absurde, je suis plus faible qu'un enfant.

Stéphanette sembla courir.

Il fallut que le capitaine de *la Sainte-Épouvante des Moresques* fît jouer ses longues jambes de héron pour l'atteindre, en disant d'une voix étouffée : — Eh bien, voyons, diabolique créature que vous êtes... on fera ce que vous voudrez... me voici à genoux... seulement, arrêtez-vous un moment... Eh bien, oui... j'ai eu tort... êtes-vous satisfaite?... Est-il possible d'être aussi lâche? — murmura Luquin en manière de parenthèse, et il reprit : — Eh bien, oui... j'ai eu tort d'être jaloux... de... ce... Mais au moins arrêtez-vous... je ne puis pas courir après vous en marchant sur mes genoux... puisque j'ai eu tort, vous dis-je.

Stéphanette ralentit peu à peu sa marche, s'arrêta tout à fait, et dit à Luquin sans tourner la tête :

— A genoux.

— Mais j'y suis... j'y suis... Heureusement pour ma dignité d'homme, ce pan de muraille me cache aux yeux de ce vieux bavard de majordome... — dit Luquin.

— Répétez comme moi.

— Oui; mais, au moins, retournez la tête, Stéphanette, que je vous voie : ça me donnera du courage.

— Répétez... répétez d'abord; voyons, dites : — J'ai eu tort d'être jaloux de ce pauvre bohémien.

— Hum!... j'ai eu tort d'être jaloux... de... ce... hum! de ce gueux de bohémien...

— Ce n'est pas cela... de ce pauvre bohémien.

— De ce pauvre bohémien... — répéta Luquin avec un profond soupir.

— Il était tout simple que Stéphanette lui donnât un ruban.

— Il était... hum!... il était tout simple que Stéphanette lui... hum!... — Ces mots semblaient étrangler le capitaine, qui toussait fortement... — Hum!... hum!

— Vous êtes bien enrhumé, mon pauvre Luquin... répétez donc : — Il était tout simple que Stéphanette lui donnât un ruban.

— Lui donnât un ruban.

— Très bien... car j'ai son cœur. Et tout ceci n'est qu'une folie de jeune fille, et je sais bien, moi, qu'elle n'aime que son Luquin, — dit rapidement Stéphanette.

Puis, sans donner à son fiancé le temps de se relever et de répéter ces douces paroles, Stéphanette se retourna vivement, pendant qu'il était encore à genoux, lui donna un baiser sur le front et disparut par un passage de la cour, avant que le digne capitaine, aussi ravi que surpris, eût pu faire un pas.

CHAPITRE XV

LES PRUD'HOMMES DE MER

A l'instigation de maître Isnard, toujours furieux du mauvais accueil qu'il avait reçu de Raimond V, le consul Talebard-Talebardon avait, le samedi soir, dépêché le clerc à la Maison-Forte des Anbiez, pour signifier au baron qu'il eût à comparaître le lendemain dimanche devant les prud'hommes de mer.

Raimond V avait fait asseoir le clerc tout tremblant à sa table, l'avait fait souper avec lui; mais à chaque fois que l'homme de loi voulut ouvrir la bouche pour demander au baron de comparaître devant le tribunal, le vieux gentilhomme s'écriait : — Laramée, verse à boire à mon hôte!

Puis il fit reconduire à la Ciotat le clerc un peu ivre.

Interprétant à leur manière la conduite du baron, maître Isnard et le consul virent, dans son refus de répondre à leur sommation, le mépris le plus outrageant.

Le lendemain dimanche, après la messe, où, malgré sa résolution de la veille, Raimond V n'avait pas encore paru, les consuls et le greffier parcoururent les maisons des principaux bourgeois, afin d'exalter les ressentiments publics contre Raimond V, qui bravait et blessait si ouvertement les priviléges des communautés provençales.

Il aurait fallu beaucoup d'art, beaucoup de ruses, beaucoup d'opiniâtreté à maître Isnard, pour faire partager aux habitants de la Ciotat son irritation contre le maître de la Maison-Forte; car l'instinct du plus grand nombre est toujours favorable à la rébellion d'un seigneur contre un seigneur plus puissant que lui... mais dans cette dernière occasion, rien ne fut plus facile au greffier que d'exalter l'indignation de la foule.

Nous l'avons dit, c'était un dimanche matin; après la messe, les prud'hommes de mer tenaient leurs séances dans la grande salle de la maison de ville, située sur le port neuf. C'était un bâtiment lourd, massif, construit en briques et percé de petites fenêtres.

De chaque côté, s'élevaient les habitations des bourgeois aisés.

La place de la maison de ville était séparée du port par une petite rue étroite.

Une foule bruyante de citadins, de pêcheurs, de matelots, d'artisans, de gens de campagne, se pressaient sur cette place et assiégeaient déjà la porte de la maison de ville, afin d'assister à la séance des prud'hommes.

Les bourgeois, endoctrinés par le greffier, circulaient dans les groupes et y répandaient la nouvelle que Raimond V méprisait assez les droits du peuple pour refuser de comparaître devant les prud'hommes.

Maître Talebard-Talebardon, un des consuls, gros homme, pansu, coloré, au regard fin et rusé, portant son chaperon de feutre et sa robe officielle, occupait avec le greffier le centre d'un des groupes animés dont nous avons parlé, groupe composé de gens de toutes conditions.

— Oui, mes amis, — disait le consul, — Raimond V traite les chrétiens comme il traite les chiens de sa vénerie... L'autre jour, il a menacé de son fouet le respectable maître Isnard que voici, après l'avoir mis aux prises avec deux des plus méchants taureaux de la Camargue; il a fallu un miracle pour que ce digne officier de l'amirauté de Toulon échappât au péril effroyable qui menaçait ses jours, — dit le consul d'un air important.

— Un véritable miracle dont je rends grâce à Notre-Dame de la Garde, — ajouta dévotement le greffier. — Je n'ai jamais vu de taureaux si furieux.

— Par saint Edme! mon patron, — dit un matelot, — j'aurais bien donné mon écharpe neuve pour être témoin de cette course. Je n'ai vu de combats de taureaux qu'à Barcelone.

— Sans compter que les greffiers-toréadors sont rares, — dit un autre marin.

Maître Isnard, vivement choqué d'inspirer si peu d'intérêt, reprit d'un air dolent; — Je vous assure, mes amis, que c'est une terrible et formidable chose que d'être en butte aux fureurs de ces féroces animaux.

— Puisque vous avez été poursuivi par des taureaux, — demanda un honnête tailleur, — dites-nous donc, monsieur le greffier, s'il est vrai que les taureaux en colère ont la queue roulée sur elle-même, et qu'ils ferment les yeux quand ils frappent.

Maître Talebard-Talebardon haussa les épaules et répondit sévèrement au questionneur :

— Vous croyez donc, coupe-drap, qu'on s'amuse à regarder la queue et les yeux d'un taureau quand il vous charge ?

— C'est vrai... c'est vrai, — répondirent quelques assistants.

— Toujours est-il, — reprit le consul, voulant apitoyer la foule sur le greffier et l'irriter contre le baron, — toujours est-il que cet officier de la justice du roi a failli être victime de la méchanceté diabolique de Raimond V.

— Raimond V a détruit deux portées de louveteaux qui ravageaient tout dans notre métairie, sans compter qu'il nous a fait cadeau des têtes du loup et de la louve, qui sont clouées à notre porte, — dit un paysan en secouant la tête.

— Raimond V n'est pas mauvais maître : si la récolte manque, il vous vient en aide; il m'a remplacé deux bœufs de labour que j'avais perdus par les maléfices.

— C'est vrai, quand on tend la main au seigneur des Anbiez, on ne la retire jamais vide, — dit un artisan.

— Et lors de la dernière descente des pirates à cette place où nous sommes, lui et ses gens ont bravement combattu les mécréants; sans lui, moi, ma femme et ma fille, nous étions enlevés par ces démons, — dit un citadin.

— Et les deux fils du bonhomme Jacquin ont été rachetés et ramenés de Barbarie par le bon père Elzéar, frère de Raimond V; sans lui ils seraient encore à la chaîne à damner leur âme, — reprit un autre.

— Et l'autre frère, le commandeur, qui a l'air aussi sombre que sa galère noire, — reprit un patron de barque marchande, — n'a-t-il pas tenu en respect ces païens pendant plus de deux mois que sa capitane est restée mouillée dans le golfe?... Allez... c'est une bonne et noble famille que celle des Anbiez. Après tout, cet homme de loi n'est pas d'ici, — et il montra le greffier. — Qu'est-ce que ça nous fait qu'il soit ou non embroché d'un coup de corne ?

— C'est vrai... c'est vrai, il n'est pas d'ici, — reprirent plusieurs voix.

— Raimond V est un bon vieux gentilhomme qui ne refuse jamais une livre de poudre et une livre de plomb à un marinier pour défendre sa barque, — dit un matelot.

— Il y a toujours une bonne place au feu de la Maison-Forte, un bon verre de sauve-chrétien et une pièce d'argent pour ceux qui s'y présentent, — dit un mendiant.

— Et sa fille! un ange!... une Notre-Dame pour les pauvres gens! — dit un autre.

— Mais qui diable nie tout cela? — s'écria le consul. — Raimond V tue les loups, parce qu'il aime la chasse; il ne regarde ni à une pièce d'argent, ni à une livre de poudre, ni à un verre de vin, parce qu'il est riche, très riche; mais il agit ainsi perfidement pour cacher ses desseins.

— Quels desseins? — demandèrent quelques assistants.

— Le dessein de ruiner notre commune, de ravager notre ville, de faire enfin pire que les pirates ou le duc d'Epernon avec ses Gascons, — dit le consul d'un air mystérieux.

Il eût annoncé quelque tentative possible, que sans doute il n'eût pas été cru. Ces paroles effrayantes, excitant la curiosité de la foule, il fut écouté avec faveur.

— Expliquez-nous donc cela... notre consul, — dit-on tout d'une voix.

— Maître Isnard, qui est homme de loi, va vous expliquer ce tissu de ténébreux et pernicieux desseins, — dit Talebard-Talebardon.

Le greffier s'avança d'un air contrit, leva les yeux au ciel, et reprit :

— Votre digne consul, mes amis, ne vous dit rien que de malheureusement trop véridique. Nous en avons des preuves.

— Des preuves!... — répétèrent quelques assistants en se regardant les uns les autres.

— Écoutez-moi bien... Le roi, notre maître, et monseigneur le cardinal n'ont qu'une seule pensée, le bonheur des Français.

— Mais nous ne sommes pas Français, nous autres, — dit un Provençal, fier de sa nationalité, — le roi n'est pas notre maître, il est notre comte.

— Vous parlez d'or, mon compère, écoutez-moi donc, — reprit le greffier. — Le roi, notre comte, ne voulant pas que ses communautés provençales restassent exposées au pouvoir despotique des nobles et des seigneurs, nous a ordonné de les désarmer. Son Éminence ne s'est que trop souvenue des violences du duc d'Épernon, des seigneurs de Baux, de Noirol, de Traylez et de tant d'autres. Il a donc voulu ôter à la noblesse le moyen de nuire au peuple et à la bourgeoisie. Ainsi, par exemple, Son Éminence voulait (ces ordres souverains seront tôt ou tard exécutés), voulait, dis-je, désarmer la Maison-Forte de Raimond V des fauconneaux et des canons qui dominent l'entrée de votre port, et qui peuvent empêcher le moindre bateau pêcheur d'en sortir.

— Mais qui peuvent aussi empêcher les pirates d'y entrer, — dit un matelot.

— Sans doute, mes amis, sans doute, le feu brûle ou purifie; la flèche tue l'ami ou l'ennemi, selon la main qui tient l'arbalète. Je n'aurais eu aucun soupçon sur Raimond V, s'il ne m'avait dévoilé lui-même ses perfides intentions... Laissons de côté sa cruauté à mon égard... Je suis heureux d'être le martyr de notre sainte cause.

— Vous n'êtes pas martyr, puisque vous êtes en vie, — dit l'incorrigible matelot.

— Je suis en vie... sans doute à cette heure, — reprit le greffier, — mais le Seigneur sait à quel prix, par quels périls, j'ai acheté cette vie... et quels sont les dangers que je dois affronter encore; mais ne parlons pas de moi.

— Non, non, ne parlons pas de vous, ça nous est égal; dites-nous comment vous avez la preuve des mauvais desseins de Raimond V contre la ville, — reprit un curieux.

— Rien de plus évident, mes amis, il a fait encore fortifier son château; pourquoi? Pour résister aux pirates, dira-t-on. Mais jamais les pirates n'oseront attaquer une pareille forteresse, où ils n'auraient que des coups à gagner. Il a fait de sa maison une espèce de place forte dont les canons peuvent couler bas vos bâtiments et ravager votre port. Savez-vous pourquoi? Pour vous tyranniser à son profit et fouler impunément aux pieds les coutumes provençales. Tenez, un exemple : il a, contre toutes les lois, établi des filets de pêche en dehors de ses limites.

— C'est vrai, — reprit Talebard-Talebardon, — vous savez qu'il n'en a pas le droit. Quel tort cela fait à notre pêche, souvent notre seule ressource!

— Pour cela, c'est évident, — dirent quelques assistants ; — les madragues de Raimond V nous font du tort, surtout maintenant, que la pêche diminue ; mais si c'est son droit ?

— Mais si ce n'est pas son droit ! — s'écria le greffier.

— On le saura aujourd'hui, — reprit un assistant, — puisque le procès va être jugé par les prud'hommes de mer.

Le greffier échangea un coup d'œil d'intelligence avec le consul, et répondit :

— Sans doute, le tribunal des prud'hommes est tout-puissant pour décider la question ; mais c'est justement à ce propos que mes doutes sont venus. Je crains bien que Raimond V ne veuille pas s'en rapporter à ce tribunal populaire. Il est capable de refuser de se rendre à cette sommation, faite, après tout, par de pauvres gens à un haut et puissant baron...

— C'est impossible... c'est impossible... ce sont nos droits à nous... Le peuple a les siens, la noblesse les siens ; franchise pour tous, — s'écrièrent plusieurs voix.

— Je tiens Raimond V pour un bon et généreux seigneur, — dit un autre ; — mais je le regarderais comme un traître, s'il refusait de reconnaître nos priviléges.

— Non, non, c'est impossible, — répétèrent plusieurs voix.

— Il viendra...

— Il va venir devant les prud'hommes...

— Dieu le veuille, — dit le greffier, en échangeant un nouveau coup d'œil avec le consul. — Dieu le veuille, mes amis ; car, s'il méprisait assez nos coutumes pour agir autrement, on pourrait penser qu'il n'a mis sa maison en état de défense si formidable que pour braver les lois.

— Encore une fois, c'est impossible, ce que vous dites là, greffier ; Raimond V ne peut pas plus nier l'autorité des prud'hommes, qu'il ne peut nier l'autorité du roi, — dit un assistant.

— Mais, d'abord, il nie l'autorité du roi, — s'écria maître Isnard triomphant ; — et, puisqu'il faut tout dire, je crois même, d'après ce que m'a appris votre digne consul, qu'il nie, non-seulement le pouvoir royal, mais encore communal ; en un mot, qu'il se refuse positivement à comparaître devant les prud'hommes, et qu'il veut conserver ses filets et ses madragues au détriment de la pêche générale.

Un sourd murmure d'étonnement et d'indignation accueillit cette nouvelle.

— Parlez, parlez, consul; est-ce vrai?
— Raimond V est trop brave seigneur pour cela.
— S'il était vrai, pourtant...
— Ce sont nos droits, après tout...

Telles furent les différentes interpellations qui se croisèrent rapidement.

Le consul et le greffier se virent entourés, presque pressés, par une foule qui commençait à s'irriter.

Talebard-Talebardon, d'accord avec le greffier, avait préparé cette scène avec une astuce diabolique.

Le consul répondit donc, afin d'augmenter peu à peu l'irritation populaire :

— Sans être certain du refus de Raimond V, j'ai tout lieu de le craindre; mais le clerc de M. le greffier, qui a été porter, hier, la sommation à la Maison-Forte, et qui a dû ensuite se rendre à Curjol pour affaires, va arriver d'un moment à l'autre, et nous confirmer la nouvelle. Notre-Dame fasse qu'elle ne soit pas telle que je l'appréhende! Hélas!... que deviendraient nos communautés, si notre seul droit, à nous pauvres gens, notre seul privilége, nous était arraché?...

— Arraché!... — s'écria le greffier; — mais c'est impossible... La noblesse et le clergé ont leurs droits... Comment oserait-on ravir au peuple les dernières, les seules ressources qu'il ait contre l'oppression des puissants!

Rien de plus mobile que l'esprit du peuple, et surtout du peuple méridional; cette foule, naguère encore sous l'impression de la reconnaissance qu'elle devait au baron, avait presque oublié les importants services de la famille des Anbiez, au seul soupçon que Raimond V voulait attenter à un des priviléges de la communauté.

Ces bruits, circulant parmi les groupes, irritèrent singulièrement les esprits. Le greffier et le consul, jugeant le moment venu de frapper le dernier coup, ordonnèrent à l'un de leurs gens d'aller quérir le clerc du greffier, qui devait être, disaient-ils, de retour, quoique, depuis la veille, il n'eût pas quitté la Ciotat.

A ce moment, les cinq prud'hommes pêcheurs et leur syndic, s'étant réunis sous le porche de l'église, après la messe, traversèrent la foule pour se rendre à la maison de ville, afin d'y tenir leur audience solennelle.

Les circonstances présentes donnaient un nouvel intérêt à

leur apparition; ils furent salués de nombreux bravos accompagnés de ces cris :

— Vivent les prud'hommes de mer !...
— Vivent les communautés provençales !...
— Arrière (fueros) ceux qui les attaquent !...

Cette foule, déjà excitée, se pressa sur leurs pas, pour assister à la séance.

Ce fut alors que le clerc arriva. Quoi qu'il pût dire et faire pour protester contre l'interprétation que le greffier et le consul donnèrent à ses paroles, ceux-ci s'exclamèrent en hypocrites lamentations.

— Eh bien !... eh bien !... notre consul, — s'écrièrent les assistants, — Raimond V vient-il ? viendra-t-il au tribunal ?

— Hélas ! mes amis, — s'écria le consul, — ne m'interrogez pas; le digne greffier n'avait que trop bien deviné. Le caractère irascible, impérieux et tyrannique du baron s'est encore manifesté.

— Comment !... comment !...

— Le clerc avait été chargé, hier, de notifier à Raimond V l'arrêt du tribunal des prud'hommes, il est de retour...

— Le voici ! Ah !... enfin...

— Ah !...

— Eh bien !...

— Eh bien ! il a été d'abord accablé de mauvais traitements par Raimond V.

— Mais, — dit tout bas le clerc, — au contraire, monseigneur m'a fait boire d'un vin qui...

Maître Isnard tira si violemment le clerc par son sarrau, et lui jeta un si furieux regard, que le pauvre homme n'osa pas articuler une parole.

— Après l'avoir accablé de mauvais traitements, — reprit le consul, — Raimond lui a formellement déclaré qu'il ferait litière de nos priviléges; qu'il conserverait ses madragues; et qu'il était assez fort pour nous réduire, si nous osions contrarier sa volonté... et que...

Une explosion de cris furieux interrompit le consul.

Le tumulte fut à son comble; les menaces les plus violentes éclatèrent contre Raimond V.

— Aux madragues !... aux madragues !... — crièrent les uns.
— A la Maison-Forte !... — crièrent les autres.
— Qu'il n'en reste pas pierre sur pierre !

— Aux armes!... aux armes!...

— Faisons un pétard pour faire sauter la porte du fossé du côté de la terre!

— Mort!... mort à Raimond V!

En voyant la fureur de la populace, le greffier et le consul commencèrent à craindre d'avoir été trop loin, et de ne pouvoir plus contenir les ressentiments qu'ils avaient si imprudemment déchaînés...

— Mes amis... mes enfants! — cria Talebard-Talebardon, en s'adressant aux plus exaltés, — soyez modérés... Courez aux madragues... soit... mais ne faites aucune tentative sur la Maison-Forte... sur la vie du baron.

— Pas de pitié!... pas de pitié!... vous l'avez dit vous-même, consul; Raimond V veut tirer sur la ville, sur le port, faire pire que le duc d'Épernon et ses Gascons.

— Oui... oui... détruisons la tanière du vieux loup, et clouons-le à sa porte!

— A la Maison-Forte!...

— A la Maison-Forte!

Ces cris furieux accueillirent les tardives paroles de modération que le consul voulait faire entendre.

Les moins déterminés des habitants se pressaient aux abords de la maison de ville, pour entrer dans la salle du tribunal où siégeaient déjà les prud'hommes.

Les autres, divisés en deux bandes, se préparaient, malgré les supplications des consuls, à aller détruire les madragues, et attaquer la Maison-Forte des Anbiez, lorsqu'un incident extraordinaire frappa la foule de stupeur et la rendit muette et immobile.

CHAPITRE XVI

LE JUGEMENT

L'étonnement général était bien naturel.

On vit s'avancer lentement, par la rue des Minimes, en se dirigeant vers la place, le lourd carrosse de cérémonie de Raimond V.

Quatre de ses gens, armés et à cheval, précédés par Laramée, ouvraient la marche; puis, venait le carrosse à dais, d'un velours rouge cramoisi un peu passé; le train, ainsi que la caisse, sans glaces, mais largement armoriée, étaient orange et incarnat, couleurs de la livrée du baron.

Quatre vigoureux chevaux de labour, attelés avec des traits de corde, faisaient péniblement avancer cette voiture informe et massive, au fond de laquelle trônait majestueusement Raimond V.

En face de lui était Honorat de Berrol.

A l'intérieur de ce coche, deux sortes de petits tabourets se fixaient aux portières. Sur l'un d'eux se tenait l'abbé Mascarolus, portant sur ses genoux un sac de papiers. L'intendant du baron occupait l'autre siége.

L'imparfaite construction de cet énorme carrosse ne comportait pas de place pour le cocher. Un charretier, revêtu pour ce jour d'une casaque à la livrée du baron, se tenait à la tête de chaque paire de chevaux et conduisait cet attelage à peu près comme celui d'un chariot de ferme.

Enfin, derrière la voiture venaient quatre autres hommes à cheval et armés.

Quoique grossiers, cet équipage et ce train inspiraient une profonde admiration aux habitants de cette petite ville; la vue d'un coche, tel imparfait qu'il fût, leur était toujours chose nouvelle et curieuse.

Nous l'avons dit : la foule resta muette.

On le savait, Raimond V ne se servait de ce carrosse que lors des occasions les plus solennelles; une vive curiosité suspendit un moment des sentiments plus violents.

On se demandait tout bas où se dirigeait le carrosse : était-ce à l'église? était-ce à la maison de ville?

Cette dernière supposition devenait probable, car Raimond V, après avoir tourné le coin de la rue des Minimes, prit le chemin de l'édifice où se tenaient assemblés les prud'hommes pêcheurs.

Bientôt enfin les doutes se changèrent en certitude, lorsqu'on entendit la grosse voix de maître Laramée s'écrier :

— Place... place à monseigneur, qui se rend au tribunal des prud'hommes!

Ces mots, passant de bouche en bouche, arrivèrent aux oreilles des consuls et du greffier, dont le désappointement et le dépit furent extrêmes.

— Que nous aviez-vous donc dit, greffier? — s'écrièrent les assistants qui l'entouraient, — voici Raimond V... Il se rend au tribunal des prud'hommes!

— Il n'est donc pas résolu à faire litière de nos priviléges?

— Il s'y rend... il s'y rend, sans doute, — reprit maître Isnard; — mais il s'y rend avec une suite de gens armés; qui sait ce qu'il va dire et répondre aux pauvres prud'hommes de mer?

— Il veut sans doute les intimider, — reprit le consul.

— Rendre son refus de reconnaître leur juridiction plus méprisant encore en venant le leur signifier lui-même, — reprit le greffier.

— Une suite armée? — dit un assistant. — Et que feraient ces huit carabins contre nous?

— Le consul a raison... Il vient peut-être insulter les prud'hommes, — dit un habitant plus défiant.

— Allons donc... Raimond V, tout audacieux qu'il est, n'oserait pas cela, — reprit un troisième.

— Non, non, il reconnaît nos priviléges, le digne et bon seigneur, — crièrent quelques voix. — Nous avions tort de nous en défier.

En un mot, par un de ces brusques revirements, si communs dans les émotions populaires, l'esprit public redevint presque subitement favorable à Raimond V, et hostile au greffier.

Maître Isnard, pour mettre sa responsabilité et peut-être sa personne à couvert, ne craignit pas d'exposer son malheureux clerc à la colère du peuple.

Revenant de leur hostilité passagère contre le baron, plusieurs habitants prenaient déjà un air menaçant en reprochant au greffier de les avoir trompés.

— C'est cet étranger, — disaient-ils, — qui nous a excités contre Raimond V.

— Ce bon et digne seigneur qui est toujours tout à tous!...

— Oui, oui, c'est vrai, il nous a dit que Raimond V en voulait à nos priviléges, et il les respecte au contraire...

— Sans doute... et monseigneur a bien fait de te livrer aux taureaux de la Camargue, — s'écria un marin, en montrant le poing au greffier.

— Permettez, mes amis, — dit le greffier, en remarquant avec peine l'absence du consul, qui s'était prudemment esquivé pour se rendre à la maison de ville se porter partie plaignante contre le baron. — Permettez, — dit le greffier, — quoique rien ne puisse me faire présumer des bonnes intentions de Raimond V, je n'hésite pas à déclarer qu'elles peuvent être bonnes en effet! Peut-être mon clerc se sera-t-il mépris, peut-être aura-t-il exagéré la portée des réponses du baron des Anbiez. Voyons, clerc, — dit-il, en se retournant vers le scribe d'un air sévère et superbe, — ne mentez pas... Ne m'avez-vous pas trompé? Rappelez bien vos souvenirs. Peut-être vous êtes-vous effrayé à tort? Je vous sais très couard! Que vous a dit le baron? Maugrebleu! clerc, malheur à vous si vous m'avez trompé, et si par votre sottise j'ai moi-même trompé ces estimables citadins!...

Ouvrant des yeux énormes, confondu de l'audace du greffier, le malheureux clerc ne put que répéter d'une voix tremblante : — Monseigneur ne m'a rien dit : il m'a fait asseoir à sa table; toutes les fois que j'ai voulu lui parler de la sommation des prud'hommes, maître Laramée venait avec un grand verre de vin d'Espagne, que j'étais, révérence parler, obligé d'avaler d'un trait.

— Maugrebleu! — s'écria le greffier d'une voix tonnante, — comment! ce sont là les mauvais traitements dont vous vous plaigniez! Pardonnez-lui, messieurs, il était certainement ivre, et je vois avec douleur qu'il nous a trompés sur les desseins de Raimond V. Courons à la maison de ville, nous assurer par nous-mêmes de la réalité des faits; car voici que le carrosse de Raimond V y est arrêté.

Ce disant et sans paraître entendre les murmures menaçants de la foule, le greffier hâta le pas, accompagné de son malheureux clerc, qui, dans la retraite, reçut quelques bourrades évidemment adressées à maître Isnard.

La grande salle de la maison de ville de la Ciotat formait un long parallélogramme, éclairé par de hautes et étroites fenêtres, aux carreaux encadrés de plomb.

Sur les murs opposés aux fenêtres, murs nus et blanchis à la chaux, on voyait quelques pavillons pris aux Barbaresques.

Des solives saillantes de bois brut rayaient le plafond. A l'extrémité de cette vaste salle et en face de la grande porte d'entrée qui occupait l'autre côté, on voyait élevé, sur une estrade, le tribunal des prud'hommes de mer.

C'était une longue table grossièrement équarrie.

Les juges étaient au nombre de quatre, présidés par le guetteur du cap de l'Aigle, qui avait momentanément résigné ses fonctions entre les mains de Luquin Trinquetaille.

Selon la coutume, ces pêcheurs portaient les chausses, le pourpoint et le manteau noirs, avec un rabat blanc; ils étaient coiffés d'un chapeau à larges bords. Le moins âgé des juges avait au moins cinquante ans.

Leur attitude était simple, grave; leurs figures hâlées, à longs cheveux blancs ou gris, éclairées à la Rembrandt par un brusque rayon de lumière jaillissant d'une des fenêtres dont on a parlé, se dessinaient vigoureusement sur le clair-obscur qui régnait au fond de la salle.

Ces cinq vieux marins, élus par leur corporation le jour de la Saint-Étienne, justifiaient le choix de leurs compagnons. Braves, honnêtes, pieux, ils représentaient certainement l'élite de la population maritime de la ville et du golfe.

Le tribunal et la place réservée à ceux qui comparaissaient devant lui étaient séparés de la foule par une grossière barrière de bois.

« La juridiction des prud'hommes était fort simple. Celui qui dit porter quelque plainte, trouvant les susdits prud'hommes à leur siége, requiert d'être ouï, mais auparavant doit avoir consigné deux sols huit deniers dans la bourse commune, et après, il mande celui contre qui il a formé une plainte; ledit est obligé à la même consignation, et après, l'un et l'autre sont ouïs, et sur leurs discours, le plus ancien des susdits prud'hommes prononce le jugement avec le conseil de ses collègues [1]. »

Le secrétaire de la communauté appelait d'une voix forte les plaignants et leurs adversaires.

Jamais séance n'avait excité à ce point la curiosité publique.

Avant l'arrivée de Raimond V, la plupart de ceux qui remplissaient la salle ignoraient encore si le baron se rendrait ou non devant le tribunal; d'autres étaient persuadés de son refus. Le plus petit nombre enfin espérait qu'il respecterait les priviléges des communautés.

Mais lorsqu'on sut, par quelques curieux du dehors, que le carrosse de cérémonie du gentilhomme était sur la place, on remarqua dans la foule un mouvement d'étonnement et d'intérêt.

---

[1] Voir *Voyage et Inspection de M. de Séguiran*, déjà cité, p. 241. — *Correspondance de Sourdis*, publiée par ordre du roi, par M. E. Sue, vol. III.

Il fallut que le greffier de la communauté élevât la voix pour réclamer le silence, et que Peyroû le guetteur fît, comme syndic des prud'hommes, une sévère admonition, qui fut, on doit le dire, respectueusement écoutée.

Le tribunal réglait alors quelques différends de peu d'importance; mais l'indépendance des juges était si grande, qu'ils mettaient autant de soins, autant de lente circonspection, à rendre et à formuler leur arrêt, que si l'un des premiers seigneurs de la Provence n'eût pas attendu le moment de comparaître devant eux.

La multitude était compacte, serrée, lorsque Raimond V se présenta à la porte; il eut beaucoup de peine à pénétrer dans la grande salle avec Honorat de Berrol.

— Place... place à monseigneur, — dirent à demi-voix quelques citadins empressés.

— Les prud'hommes m'ont-ils appelé, mes enfants? — dit affectueusement Raimond V.

— Non, monseigneur.

— J'attendrai donc ici, comme vous et avec vous. Il sera temps de me faire place lorsqu'il faudra m'avancer au pied du tribunal.

Ces simples paroles, dites avec autant de bonté que de dignité, firent un effet prodigieux sur les assistants; la vénération qu'inspirait ce gentilhomme tout à l'heure si menacé fut telle, que la foule forma une sorte de cercle respectueux autour du baron.

Un officieux ayant à grand'peine été dire au greffier que Raimond V venait d'entrer dans la salle, qu'il serait convenable de faire passer sa cause avant celle des autres, le greffier profita d'un moment d'intervalle pour soumettre cette observation à Peyroû le syndic.

Celui-ci répondit simplement : — Greffier, d'après votre liste, quel nom doit-on appeler maintenant?

— Celui de Jacques Brun, lamaneur, contre Pierre Baïf, tréguier [1].

— Appelez donc Jacques Brun contre Pierre Baïf.

Peyroû devait beaucoup à la famille du baron; il était profondément attaché à cette maison. En agissant ainsi, il ne voulait pas faire montre de ses droits et en exagérer l'impor-

---

[1] Voilier.

tance; il obéissait à cet esprit de justice et d'indépendance qu'on retrouvait si fréquemment alors dans les institutions populaires.

Ce fut sans hésitation, sans croire le moins du monde choquer Raimond V, que le guetteur dit d'une voix ferme et haute :
— Greffier, appelez un autre plaignant.

La contestation de Jacques Brun, le lamaneur, et du tréguier Pierre Baïf était peu importante ; elle fut promptement, mais attentivement jugée par les prud'hommes, au milieu de la préoccupation générale ; car la cause du baron venait immédiatement après.

Malgré la présence du seigneur des Anbiez, on ne savait encore ce qu'il répondrait au tribunal. Involontairement, on songeait aux insinuations de maître Isnard. Ce dernier prétendait toujours que le baron était capable de venir manifester d'une manière éclatante son mépris pour ce tribunal populaire.

Enfin, le greffier appela d'une voix un peu troublée : — Maître Talebard-Talebardon, consul de la ville de la Ciotat, contre Raimond V, baron des Anbiez.

Un long murmure d'impatience satisfaite circula dans la salle.

— Maintenant, mes enfants, — dit le vieux gentilhomme à ceux qui l'entouraient, — faites place, je vous prie, non pas au baron, mais au plaideur qui va devant ses juges.

L'enthousiasme inspiré par ces mots de Raimond V prouva que, malgré sa soif instinctive d'égalité, le peuple sait toujours un gré immense aux gens d'un rang élevé qui se soumettent à la loi commune.

La foule reflua de chaque côté sur elle-même, fit une large avenue, au milieu de laquelle Raimond V s'avança d'un pas grave et majestueux.

Le vieux gentilhomme portait le somptueux costume du temps : un pourpoint à aiguillettes, un manteau court de velours brun, richement rubanné d'or ; ses larges chausses de pareille étoffe formaient une sorte de jupe qui descendait au-dessous du genou ; ses bas de soie écarlate disparaissaient dans l'entonnoir de ses petites bottes de cordouan, armées de longs éperons dorés ; un riche baudrier soutenait son épée, et les plumes blanches de son feutre noir retombaient sur son collet de dentelles de Flandre.

La physionomie du vieux gentilhomme, habituellement

joyeuse, montrait, à ce moment, une grande expression de noblesse et d'autorité.

A quelques pas du tribunal, le baron ôta son chapeau, qu'il avait jusqu'alors conservé, quoique la foule fût découverte. On ne put s'empêcher d'admirer la dignité des traits et du maintien de ce noble vieillard à longs cheveux blancs et à moustaches grises.

Maître Talebardon arriva bientôt.

Malgré son assurance habituelle, et quoiqu'il eût le greffier Isnard sur ses talons, il ne put vaincre son émotion, et il évita soigneusement les regards du baron.

Peyroŭ se leva, ainsi que les autres pêcheurs; il était couvert.

— Bernard Talebard-Talebardon... approchez, — dit-il.

Le consul entra dans l'enceinte.

— Raimond V, baron des Anbiez, approchez.

Le baron entra dans l'enceinte.

— Bernard Talebard-Talebardon, vous requérez, au nom de la communauté de la Ciotat, d'être ouï, par les prud'hommes de mer, contre Raimond V, baron des Anbiez.

— Oui, syndic, — reprit le consul.

— Consignez deux sols huit deniers dans la bourse commune, et parlez.

Le consul mit quelques pièces de monnaie dans une sorte de tronc de bois grossier, et, s'avançant près du tribunal, exposa ses griefs en ces termes :

— Syndic et prud'hommes, depuis un temps immémorial, la pêche de l'anse de Cameroŭ a été partagée entre la communauté de la ville et le seigneur des Anbiez; ledit seigneur pouvait poser ses filets et ses madragues depuis la côte jusqu'aux roches appelées les Sept-Pierres de Castrembraoŭ, qui forment une espèce de ceinture, à cinq cents pas environ de la côte. La communauté avait le droit de pêche depuis les Sept-Pierres de Castrembaoŭ jusqu'aux deux pointes de la baie; devant vous, syndic et prud'hommes, j'affirme, sur serment, que cela est la vérité, et j'adjure Raimond V, baron des Anbiez, ici présent, et appelé par moi, de dire si telle n'est pas là vérité ?

Se retournant vers le gentilhomme, Peyroŭ lui dit :

— Raimond V, baron des Anbiez, ce que dit le plaignant est-il vrai? La pêche a-t-elle été toujours ainsi partagée entre les seigneurs des Anbiez et la communauté de la ville de la Ciotat ?

— La pêche a toujours été partagée ainsi ; je le reconnais, — dit le baron.

La parfaite convenance que le baron mit dans sa réponse ne laissa plus le moindre doute sur sa soumission à la compétence du tribunal.

Un murmure de satisfaction circula dans la salle.

— Continuez, — reprit Peyrou en s'adressant au consul.

— Syndic et prud'hommes, — dit Talebard-Talebardon, — malgré nos droits et la coutume, au lieu de se borner à poser ses filets depuis la côte jusqu'aux rochers des Sept-Pierres de Castrembaoü, Raimond V, baron des Anbiez, fait poser ses filets en dehors desdites roches des Sept-Pierres, vers la haute mer, et, conséquemment, porte atteinte aux droits de la communauté que je représente. Il pêche dans la partie réservée à ladite communauté. Ces faits, que j'affirme sous serment, sont d'ailleurs à la connaissance de tout le monde et de vous-mêmes, syndic et prud'hommes.

— Le syndic et les prud'hommes ne sont pas en cause ici, — répondit sévèrement le guetteur au consul. Puis, se tournant vers le gentilhomme, il lui dit :

— Raimond V, baron des Anbiez, reconnaissez-vous avoir jeté vos filets en deçà des Sept-Roches, et devers la haute mer, dans la partie de l'anse réservée à la communauté de la Ciotat ?

— J'ai, en effet, fait jeter mes filets en deçà des Sept-Roches, — dit le baron.

— Plaignant, que venez-vous demander à Raimond V, baron des Anbiez ? — reprit le syndic.

— Je requiers, — dit Talebard-Talebardon, — je requiers le tribunal de défendre au seigneur des Anbiez de pêcher désormais, ou d'établir des madragues en dehors des roches de Castrembaoü ; je requiers que ledit seigneur soit tenu de payer à ladite communauté, à titre de dommages et de restitution, la somme de deux mille livres tournois ; je requiers qu'il soit notifié, audit seigneur, que, s'il pose encore des filets et des madragues vers la partie de l'anse dont la pêche ne lui appartient pas, il soit permis à ladite communauté de retirer et de détruire, par la force, lesdits filets et lesdites madragues, rendant le seigneur des Anbiez seul responsable des désordres qui pourraient suivre cette exécution.

En entendant le consul formuler aussi nettement sa demande contre Raimond V, les spectateurs jetèrent les yeux sur ce dernier. Il demeure calme, impassible, au grand étonnement du public.

Le caractère impérieux et violent du baron était si connu, que sa résignation inspira autant d'admiration que d'étonnement.

Peyroû, s'adressant au vieux seigneur, lui dit d'un ton solennel :

— Raimond V, baron des Anbiez, qu'avez-vous à répondre au plaignant ? Acceptez-vous, comme justes et loyales, ses réquisitions contre vous ?

— Syndic et prud'hommes, — répondit le baron, en s'inclinant d'un air respectueux, — oui, cela est vrai ; j'ai fait placer mes filets en dehors des Sept-Roches de Castrembaoû ; mais, pour expliquer ma conduite, je vous dirai ce que vous savez tous...

— Raimond V, baron des Anbiez, nous ne sommes pas en cause, — dit gravement Peyroû.

Malgré son empire sur lui-même, malgré son attachement pour le guetteur, le vieux gentilhomme se mordit la lèvre, mais reprit bientôt avec le même calme :

— Je vous dirai, syndic et prud'hommes, ce que chacun sait : depuis quelques années, la mer a tellement baissé, que la partie de l'anse dans laquelle j'ai le droit de pêche est maintenant à sec. Le genêt marin y pousse à outrance, et mon lévrier l'Éclair y a forcé un lièvre l'autre jour ; franchement, syndic et prud'hommes, pour exploiter la partie de l'anse qui m'appartient, j'ai plutôt besoin, maintenant, de chevaux et de fusils que de canots et de filets.

La réponse du baron, son air de bonne humeur, égayèrent l'auditoire ; les prud'hommes, eux-mêmes, ne purent s'empêcher de sourire.

Le baron continua :

— Le retrait de la mer a été si considérable, que c'est à peine s'il y a six pieds d'eau à l'endroit des Sept-Roches, où finit ma pêcherie et où commence celle de la communauté. J'ai donc cru pouvoir poser mes filets et mes madragues à cinq cents pas au delà des Sept-Roches, puisqu'il n'y avait plus d'eau en deçà, pensant qu'à mon exemple, et suivant le mouvement de la mer, la communauté se retirerait de cinq cents pas vers la haute mer.

Le ton de modération du baron, ses raisons, véritablement plausibles, firent une assez grande impression sur les spectateurs, quelque la plus grande partie d'entre eux fissent cause commune avec le consul, qui représentait, à vrai dire, l'intérêt de la ville.

S'adressant au consul, le syndic lui dit :

— Talebard-Talebardon, qu'avez-vous à répondre ?

— Syndic et prud'hommes, je répondrai que l'anse de Castrembaou n'a pas plus de six cents pas à partir des Sept-Roches, et que si le seigneur des Anbiez s'en adjuge cinq cents, à peine s'il restera cent pas à la communauté pour jeter ses filets ; or, chacun sait que la pêche du thon n'est profitable que dans la baie. Sans doute, les eaux, en se retirant, ont laissé à sec presque tout le domaine de pêche du seigneur des Anbiez ; mais ce n'est pas par le maléfice de la communauté. Ainsi donc, la communauté n'en doit pas souffrir.

Depuis longtemps, cette grave question était en litige : nous l'avons dit, les droits et les avis étaient tellement partagés, que, par égard pour le baron, les consuls se fussent arrangés à l'amiable, sans les perfides conseils de maître Isnard, le greffier.

Les honnêtes marins qui composaient le tribunal témoignaient presque toujours d'un rare bon sens ; leurs jugements, ordinairement basés sur la pratique d'une profession qu'ils exerçaient depuis leur enfance, étaient droits et simples.

Dans cette occasion néanmoins, ils se sentaient quelque peu embarrassés.

— Qu'avez-vous à répondre, Raimond V, baron des Anbiez ? — reprit Peyrou.

— J'ai à répondre, prud'hommes et syndic, que ce n'est pas non plus moi qui ai dit aux eaux de se retirer ; par mes titres, je possède le droit de pêche sur la moitié de la baie ; vu la retraite des eaux, je puis parcourir à pied sec mon domaine piscatorial, comme dit mon chapelain ; or, je ne dois pas, je crois, être victime d'un incident de force majeure.

— Raimond V, — dit un des prud'hommes, vieux triton à cheveux blancs, — y a-t-il sur vos titres que vous aurez le droit de pêche depuis la côte jusqu'aux Sept-Roches ? ou bien que vous aurez le droit de pêche sur une étendue de cinq cents pas ?

— Il y a sur le titre, que mon droit s'étend depuis la côte jusqu'aux Sept-Roches, — répond le baron.

Le vieux marin dit quelques mots à l'oreille de son voisin.

Peyrou se leva et dit : — Nous avons assez entendu, nous allons juger.

— Syndic et prud'hommes, — reprit le baron, — quel que soit votre jugement, je m'y soumets d'avance.

Peyroû se leva et dit à voix haute : — Talebard-Talebardon, Raimond V, baron des Anbiez, votre cause est entendue. Nous, prud'hommes et syndic, nous allons délibérer.

Les cinq pêcheurs se levèrent et se retirèrent dans l'embrasure d'une fenêtre. Ils semblaient discuter d'un air animé, pendant que la foule attendait leur arrêt dans un profond et respectueux silence; le seigneur des Anbiez causait à voix basse avec Honorat de Berrol, aussi vivement frappé de cette scène.

Après une demi-heure environ de discussion, le syndic et les prud'hommes reprirent leurs places, restèrent levés et couverts pendant que Peyroû lisait, dans un grand registre, la formule suivante qui précédait toujours l'arrêt de ce tribunal.

« Ce jourd'hui, vingtième jour de décembre de l'année 1632, étant assemblés dans la maison de ville de la Ciotat, nous syndic et prud'hommes pêcheurs, ayant fait comparaître devant nous Talebard-Talebardon, consul de la ville, et Raimond V, baron des Anbiez, et ayant ouï les susdits en leur accusation et défense, nous établissons ce qui suit : La demande de Talebard-Telebardon nous paraît juste. D'après les titres de Raimond V, son droit de pêche ne s'étend pas indifféremment sur un espace de cinq cents pas, mais sur l'espace compris entre la côte et les Sept-Roches de Castrembaoû. Les eaux se sont retirées de la partie qui lui appartient, c'est la volonté du Tout-Puissant, Raimond doit s'y soumettre. Si, comme dans le golfe de Martigue, la mer avait encore augmenté en s'avançant sur la côte, la pêcherie de Raimond V aurait aussi augmenté, et la communauté n'aurait pas outre-passé pour cela les Sept-Roches, limites de sa pêcherie : le contraire arrive, cela est malheureux sans doute pour le seigneur des Anbiez, mais la communauté ne peut pas renoncer à sa pêcherie. Dieu avance ou retire les eaux comme il lui plaît, nous devons accepter ce qu'il nous envoie. Notre conscience et notre raison veulent donc que désormais Raimond V n'établisse plus ni filets, ni madragues en dehors des Sept-Roches; mais nous voulons aussi, pour prouver la reconnaissance de la ville envers ledit Raimond V, qui a toujours été pour elle un bon et courageux protecteur, nous voulons qu'il ait droit à dix livres de poisson par chaque centaine de livres de poisson qui se pêchera dans la baie. Nous connaissons la bonne foi de nos frères les pêcheurs, nous sommes sûrs qu'ils rempliront honnêtement cette condition. Les viguiers et autres officiers de la ville sont tenus de faire exécuter notre jugement prononcé contre Raimond V, baron des Anbiez. Dans le cas où ledit seigneur des Anbiez s'opposerait audit jugement, il serait condamné à cent livres d'amende, dont un tiers serait applicable au roi, l'autre tiers à l'hôpital Saint-Esprit, et l'autre tiers à la susdite communauté. La connaissance des susdits délits et différends de pêche étant, par lettres patentes de Henri II, interdite au parlement et à tous autres magistrats, voulant leur majesté que les procès qui seraient portés par-devant eux pour le fait de la pêche, soient renvoyés aux susdits prud'hommes pour en connaître et en juger, en conséquence de quoi on a toujours déclaré les appelants des jugements des susdits prud'hommes non recevables en leur appel. Fait à la maison de ville de la Ciotat, etc. »

La raison et le bon sens de cet arrêt furent merveilleusement appréciés par la foule; elle applaudit le jugement à plusieurs reprises, en criant :

— Vivent les prud'hommes pêcheurs ! Vive Raimond V !

La séance levée, la foule s'écoula.

Raimond V resta quelques moments dans la salle, et dit au guetteur du cap de l'Aigle, en lui tendant la main :

— Bien jugé, mon vieux Peyroû.

— Monseigneur, de pauvres gens comme nous ne sont ni scribes, ni clercs; mais le Seigneur inspire les simples de sa justice.

— Brave homme... — dit Raimond V en le regardant avec intérêt; — veux-tu venir dîner avec moi à la Maison-Forte?

— Ma logette m'attend, monseigneur, et Luquin Tringuetaille s'y ennuie.

— Allons, allons, j'irai t'y voir... avec mes frères; ils arriveront bientôt.

— Avez-vous des nouvelles de M. le commandeur? — demanda Peyroû.

— J'en ai de Malte; elles sont bonnes, et annoncent toujours son retour ici pour la Noël; mais dans sa lettre... il paraît plus triste que jamais.

Le guetteur baissa la tête et soupira.

— Ah ! Peyroû, — dit le baron, — que cette mélancolie dont j'ignore la cause est fâcheuse et fatale.

— Bien fatale... — répondit le guetteur, absorbé dans sa pensée.

— Tu en sais la cause, toi, au moins, — dit Raimond V avec une sorte d'amertume, comme s'il eût souffert de la réserve de son frère.

— Monseigneur... — dit Peyrou.

— Rassure-toi, je ne te demande pas de me dévoiler ce triste secret, qui n'est pas le tien... Allons, adieu... brave homme... Après tout, maintenant j'aime autant que notre différend ait été jugé par toi.

— Monseigneur, — dit Peyrou, qui semblait vouloir échapper au souvenir que les questions du baron sur le commandeur venaient d'éveiller en lui, — monseigneur, le bruit avait couru que vous ne vous rendriez pas à notre tribunal.

— Oui, d'abord j'avais résolu de n'y pas aller : Talebard-Talebardon était convenu d'un arrangement amiable; dans mon premier mouvement de colère, j'avais songé à vous envoyer tous au diable!

— Monseigneur, ce n'est pas le consul seul qui s'est décidé à appeler la cause devant nous.

— Je l'ai pensé; c'est pour cela que je me suis ravisé; au lieu d'agir en fou, j'ai agi avec la sagesse d'une barbe grise. C'est ce drôle de l'amirauté de Toulon que j'ai fouaillé, qui a excité le consul, n'est-ce pas?

— On le dit, monseigneur.

— Tu avais raison, Honorat, — dit le baron en se retournant vers M. de Berrol. — Allons, à bientôt, Peyrou.

En sortant de la grande salle, le baron trouva sur la place de la maison de ville son carrosse entouré par la foule.

Salué avec acclamation, il fut profondément touché de cet accueil.

Au moment où il allait monter en voiture, il avisa maître Isnard le greffier dans l'embrasure d'une porte.

L'homme de loi semblait désolé du résultat de la séance. Ses perfides desseins se trouvaient ainsi déjoués.

— Hé! maître greffier, — cria le baron à demi monté sur le marchepied de sa voiture, — retournes-tu bientôt à Marseille?

— J'y retournerai bientôt, monseigneur, — répondit-il d'un air bourru.

— Eh bien, tu diras au maréchal de Vitry que, si je t'ai

menacé de coups de fouet, c'est que tu m'apportais de sa part des ordres insultants pour la noblesse provençale; tu vois qu'au contraire je me suis rendu avec soumission par-devant le tribunal populaire, dont je respecte les arrêts. Quant à la différence de ma conduite dans ces deux circonstances, greffier, tu l'expliqueras au maréchal... Je résisterai toujours par la force aux ordres iniques des tyranneaux du cardinal tyran... mais je respecterai toujours les droits et les privilèges des antiques communautés provençales. La noblesse est au peuple comme la lame est à la poignée. Les communautés sont à nous comme nous sommes à elles; entends-tu, drôle! Dis bien cela à ton Vitry...

— Monseigneur, ces paroles... — dit vivement le greffier.

Mais Raimond V, l'interrompant, s'écria :

— Dis-lui, enfin, que si je garde ma maison fortifiée, c'est pour pouvoir être utile à la ville, comme je l'ai déjà été! Quand le berger n'a plus de chiens, le troupeau est bientôt dévoré; et, maujour! les loups ne sont pas loin...

En disant ces dernières paroles, Raimond V monta dans sa voiture, et partit lentement, aux acclamations mille fois répétées de la foule.

Le vieux gentilhomme, malgré sa franchise et sa rudesse, avait fort habilement et fort politiquement rangé la population de son côté, dans la prévision d'une collision possible avec le pouvoir du maréchal.

CHAPITRE XVII

LA LONGUE-VUE

Après la séance, dans laquelle, en sa qualité de syndic des prud'hommes pêcheurs, il avait prononcé la condamnation de Raimond V, le guetteur du cap de l'Aigle regagna sa logette, momentanément confiée aux soins du brave Luquin Trinquetaille.

Peyrou était triste; les derniers mots du baron des Anbiez au sujet du commandeur avaient éveillé en lui de pénibles souvenirs.

A mesure qu'il gravit les escarpements du promontoire, son

cœur se dilata. Trop habitué à la solitude pour se plaire dans la société des hommes, le guetteur ne se trouvait heureux qu'au faîte de son rocher, d'où il écoutait avec une sorte de recueillement les lointains mugissements de la mer et les terribles éclats de la tempête.

Rien de plus absolu, de plus impérieux, que l'habitude de l'isolement, surtout chez les êtres qui trouvent d'inépuisables ressources dans la sagacité de leur observation, dans les fantaisies variées de leur imagination.

Ce fut avec un profond sentiment de satisfaction que le guetteur mit le pied sur l'esplanade du cap de l'Aigle.

Il s'approcha de sa logette, et y trouva le digne Luquin profondément endormi.

Le premier mouvement de Peyroü fut de parcourir l'horizon d'un regard inquiet, puis de l'interroger à l'aide de sa lunette. Heureusement il n'y vit rien de suspect; aussi sa physionomie fut-elle plutôt gaie que sévère, lorsque, secouant rudement le capitaine de *la Sainte-Épouvante des Moresques*, il lui dit d'une voix forte :

— Alerte... alerte !... aux pirates !...

Luquin fit un bond, se redressa sur ses pieds et se frotta les yeux.

— Eh bien, mon garçon, — lui dit le guetteur, — voici donc déjà cette grande activité endormie? A vous entendre, une dorade ou un mulet ne ferait pas un saut dans la mer que vous ne le signaliez. Ah ! jeune homme... jeune homme... *Proün paillou, proü gran* (beaucoup de paille, peu de grain [1]).

Luquin regardait le guetteur d'un air ébahi, à peine il pouvait rassembler ses esprits; enfin, trébuchant comme un homme ivre, il dit en étendant les bras : — C'est vrai, maître Peyroü, je dormais là comme une gourmette en gabie [2]. J'ai pourtant tenu mes yeux ouverts de toutes mes forces.

— C'est pour cela, mon garçon, que le sommeil y sera entré plus facilement. Mais me voici, vous pouvez descendre dans la ville. Il y aura plus d'une bouteille vidée sans vous à la taverne de *l'Ancre d'or*.

Luquin n'était pas tout à fait revenu à lui; il regardait encore le guetteur d'un air stupide.

---

[1] Ce proverbe équivaut à « beaucoup de bruit pour rien. »
[2] Mousse en vigie. — On appelait les mousses *gourmettes* sur la Méditerranée.

Celui-ci, sans doute pour tirer complétement le capitaine de sa torpeur, ajouta : — Allons ! allons ! Stéphanette, votre fiancée, sera engagée pour danser par Terzarol le lamaneur ou par le patron Bernard, et vous n'aurez pas sa main de toute la journée !

Ces mots firent un effet magique sur le capitaine ; il s'affermit sur ses longues jambes, se secoua, chercha son équilibre, et frappant plusieurs fois du pied par terre, il dit au guetteur :

— Tenez, maître Peyroû, si je n'étais pas sûr de n'avoir bu qu'un verre de sauve-chrétien avec le bohémien du diable, pour faire ma paix avec lui, comme l'a voulu Stéphanette... (lâche faiblesse dont je n'ai pas pu me défendre), — ajouta le capitaine, — je croirais vraiment que je suis ivre.

— C'est singulier... vous n'avez bu qu'un verre de sauve-chrétien... avec le bohémien, et vous êtes tout engourdi ?

— Un seul verre, et à demi encore, car ce qu'on boit avec un pareil mécréant paraît amer.

— Ce bohémien est donc toujours à la Maison-Forte ? — demanda Peyroû d'un air pensif et sérieux...

— Toujours, maître Peyroû ; puisque tout le monde en est affolé ! depuis monseigneur jusqu'à l'abbé Mascarolus ! Il en est de même des femmes... depuis mademoiselle Reine jusqu'à la vieille Dulceline, sans parler de Stéphanette, qui lui donne des rubans couleur de feu... Des rubans couleur de feu ! — s'écria Luquin avec indignation, — c'est un ruban tissé par le cordier qu'il lui faudrait à ce misérable ! Mais que voulez-vous ? toutes les femmes en ont la tête tournée... Et pourquoi ? Parce que ce vagabond racle, tant bien que mal, d'une manière de vieille guitare, dont le son enroué ressemble fort, selon moi, au cri des poulies de ma tartane, lorsqu'on hisse la grande voile.

— Le bohémien n'est-il pas arrivé à la Maison-Forte le jour où Raimond V a fait poursuivre le greffier par un taureau ?

— Oui, maître Peyroû, et ce fut un jour fatal que celui où ce chien errant mit le pied dans la Maison-Forte...

— C'est étrange ! — dit le guetteur, en se parlant à lui-même. — Alors je me serai trompé.

— Ah ! maître Peyroû, il me prend souvent bien envie d'emmener ce vagabond sur la grève de l'anse aux Engoulevents, et là d'échanger avec lui quelques coups de pistolet, jusqu'à tant que sa mort ou la mienne s'ensuive.

— Allons... allons, Luquin, vous êtes fou, la jalousie vous égare, et vous avez tort. Stéphanette est une bonne et honnête fille, c'est moi qui vous le dis... Quant à ce vagabond...

Puis s'interrompant, comme si ce qu'il voulait dire dût rester secret pour Luquin, il ajouta : — Allons, allons, mon garçon, ne perdez pas ici votre temps avec un vieux bonhomme, tandis que votre jeune et jolie fiancée vous attend. Ne la négligez pas. Soyez souvent auprès d'elle et mariez-vous le plus tôt possible. *A boueno taire, bouen labouraire* (à bonne terre, bon laboureur).

— Tenez, maître Peyroū, vous me mettez du baume dans le sang, — dit le capitaine, — vous êtes presque sorcier. Tout le monde vous respecte, vous aime; vous prenez le parti de Stéphanette, il faut qu'elle le mérite.

— Par Notre-Dame de la Garde, sans doute elle le mérite. N'est-elle pas encore venue, avant votre départ pour Nice, me demander si vous pouviez sans crainte entreprendre ce voyage?

— C'est vrai, maître Peyroū, et grâce à vous et à vos mouches cabalistiques que j'ai mises sur mes boulets, grâce aussi à votre huile de Syrakoē, non moins cabalistique, dont j'ai enduit les batteries de mes mousquets et de mes pierriers, j'ai donné une furieuse chasse à un forban qui s'était approché... trop indiscrètement de *la Sainte-Épouvante des Moresques* et des bâtiments marchands qu'elle escortait. Ah! vous êtes un grand homme, maître Peyroū.

— Et ceux qui écoutent mes conseils sont des gens sages et sensés, — ajouta le guetteur en souriant; — or les gens sages ne laissent jamais leur fiancée s'ennuyer!

Après avoir de nouveau remercié le guetteur, Luquin Trinquetaille, bien décidé à profiter de ses avis relativement à Stéphanette, se rendit en toute hâte à la Maison-Forte.

En se retrouvant seul, Peyroū fit un soupir de contentement, comme s'il se fût retrouvé maître de son petit royaume.

Quoiqu'il accueillît avec aménité tous ceux qui le venaient consulter, il ne voyait pas leur départ sans un secret plaisir.

Il entra dans sa logette et jeta un profond soupir après avoir contemplé quelque temps le riche meuble d'ébène qui semblait toujours éveiller en lui de pénibles souvenirs; puis, attendant la nuit, il s'enveloppa dans son épais caban.

Bien abrité du vent de tramontane qui soufflait toujours,

Peyrou alluma sa pipe et jeta un regard mélancolique sur l'immense horizon qui se déroulait à sa vue.

Nous l'avons dit, du sommet du cap de l'Aigle on découvrait parfaitement à l'ouest de cette pointe la Maison-Forte de Raimond V.

Il était environ trois heures, le guetteur crut apercevoir au loin un navire ; il prit sa longue-vue, suivit longtemps des yeux ce point d'abord incertain, et qui devint de plus en plus distinct.

Il reconnut bientôt un lourd bâtiment de commerce dont l'aspect n'offrait rien de menaçant.

En suivant la manœuvre et la marche de ce navire à l'aide de sa lunette, il la braqua machinalement sur la masse assez imposante de la Maison-Forte de Raimond V, et sur une partie de la grève absolument découverte qui touchait aux rochers où s'élevait le château.

Il distingua bientôt Reine des Anbiez, montée sur sa haquenée et suivie de maître Laramée. La jeune fille allait sans doute au-devant du baron sur la route de la Ciotat.

Quelques blocs de rochers surplombaient et masquaient la grève, Peyrou perdit de vue pendant quelque temps mademoiselle des Anbiez.

A ce moment le guetteur entendit un bruit assez fort, sentit l'air agité au-dessus de lui ; son aigle s'abattit à ses pieds. Elle venait réclamer, sans doute, sa nourriture accoutumée, car elle poussa quelques cris rauques et impatients.

Le guetteur caressa l'oiseau avec distraction, un nouvel incident venait d'éveiller l'attention du vieillard.

Sa vue était si perçante qu'en cherchant l'endroit de la côte où devait reparaître mademoiselle des Anbiez, il distingua confusément dans le creux d'un rocher un homme qui semblait s'y cacher avec précaution.

Braquant aussitôt sa lunette sur cet homme, il reconnut le bohémien.

A son grand étonnement, il le vit tirer d'un petit sac un pigeon blanc et lui attacher au col un sachet dans lequel il glissa une lettre.

Evidemment le bohémien se croyait à l'abri de tout regard. Grâce à la forme, à l'élévation du rocher où il s'était blotti, on ne pouvait, en effet, l'apercevoir ni de la côte, ni de la Maison-Forte.

Il fallut la prodigieuse élévation du cap de l'Aigle, qui dominait tout le rivage de la baie, pour que maître Peyrou pût découvrir le bohémien.

Après avoir regardé de côté et d'autre avec inquiétude, et comme s'il craignait d'être remarqué malgré ses précautions, le vagabond assura de nouveau le sachet autour du col du pigeon et le laissa s'envoler.

Sans doute l'intelligent oiseau savait la direction qu'il devait prendre.

Une fois en liberté il n'hésita pas ; il s'éleva presque perpendiculairement au-dessus du bohémien, puis se dirigea rapidement vers l'est. Par un mouvement aussi vif que la pensée, Peyrou prit son aigle et tâcha de lui faire apercevoir le pigeon qui déjà ne paraissait plus que comme un point blanc dans l'espace.

Pendant quelques secondes, l'aigle ne parut pas voir l'oiseau; mais, poussant tout à coup un cri rauque, il ouvrit violemment ses larges ailes et se mit à la poursuite de l'émissaire du bohémien.

Soit que le malheureux pigeon fût averti par son instinct du danger qui le menaçait, soit qu'il entendit les cris farouches de son ennemi, il redoubla de vitesse et fila avec la rapidité d'une flèche.

Une fois il tenta de s'élever au-dessus de l'aigle, peut-être pour tâcher de lui échapper en disparaissant dans les nuages sombres et bas qui voilaient l'horizon ; mais l'aigle d'un seul coup de son aile puissante atteignit à une telle hauteur, que le pigeon, ne pouvant lutter avec son adversaire, se laissa rapidement tomber à quelques pieds de la surface de la mer, et rasa le sommet des vagues alors très élevées.

Brillante le suivit encore dans cette nouvelle manœuvre.

Le guetteur était partagé entre le désir de voir se terminer la lutte de l'aigle et du pigeon et la curiosité d'examiner la contenance du bohémien.

Grâce à sa lunette, il vit ce dernier, dans un état d'agitation extraordinaire, suivre avec anxiété les chances diverses de perte ou de salut qui restaient à son messager.

Enfin le pigeon tenta un dernier effort ; reconnaissant sans doute que le terme de son voyage était trop éloigné pour pouvoir l'atteindre, il voulut revenir sur ses pas et regagner la côte, afin d'échapper à son terrible ennemi.

8.

Malheureusement ses forces le trahirent, son vol devint pesant; en s'approchant trop près des vagues, il fut inondé d'eau et d'écume.

L'aigle profita de l'instant où le pigeon reprenait péniblement un essor embarrassé pour fondre sur lui avec la rapidité de la foudre; il le saisit dans ses fortes serres, s'éleva rapidement dans la direction du promontoire et vint avec sa proie se réfugier dans son aire, située sur un rocher peu éloigné de la logette du guetteur.

Celui-ci se leva vivement pour lui arracher l'oiseau; il ne put y parvenir. Le naturel sauvage de Brillante reprit le dessus; elle hérissa ses plumes, poussa des cris aigus, et se montra disposée à défendre vigoureusement sa proie déjà sans vie.

Peyroù craignit qu'en irritant l'aigle, elle n'allât s'abattre dans quelque rocher inaccessible; il la laissa donc tranquillement dévorer le pigeon, ayant remarqué que le sachet qu'il portait au col était composé de deux petites plaques d'argent, et attaché au moyen d'une chainette de même métal.

Le guetteur n'avait donc pas à craindre la destruction de la lettre qu'il y savait renfermée.

Pendant que l'aigle dévorait en paix l'émissaire du bohémien, Peyroù revint à la porte de sa logette, reprit sa longue-vue, et interrogea en vain les roches de la côte pour découvrir le vagabond: il avait disparu.

En se livrant à cette nouvelle investigation, le guetteur vit, sur la plage, le carrosse de Raimond V; le baron avait pris la monture de Laramée, chevauchant à côté de Reine, et regagnait sans doute avec elle la Maison-Forte.

Croyant que l'aigle avait fini sa curée, le guetteur se dirigea vers son aire.

Brillante n'y était plus; mais, parmi les plumes et les os du pigeon, il vit le sachet, l'ouvrit, et y trouva une lettre de quelques lignes écrites en caractères arabes.

Malheureusement, Peyroù ne connaissait pas cette langue. Seulement, dans ses fréquentes campagnes contre les Barbaresques, il avait remarqué, dans les lettres de marque de ces corsaires, la configuration du mot *Reïs*, qui signifie capitaine, et qui suivait toujours le nom du commandant des bâtiments.

Dans la lettre qu'il venait de surprendre, il retrouva trois fois le mot *Reïs*...

Il pensa que le bohémien pouvait être le secret émissaire de quelque pirate barbaresque, dont le navire, embusqué dans une des baies désertes de la côte, attendait, sans doute, un signal convénu pour débarquer. — Le bohémien avait dû quitter ce navire pour venir à la Maison-Forte, en emportant son pigeon, et l'on sait avec quelle intelligence ces oiseaux retrouvent les lieux qu'ils ont coutume d'habiter.

En relevant la tête pour jeter un nouveau coup d'œil à l'horizon, le guetteur vit au loin, sur la ligne azurée qui séparait le ciel de la mer, des voiles triangulaires, d'une hauteur démesurée, qui lui semblèrent suspectes; il braqua sa lunette; un nouvel examen le confirma dans la pensée que le chebec en vue pouvait appartenir à quelque pirate.

Il suivit pendant quelque temps la manœuvre du bâtiment.

Au lieu de s'avancer vers la côte, le chebec semblait courir des bordées, et louvoyer, malgré la violence croissante du vent, comme s'il eût attendu un pilote ou un signal.

Le guetteur tâchait de relier dans sa pensée l'envoi du pigeon à l'apparition de ce navire de mauvais augure, lorsqu'un léger bruit lui fit lever la tête.

Le bohémien était devant lui.

CHAPITRE XVIII

LE SACHET

Le sachet et la lettre ouverte étaient encore sur les genoux du guetteur. D'un mouvement plus rapide que la pensée, et qui échappa au bohémien, il cacha le tout dans sa ceinture. En même temps, il s'assura que son long couteau catalan pouvait facilement sortir de sa gaîne; car la physionomie sinistre du vagabond ne lui inspirait aucune confiance.

Pendant quelques moments, ces deux hommes se regardèrent en silence et se mesurèrent des yeux.

Quoique vieux, le guetteur était encore vert et vigoureux.

Le bohémien, plus grêle, mais beaucoup plus jeune, semblait hardi et résolu.

Peyroü fut très impatienté de cette visite; il devait surveiller les manœuvres du chébec suspect; la présence du bohémien le gênait.

— Que voulez-vous? — dit brusquement le guetteur.

— Rien, je viens voir le soleil se coucher dans la mer.

— C'est un beau spectacle... mais on peut le voir aussi bien ailleurs qu'ici.

En disant ces mots, le guetteur rentra dans l'intérieur de sa logette, prit deux pistolets, en passa un à sa ceinture, arma l'autre, le prit à la main, et sortit.

On pouvait alors distinguer le chébec à l'œil nu.

Le bohémien, voyant Peyrou armé, ne put réprimer un mouvement de surprise, presque de dépit; il lui dit d'un ton railleur, en montrant le pistolet :

— Vous portez là une étrange lunette, guetteur!

— L'autre est bonne à surveiller l'ennemi quand il est loin; celle-ci me sert quand il est proche.

— De quel ennemi parlez-vous, guetteur?

— De vous.

— De moi?

— De vous.

Ces mots échangés, ces deux hommes gardèrent pendant quelques moments le silence.

— Vous vous méprenez... je suis l'hôte de Raimond V, baron des Anbiez, — dit le bohémien avec emphase.

— Le scorpion venimeux est-il aussi l'hôte de la maison qu'il habite? — répondit Peyrou en le regardant fixement.

Les yeux du vagabond s'animèrent; au tressaillement musculaire qui rida ses joues, Peyrou vit qu'il serrait violemment ses dents les unes contre les autres; pourtant, le vagabond reprit avec un calme affecté :

— Je ne mérite pas vos reproches, guetteur; Raimond V a eu pitié d'un pauvre vagabond : il m'a offert son toit...

— Et, pour lui prouver ta reconnaissance, tu voudrais appeler le malheur et la ruine sur son toit?

— Moi?

— Toi; tu es d'intelligence avec ce chébec qui louvoie là-bas à l'horizon.

Le bohémien regarda le bâtiment de l'air le plus indifférent du monde, et répondit :

— De ma vie, je n'ai mis le pied sur un navire; quant à l'intelligence que vous me supposez avec ce bateau, que vous ap-

-poler... un chebec... je crois, je doute que ma voix et que mes signes puissent arriver jusqu'à lui.

Le guetteur jeta un regard perçant sur le bohémien, et lui dit : — Tu n'as jamais mis le pied sur le pont d'un navire?

— Jamais, si ce n'est dans les barques du Rhône; car je suis né en Languedoc, sur un grand chemin : mon père et ma mère faisaient partie d'une bande de bohémiens venus d'Espagne; pour tout souvenir de mon enfance, je me rappelle ce refrain souvent chanté dans notre horde vagabonde :

Cuando me parlo
Mi madre la gitana.

Voilà tout ce que je sais de ma naissance; voilà tous mes papiers de famille, guetteur.

— Les bohémiens d'Espagne parlent aussi arabe, — dit Peyroû, en observant attentivement le vagabond.

— On le dit; moi, je ne sais pas d'autre langue que celle que je parle... assez mal, comme vous voyez.

— Le soleil se couche derrière les grands nuages, là-bas... pour un curieux de ce spectacle, tu y parais bien indifférent, — reprit le guetteur d'un air ironique; — sans doute, le chebec t'intéresse davantage.

— Demain soir, je regarderai le soleil se coucher; aujourd'hui, j'aime mieux passer mon temps à deviner vos énigmes, guetteur.

Pendant cette conversation, le syndic des prud'hommes de mer ne quittait pas de vue le bâtiment qui louvoyait toujours, et semblait, évidemment, attendre un signal.

Quoique la tournure de ce navire lui fût suspecte, Peyroû hésitait à donner l'alarme sur la côte, en allumant son feu... Mettre le littoral en émoi, sans nécessité, était un dangereux précédent; une autre fois, en cas de danger réel, l'empressement général pouvait se ressentir de cette fausse alerte.

Pendant que le guetteur se livrait à ses réflexions, le bohémien regardait autour de lui d'un air inquiet; il tâchait de découvrir quelques traces de l'aigle; du rocher où il était tapi, il avait vu Brillante s'abattre dans cette direction.

Un moment, le bohémien eut la pensée de se défaire de Peyroû; mais il renonça bientôt à ce projet. Le guetteur, armé, vigoureux, se tenait sur ses gardes.

Peyroû, malgré la colère que lui inspirait la présence du

vagabond, craignait de le voir redescendre à la Maison-Forte ; Raimond V ne se défiait pas de ce misérable. Celui-ci, voyant ses mauvais desseins découverts par le guetteur, pouvait tenter quelque méchante entreprise avant de quitter le pays.

Pourtant, il était impossible que Peyroû abandonnât sa logette, dans ces graves circonstances, pour avertir le baron. La nuit s'approchait, et le bohémien était toujours là.

Heureusement, la lune était presque pleine ; malgré les nuages amoncelés, sa lumière se projetait assez vive pour éclairer les manœuvres du chebec.

Le bohémien, les bras croisés sur sa poitrine, regardait Peyroû avec un sang-froid imperturbable.

— Voici le soleil couché, — lui dit le vieux marin ; — la nuit sera froide ; tu feras aussi bien de retourner à la Maison-Forte.

— Je passerai la nuit ici, — dit le vagabond.

Le guetteur se leva furieux, et s'avança d'un air menaçant vers le bohémien.

— Et moi, par Notre-Dame ! je jure que tu vas à l'instant redescendre sur la grève.

— Et si je ne le veux pas ?

— Je te tue !

Le bohémien haussa les épaules.

— Vous ne me tuerez pas, guetteur, et je resterai.

Peyroû arma son pistolet, et s'écria : — Prends garde...

— Vous tueriez un homme sans défense, qui ne vous fait aucun mal ? Je vous en défie, — dit le vagabond, sans bouger de place.

Le guetteur baissa son arme : un meurtre lui répugnait.

Il remit son pistolet à sa ceinture, et se promena avec une violente agitation.

Il se trouvait dans une position singulière : il ne pouvait se débarrasser de cet importun ni par la crainte ni par la force ; il lui fallait se résoudre à passer la nuit ainsi, toujours sur ses gardes.

Il prit ce dernier parti, espérant bien que, le lendemain, quelqu'un paraissant, il pourrait se délivrer du bohémien.

— Allons, soit, — lui dit-il avec un sourire forcé, — quoique je ne vous aie pas demandé pour compagnon, nous passerons la nuit à côté l'un de l'autre.

— Et vous ne vous en repentirez pas, guetteur... Je ne suis pas marin, mais j'ai la vue longue ; si le chebec vous inquiète, je vous aiderai à le surveiller.

Après quelques moments de silence, le guetteur s'assit sur un bloc de rocher.

Le vent augmentait de violence, et soufflait avec force. De grands nuages voilaient de temps à autre le disque pâle de la lune ; la porte de la logette, restée ouverte, battait avec fracas.

— Si tu veux être bon à quelque chose, — dit Peyroû, — prends ce bout de corde qui est là par terre, et attache la porte de ma logette, car le vent s'élève.

Le bohémien regarda le guetteur d'un air étonné, et hésita un moment à obéir.

— Vous voulez m'y enfermer... Vous êtes habile, guetteur.

Peyroû se mordit les lèvres, et reprit :

— Attache cette porte en dehors... te dis-je, ou sinon je te prendrai pour un mauvais compagnon.

Le bohémien, ne voyant alors aucun inconvénient à satisfaire le guetteur, ramassa la corde, la passa dans un piton vissé à la porte, et la noua à un crampon de fer scellé dans le mur.

Le guetteur, toujours assis, suivait attentivement les mouvements de son compagnon.

Le nœud fait, Peyroû s'approcha et s'écria, après un moment d'examen :

— Aussi vrai que le Seigneur Dieu est au ciel, tu es marin !

— Moi, guetteur ?...

— Et tu as servi à bord des corsaires barbaresques...

— Jamais ! jamais !

— Je te dis que celui qui n'a pas navigué avec les pirates d'Alger ou de Tunis ne peut avoir l'habitude de faire ce triple nœud comme tu viens de le faire... Eux seuls attachent ainsi l'ancre à l'organeau !

Le bohémien, à son tour, se mordit les lèvres jusqu'au sang ; mais, reprenant son calme, il dit :

— Allons, allons, vous avez un bon coup d'œil ; vous avez à la fois tort et raison, seigneur guetteur. Ce nœud m'a été appris par un des nôtres qui nous a rejoints en Languedoc, après avoir été esclave sur un corsaire d'Alger.

Perdant toute patience, furieux de l'impudence de ce misérable, le guetteur s'écria :

— Je te dis que tu mens... Tu viens ici préparer quelque détestable artifice... Tiens... regarde !...

Et le guetteur lui montra le sachet.

Le bohémien stupéfait ne put retenir un cri de malédiction en arabe.

Si le guetteur avait pu conserver le moindre doute sur la personne du bohémien, cette dernière exclamation, qui avait souvent frappé ses oreilles dans ses combats avec les pirates, eût suffi pour lui prouver la vérité de ses soupçons.

Les yeux du vagabond étincelaient de rage.

— Je vois tout, — s'écria-t-il, — l'aigle est venue ici dévorer le pigeon! De la grève je l'avais vue s'abattre dans ces rochers. Ce sachet ou ta vie! — s'écria le bohémien en tirant un poignard de son pourpoint et en s'élançant sur le guetteur.

Le canon d'un pistolet appuyé sur sa poitrine rappela au bohémien que Peyrou était plus formidablement armé que lui.

Frappant du pied avec rage, le vagabond s'écria :

— Éblis[1] est avec lui!

— J'en étais sûr, tu es pirate; ce chebec attendait tes instructions ou ton signal pour s'approcher ou pour s'éloigner de la côte. Ta rage est grande, de voir tes méchants desseins déjoués, mécréant! — dit le guetteur.

— Éblis m'avait donc touché de son aile invisible, que j'oubliais le seul moyen de tout réparer, — s'écria tout à coup le bohémien.

Faisant un bond de joie, il disparut aux yeux étonnés du guetteur, et descendit en toute hâte le chemin escarpé qui conduisait à la plage.

CHAPITRE XIX

LE SACRIFICE

La nuit se passa sans nouvel incident.

Au lever du soleil, le chebec n'était plus en vue.

Peyrou attendait avec impatience l'arrivée du jeune marinier qui le relevait de temps à autre de son guet.

Il avait hâte de prévenir Raimond V des méchantes intentions qu'il supposait au bohémien.

[1] Le diable.

Vers les deux heures, Peyrou fut très étonné de voir paraître mademoiselle des Anbiez, accompagnée de Stéphanette.

Reine s'approcha de lui avec un certain embarras.

Sans partager les idées presque superstitieuses des habitants du golfe, au sujet du guetteur du cap de l'Aigle, elle était involontairement émue en venant l'entretenir d'un sujet auquel elle ne pouvait songer sans tristesse. La jeune fille avait reçu par la même voie inconnue et mystérieuse de nouvelles marques du souvenir d'Érèbe.

Toutes les précautions de Reine et de Stéphanette avaient été vaines pour découvrir la source de ces envois étranges.

Par une impardonnable opiniâtreté, par un fol amour du merveilleux, Reine avait continué de tout cacher à son père et à Honorat.

Ce dernier était parti de la Maison-Forte dans un accès de jalousie aussi douloureux que déraisonnable.

La veille du jour de la séance des prud'hommes de mer, Reine avait, en s'agenouillant le soir devant son prie-Dieu, trouvé un rosaire de bois de sandal d'un merveilleux travail.

L'agrafe qui devait l'attacher à sa ceinture portait encore l'empreinte émaillée de la petite colombe dont nous avons parlé, symbole du souvenir et de l'amour de l'inconnu.

Depuis le chant du bohémien, l'imagination de Reine, violemment excitée, avait fait mille rêves sur l'aventureuse existence du jeune émir, ainsi que l'avait nommé le vagabond.

Soit à dessein, soit par hasard, celui-ci avait laissé sa guzla dans le cabinet de Reine, après le départ d'Honorat de Berrol.

La jeune fille, curieuse de revoir les traits de l'inconnu, prit la guitare, ouvrit le médaillon ; mais, à sa grande surprise, le portrait, mal fixé sans doute, s'en détacha et lui resta entre les mains.

Dame Dulceline entra ; Reine rougit, ferma le médaillon, et cacha le portrait dans son sein ; elle comptait remettre cette miniature à sa place. Le soir vint, Stéphanette, sans prévenir sa maîtresse, rendit la guitare au bohémien. Le couvercle du médaillon était fermé, ni le chanteur ni la suivante ne s'aperçurent de rien.

Le lendemain matin, Reine fit chercher le bohémien pour lui remettre le portrait. Le bohémien avait disparu, sans doute pour lâcher le pigeon que l'aigle avait dévoré.

Reine avait eu le courage de briser le petit vase de cristal, de brûler la miniature sur vélin ; elle n'eut pas le courage de détruire le portrait ; le rosaire qu'elle avait trouvé dans son oratoire.

Malgré ses luttes, malgré ses prières au ciel, malgré sa volonté d'oublier la journée des roches d'Ollioules, le souvenir de l'inconnu envahissait de plus en plus son cœur.

Les chants du vagabond sur le *jeune émir*, ainsi qu'il nommait Érèbe, avaient profondément ému la jeune fille. Ces contrastes de courage et de bonté, de puissance et de pitié touchante, lui rappelaient le singulier mélange d'audace et de timidité qui l'avait frappée lors de la scène des gorges d'Ollioules.

Elle comptait sur la restitution du portrait pour entamer d'une manière indirecte avec le bohémien une nouvelle conversation sur l'émir.

Malheureusement, le bohémien avait disparu.

Le soir, au grand étonnement des habitants de la Maison-Forte, il n'y rentra pas. Raimond V, qui l'aimait, ordonna à ceux de ses gens qui veillaient la nuit de se préparer à abaisser le pont dans le cas où le bohémien paraîtrait, malgré la règle invariable du château.

Le matin, le vagabond ne revint pas davantage. On le crut endormi, après boire, dans quelque taverne de la Ciotat. On fut seulement étonné de ne pas retrouver ses deux pigeons privés dans la cage où il les tenait ordinairement enfermés.

Inquiète des événements bizarres qui se passaient depuis quelque temps, cédant enfin moitié par curiosité, moitié par conviction, aux instances de Stéphanette qui avait la plus merveilleuse idée de la science du guetteur, Reine s'était décidée à venir le consulter sur les mystères dont la Maison-Forte était le théâtre.

On disait tant de choses miraculeuses sur maître Peyroū, que Reine, quoique peu superstitieuse, subit l'influence de l'opinion générale.

Elle allait donc interroger Peyroū, lorsqu'elle se vit, à sa grande surprise, interrogée par celui-ci au sujet du bohémien.

— Mademoiselle, le vagabond est-il rentré cette nuit à la Maison-Forte ? — dit vivement Peyroū.

— Non, mon père en est inquiet. On croit d'ailleurs qu'il aura passé la nuit à boire dans quelque taverne de la Ciotat.

— Ce qui serait étonnant, — ajouta Stéphanette, — car le pauvre garçon semble d'une sobriété exemplaire.

— Ce pauvre garçon, — s'écria le guetteur, — est un espion des pirates.

— Lui ! — s'écria Reine.

— Lui-même, mademoiselle ; un chebec a croisé une partie de la nuit en vue du golfe, n'attendant sans doute, pour débarquer, que le signal de ce vagabond.

En peu de mots, le guetteur mit Reine au fait de l'aventure du pigeon, lui dit sur quels indices irrécusables il soupçonnait le bohémien d'avoir des intelligences avec les Barbaresques, lui montra le sachet, la lettre, et les lui remit pour que le baron fît traduire l'écrit par un des frères Minimes de la Ciotat, qui, longtemps esclave à Tunis, savait l'arabe.

En apprenant les soupçons odieux qui pesaient sur le bohémien, Reine, sans se rendre raison de cette crainte, n'osa pas confier au guetteur l'objet de sa visite.

Stéphanette regarda sa maîtresse d'un air interdit, et s'écria :

— Notre-Dame ! qui aurait pu croire que ce mécréant qui chantait si bien fût un abominable scélérat ! Et moi, qui avais eu assez pitié de lui pour lui donner un ruban couleur de feu ! Ah ! ma chère maîtresse... et le portrait de...

Un signe impérieux de Reine empêcha Stéphanette de continuer.

— Adieu ! bon guetteur, — dit mademoiselle des Anbiez, — je retourne vite à la Maison-Forte, prévenir mon père de se tenir sur ses gardes.

— N'oubliez pas, Stéphanette, de m'envoyer ici Luquin Trinquetaille. Il faut que je m'entende avec lui pour avoir un jeune guetteur de plus, — dit Peyrou. — Je n'ai pas dormi de la nuit. Ce dangereux coquin erre peut-être dans les rochers, et peut venir m'assassiner au coucher de la lune. Les pirates doivent être aux environs du golfe, cachés dans quelqu'une des anses où ils s'embusquent souvent, pour attendre leur proie ; car, hélas ! nos côtes ne sont pas gardées.

— Soyez tranquille, maître Peyroü, Luquin va venir avec ses deux cousins ; il n'y aura qu'à lui dire qu'il s'agit du bohémien, il ne tardera guère à arriver ici de toutes ses longues jambes... Et dire que j'ai donné un ruban couleur de feu peut-être à un pirate, — ajouta Stéphanette, en joignant les mains, — peut-être à un de ces brigands qui ont tout ravagé ici l'an passé.

— Allez... allez, ma fille, et hâtez-vous ; il faut que je m'entende avec le capitaine sur une petite croisière qu'il pourra entreprendre aujourd'hui même avec sa polacre... Nous préviendrons les consuls pour qu'on arme à l'instant quelques barques de pêche, d'hommes sûrs et déterminés. Il faut donner l'éveil sur toute la plage, armer l'entrée du golfe, qui n'est défendu que par le canon de la Maison-Forte, et se tenir prêt contre toute surprise ; car ces brigands fondent sur la côte avec la rapidité d'un ouragan... Ainsi, que Luquin vienne à l'instant ! Entendez-vous, Stéphanette... il y va du salut de la ville.

— Soyez tranquille, maître Peyroû, — quoique cela me serre le cœur de savoir que mon pauvre Luquin va courir des dangers, je l'aime trop pour lui conseiller une lâcheté.

Pendant ce rapide entretien du guetteur et de sa suivante, Reine, plongée dans une rêverie profonde, avait descendu quelques marches du sentier qui conduisait à la plate-forme de la logette.

Ce sentier, très escarpé, contournait les parties extérieures du promontoire, et formait à cet endroit une sorte de corniche, dont la saillie débordait de beaucoup le pied de cette immense muraille de rochers, élevés de plus de trois cents pieds au-dessus du niveau de la mer.

Une jeune fille moins habituée aux promenades et aux courses dans les montagnes aurait craint de s'aventurer sur cet étroit passage. Du côté de la mer, il n'avait pour parapet que quelques aspérités de rochers plus ou moins prononcées. Reine, bravant ces périls depuis son enfance, ne pensait pas même au danger qu'elle pouvait courir.

L'émotion qui l'agitait depuis son entrevue avec le guetteur l'absorbait entièrement.

Sa marche, tantôt lente, tantôt précipitée, semblait participer de ses émotions tumultueuses.

Stéphanette la rejoignit bientôt. Surprise de la pâleur de sa maîtresse, elle allait lui en demander la cause, lorsque Reine lui dit d'une voix altérée, en lui faisant un geste de la main qui n'admettait pas de réplique : — Marche devant moi... Stéphanette... ne t'inquiète pas si je te suis ou non.

Stéphanette précéda donc sa maîtresse, se dirigeant en toute hâte vers la Maison-Forte.

L'agitation de Reine des Anbiez était extrême. Les relations qui semblaient exister entre le bohémien et l'inconnu étaient trop évidentes pour qu'elle ne conçût pas les soupçons les plus fâcheux sur ce jeune homme, que ce vagabond appelait Pémir.

Plusieurs circonstances, qui ne l'avaient pas jusqu'alors frappée, firent penser à Reine que le bohémien était un secret émissaire de l'inconnu. Sans doute, ce vagabond avait placé dans sa chambre les divers objets qui lui avaient causé tant de surprise. Dans cette hypothèse, une seule objection s'offrait à son esprit ; elle avait trouvé le vase de cristal et la miniature sur vélin avant l'arrivée du vagabond.

Tout à coup un trait de lumière vint éclairer Reine ; elle se souvint qu'un jour, pour faire montre de son agilité devant Stéphanette, le bohémien avait descendu sur la terrasse par le balcon où s'ouvrait la fenêtre de l'oratoire de Reine, et qu'il avait remonté par la même voie ; une autre fois il s'était laissé glisser de la terrasse sur les rochers qui bordaient la plage, et était remonté des rochers sur la terrasse, à l'aide des aspérités du mur et des plantes pariétaires qui s'y étaient enracinées.

Quoiqu'il fût arrivé pour la première fois au château avec le greffier, ce vagabond n'avait-il pas pu, avant ce jour, se tenir caché dans les environs de la Ciotat ? s'introduire par deux fois dans l'intérieur de la Maison-Forte pendant la nuit ? puis, pour éloigner tout soupçon, être revenu avec la troupe du greffier, qu'il avait rencontrée par hasard ?

Ces pensées, encore renforcées par quelques remarques, furent bientôt pour Reine d'irrécusables preuves. L'étranger et ses deux compagnons étaient sans doute des pirates qui, à l'aide de faux noms et de faux renseignements sur leur voyage, s'étaient donnés pour Moscovites et avaient ainsi abusé de la crédulité du maréchal de Vitry.

La première idée de Reine, idée absolue, impérieuse, fut d'oublier à tout jamais l'homme sur qui pesaient de si horribles soupçons.

La religion, le devoir, la volonté de son père, étaient autant d'obstacles insurmontables et sacrés que la jeune fille ne pensait pas à braver.

Jusque-là, sa jeune et vive imagination avait trouvé d'inépuisables aliments dans l'étrange aventure des roches d'Ollioules.

Tous ses chastes rêves de jeune fille s'étaient pour ainsi dire concentrés, réalisés dans la personne d'Érèbe, de cet inconnu à la fois brave et timide, audacieux et charmant, qui avait sauvé la vie de son père.

Elle s'était, malgré elle, sentie touchée de la délicate et mystérieuse insistance avec laquelle Érèbe avait toujours tâché de se rappeler à son souvenir.

Sans doute, Reine n'avait jamais entendu la voix de cet étranger ; sans doute elle ignorait si son esprit, si son caractère, répondaient aux grâces de sa personne. Mais, pendant ces longues rêveries, où une jeune fille songe à celui dont le regard l'a troublée, ne lui prête-t-elle pas les plus délicates, les plus douces paroles ? ne lui fait-elle pas dire tout ce qu'elle désire d'entendre ?

Il en avait été ainsi de Reine à l'égard d'Érèbe. D'abord elle avait voulu le bannir de sa pensée ; malheureusement quand on cède au sentiment contre lequel on a lutté de toutes ses forces, il revient plus irrésistible encore.

Reine aimait donc Érèbe, peut-être à son insu, lorsque la fatale révélation du guetteur vint lui montrer l'objet de cet amour sous de si tristes couleurs.

La grandeur du sacrifice que Reine devait faire l'éclaira sur la puissance de l'affection avec laquelle elle avait, pour ainsi dire, joué jusqu'alors.

Pour la première fois une révélation soudaine lui apprit combien cet amour était profond.

Mystères impénétrables du cœur ! Pendant les premières phases de ce singulier amour, elle avait regardé comme possible son mariage avec Honorat.

Du moment où elle sut qui était cet inconnu, du moment où elle sentit que, malgré la voix du devoir qui lui ordonnait de l'oublier, le souvenir d'Érèbe dominerait désormais toute son existence, il parut impossible à Reine d'épouser le chevalier.

Elle reconnaissait avec épouvante que, malgré ses efforts, son cœur ne lui appartenait plus, et elle était incapable de tromper Honorat...

Elle voulut faire un dernier sacrifice, renoncer au rosaire et au portrait qu'elle possédait, s'imposant cette résolution comme une sorte d'expiation de sa réserve envers son père.

La jeune fille souffrit beaucoup avant d'accomplir cette volonté.

Ainsi que nous l'avons dit, Reine marchait au bord de la corniche que formaient les rochers au-dessus de la grève où se brisait la mer.

Mademoiselle des Anbiez portait, par-dessus sa robe, une sorte de mante brune à capuchon, rabattue sur ses épaules. Ce capuchon laissait voir sa tête nue et ses longues boucles de cheveux bruns agités par le vent. Sa physionomie avait une expression de mélancolie douce et résignée ; parfois, cependant, ses yeux bleus brillaient d'un vif éclat, elle redressait sa belle et noble tête avec une expression de douloureux orgueil.

Elle aimait passionnément, mais sans espoir ; et elle allait jeter au vent les faibles gages de cet amour impossible...

A ses pieds, bien loin au-dessous d'elle, la mer brisait avec rage.

Elle tira le chapelet de son sein... le considéra un moment avec amertume, le pressa contre son cœur, puis elle étendit sa main blanche et délicate au-dessus de l'abîme... le chapelet tomba dans les flots.

Reine voulut en vain le suivre des yeux, le retable de la corniche était trop saillant pour qu'elle pût rien apercevoir...

Elle soupira profondément... prit le portrait de l'inconnu, le contempla longtemps avec une triste admiration. Rien de plus pur, de plus enchanteur que les traits d'Érèbe ; ses grands yeux bruns, doux et fiers à la fois, lui rappelaient le regard rempli de candeur et d'élévation qu'il avait jeté sur Raimond V, après lui avoir sauvé la vie... Le sourire de ce portrait, rempli de sérénité, n'avait rien du sourire ironique et de l'expression hardie dont la jeune fille avait été si vivement frappée...

Pendant quelques moments, elle lutta contre sa résolution ; puis, la raison reprit son empire... elle approcha, en rougissant, ses lèvres du médaillon, les appuya sur le front du portrait... et le jeta précipitamment dans l'espace...

Ce douloureux sacrifice accompli, Reine se sentit moins oppressée ; elle aurait cru commettre une faute en conservant ces preuves de son fol amour.

Alors, elle se croyait libre de s'abandonner aux pensées qu'elle renfermait au fond de son cœur...

Reine se promena longtemps sur la grève, absorbée dans ses pensées.

En rentrant à la Maison-Forte, elle apprit que Raimond V n'était pas encore revenu de la chasse.

Il faisait nuit ; Reine, suivie de Stéphanette, entra dans son cabinet... Quelle fut sa stupéfaction, son épouvante...

Elle retrouva, sur la table, le portrait et le rosaire que, deux heures auparavant, elle avait cru jeter dans les abîmes de la mer...

CHAPITRE XX

LA NOTRE-DAME DES SEPT-DOULEURS

Nous abandonnerons, pendant quelque temps, la Maison-Forte du baron des Anbiez et la petite ville de la Ciotat, pour conduire le lecteur à bord de la galère du commandeur Pierre des Anbiez.

La tempête avait forcé ce bâtiment à se réfugier dans le petit port de Tolari, situé à l'est du cap Corse, pointe septentrionale de cette île.

La cloche de la galère venait de sonner dix heures du matin.

Le temps était obscur, bas, le ciel lugubrement voilé de nuages noirs, les violentes et fréquentes rafales du vent de nord-ouest soulevaient une forte houle dans l'intérieur du port.

De quelque côté qu'on se tournât, on ne voyait que les arides et sombres montagnes du cap Corse, au pied desquelles se creusait la rade.

La mer était assez grosse dans l'intérieur de ce bassin ; mais elle semblait presque calme, si on la comparait aux lames énormes qui s'abattaient à l'étroite entrée du port sur une ceinture de rochers.

Ces brisants, presque entièrement submergés, étaient couverts d'une écume éblouissante qui, fouettée par le vent, jaillissait en poussière humide et blanche.

Les cris aigus des mouettes et des goëlands surmontaient à peine le bruit tonnant de cette mer en furie, qui s'engouffrait dans le chenal qu'il fallait traverser pour entrer dans la rade de Tolari.

Quelques misérables cabanes de pêcheurs, bâties sur la grève, où leurs bateaux à sec étaient amarrés, complétaient ce site sauvage et solitaire.

Tourmentée par cette houle, *la Notre-Dame des Sept-Douleurs*, tantôt, s'élevant sur les flots, roidissait ses gumes [1] à les rompre; tantôt, au contraire, semblait se creuser un lit entre deux lames.

Rien de plus sévère, de plus funèbre, que l'aspect de cette galère peinte en manière de cénotaphe.

Longue de cent soixante-dix pieds, large de dix-huit, étroite, élancée, s'élevant à peine au-dessus du niveau de la mer, elle ressemblait à un immense serpent noir, endormi au milieu des flots.

A l'avant du parallélogramme que formait le corps de la galère, était enté un éperon saillant et aigu, de dix pieds de longueur.

A l'arrière du même parallélogramme, était entée une poupe arrondie, dont le couvert s'inclinait vers la proue.

Sous cet abri, appelé *carrosse de poupe*, logeaient le commandeur, le patron, le prieur et le roi des chevaliers [2].

Les arbres [3] de la galère, désarborés à son entrée en rade, avaient été placés dans la coursive, étroit passage qui traversait la galère dans son milieu et dans sa longueur.

De chaque côté de ce passage, étaient rangés les bancs des forçats.

Au-dessous du carrosse de poupe, attaché à une hampe noire, flottait l'étendard de la religion, rouge, écartelé de blanc. Au-dessous de l'étendard, un fanal de bronze désignait le grade du commandeur.

On comprend à peine, de nos jours, comment les esclaves, composant la chiourme d'une galère, pouvaient vivre enchaînés, nuit et jour, à leurs bancs.

En mer, couchant sur le pont, sans abri;

En rade, couchant sous une tente d'herbage [4], qui les garantissait à peine de la pluie et des frimas.

Qu'on se figure, sur cette galère noire, par ce temps sombre et froid, environ cent trente galériens maures, turcs ou chrétiens, vêtus de vestes rouges et de cabans de laine brune à capuchons.

Ces malheureux frissonnaient sous le souffle glacé de la

[1] *Câbles*, en termes de galère, *gumes*.
[2] Le plus ancien des chevaliers de Malte embarqués.
[3] *Arbres*, en termes de galère, les mâts.
[4] Grosse étoffe de laine.

tempête, et sous la pluie qui les inondait malgré le tendelet [1].

Pour se réchauffer quelque peu, ils se pressaient les uns contre les autres, sur les bancs étroits où ils étaient enchaînés, cinq par cinq.

Tous gardaient un silence morne, et jetaient souvent un coup d'œil inquiet et craintif sur les argousins et sur les comites.

Ces bas officiers, vêtus de noir, et armés d'un nerf de bœuf, parcouraient la coursive, de chaque côté de laquelle étaient les bancs de la chiourme.

Il y avait treize bancs à droite, douze à gauche [2].

Les galériens, formant *la palamente* [3] de *la Notre-Dame des Sept-Douleurs*, avaient été, selon l'habitude, recrutés parmi les chrétiens, les Maures et les Turcs.

Chacun de ces types d'esclaves avait sa physionomie particulière.

Les Turcs, indolents, abattus, paresseux, semblaient en proie à une apathie douloureusement contemplative.

Les Maures, toujours agités, inquiets, farouches, paraissaient continuellement épier l'occasion de briser leurs chaines et de massacrer leurs gardiens.

Les chrétiens, soit condamnés, soit enrôlés de bonne volonté [4], étaient plus insouciants de leur sort; quelques-uns même s'occupaient de quelques travaux de paille, dont ils espéraient tirer profit.

Enfin, les nègres, enlevés sur des bâtiments barbaresques, où ils ramaient comme esclaves, restaient dans une sorte de torpeur, d'immobilité stupide, leurs coudes sur leurs genoux et leurs têtes dans leurs mains.

La plupart de ces noirs mouraient de chagrin, tandis que les musulmans et les chrétiens finissaient par s'accoutumer à leur sort.

Parmi ces derniers quelques-uns étaient pourtant horriblement mutilés, ils appartenaient aux évadés *repris*.

Pour les punir de leur tentative d'évasion, on leur avait, suivant la loi, coupé le nez et les oreilles; de plus, leur barbe,

---

[1] Tente ou tendelet.
[2] La cuisine, ou *fougon*, occupait à gauche la place d'un banc.
[3] *Palamente*, armement de rames ou corps de rameurs.
[4] On appelait ces derniers des *buonvoglie*, de l'italien *buonavoglie*.

leur crâne et leurs sourcils étaient complétement rasés; rien de plus hideux que ces visages ainsi défigurés.

Enfin, à l'avant de la galère, et retranchés dans une espèce de corps de garde couvert, appelé *rambade*, on voyait en batteries les cinq pièces d'artillerie du navire.

Là se tenaient les soldats et les canonniers.

Ceux-là ne faisaient pas partie de la chiourme[1]; ils composaient, si cela se peut dire, la cargaison du bâtiment auquel les rames des forçats imprimaient le mouvement.

Une vingtaine de mariniers, libres aussi, étaient chargés du maniement des voiles, du mouillage et des autres manœuvres nautiques.

Les soldats et les canonniers, considérés comme frères laïques et servants, portaient des casaques de buffle, des chaperons et des chausses noires.

Abrités par le toit des rambades, les uns, assis sur les canons, nettoyaient leurs armes; d'autres dormaient couchés sur le pont, enveloppés dans leurs cabans; d'autres, enfin, chose rare même parmi les soldats de la religion, faisaient quelques pieuses lectures, ou disaient leur rosaire.

A l'exception des forçats, l'équipage de cette galère, soigneusement choisi par le commandeur, avait une physionomie grave et recueillie.

Presque tous les soldats et les mariniers étaient d'un âge mûr; quelques-uns même touchaient à la vieillesse. Aux nombreuses cicatrices dont la plupart de ces gens étaient couturés, on voyait qu'ils servaient depuis longtemps.

Plus de deux cents hommes étaient réunis sur cette galère, et il y régnait un silence claustral.

Si la chiourme restait muette par la terreur du fouet des comites et des argousins, les mariniers et les soldats obéissaient à de pieuses habitudes, religieusement entretenues par le commandeur, Pierre des Anbiez.

Depuis plus de trente ans qu'il commandait cette galère de la religion, il avait tâché de toujours conserver le même équipage, remplaçant seulement, à son grand regret, les hommes qu'il perdait.

On connaissait à Malte la rigidité de la discipline établie à

---

[1] La chiourme se composait absolument des rameurs esclaves et des buonvoglie.

bord de *la Notre-Dame des Sept-Douleurs*. Le commandeur était peut-être le seul des officiers de la religion qui exigeât la stricte observance des règles de l'ordre. Sa galère, à bord de laquelle il ne recevait que des gens éprouvés, devint une sorte de couvent nomade, rendez-vous volontaire de tous les marins qui voulaient faire leur salut, en s'astreignant scrupuleusement aux rigoureux devoirs de cette confrérie militaire et hospitalière.

Il en était de même des officiers et des jeunes caravanistes.

Ceux qui préféraient mener une vie joyeuse et hardie (et c'était l'immense majorité) trouvaient la plupart des capitaines de la religion très disposés à les recueillir et à oublier avec eux, tout en se battant bravement contre les infidèles, que leur mission de moines-soldats était à la fois sainte et guerrière.

Au contraire, le très petit nombre de jeunes chevaliers qui aimaient pour elle-même cette vie pieuse et austère mêlée de grands périls, recherchaient avec empressement l'occasion de s'embarquer sur la galère du commandeur Pierre des Anbiez.

Là, rien ne choquait, rien n'alarmait leurs religieuses habitudes. Là, ils pouvaient se livrer à leurs saints exercices sans craindre d'être raillés ou de devenir peut-être assez faibles pour rougir de leur zèle.

Le maître canonnier, ou cap-de-mestre de la galère, vieux soldat basané, portant une jaquette de feutre noir à croix blanche, était assis dans le corps de garde de l'avant, ou rambade, dont nous avons parlé.

Il causait avec le maître des mariniers de *la Notre-Dame des Sept-Douleurs*. Ce dernier se nommait maître Simon; le premier se nommait maître Hugues. Ainsi que son compagnon, il avait constamment navigué avec le commandeur des Anbiez.

Maître Hugues fourbissait avec soin un hausse-col de mailles d'acier; maître Simon regardait de temps en temps à travers l'ouverture de la rambade, pour interroger le ciel et la mer, et pouvoir pronostiquer la fin ou le redoublement de la tempête.

— Frère, — dit Hugues à Simon, — la tramontane souffle bien fort, et de quelques jours nous n'arriverons pas à la Ciotát. La fête de Noël aura passé, et le frère commandeur sera chagrin.

Maître Simon, avant de répondre à son camarade, consulta de nouveau l'horizon, et dit d'un air grave :

— Quoiqu'il ne convienne pas à l'homme de chercher à deviner la volonté du Seigneur, je crois que nous pouvons espérer de voir bientôt la fin de cette tourmente ; les nuages semblent moins bas, moins pesants. Peut-être demain, notre ancien compagnon, le vieux guetteur du cap de l'Aigle, signalera-t-il notre arrivée dans le golfe de la Ciotat.

— Et ce sera un jour de joie dans la Maison-Forte de Raimond V, — dit maître Hugues.

— Et aussi à bord de *la Notre-Dame des Sept-Douleurs*, — dit maître Simon, — quoique la joie y paraisse aussi rarement que le soleil pendant le vent d'ouest.

— Voici ce hausse-col fourbi, — dit le canonnier en regardant son ouvrage d'un œil satisfait. — C'est étrange, frère Simon, comme le sang est tenace sur l'acier ? J'ai beau frotter, on distingue toujours les traces noirâtres sur les mailles!

— C'est ce qui prouve que l'acier aime le sang comme la terre aime la rosée, — dit le marinier en souriant tristement de sa plaisanterie.

— Sais-tu pourtant, — dit Hugues, — qu'il y a bientôt dix ans que le frère commandeur reçut cette blessure dans son combat contre Mourad-Reys, le corsaire d'Alger?

— Je me souviens si bien de cela, frère, que d'un coup de hache d'armes j'abattis le mécréant qui avait presque brisé son kangiar sur la poitrine du commandeur, heureusement défendue par cette maille de fer. Sans cela, Pierre des Anbiez était mort.

— Aussi tient-il beaucoup à ce hausse-col... et je vais le lui porter...

— Arrête, — dit le marinier en prenant le bras du canonnier, — le moment est mal choisi, le frère commandeur est dans ses mauvais jours.

— Comment?

— Le maître écuyer m'a dit tout à l'heure que le frère Elzéar avait voulu entrer dans le gavon, mais que *le crêpe* était sur la porte...

— Je comprends... je comprends... ce signe suffit pour que personne n'ose entrer dans la chambre du commandeur avant qu'il en ait donné l'ordre.

— Ce n'est pourtant aujourd'hui ni un samedi, ni le dix-septième jour du mois? — dit maître Hugues d'un air pensif.

— C'est vrai, car c'est seulement aux approches de ces époques que son humeur sombre semble l'accabler davantage, — dit maître Simon.

A ce moment une sorte de sourde rumeur se fit entendre au dehors parmi la chiourme.

Ce bruit n'avait rien de menaçant, il exprimait, au contraire, une sorte de contentement.

— Qu'est-ce que cela? — dit le canonnier.

— C'est sans doute le R. P. Elzéar qui paraît sur le pont. Rien qu'en le voyant les esclaves se croient déjà moins malheureux.

CHAPITRE XXI

LE FRÈRE DE LA MERCI

Elzéar des Anbiez, frère de l'ordre sacré, royal et militaire de *Notre-Dame de la Merci, rédemption des captifs*, venait en effet de paraître sur le pont de la galère.

Les esclaves accueillaient sa présence avec un murmure de contentement et d'espérance, car il avait toujours quelques paroles de commisération pour ces malheureux.

La discipline établie sur la galère était si sévère, si immuable, d'une si rigoureuse justice, que le père Elzéar, malgré le tendre attachement qui l'unissait à son frère le commandeur, n'aurait pas osé lui demander la grâce d'un coupable. Mais il n'épargnait jamais ses encouragements ni ses consolations à ceux qui devaient subir quelque punition.

Le père Elzéar s'avança d'un pas lent au milieu du passage étroit qui séparait les deux rangées de bancs de la galère.

Il portait l'habit de son ordre : une longue soutanelle blanche, avec un camail de même étoffe, rabattu sur ses épaules; une corde ceignait ses reins, et, malgré le froid, ses pieds nus reposaient sur le cuir de ses sandales... Au milieu de sa poitrine, on voyait les armoiries de l'ordre, un écusson paillé d'or et de gueules, surmonté d'une croix d'argent fascée.

Le père Elzéar ressemblait à Raimond V. Ses traits étaient nobles, majestueux; mais les austérités, les fatigues de sa pénible et sainte profession, leur imprimaient un caractère de souffrance habituelle.

Le sommet de son crâne était rasé; une couronne de cheveux blancs entourait son front vénérable.

Sa figure pâle, amaigrie, ses pommettes saillantes, faisaient paraître plus grands encore ses yeux noirs d'une sérénité parfaite; un sourire doux et triste donnait à sa physionomie une expression d'adorable bonté.

Il marchait un peu voûté, comme s'il eût contracté cette habitude à force de se baisser vers les captifs enchaînés.

Ses poignets débiles portaient de profondes, d'ineffaçables cicatrices. Pris dans un des nombreux voyages qu'il faisait de France en Barbarie pour le rachat des esclaves, il avait été mis à la chaîne, et si cruellement traité, qu'il conserva toute sa vie les marques de la barbarie des pirates.

Racheté par les soins de sa famille, il reprit volontairement la chaîne pour remplacer au bagne d'Alger un pauvre habitant de la Ciotat, qui ne pouvait payer sa rançon, et qu'une mère mourante appelait en France.

Depuis quarante ans il avait racheté plus de trois mille esclaves, soit avec l'argent de son patrimoine, soit avec le fruit de ses quêtes.

A l'exception de quelques mois passés tous les deux ou trois ans dans la maison de son frère Raimond V, le père Elzéar, noble, instruit, riche, ayant une fortune indépendante, qu'il affectait à la rédemption des esclaves, était sans cesse en voyage, soit sur terre pour recueillir des aumônes, soit sur mer pour aller délivrer les captifs.

Saintement voué à cette pieuse et rude mission, il avait toujours refusé les grades que sa naissance, que ses vertus, que son courage, que son angélique piété lui pouvaient assurer dans son ordre.

Son abnégation, sa simplicité d'une grandeur antique, frappaient tous les esprits de respect et d'admiration.

D'un esprit élevé, il avait tendu toutes les facultés de son âme vers un seul but, celui de donner à son langage une irrésistible puissance de consolation.

Aussi, quel triomphe pour lui, lorsque sa parole émue et pénétrante rendait un peu de courage et d'espérance aux pauvres esclaves enchaînés à leurs rames, lorsqu'il voyait leurs yeux, desséchés par le désespoir, se tourner vers lui, mouillés des douces larmes de la reconnaissance!

On reste confondu d'admiration quand on réfléchit à ces

existences ainsi obscurément vouées à une des plus saintes, à une des plus admirables missions de l'humanité! quand on songe à l'opiniâtreté sublime de ces hommes, toujours volontairement placés sous le sabre des pirates, de ces hommes qui risquaient chaque jour leur vie pour aller dans les bagnes exhorter à la patience, à la résignation, les esclaves que les barbares accablaient de travaux et de coups.

Ne fallait-il pas, enfin, aux frères de la Merci une bien admirable abnégation pour aller racheter, au milieu des plus grands périls, au prix de sacrifices énormes, des gens qu'ils ne devaient revoir jamais!

Au moins le prêtre, au moins le missionnaire, jouissent-ils pendant quelque temps de la vue du bien qu'ils ont fait, de la reconnaissance de ceux qu'ils ont instruits, secourus ou sauvés! Mais le rédempteur d'esclaves, à peine connu de ceux qu'il délivrait, les quittait pour toujours, après leur avoir donné le plus précieux des biens... la liberté!

Pourtant c'était un beau jour pour les frères de la Merci, que celui où leurs *rachetés* débarquaient à Marseille, et se rendaient solennellement à l'église pour remercier le ciel de leur délivrance.

Des petits enfants, vêtus de blanc, tenant à la main des palmes vertes, les accompagnaient, et leurs faibles mains délivraient les captifs de leurs fers; touchant symbole de la pieuse douceur de la mission des frères de la Merci.

. . . .

Lorsque le père Elzéar parut sur le pont de la galère, tous les esclaves enchaînés se tournèrent vers lui par un mouvement simultané.

A chaque pas qu'il faisait, les captifs maures ou turcs, s'avançant hors de leurs bancs, tâchaient de saisir ses mains et de les porter à leurs lèvres.

Quoique le père Elzéar fût habitué à recevoir ces marques de respect et d'attachement, il ne put retenir une larme qui brilla dans ses yeux.

Jamais peut-être sa pitié n'avait été plus excitée.

Le temps était froid et sombre, l'horizon chargé de tempêtes, la rade sauvage, solitaire... et ces malheureux, pour la plupart habitués au chaud soleil d'Orient, étaient là, frissonnant de froid, demi-nus, et pour leur vie peut-être enchaînés à leurs bancs.

Quoique la commisération du père Elzéar fût égale pour

tous, il ne pouvait s'empêcher de compatir davantage au sort de ceux dont les douleurs lui semblaient plus désespérées.

Depuis son départ de Malte, où il était venu rejoindre son frère avec dix captifs qu'il ramenait à la Ciotat, il avait remarqué un esclave maure de quarante ans environ, dont la physionomie expressive révélait un chagrin incurable.

Nul homme de la chiourme ne remplissait sa pénible tâche avec plus de courage, avec plus de résignation. Mais une fois le moment du repos arrivé, le Maure croisait ses bras vigoureux, baissait la tête sur sa poitrine, et passait ainsi dans un sombre silence les heures pendant lesquelles ses camarades tâchaient d'oublier leur captivité.

Le cap-de-mestre de la galère, sachant l'intérêt que ce captif, d'un caractère doux et tranquille, inspirait au père Elzéar, s'approcha du religieux et lui apprit avec regret que le Maure allait subir une punition exemplaire pour une faute grave contre la subordination.

Le matin même, le Maure, plongé dans sa profonde et habituelle rêverie, n'avait pas répondu aux ordres d'un comite.

Ce dernier lui adressa une vive réprimande; le Maure resta immobile.

Outré de cette indifférence qu'il prit pour une insulte ou pour un refus de service, le comite assena un coup de nerf de bœuf sur les épaules de l'esclave.

Le Maure bondit, poussa un rugissement sauvage et s'élança sur le comite de toute la longueur de sa chaîne, avec une telle rage qu'il le renversa; sans plusieurs mariniers et soldats qui survinrent, l'esclave étranglait le comite.

Le captif qui portait la main sur un des maîtres de la galère était passible d'une peine terrible.

On l'étendait à demi nu sur le plus grand des cinq canons placés dans les rambades, nommé *le Coursier*, puis deux hommes armés de lanières aiguës le frappaient sans relâche jusqu'à ce qu'il eût perdu tout sentiment.

Cette peine avait été prononcée le matin contre le Maure par le commandeur.

Connaissant le caractère inflexible de son frère, Elzéar ne songea pas d'abord à demander la grâce du coupable, il voulut seulement tâcher d'atténuer le cruel effet de la sentence en l'apprenant lui-même au captif.

Le Maure, nouvellement embarqué, ignorait complétement

le sort qui l'attendait ; le père Elzéar craignait qu'en l'instruisant sans ménagement de l'affreuse peine qu'il devait subir, il ne se livrât à un nouvel accès de fureur et n'encourût ainsi une peine capitale.

Lorsque le père Elzéar s'approcha de l'esclave, il le trouva plongé dans cette sorte de torpeur dont il ne sortait que pour se livrer à ses pénibles travaux.

Il portait comme les autres forçats un capot d'herbage gris à capuchon et un caleçon de toile ; un cercle de fer entourait une de ses jambes nues, la chaîne qui s'y rattachait pouvait glisser le long d'une barre de fer de la longueur du banc ; son capuchon, rabattu par-dessus le fez ou bonnet de laine rouge qu'il portait, jetait une ombre transparente sur sa figure basanée ; il tenait ses bras croisés sur sa poitrine ; ses yeux fixes et ouverts semblaient regarder sans voir ; ses traits étaient doux, réguliers ; dans son extérieur rien n'annonçait un homme habitué à la fatigue et à de durs exercices.

Le père Elzéar, comme la plupart des frères de la Merci, parlait parfaitement arabe ; il s'approcha doucement du captif, et, lui touchant légèrement le bras, il le tira de sa rêverie.

En reconnaissant le père Elzéar, qui avait toujours eu pour lui de consolantes paroles, le Maure sourit tristement, prit la main du religieux et la porta à ses lèvres.

— Mon frère est donc toujours absorbé par ses chagrins ? — dit le père Elzéar en s'asseyant sur l'extrémité du banc, et en prenant les deux mains de l'esclave dans ses mains tremblantes et vénérables.

— Ma femme et mon enfant sont bien loin, — répondit le Maure d'un air sombre, — ils ignorent ma captivité... ils m'attendent.

— Il ne faut pas que mon cher fils perde tout espoir, tout courage. Dieu protége ceux qui souffrent avec résignation, il aime ceux qui aiment les leurs ; mon frère reverra sa femme et son enfant.

Le Maure secoua la tête, puis d'un air tristement expressif, il leva lentement vers le ciel l'index de sa main droite.

Le père Elzéar comprit ce geste muet, et dit :

— Non, ce n'est pas là-haut que mon frère reverra ceux qu'il regrette. Ce sera ici... sur la terre.

— On meurt trop vite loin de sa femme et de son enfant, mon père... je n'aurai pas le temps de les revoir.

— On ne doit jamais désespérer de la miséricorde divine, mon frère. Bien des pauvres esclaves disaient comme vous : « Jamais je ne reverrai les miens... » A cette heure, ils sont auprès des leurs, tranquilles, heureux... Souvent les galères de la religion échangent leurs captifs contre des Francs; pourquoi mon frère ne serait-il pas un jour compris dans ces échanges ?

— Un jour !... Peut-être !... Voilà donc mes seules espérances ! — dit le Maure avec accablement.

— Pauvre malheureux ! que serait-ce donc s'il fallait dire... Jamais !

— Mon père a raison... jamais !... jamais !... Oh ! ce serait horrible !... Oui... peut-être... un jour !...

Et un douloureux sourire effleura les lèvres du Maure.

Le père Elzéar hésitait à lui faire la fatale confidence. Pourtant l'heure approchait; il se résolut de parler.

— Mon frère avait jusqu'ici bien mérité de tous par sa douceur et par son courage; pourquoi faut-il que ce matin... — Le père Elzéar s'interrompit.

Le Maure le regarda d'un air étonné.

— Pourquoi faut-il que ce matin, mon frère, au lieu d'obéir aux ordres du comite, l'ait frappé ?

— Je l'ai frappé, mon père, parce qu'il m'avait frappé sans raison.

— Hélas ! vous étiez sans doute, comme tout à l'heure, absorbé dans vos regrets; ils vous auront empêché d'entendre les ordres du comite.

— Il m'avait donné des ordres ? — demanda le Maure d'un air surpris.

— Par deux fois, mon frère; il vous a même réprimandé de ne pas les exécuter. Prenant enfin votre silence pour un outrage, alors il vous a frappé.

— Cela doit être comme vous le dites, mon père. Je me repens d'avoir frappé le comite... je ne l'avais pas entendu... A force de songer au passé, j'étais parvenu à oublier le présent... Je revoyais ma pauvre maison à Gigeri; mon petit Acoûb venait à ma rencontre; j'entendais sa voix, et en levant les yeux, je voyais sa mère voilée à demi et écartant les stores de notre balcon...

Puis, faisant à cette pensée un retour sur sa position, le Maure baissa la tête avec accablement, deux larmes coulèrent sur ses joues bronzées, et il dit avec une expression déchirante : — Et plus rien... plus rien...

A l'aspect de cet homme déjà si malheureux, le religieux frémit en songeant à ce qu'il devait lui apprendre; il fut sur le point de faiblir devant cette pénible mission, mais il reprit courage.

— Je regrette bien que mon frère ait été si absorbé ce matin, car il a involontairement, je le sais, frappé le comito... Mais, hélas! la discipline veut qu'il soit puni.

— Que mon père me pardonne, mais je n'ai pu réprimer mon premier mouvement. Depuis ma captivité, c'était le premier rêve heureux que je faisais... Les coups qu'on m'a donnés m'ont arraché à ce songe chéri; j'étais furieux, non de douleur... mais de regrets... D'ailleurs, que fait cela ? Je suis esclave ici, je dois souffrir; je souffrirai la punition.

— Mais cette peine est cruelle... pauvre infortuné... elle est si cruelle, que je ne vous abandonnerai pas... pendant votre supplice... elle est si cruelle, que je serai près de vous... que je prierai pour vous, et au moins mes mains amies presseront vos mains crispées par la douleur.

Le Maure regarda fixement le père Elzéar, puis il dit avec un accent de résignation presque indifférente :

— J'aurai donc à souffrir beaucoup ?

Le religieux, sans lui répondre, serra plus fortement ses mains dans les siennes, et attacha sur lui ses yeux humides de larmes.

— J'avais pourtant fait mon devoir d'esclave le mieux possible... Mais qu'importe ! — dit le Maure en soupirant. — Dieu vous bénira, mon bon père, de ne pas m'abandonner... Et quand dois-je souffrir ?

— Aujourd'hui... tout à l'heure...

— Que faire, bon vieillard ? Supporter, et bénir Dieu de ce qu'il vous a envoyé près de moi dans ce fatal moment.

— Pauvre créature ! — s'écria le père Elzéar, profondément touché de cette résignation, — vous ne savez pas, hélas! ce que vous aurez à souffrir !

Et d'une voix tremblante, émue, le religieux lui expliqua en peu de mots quelle était la peine qu'il devait subir.

Le Maure frissonna légèrement, et dit seulement :

— Au moins ma femme et mon enfant n'en sauront rien.

A ce moment le cap-de-mestre et quatre soldats, portant des

casaques de feutre noir à croix blanches, s'approchèrent du banc auquel le Maure était enchaîné.

— Hugues, — dit le père Elzéar au cap-de-mestre, — suspendez, je vous prie, l'exécution, jusqu'à ce que j'aie parlé à mon frère.

La discipline établie sur la galère était si sévère, si absolue, que le canonnier regarda le religieux d'un air indécis; mais, grâce au respect qu'inspirait le père Elzéar, il n'osa lui refuser sa demande.

Le père se rendit en toute hâte vers le gavon ou chambre de la galère, pour intercéder auprès du commandeur en faveur du Maure.

Après avoir traversé l'étroit couloir qui conduisait au logement de son frère, le religieux vit la clef de sa porte enveloppée d'un crêpe.

Ce signe, toujours respecté, annonçait que le commandeur défendait absolument et à tous l'entrée de sa chambre.

Néanmoins, le Maure inspirait tant d'intérêt au père Elzéar, que bien qu'il fût à peu près convaincu d'avance de l'inutilité de sa démarche, il voulut tenter un dernier effort.

Il entra chez le commandeur.

CHAPITRE XXII

LE COMMANDEUR

Le spectacle qui frappa les yeux du père Elzéar fut à la fois effrayant et solennel.

La chambre du commandeur, très petite, et seulement éclairée par deux étroites fenêtres, était tendue de noir.

Un cercueil de bois blanc, rempli de cendres et fixé par des vis sur le plancher, servait de lit à Pierre des Anbiez.

Au-dessus de cette couche funèbre était suspendu le portrait d'un homme jeune encore, portant une cuirasse et s'appuyant sur un casque; un nez aquilin, une bouche fine et gracieusement dessinée, de grands yeux vert de mer donnaient à cette figure un caractère à la fois bienveillant et fier.

Au-dessous du cadre, dans un cartouche, on lisait cette

date : — 25 *décembre* 1613; — un rideau noir pouvait cacher cette peinture.

Des armes de combat, placées sur un râtelier, servaient seules d'ornement à cette lugubre habitation.

Pierre des Anbiez n'avait pas remarqué l'entrée de son frère.

Agenouillé devant un prie-Dieu, le commandeur était à demi couvert d'un cilice de crin qu'il portait nuit et jour : il avait les épaules nues. Aux gouttes de sang figé, aux sillons bleuâtres qui marbraient sa chair, on voyait qu'il venait de s'infliger une sanglante discipline.

Il avait la tête baissée et appuyée sur ses deux mains; quelques mouvements convulsifs agitaient ses épaules meurtries, comme si sa poitrine eût bondi sous des sanglots comprimés.

Le prie-Dieu, où s'agenouillait le commandeur, était placé au-dessous de deux petites fenêtres qui ne jetaient dans cette pièce qu'un jour rare et douteux.

Au milieu de cette demi-obscurité, la figure pâle, les longs vêtements blancs du père Elzéar se détachaient d'une manière étrange sur les lambris tendus de noir : on eût dit d'un spectre.

Le religieux semblait pétrifié; il n'avait jamais cru son frère capable de s'imposer de pareilles mortifications.

Il leva les mains au ciel en poussant un profond soupir.

Ce bruit fit tressaillir le commandeur. Il se retourna vivement et s'écria d'un air égaré, en voyant dans l'ombre la figure immobile du père Elzéar :

— Es-tu un spectre? viens-tu me demander compte du sang que j'ai versé?

La physionomie du commandeur était effrayante.

Jamais le remords, jamais le désespoir, jamais la terreur, n'imprimèrent un sceau plus terrible sur le front d'un coupable.

Ses yeux, rougis par les larmes, étaient fixes, hagards; ses cheveux gris et ras semblaient se hérisser sur son front; ses lèvres bleuâtres frissonnaient d'épouvante; ses bras musculeux, décharnés, étaient tendus en avant, ils semblaient conjurer une vision surnaturelle.

— Mon frère! mon frère! — dit Elzéar, et il se précipita vers le commandeur. — Mon frère! c'est moi; que Dieu soit avec vous...

Pierre des Anbiez regarda fixement le religieux, comme s'il

ne l'eût pas reconnu. Puis, s'affaissant sur lui-même au prie-Dieu, il laissa tomber sa tête sur sa poitrine et s'écria d'une voix sourde :

— Le Seigneur n'est jamais avec un meurtrier : et pourtant, — ajouta-t-il en relevant à demi la tête et en regardant le portrait avec épouvante, — et pourtant, pour expier mon crime, j'ai voulu avoir toujours sous les yeux les traits de ma victime! sur ma couche de cendres, où je cherche un repos qui me fuit, à chaque heure du jour, à chaque heure de la nuit, je contemple la figure inflexible de celui qui me dit sans cesse : Meurtrier! meurtrier! tu as versé mon sang!... sois maudit!

— Mon frère!... mon frère!... revenez à vous, — dit tout bas le religieux. Il craignait que du dehors on n'entendît la voix du commandeur.

Celui-ci, sans répondre à son frère, se dégagea de ses bras, se leva de toute la hauteur de sa grande taille et s'avança vers le portrait.

— Depuis vingt ans s'est-il passé un jour... où je n'ai pas pleuré mon crime?... Depuis vingt ans, à force d'austérités, n'ai-je pas tâché d'expier ce meurtre? que me veux-tu donc, infernal souvenir? que me veux-tu?... Toi aussi... toi, ma victime... n'as-tu pas versé du sang!... le sang de ma complice!... Mais, hélas! hélas! ce sang!... tu pouvais le verser... toi... la vengeance... t'en donnait le droit... et moi je n'ai été qu'un infâme assassin!... Oh! oui, la vengeance est juste... frappe, frappe donc sans pitié!... La main de Dieu me frappera bientôt éternellement!

Accablé par tant d'émotions diverses, le commandeur, presque privé de sentiment, retomba à genoux, à demi couché sur le cercueil qui lui servait de lit.

Jamais le père Elzéar n'avait pénétré le sombre secret de son frère. Il le savait en proie à une mélancolie profonde, mais il en ignorait la cause.

Le religieux était à la fois effrayé et désespéré de la sinistre confidence que le commandeur venait de lui faire dans un moment d'exaltation involontaire.

Pour que Pierre des Anbiez, homme d'un caractère de fer, d'un courage à toute épreuve, se laissât ainsi abattre, il fallait que la cause de son désespoir toujours renaissant fût bien terrible.

L'intrépidité du commandeur était proverbiale; il y avait

quelque chose de fatal dans la froide témérité qu'il montrait au milieu des plus grands périls.

Sa morne impassibilité ne l'abandonnait pas davantage au milieu des luttes effrayantes que l'homme de mer doit soutenir contre les éléments.

Son courage approchait de la férocité ; une fois la bataille engagée, armé d'une pesante masse d'armes hérissée de pointes, jamais il n'accordait de quartier aux pirates. Mais cette fièvre de massacre cessait dès que les cris des combattants, dès que la vue du sang ne l'animaient plus. Il redevenait alors calme, humain, quoique impitoyable pour la moindre faute de discipline. Il avait soutenu les plus brillants combats contre les Barbaresques ; sa galère noire était l'effroi et le but constant de l'attaque des pirates. Mais, grâce à la supériorité de son équipage, jamais la *Notre-Dame des Sept-Douleurs* n'avait pu être prise, ses défaites mêmes avaient coûté bien cher à l'ennemi.

Le père Elzéar, assis au bord du cercueil, soutenait la tête de son frère sur ses genoux.

Le commandeur, pâle comme un spectre, avait le front inondé d'une sueur froide ; enfin il reprit ses sens.

Pierre des Anbiez regarda autour de lui d'un air sombre et étonné ; puis, jetant les yeux sur ses bras et sur ses épaules nues que recouvrait à peine son cilice, il demanda brusquement au religieux :

— Comment êtes-vous ici, Elzéar ?

— Quoiqu'il y eût un crêpe sur votre porte, Pierre, j'ai cru pouvoir entrer ; le sujet qui m'amenait auprès de vous était très important.

Une expression de vif mécontentement se peignit sur les traits du commandeur, il s'écria :

— Et j'ai parlé, sans doute ?

— Le Seigneur a dû être touché des paroles que j'ai entendues sans les comprendre, mon frère... d'ailleurs votre esprit était égaré ; vous étiez sous l'obsession de quelque illusion fatale.

Pierre sourit amèrement. — Oui, c'était une illusion... un rêve, — dit-il, — vous le savez, je suis quelquefois accablé de noires imaginations pendant lesquelles je délire... c'est pour cela que je veux être seul durant ces moments de démence... Croyez-moi, Elzéar, il faut qu'alors la présence de tout être humain me soit bien intolérable, puisque je redoute même la vôtre.

En disant ces mots, le commandeur entra dans un cabinet voisin du gayon; il en ressortit bientôt vêtu d'une longue robe de bure noire sur laquelle était écartelée la croix blanche de son ordre.

La taille de Pierre des Anbiez était haute, droite, robuste; ses membres secs, nerveux, annonçaient, malgré son âge, une vigueur peu commune; l'ensemble de ses traits basanés était dur et guerrier; d'épais sourcils noirs ombrageaient ses yeux renfoncés, caves, ardents, qui semblaient toujours briller du sombre feu de la fièvre; une profonde cicatrice partageait son front, sillonnait sa joue et se perdait dans sa barbe grise, courte et touffue.

En rentrant dans sa chambre, Pierre des Anbiez se promena de long en large, les mains croisées derrière son dos, sans adresser une seule parole à son frère.

Enfin, s'arrêtant, il tendit au religieux sa main droite cruellement couturée par un coup de feu.

— Le signe que j'avais attaché à la porte devait assurer ma solitude, — lui dit-il. — Depuis le premier officier jusqu'au dernier soldat de ma galère, personne n'ose entrer ici dès qu'il a vu ce signe; je me croyais donc seul, aussi seul qu'au fond d'un cloître, ou que dans la cellule la plus reculée de la grande pénitencerie de l'ordre... Ainsi, mon frère, quoi que vous ayez entendu, quoi que vous ayez vu, promettez-moi de ne jamais me dire un mot à ce sujet; que ce qui s'est passé soit pour vous aussi oublié, aussi sacré qu'un aveu fait par un mourant sous le sceau de la confession.

— Il en sera ainsi que vous le désirez, Pierre... — répondit tristement le père Elzéar, — je pense seulement avec douleur que je ne puis rien aux chagrins qui vous accablent depuis si longtemps.

— Rassurez-vous. Il n'est pas donné au pouvoir de l'homme de me consoler, — répondit le commandeur. Puis, comme s'il eût craint de blesser l'affection de son frère, il ajouta:

— Pourtant votre amitié fraternelle et celle de Raimond me sont bien chères; mais, hélas! quoique la rosée de mai, quoique les douces pluies de juin tombent dans la mer, elles ne peuvent adoucir l'amertume de ses eaux profondes... Mais que venez-vous me demander?

— La grâce d'un pauvre Maure condamné pour ce matin à la coursie.

— Cette sentence est exécutée; elle ne le serait pas, mon frère, que je ne saurais vous accorder cette grâce.

— Dieu merci, cette sentence n'est pas exécutée; il me reste donc quelque espoir, Pierre !

— Ce sablier marque deux heures... j'ai donné ordre au cap-de-mestre d'attacher le Maure au *coursier* à une heure; cet esclave doit être maintenant entre les mains des barberots [1] et du chapelain; que Dieu sauve l'âme de ce païen, si son corps n'a pu résister aux tourments.

— A ma pressante demande, le cap-de-mestre a sursis à l'exécution, mon frère !

— Vous ne pouvez dire ce qui n'est pas, Elzéar; mais en ce moment vous venez de faire un funeste présent au cap-de-mestre.

— Pierre... songez que moi seul je suis responsable... Pardonnez...

— Sainte croix ! — s'écria le commandeur avec impétuosité, — pour la première fois depuis que je commande cette galère, j'aurais pardonné dans le même jour les deux fautes les plus graves qui se puissent commettre ! la révolte de l'esclave contre le bas officier ! l'indiscipline du bas officier envers son chef ! Non, non, cela est impossible !

Le commandeur prit un sifflet d'argent à sa ceinture et siffla.

Un page vêtu de noir parut à la porte.

— Le cap-de-mestre, — dit le commandeur d'un ton bref.

Le page sortit.

— Ah ! mon frère, serez-vous donc sans pitié ? — s'écria Elzéar avec un accent de douloureux reproche.

— Sans pitié ? — et le commandeur sourit avec amertume; — oui, sans pitié pour les fautes des autres comme pour mes propres fautes.

Le religieux, se souvenant du terrible châtiment que son frère s'était récemment infligé, songea qu'un homme aussi inflexible envers lui-même ne manquerait pas à la rigoureuse observance de la discipline; il renonça à tout espoir et baissa tristement la tête.

Le cap-de-mestre entra.

[1] Chirurgiens des galères.

— Vous resterez huit nuits aux fers, sur les rambades, — dit le commandeur.

Le marin s'inclina respectueusement, sans répondre un seul mot.

— Qu'on prévienne le chapelain et le barberot que le Maure va être châtié sur le *coursier*.

Le cap-de-mestre s'inclina plus profondément encore et disparut.

— Mais, au moins, je n'abandonnerai pas ce pauvre malheureux! — s'écria le père Elzéar, en se levant précipitamment pour accompagner le cap-de-mestre.

Le religieux sorti, Pierre des Anbiez recommença de se promener lentement dans sa chambre.

De temps à autre, ses regards étaient attirés, comme malgré lui, vers le portrait fatal dont on a parlé, portrait d'un homme dont il se reprochait le meurtre.

Alors, le commandeur faisait quelques pas avec agitation; sa figure s'obscurcissait davantage encore.

Pour la première fois, peut-être, depuis bien longtemps, le commandeur sentit une émotion pénible, en pensant au cruel supplice que subissait le Maure.

Cette punition était juste, méritée; mais il se souvenait que ce malheureux captif avait été, jusque-là, doux, soumis, laborieux.

Telle était l'inflexibilité du caractère de Pierre des Anbiez, qu'il se reprocha cette pitié involontaire comme une faiblesse coupable.

Enfin, les lugubres fanfares des clairons de la galère annoncèrent que l'exécution était terminée.

On entendit le mouvement lent et régulier du pas des soldats et des mariniers qui rompaient leurs rangs, après avoir assisté au supplice.

Bientôt, le père Elzéar entra pâle, défait, les yeux baignés de larmes, sa soutanelle tachée de sang.

— Ah! mon frère!... mon frère!... si vous assistiez à ces exécutions, de votre vie vous n'auriez le courage de les ordonner.

— Et le Maure? — demanda le commandeur, — sans autrement répondre à son frère.

— J'avais ses pauvres mains dans les miennes... il a supporté les premiers coups avec une résignation héroïque, fermant les yeux comme pour arrêter ses larmes, et me disant seulement : — Mon bon père, ne m'abandonnez pas. — Mais quand la douleur est devenue intolérable... quand le sang commença à jaillir sous les lanières... ce malheureux a paru concentrer toutes ses forces sur une pensée, qui devait lui donner le courage de supporter ce martyre. Sa figure a pris une expression de pénible extase; alors, il sembla vaincre, défier la douleur; il s'est écrié avec un accent qui semblait venir du fond de ses entrailles paternelles : — Mon fils! Acoüb!... mon enfant aimé!

En racontant le supplice et les dernières paroles du Maure, le père Elzéar ne put retenir ses larmes, et dit à son frère :

— Ah! Pierre... si vous l'aviez entendu, si vous saviez avec quel accent passionné il disait ces mots : — Mon fils... mon enfant aimé!... vous auriez eu pitié de ce pauvre père... qu'on a emporté privé de connaissance.

Quel fut l'étonnement du religieux, lorsqu'il vit le commandeur, ne pouvant surmonter son émotion, cacher sa tête dans ses mains, et s'écrier, au milieu des sanglots :

— Un fils... un fils!... moi aussi, j'ai un fils!...

CHAPITRE XXIII

LA POLACRE

Le lendemain du supplice du Maure, le vent de tramontane redoubla de violence.

Les vagues déferlaient avec fureur sur la ceinture de rochers, au milieu desquels s'ouvrait l'étroit passage qui conduisait dans la rade de Tolari.

Vers les onze heures du matin, maître Simon, monté sur la plate-forme des rambades, causait avec maître Hugues de l'exécution de la veille et du courage du Maure.

Tout à coup, à leur grand étonnement, ils virent une polacre presque à sec de voiles, et fuyant devant la tempête, s'avancer, avec la rapidité d'une flèche, vers la passe dangereuse dont nous avons parlé.

Tantôt, le frêle bâtiment, s'élevant sur la crête de vagues énormes, laissait voir le taille-mer de sa carène, qui ruisselait d'écume, comme le poitrail d'un cheval de course.

Tantôt, au contraire, s'abîmant dans le creux des lames, la polacre plongeait avec tant de violence, que sa poupe s'élevait presque perpendiculairement.

Alors, on pouvait parfaitement distinguer, sur son pont inondé, deux hommes enveloppés de cabans bruns à capuchon, qui faisaient tous leurs efforts pour maintenir la barre du gouvernail.

Cinq autres marins, accroupis à l'avant, ou se tenant aux cordages, attendaient le moment d'aider à la manœuvre.

Ainsi, tour à tour portée au sommet des vagues et précipitée dans leurs profondeurs, la polacre avançait, avec une effrayante vélocité, vers l'étroite entrée du chenal, où la mer brisait avec furie.

— Par saint Elme! — s'écria maître Simon, — voilà un navire perdu!

— Perdu, — reprit froidement Hugues; — dans quelques minutes, ses voiles et sa coque ne seront plus que des débris... ses mariniers ne seront plus que des cadavres... Que le Seigneur sauve les âmes de nos frères!

— Comment ose-t-il s'aventurer dans ce passage, par un temps pareil? — dit le canonnier.

— Périr pour périr, il vaut encore mieux se perdre avec une lueur d'espérance... Quand on espère, on prie, et on meurt en chrétien; quand on désespère, on blasphème, et on meurt en païen.

— Regardez... regardez, maître Simon, voilà le petit navire dans les brisants : c'est fait de lui!

A ce moment, le commandeur, qu'on avait été avertir de l'approche de ce bâtiment et de sa position désespérée, parut sur le pont, avec tous les chevaliers, officiers ou caravanistes, montant la galère.

Après avoir jeté un coup d'œil attentif sur la polacre et sur les brisants, Pierre des Anbiez dit d'une voix haute et solennelle :

— Que les deux caïques soient prêts et armés pour aller, tout à l'heure, recueillir les cadavres sur la grève... aucune puissance humaine ne peut sauver ce malheureux navire... Dieu seul le peut.

Pendant que les comites surveillaient l'exécution de cet ordre, le commandeur se retournant vers le chapelain :

— Mon frère, disons les prières des agonisants pour ces malheureux. Frères, à genoux... Que la chiourme se découvre.

Ce fut un grand et imposant spectacle.

Tous les chevaliers, vêtus de noir, s'agenouillèrent, tête nue, sur le pont; la cloche de la prière tinta tristement son glas funèbre au milieu des rugissements du vent.

Les esclaves se mirent aussi à genoux et découverts.

A l'arrière, et au milieu du groupe noir des chevaliers, on distinguait le frère Elzéar à sa soutanelle blanche.

Les prières des agonisants commencèrent avec autant de recueillement que si la scène se fût passée à terre, dans l'église d'un cloître.

Ce n'était pas là une vaine prière... ces moines-soldats étaient tristes et recueillis... Marins, ils voyaient l'équipage perdu sans ressources... chrétiens, ils priaient pour l'âme de leurs frères.

En effet, la polacre semblait devoir s'anéantir à chaque instant; les vagues furieuses, en s'engouffrant dans le chenal étroit qu'elles devaient traverser, rompaient le courant et tourbillonnaient en tous sens.

Les voiles, que la polacre aurait pu hisser pour appuyer sa marche, étant souventées par la hauteur du rocher, elle devait se briser, faute de pouvoir se servir de son gouvernail, impuissant au milieu de ces eaux sans courant, et sans cesse refoulées sur elles-mêmes.

Les prières, les chants, continuaient toujours.

On distinguait, au-dessus de toutes les voix, la voix mâle et sonore du commandeur.

Les esclaves, agenouillés, regardaient, avec une apathie farouche, cette lutte désespérée de l'homme contre les éléments.

Tout à coup, par un hasard inespéré, soit que la polacre fût d'une construction si parfaite, qu'elle répondit à l'action de son gouvernail, dans une des circonstances où le plus grand nombre des bâtiments n'en eussent pas senti l'effet, soit que la petite voile triangulaire qu'elle hissa reçût quelque courant d'air supérieur, ce bâtiment, appuyé dans sa marche, franchit le dangereux passage avec la vitesse et la légèreté d'une mouette.

Quelques minutes après, la polacre se trouvait hors de tout péril, au milieu des eaux de la rade.

Cette manœuvre fut si imprévue, si merveilleuse, si bien exécutée, que l'étonnement suspendit un moment la prière des chevaliers.

Le commandeur, stupéfait, dit aux officiers, après quelques moments de silence :

— Mes frères, remercions le Seigneur d'avoir entendu nos prières, et chantons une action de grâces.

Pendant que la galère retentissait de cette invocation pieuse et solennelle, la polacre *la Sainte-Épouvante des Moresques*, car c'était elle, louvoyait dans la rade, sous une petite voilure, pour s'approcher de la galère noire.

Elle en était à peu de distance, lorsqu'un coup de canon, parti des rambades de *la Notre-Dame des Sept-Douleurs*, lui fit le signal de hisser son pavillon et de mettre en panne.

Un second coup de canon lui ordonna d'envoyer son capitaine à bord de la galère noire.

Quelque intérêt qu'il eût inspiré au commandeur, ce bâtiment, le péril passé, devait se conformer aux règles établies pour la visite des navires.

Bientôt, la polacre mit en panne; son petit canot, armé de deux rameurs, et gouverné par un troisième marin, vint aborder à poupe de la galère.

L'homme qui tenait le gouvernail abandonna la barre, gravit lestement les escaliers des espales, et se trouva devant le commandeur et ses chevaliers, réunis à l'arrière de la galère.

Le marin en question n'était autre que notre ancienne connaissance, le digne Luquin Trinquetaille.

Son caban, ses bottes de pêcheur et ses grègues de grosse laine ruisselaient d'eau.

En mettant le pied sur le pont de la galère, il fit respectueusement retomber son capuchon sur ses épaules, et l'on vit sa bonne et honnête figure encore animée par les terribles émotions qu'il venait d'éprouver.

Le commandeur, dans ses voyages à la Maison-Forte, y avait souvent vu Luquin; aussi fut-il agréablement surpris en reconnaissant un homme qui pouvait lui donner des nouvelles de Raimond V.

— Le Seigneur a retiré ton bâtiment d'un grand péril, — lui dit le commandeur. — Nous avions déjà prié pour ton âme et pour celle de tes compagnons.

— Bénis soyez tous! monsieur le commandeur; nous en avions bien besoin, car la passe est rude; et depuis que je navigue, je n'ai assisté à pareille fête.

Le commandeur dit au capitaine, d'un air sévère : — Les épreuves que le Seigneur nous envoie ne sont pas des fêtes... Comment se porte monsieur mon frère?

— Monseigneur se portait bien, — répondit Trinquetaille, un peu honteux des reproches du commandeur; — je l'ai laissé en bonne santé, avant-hier, quand j'ai quitté la Maison-Forte.

— Et mademoiselle des Anbiez? — dit le père Elzéar, qui s'était approché.

— Mademoiselle des Anbiez se porte aussi très bien, mon père, — dit Luquin.

— D'où viens-tu?... où vas-tu?... — dit le commandeur.

— Monsieur le commandeur, j'étais sorti, hier, de la Ciotat, avec trois *essanguis* [1] armés, pour croiser à deux ou trois lieues des côtes, pour tâcher de découvrir les pirates.

— Les pirates?

— Oui, monsieur le commandeur. Un chebec barbaresque a paru, il y a trois jours; maître Peyroû l'a découvert. Toute la côte est en alarme; on s'attend à une descente... et l'on a raison; car une tartane de Nice, que j'ai rencontrée avant le coup de vent, m'a dit avoir vu, à l'est de la Corse, trois bâtiments, dont *la Gallione rouge* de Pog-Reis, le renégat.

— Pog-Reis! — s'écria le commandeur.

— Pog-Reis! — répétèrent les chevaliers qui entouraient le commandeur.

— Pog-Reis! — dit encore Pierre des Anbiez, avec une expression de sombre contentement, comme s'il allait rencontrer enfin un ennemi implacable, longtemps cherché, et qui, par fatalité, lui avait toujours échappé.

— Que venais-tu faire à Tolari? — demanda le commandeur à Trinquetaille.

— Révérence parler, monsieur le commandeur, je n'y venais pas pour mon plaisir. Surpris par le coup de vent d'hier, j'ai louvoyé cette nuit comme j'ai pu; mais le temps est devenu si forcé... que, regardant ma polacre comme perdue, j'ai fait un vœu à Notre-Dame de la Garde, et j'ai risqué d'essayer d'entrer dans la passe que je connaissais, car j'ai mouillé ici bien des fois en revenant des côtes de Sardaigne.

— Fasse le Seigneur que cette tramontane cesse! — dit le

---

[1] Bateau pêcheur des côtes de Provence.

commandeur; — puis s'adressant à son pilote hauturier : — Que penses-tu du temps, pilote?

— Monsieur le commandeur, si le vent augmente encore jusqu'au coucher du soleil, il y a des chances pour qu'il cesse au lever de la lune.

— Si cela est ainsi, — dit le commandeur à Trinquetaille, — et que cette nuit tu puisses sortir sans danger, tu iras à la Ciotat prévenir monsieur mon frère de mon arrivée.

— Et ce sera une grande joie à la Maison-Forte, monsieur le commandeur, sans compter que votre venue pourra y être bien utile; car un bateau de Marseille que j'ai rencontré m'a dit que des gens de guerre étaient partis pour la Ciotat avec le capitaine de la compagnie des gardes de monseigneur le maréchal de Vitry. On disait dans le public que ces troupes pouvaient bien être envoyées à la Maison-Forte par suite de l'affaire du greffier Isnard.

— Qu'est-ce que cela veut dire? — demanda le commandeur à Luquin.

Le capitaine raconta comment Raimond V, au lieu de se soumettre aux ordres du gouverneur de la Provence, avait fait poursuivre son émissaire par ses taureaux.

En entendant la narration de cette mauvaise et imprudente plaisanterie de Raimond V, le commandeur échangea un triste coup d'œil avec le père Elzéar, comme s'ils eussent intérieurement déploré la folle et téméraire conduite de leur frère.

— Descends au *scandalard* [1], le maître valet t'y donnera de quoi te réchauffer et te réconforter, — dit le commandeur à Luquin.

Celui-ci obéit à cet ordre avec reconnaissance et se rendit à l'avant, suivi de quelques curieux, désireux d'avoir des nouvelles de Provence.

Le commandeur rentra chez lui avec son frère et lui dit :
— Dès que le temps le permettra, nous partirons pour la Maison-Forte. Je tremble que Raimond ne soit victime de ses témérités envers les créatures du cardinal. Fasse le Seigneur que je rencontre Pog-Reis, et que je puisse empêcher le mal qu'il projette sur cette plage sans défense et sur cette malheureuse ville.

---

[1] Endroit où l'on renferme les provisions.

CHAPITRE XXIV

LA GALLIONE ROUGE ET LA SYBARITE

A peu près au même instant où *la Sainte-Épouvante des Moresques* faisait sa merveilleuse entrée dans la rade de Tolari et y ralliait la triste et noire galère de Malte, trois bâtiments d'une espèce toute différente étaient mouillés au fond du port Mage, assez bonne rade située vers le nord-est de l'île de Porte-Cros, l'une des plus petites des îles d'Hières.

Éloignée d'environ six à sept lieues de la Ciotat, Porte-Cros était à cette époque de l'année presque entièrement inhabitée.

Dans la saison de la pêche du thon et de la sardine, des pêcheurs venaient y faire un établissement passager.

Deux galères et un chebec avaient donc jeté l'ancre au fond de la baie dont nous parlons.

La tempête ne diminuait pas de violence; mais les eaux du port Mage, abritées par de hautes terres du côté du nord-ouest, étaient fort tranquilles et reflétaient dans leur calme azur les brillantes couleurs dont étincelaient la gallione rouge de Pog-Reis et la galère verte de Trimalcyon, le chebec d'Érèbe n'ayant rien de remarquable dans son extérieur.

Les craintes du guetteur et les soupçons de Reine n'avaient été que trop fondés.

Les trois inconnus des gorges d'Ollioules n'étaient autres que des capitaines pirates, non pas barbaresques, mais renégats.

Pendant l'une de leurs croisières, ils s'étaient emparés d'un bâtiment hollandais, et avaient trouvé à son bord un seigneur moscovite, son fils et son précepteur. Après les avoir vendus comme esclaves à Alger, ils prirent leurs papiers et eurent l'audace de débarquer à Cette, de venir à Marseille par terre et de se présenter à M. de Vitry sous des noms empruntés.

Le maréchal, trompé par cette ruse hardie, les avait parfaitement accueillis.

Après quelque temps de séjour employé fructueusement à s'enquérir des départs et des arrivées des bâtiments de commerce, les trois forbans étaient revenus à Cette; depuis lors, ils ne s'étaient pas éloignés des côtes de Provence.

Ils méditaient un coup important sur ce littoral, et se tenaient tantôt dans une des nombreuses baies de l'île de Corse, tantôt dans l'un des petits havres déserts des côtes de France ou de Savoie; car, à cette époque, les rivages étaient si mal gardés que les pirates risquaient de pareils atterrissements sans danger et sans scrupule.

Il y avait autant de différence entre l'aspect des deux galères barbaresques dont nous parlons et celle du commandeur, qu'il peut y avoir de différence entre une nonne lugubrement vêtue et une folle bohémienne éblouissante de satin et de paillettes.

Autant l'une était silencieuse et sombre, autant les autres se montraient bruyantes et joyeusement animées.

Nous conduisons de préférence le lecteur à bord de *la Sybarite*, galère de vingt-six rames, commandée par Trimalcyon, et mouillée à quelques encablures de *la Gallione rouge* de Pog-Reis.

La construction des galères barbaresques ressemblait beaucoup à celle des galères de Malte. Les ornements seuls et l'emménagement intérieur d'une grande splendeur en différaient extrêmement.

La chiourme se composait d'esclaves, soit chrétiens, soit noirs, soit même turcs, car les renégats s'inquiétaient peu du mode de recrutement de leurs équipages.

Quoiqu'ils fussent enchaînés à leurs bancs, ainsi que les forçats des galères de Malte, les esclaves de *la Sybarite* semblaient subir l'influence de la joyeuse atmosphère qui les entourait.

Au lieu d'avoir l'air farouche, sombre ou accablé, leur physionomie exprimait une grossière insouciance ou une impudence cynique. Ils paraissaient robustes et faits pour endurer les plus rudes fatigues, mais les craintes qu'inspirait leur caractère indiscipliné se trahissaient par l'énergique appareil de répression dont on les entourait.

Deux fauconneaux et plusieurs espingoles à pivot, continuellement braqués sur la chiourme, étaient disposés de telle façon qu'ils pussent balayer la galère d'un bout à l'autre.

Les spahis ou soldats d'élite chargés de surveiller la chiourme portaient toujours de longs pistolets à leur ceinture et une hache d'armes à la main.

L'uniforme des spahis se composait de cabans rouges, de guêtres de maroquin brodé, et d'une cotte de mailles par-dessous leur veste galonnée de jaune. Leur fez écarlate était entouré d'un turban de grosse mousseline blanche roulée à *la négligente*, mode antique qui remontait, dit-on, aux hommes d'armes de Hai-Reddin-Barberousse.

Le costume de la chiourme n'était pas uniforme; le pillage lui venait merveilleusement en aide pour remplacer ses vêtements usés.

Les uns portaient des chausses et des pourpoints où l'on voyait encore la trace des galons d'or ou d'argent qui les avaient ornés et que le *reis* (capitaine) avait fait enlever à son profit.

D'autres étaient vêtus de casaques de gens de guerre; quelques-uns enfin portaient comme trophée des surtouts de feutre noir enlevés aux soldats de la religion.

Malgré l'apparence hétérogène de cet équipage, la galère de Trimalcyon-Reis était tenue avec une minutieuse propreté.

Sa peinture vert de mer réchampie de filets pourpres était, à l'arrière, richement rehaussée d'or. Enfin, un pavillon rouge sur lequel on voyait brodé en blanc le sabre à double tranchant nommé *zulfekar*, était le seul signe qui fit reconnaître *la Sybarite* pour un bâtiment pirate barbaresque.

Un peu plus loin, *la Gallione rouge* de Pog-Reis, d'une apparence plus sévère et plus martiale, se balançait sur ses ancres.

Enfin, près de l'entrée de la baie, le *Tsekedery* ou bâtiment léger, commandé par Érèbe, portait les mêmes bannières.

Les côtes de France étaient alors, nous l'avons dit, dans un si déplorable état de défense que ces trois bâtiments avaient pu, sans le moindre obstacle, relâcher dans le port pour échapper au coup de vent qui régnait depuis la veille.

Si l'extérieur de *la Sybarite* était splendide, l'intérieur de ce bâtiment offrait tous les raffinements du luxe le plus recherché et un heureux mélange des habitudes de l'Orient et de l'Occident.

Un nain nègre, bizarrement vêtu, venait de frapper trois coups retentissants sur un gong chinois placé à la poupe près du gouvernail.

A ce signal une assez bonne musique composée d'instruments à vent fit entendre plusieurs airs de bravoure.

C'était l'heure du dîner de Trimalcyon.

La chambre de poupe était momentanément changée en salle à manger,

Les cloisons disparaissaient sous de riches tentures de brocatelle de Venise ponceau, à larges dessins vert et or.

Pog et Trimalcyon étaient assis à table.

Trimalcyon avait toujours le ventre gros, le teint animé, l'œil vif, la physionomie joyeuse, les lèvres rouges et sensuelles. Sa longue et moelleuse pelisse de velours bleu fourrée de martre laissait voir en s'entr'ouvrant un buffle d'une souplesse extrême, recouvert d'une maille d'acier si finement travaillée qu'elle était aussi flexible que la plus mince étoffe. Cette habitude de porter continuellement une arme défensive prouvait dans quelle confiante sécurité vivait habituellement le capitaine de *la Sybarite*.

Pog-Reis, placé en face de son compagnon, avait toujours le même air hautain et sarcastique. Il portait un yellek arabe de velours noir, brodé de soie de même couleur, sur lequel s'étalait sa longue barbe rousse; son bonnet rouge et vert, à la mode albanaise, couvrait à demi son front blanc et profondément sillonné de rides.

Deux femmes esclaves, d'une beauté accomplie, l'une mulâtresse, l'autre Circassienne, vêtues de légères simarres d'étoffe de Smyrne, faisaient, avec le nain nègre, le service de la table de Trimalcyon.

Sur une étagère à roulis, on voyait de magnifiques pièces d'orfévrerie, dépareillées, il est vrai, mais du plus beau travail; les unes d'argent, les autres de vermeil, les autres d'or, enrichies de pierres précieuses.

Au milieu de cette riche vaisselle, fruit de la rapine et du meurtre, on avait, par une dérision sacrilége, placé quelques vases sacrés, enlevés, soit dans des églises des villes du littoral, soit à bord des bâtiments chrétiens.

Un parfum très pénétrant, mais très doux, brûlait dans un encensoir d'argent accroché à l'une des solives du plafond.

Assis sur un moelleux divan, le capitaine de *la Sybarite* dit à son convive :

— Excusez cette pauvre hospitalité, mon compère... j'aurais voulu pouvoir remplacer ces pauvres filles par des esclaves égyptiens, qui, armés d'aiguières en métal de Corinthe, nous eussent versé, en chantant, de l'eau-de-neige à la rose sur les mains.

— Ce ne sont pas les vases qui vous manquent, Trimalcyon, — dit Pog, en jetant un coup d'œil sur le buffet.

— Eh bien! oui... ce sont des vases d'or ou d'argent; mais qu'est-ce que cela auprès du métal de Corinthe, dont parle l'antiquité, mélange composé d'or, d'argent et d'airain, et qui se travaillait si merveilleusement, qu'une grande aiguière et son bassin pesaient à peine une livre?... Sardanapale! compère, il faudra qu'un jour je fasse une descente à Messine. On dit que le vice-roi possède plusieurs statuettes antiques de ce précieux métal. Mais prenez de ce boudin de perdrix, épicé de cumin; je l'ai fait servir sur son gril d'argent encore brûlant. Préférez-vous de ces simulacres d'œufs de paon? Vous y trouverez, au lieu de jaune, un bec-figue bien gras, bien doré, et au lieu de blanc, une sauce épaisse à la crème cuite.

— Ce beau vocabulaire de goinfrerie doit vous mériter l'estime de votre cuisinier. Vous me paraissez faits, tous deux, pour vous comprendre, — dit Pog, en mangeant, avec une dédaigneuse indifférence, les mets délicats que son hôte lui servait.

— Mon cuisinier, — reprit Trimalcyon, — me comprend assez, en effet; quoique, parfois, il lui prenne des découragements : il regrette la France... d'où je l'ai enlevé par surprise. Pour le consoler, pendant longtemps j'ai tout tenté, l'argent, les égards, les soins... rien n'y faisait ; j'ai fini par où j'aurais dû commencer, par une forte bastonnade, et je m'en trouve fort bien, et lui aussi, je suppose ; car vous voyez qu'il fait merveille... A boire, Orangine, — dit Trimalcyon à la mulâtresse, qui lui versa un glorieux verre de vin de Bordeaux... — Qu'est-ce que ce vin-là, Pâture-à-Corbeaux ? — demanda-t-il au nain, en mettant son verre à la hauteur de ses yeux pour juger sa couleur.

— Seigneur, c'est de la prise du mois de juin, ce brigantin bordelais qui s'en allait à Gênes.

— Hum... hum... — fit Trimalcyon en dégustant, — il est bon, très bon, ce vin-là ; mais voilà le désagrément de se fournir aux sources où nous nous fournissons, compère Pog, on n'a jamais les mêmes qualités ; si l'on s'habitue à une espèce de vin plutôt qu'à une autre, on trouve de cruels mécomptes... Ah ! tout n'est pas roses dans le métier. Mais vous ne buvez pas? Emplis le verre du seigneur Pog, Peau-de-Cygne, — dit Trimalcyon à la blanche Circassienne, en lui montrant du doigt la coupe de son hôte.

Celui-ci, pour tout refus, posa son index sur son verre.

— Au moins, buvons au succès de notre descente à la Ciotat, compère ?

Pog répondit à cette nouvelle provocation par un mouvement de dédaigneuse impatience.

— A votre aise, compère, — dit Trimalcyon, sans paraître le moins du monde choqué du refus et de l'air hautain de son hôte ; — aussi bien, je ne me fie pas à vos invocations ; le diable connaît votre voix, et il croit toujours que vous l'appelez... Vous avez tort de dédaigner ce jambon... de Westphalie, je crois ; n'est-il pas vrai, drôle ?

— Oui, seigneur, — dit le nain. — Il vient de cette flûte hollandaise arrêtée au débouquement de la Sardaigne. Ils étaient destinés au vice-roi de Naples.

A ce moment, les fanfares des musiciens cessèrent ; une rumeur, d'abord assez faible, grandit peu à peu, et devint bientôt presque menaçante.

On entendait tour à tour le bruit des chaînes qui se choquaient, et les murmures violents des esclaves ; enfin, dominant le tumulte, la voix des spahis et le claquement du fouet du patron.

Trimalcyon semblait si parfaitement accoutumé à ces cris et à cette agitation, qu'il continua de boire un verre de vin qu'il portait à ses lèvres ; il dit seulement, en posant son verre sur la table :

— Voilà des chiens qui voudraient mordre ; heureusement leurs chaînes sont bonnes ! Pâture-à-corbeaux, va donc voir pourquoi les musiciens se taisent ! Les drôles, je leur fais donner vingt coups de nerf de bœuf, s'ils s'arrêtent encore, au lieu de souffler dans leurs trompettes. Je suis trop bon... j'aime trop les arts... Au lieu de vendre ces fainéants à Alger, je les ai conservés pour me faire de la musique, et voilà comme ils se conduisent ! Ah ! s'ils n'étaient pas trop faibles pour la chiourme, ils sauraient ce que c'est que de manier la rame !

— Ils seraient certainement trop faibles, seigneur, — dit le nègre ; — les comédiens que vous avez pris avec eux, sur cette galère de Barcelone, sont encore chez Jousouf, qui vous les a achetés. Il ne trouve pas deux pièces d'or par tête de ce bétail soufflant et chantant.

Pog-Reis semblait pensif et ne pas entendre ce qui se passait autour de lui, quoique les murmures augmentassent avec assez de violence pour que Trimalcyon dit au nain :

— Avant de sortir, mets ici près de moi sur le divan ces pistolets et une masse d'armes... Bien ! Maintenant, va voir ce que c'est. Si c'est grave, que Mello vienne me prévenir. Avertis en même temps ces souffleurs de trompette que je leur ferai avaler leurs clairons et leurs buccins, s'ils s'arrêtent un moment.

— Seigneur, ils disent qu'ils manquent de souffle pour jouer deux heures de suite !

— Ah ! ils manquent de souffle ! Eh bien ! dis-leur que, s'ils me donnent encore cette raison-là, je leur ferai ouvrir le ventre, et, au moyen du soufflet de l'armurier, on les mettra à même de ne pas manquer d'haleine !

A cette sauvage et cruelle plaisanterie, Orangine et Peau-de-cygne se regardèrent interdites.

— Tu leur diras enfin, — ajouta Trimalcyon, — que, comme ils ne valent pas une pièce d'or chez le marchand d'esclaves, et qu'ils me coûtent en nourriture plus qu'ils ne valent, je ne regarderai pas à passer sur eux mes fantaisies.

Le nègre sortit.

— Ce que j'aime en toi, — dit lentement Pog, comme s'il fût sorti de sa rêverie, — c'est que tu es étranger à tout sentiment, je ne dirai pas honnête, mais humain.

— Et à propos de quoi, diable ! me dites-vous ça, compère Pog ?... Vous voyez que tout inhumain que je suis... je n'oublie pas qui vous êtes, et qui je suis ; vous me dites *tu*, je réponds *vous*.

Deux coups de feu retentirent.

— Diable ! voilà Mello qui dit aussi *tue*, — ajouta Trimalcyon, souriant de cet odieux jeu de mots. Il tourna la tête du côté de la porte avec un imperturbable sang-froid.

Les deux femmes esclaves tombèrent à genoux, avec les signes de la plus violente terreur.

Tout à coup les fanfares éclatèrent avec une vigueur qui nuisait peut-être à l'ensemble et à la justesse des accords, mais qui prouvait, au moins, que les menaces du nain avaient fait leur effet, et que les malheureux musiciens croyaient Trimalcyon capable de les torturer.

Après les deux coups de feu, il y eut comme un cri, ou plutôt comme un rugissement terrible, poussé par tous les esclaves à la fois.

A ce tumulte succéda le plus profond silence.

— Il paraît que cela n'était rien, — dit le capitaine de la *Sybarite*, en s'adressant à Pog, qui était retombé dans sa rêverie.

— Mais, dites-moi donc, compère, — reprit-il, — en quoi vous trouvez que je n'ai rien d'humain ? J'aime les arts, les lettres, le luxe ; je jouis mieux que pas un des cinq sens dont je suis pourvu. Je pille avec discernement, ne prenant que ce qui me convient. Je me bats avec scrupule ; j'aime mieux m'attaquer à un plus faible qu'à un plus fort que moi, mon commerce consistant à prendre à ceux qui ont, avec le moins de chance de perte possible. Oui, encore une fois, compère, où diable voyez-vous de l'inhumanité là dedans ?

— Tiens, tu me fais honte et pitié. Tu n'as pas même l'énergie du mal. Il y a toujours en toi du cuistre de collège.

— Fi... fi ! mon compère ; ne parlez pas du collège, de ce triste temps de maigre chère et de privations sans nombre. Je serais, à cette heure, sec comme un mât de galère, si j'étais resté à cracher du latin ; tandis que, maintenant, — dit l'effronté coquin, en frappant sur son ventre, — j'ai une encolure de prébendier... et tout cela, grâce à qui ? A Yacoûb-Reïs, qui, il y a vingt ans, me fit esclave, comme j'allais par mer à Civita-Vecchia, pour tenter une fortune cléricale dans la ville des tonsurés. Yacoûb-Reïs me trouva de l'esprit, de l'activité, du courage : j'étais jeune, il m'apprit son métier. Je reniai ; je pris le turban ; enfin, de fil en aiguille, de pillage en meurtre, je suis arrivé à commander *la Sybarite*. Le commerce va bien ! Je m'expose dans les cas extrêmes, et, quand il le faut, je me bats comme un autre ; seulement, je tiens à ma peau, c'est vrai ; car je compte avant peu me retirer du métier, et aller me reposer des fatigues de la guerre dans ma retraite de Tripoli, avec mesdames Trimalcyon. Tout cela n'est-il pas très humain, encore une fois ?

Ces paroles parurent faire peu d'impression sur le convive silencieux du capitaine de *la Sybarite* ; il se contenta de dire, en haussant les épaules :

— Au sanglier sa bauge.

— Sardanapale ! à propos de sanglier, combien j'envie ceux qui figuraient dans les festins épiques de Trimalcyon, mon patron ! — s'écria le grossier personnage sans paraître s'offenser du dédain de son hôte, — voilà de dignes sangliers, qu'on servait entiers, coiffés d'un bonnet d'affranchi, et intérieurement farcis de boudins et de saucisses qui simulaient les entrailles, ou bien renfermant des grives ailées qui s'envolaient au plafond. Voilà de ces somptuosités que je réaliserai un jour ou l'autre, Sardanapale!!! Je ne travaille depuis vingt ans que pour donner un jour une fête digne de l'antiquité romaine! Faire du Pétrone ou du Juvénal en actions, voilà mon rêve.

Le nain ouvrit la porte.

Le pirate songea seulement alors au tumulte qui avait si brusquement cessé.

— Eh bien, drôle! et ce bruit? Pourquoi Mello n'est-il pas venu? Ce n'était donc rien?

— Non, seigneur; un esclave chrétien s'est querellé avec un esclave albanais.

— Après?

— L'Albanais a donné un coup de poignard au chrétien.

— Après?

— Les chrétiens ont crié mort à l'Albanais, mais le chrétien blessé a riposté et a presque assommé l'Albanais.

— Après?

— Alors les Albanais et les Maures ont à leur tour rugi contre les chrétiens.

— Après?

— Pour empêcher la chiourme de se massacrer dans les bancs et pour satisfaire tout le monde, le patron Mello a brûlé la cervelle au chrétien blessé et à l'Albanais blessé

— Après?

— Seigneur, voyant cela, tout le monde s'est tenu tranquille.

— Et les musiciens?

— Seigneur, je leur ai parlé du soufflet de forge de l'armurier; avant que j'aie pu terminer ma phrase, ils soufflaient si fort dans leurs buccins et dans leurs clairons, que j'ai manqué de devenir sourd. J'oubliais aussi, seigneur, que Mello a signalé le caïque du seigneur Érèbe qui s'avance vers la galère.

Pog tressaillit.

Trimalcyon s'écria : — Vite, Peau-de-Cygne, Orangine, un couvert pour le plus beau garçon qui ait jamais capturé de pauvres bâtiments marchands.

CHAPITRE XXV.

POG ET ÉRÈBE.

Avant de continuer ce récit, quelques éclaircissements sont nécessaires à l'endroit d'Érèbe et du seigneur Pog, l'homme silencieux et sarcastique.

En 1612 environ, vingt ans avant l'époque dont nous nous occupons, un Français, jeune encore, arriva à Tripoli avec un seul serviteur.

Le capitaine du bâtiment sarde qui l'avait amené remarqua dans plusieurs occasions que son passager était fort expert dans les choses de la navigation ; il conclut que son passager était un officier des vaisseaux ou des galères du roi : il ne se trompait pas.

Le seigneur Pog (nous continuerons de lui donner ce nom emprunté) était un excellent marin, ainsi qu'on le verra bientôt.

Lors de son arrivée à Tripoli, Pog, après avoir, selon la coutume de Barbarie, acheté la protection du bey Hassan, loua une maison aux environs de la ville, non loin de la mer. Il y vécut pendant une année avec son valet dans une solitude profonde.

Quelques négociants français, établis à Tripoli, s'épuisèrent en vaines conjectures sur le singulier goût de leur compatriote qui venait seulement, pensaient-ils, par caprice, habiter une côte sauvage et déserte.

Les uns attribuèrent cette bizarrerie à un chagrin violent, désespéré ; d'autres virent, sinon de la folie, du moins de la monomanie dans cette étrange résolution.

Ces dernières suppositions ne manquaient pas de fondement.

A certaines époques de l'année, Pog entrait, disait-on, dans de tels accès de désespoir et de rage, que les pâtres attardés entendirent quelquefois en passant, la nuit, devant sa maison solitaire, des cris furieux, frénétiques.

Trois ou quatre années se passèrent ainsi.

Pour toute distraction, Pog faisait de longues promenades en mer sur un petit bâtiment très fin voilier qu'il manœuvrait lui-même avec une adresse rare ; deux jeunes esclaves maures lui servaient d'équipage.

Un jour, l'un des plus fameux et des plus féroces corsaires de Tripoli, nommé Kemal-Reis, faillit périr avec sa galère en échouant sur la côte, à peu de distance de la maison de Pog.

Celui-ci revenait de l'une de ses promenades sur mer ; reconnaissant la galère de Kemal-Reis, il fit voile vers elle, et lui donna les secours les plus efficaces.

Un des esclaves de Pog rapporta plus tard qu'il lui avait entendu dire : — Les hommes seraient trop heureux si l'on détruisait les loups et les tigres.

Le sauvetage de Kemal-Reis, redouté par ses cruautés, fut une conséquence de la farouche misanthropie de Pog. Au lieu de céder à un mouvement de générosité naturelle, il voulut conserver à l'humanité l'un de ses plus terribles fléaux.

Peu de temps après cet événement, Kemal-Reis visita quelquefois la maison isolée du Français, une sorte d'intimité s'établit peu à peu entre le pirate et le misanthrope.

Un jour les curieux de Tripoli apprirent avec surprise que Pog s'était embarqué à bord de la galère de Kemal-Reis.

On supposait le Français très riche, on crut qu'il avait nolisé le bâtiment tripolitain pour faire un voyage d'agrément sur la côte de Barbarie, d'Égypte ou de Syrie.

Au grand étonnement du public, Kemal-Reis revint un mois après son départ avec sa galère remplie d'esclaves français, enlevés sur les côtes de Languedoc et de Provence.

Le bruit courut à Tripoli que le favorable résultat de cette audacieuse entreprise avait été dû aux renseignements et aux avis donnés par Pog, qui devait mieux que pas un connaître les atterrissements du littoral français.

Ce bruit acquit bientôt tant de vraisemblance, que notre consul à Tripoli crut devoir informer contre Pog et instruire les ministres de Louis XIII de ce qui s'était passé.

Il est bon de dire, une fois pour toutes, qu'en 1610, comme en 1630, comme en 1700, l'enlèvement d'habitants de nos côtes, par les pirates des régences barbaresques, ne fut presque jamais considéré comme un motif de déclaration de guerre à ces puissances ; nos consuls assistaient au débarquement des captifs et servaient généralement d'intermédiaire pour leur rachat.

Si quelques poursuites furent dirigées contre Pog, c'est qu'il avait pris part comme Français à une attaque à main armée contre le territoire.

L'information du consul fut vaine, au grand scandale de nos compatriotes et des Européens établis à Tripoli, Pog fit une abjuration solennelle, renia la croix, prit le turban et ne put être inquiété.

Kemal-Reis avait partout proclamé que le nouveau renégat était un des meilleurs capitaines qu'il eût connus, et que la régence barbaresque ne pouvait faire une acquisition plus utile.

De ce moment, Pog-Reis équipa une galère et dirigea sa course seulement contre les bâtiments français, et surtout contre les galères de Malte commandées par des chevaliers de notre nation.

Plusieurs fois il ravagea impunément les côtes du Languedoc et de la Provence. Il faut dire que cette fureur de pillage et de destruction ne s'emparait de Pog, pour ainsi dire, que par accès.

Sa rage semblait atteindre son paroxysme vers la fin du mois de décembre.

Pendant ce mois il se montrait sans pitié, et on racontait en frémissant que plusieurs fois il avait fait égorger un grand nombre de captifs, épouvantable et sanglant holocauste qu'il offrait sans doute à quelque terrible anniversaire.

Ce mois passé, son esprit, obscurci par une folie sanguinaire, redevenait plus calme.

Rentrant à Tripoli, s'enfermant dans sa solitude, il restait quelquefois un ou deux mois sans reprendre la mer.

Puis, d'effroyables ressentiments se soulevant de nouveau dans cette âme désespérée, il remontait sa galère et recommençait le cours de ses férocités.

Parmi les captifs français qu'il avait faits lors de sa première expédition avec Kemal-Reis, et qu'il abandonna généreusement à ce corsaire (à la seule condition de ne leur jamais rendre la liberté), parmi ces captifs, disons-nous, il en avait gardé un; c'était un enfant de quatre à cinq ans, enlevé sur la côte de Languedoc, avec une vieille femme qui mourut pendant la traversée.

Cet enfant d'une beauté accomplie était Érèbe.

Pog le nomma ainsi, comme s'il eût voulu par ce nom fatal prédestiner ce malheureux au rôle que lui réservaient ses ténébreux desseins.

Dans l'exaspération de sa haine contre l'humanité, Pog eut l'infernale fantaisie de perdre l'âme de cet infortuné, en lui donnant la plus funeste éducation. Il se mit à l'œuvre avec une détestable persévérance. A mesure qu'Érèbe avançait en âge, Pog, sans pouvoir se rendre compte de l'étrangeté de ces contrastes, ressentait tour à tour pour cet enfant, tantôt une aversion furieuse, tantôt des mouvements de sollicitude involontaire, les seuls bons sentiments qu'il eût éprouvés depuis bien des années. Peu à peu ces rares accès de sympathie diminuèrent; Pog enveloppa bientôt Érèbe dans la commune exécration dont il poursuivait les hommes, et resta fidèle à sa fatale résolution. Loin de laisser inculte l'esprit d'Érèbe, il s'était au contraire appliqué à développer son intelligence. Parmi les nombreux esclaves que la course renouvelait sans cesse, Pog-Reis trouva facilement des professeurs de toute sorte; il achetait à d'autres corsaires ou se procurait par d'autres moyens ceux qui lui manquaient.

Ainsi, ayant su qu'il existait à Barcelone un célèbre peintre espagnol, nommé Juan Pelićko, il usa de stratagème pour l'attirer hors de la ville, le fit enlever et conduire à Tripoli. Lorsque cet artiste eut perfectionné Érèbe dans son art, Pog le fit mettre à la chaîne, où il mourut.

Pog, dans son impie et cruelle expérimentation, voulant faire parcourir à sa victime tous les degrés de l'échelle du mal, depuis le vice jusqu'au crime, s'était donc plu à donner à ce malheureux enfant des connaissances nombreuses.

Pog croyait qu'avec une intelligence vulgaire on restait un scélérat vulgaire; Pog croyait qu'une fois dans une voie perverse on la parcourait avec d'autant plus d'audace et de méchanceté, que les ressources de l'esprit étaient plus nombreuses.

Dans son abominable système, les arts, au lieu d'élever l'âme d'Érèbe, devaient la matérialiser en développant outre mesure le besoin de jouissances sensuelles.

Quand les prodiges de la peinture ou de la musique n'emportent pas l'âme dans les plaines infinies de l'idéal; quand on n'y cherche qu'une mélodie plus ou moins harmonieuse à l'oreille, qu'une forme plus ou moins séduisante pour les yeux, les arts dépravent l'homme au lieu de le grandir.

Certes, il fallait que Pog eût une bien terrible vengeance à tirer de l'humanité, il fallait même que sa misanthropie participât de la folie, pour qu'il eût la cruauté sacrilége de dénaturer, de dégrader une âme jeune et candide !

Aucun scrupule ne le retint... Autant un père met de tendre circonspection à écarter de l'esprit de son fils les pensées dangereuses, autant il encourage ses instincts généreux, autant il combat ceux qui sont bas et funestes, autant Pog mettait d'épouvantable persistance à fausser, à pervertir ce malheureux enfant, à exalter ses mauvaises pensées.

Il en est de certaines organisations morales comme de certaines organisations physiques, on peut les affaiblir, les étioler, mais on parvient difficilement à les ruiner complétement, tant leur germe vital est sain et vigoureux.

Il en fut ainsi d'Érèbe. Par un hasard providentiel, les funestes enseignements de Pog n'avaient encore, pour ainsi dire, rien altéré d'essentiellement organique dans le cœur de ce malheureux enfant.

Le singulier instinct de contrariété particulier à la jeunesse le garantit de beaucoup de dangers. La facilité avec laquelle il aurait pu, à peine adolescent, se livrer à tous les excès, les odieux encouragements qu'on osait même lui donner, suffirent presque à le préserver de précoces désordres.

En un mot, l'élévation naturelle de ses sentiments lui faisait impatiemment rechercher les émotions nobles, pures, douces, dont on voulait l'éloigner.

Malheureusement la fatale influence de Pog n'avait pas été absolument vaine.

Le caractère ardent d'Érèbe en conserva une fatale empreinte.

S'il avait par moments des élans passionnés vers le bien, s'il luttait souvent contre les détestables conseils de son tuteur, l'habitude de la vie guerrière et aventureuse qu'il menait depuis l'âge de douze à treize ans, l'impétuosité de son caractère, la fougue de ses passions, l'entraînaient souvent dans de fâcheux excès.

Dès sa plus tendre jeunesse, Pog l'avait emmené avec lui dans ses courses, et le courage, la témérité naturelle d'Érèbe, s'étaient vaillamment révélés dans plusieurs combats.

Instruit par l'expérience et par la pratique, il avait aussi appris avec une grande facilité le métier de marin ; le but constant de Pog avait été d'inculquer à Érèbe une haine profonde et incurable contre les chevaliers de Malte ; il les lui avait toujours montrés comme les meurtriers de sa famille, à lui Érèbe, lui promettant de lui dévoiler un jour ce sanglant mystère.

Rien n'était plus faux. Pog n'avait aucune notion sur les parents de cet orphelin ; mais il voulait pour ainsi dire perpétuer en lui la haine invétérée qu'il portait aux chevaliers de la religion.

Érèbe combla ses vœux ; un ardent désir de vengeance se développa dans sa jeune âme contre les soldats du Christ qu'il croyait les meurtriers de sa famille.

Sous d'autres rapports, Érèbe donnait moins de satisfaction à Pog. La férocité à froid le révoltait, il se sentait quelquefois douloureusement ému à la vue des souffrances humaines.

Pog avait remarqué que l'ironie était une arme puissante et infaillible pour combattre l'élévation naturelle du caractère d'Érèbe.

En le comparant à un clerc, à un chrétien tonsuré, en l'accusant surtout de faiblesse et de lâcheté, il poussait souvent le malheureux enfant à des actes coupables.

La scène des roches d'Ollioules, où Érèbe vit Reine pour la première fois, est une preuve frappante de cette lutte constante entre ses bons penchants naturels et les mauvaises passions que lui inspirait Pog.

Le premier mouvement d'Érèbe avait été de courir au secours de Raimond V, et de répondre avec une vénération presque filiale à l'élan de gratitude de ce vieillard, de se croire enfin payé de sa généreuse conduite par la satisfaction de sa conscience, par le regard reconnaissant de la jeune fille...

Une amère raillerie de Pog, une grossière plaisanterie de Trimalcyon, changèrent ces nobles émotions en une velléité sensuelle, en un dédain profond pour la courageuse action dont il venait de s'honorer.

Malgré les plaisanteries cyniques des deux pirates, l'image enchanteresse de Reine fit une profonde impression sur Érèbe.

Il n'avait jamais aimé, son cœur n'avait jamais pris part aux grossiers plaisirs qu'il avait cherchés parmi les esclaves que le hasard de la guerre jetait entre ses mains.

Pog et Trimalcyon ne furent pas longtemps sans s'apercevoir d'un certain changement dans le caractère d'Érèbe.

Quelques paroles indiscrètes apprirent à Pog combien ce premier amour prenait d'influence sur ce jeune homme ; le pirate craignit les suites de cette passion ; en élevant le cœur d'Érèbe, l'amour pouvait le faire rougir de l'abominable vie qu'il menait, et réveiller en lui de généreuses passions. Pog résolut donc de tuer cet amour par la possession, et proposa à Érèbe d'enlever Reine de vive force.

Il rencontra chez le jeune pirate une vive résistance. Érèbe trouvait ce rapt odieux ; il voulait être aimé ou se faire aimer.

Pog proposa un moyen terme ; il flatta outre mesure l'amour-propre d'Érèbe ; il lui prouva qu'il devait avoir fait une profonde impression sur le cœur de la jeune fille, mais qu'il fallait, par des moyens mystérieux, entretenir, exalter le souvenir qu'elle garderait nécessairement du sauveur de son père. Puis, quand Érèbe aurait la certitude d'être aimé, il paraîtrait, offrirait à la jeune fille de l'enlever, et se retirerait si elle n'acceptait pas ses offres.

Ce plan, que Pog se proposait de modifier à l'endroit du dénoûment, satisfit Érèbe. Nous avons vu qu'il fut en partie exécuté à la Maison-Forte.

Un Maure qui avait accompagné sur mer le jeune pirate depuis son enfance, et qui lui était très attaché, dut s'introduire mystérieusement dans le château des Anbiez.

Cet homme était le bohémien qu'on a vu à la Maison-Forte ; il accompagnait Érèbe lors de l'audacieux voyage des trois pirates en Provence. Lorsque ceux-ci eurent regagné le port de Cette, où ils avaient laissé leur chebec, ils s'embarquèrent et rejoignirent leurs galères mouillées aux îles Majorques, alors ouvertes à tous les pirates de la Méditerranée.

Là, Érèbe, Pog, Trimalcyon et Hadji (tel était le nom du bohémien) concertèrent leurs plans.

Le jour même de l'aventure des gorges d'Ollioules, Hadji avait dépeint à ses hôtes de Marseille le vieux gentilhomme et la jeune fille qu'Érèbe venait de sauver ; chacun lui avait nommé Raimond V et sa fille, car le baron des Anbiez était bien connu en Provence.

Durant son séjour à Majorque, Érèbe qui, pendant ses loisirs, s'était perfectionné dans l'art de la peinture, fit de souvenir la miniature dont nous avons parlé ; un orfévre habile avait émaillé la petite colombe sur quelques objets destinés à Reine. Enfin, Érèbe ajouta un portrait de lui, qui fut placé dans le médaillon ornant la guzla du bohémien.

Les préparatifs terminés, le Maure partit, emportant, comme moyen de correspondance avec les pirates, deux pigeons élevés à bord du chebec d'Érèbe, et habitués à chercher et à reconnaître ce bâtiment, qu'ils regagnaient à tire-d'aile dès qu'ils l'apercevaient à une distance que l'œil de l'homme ne pouvait atteindre.

Au bout de quinze jours, les deux galères et le chebec devaient aller croiser et louvoyer en vue des côtes de Provence.

On l'a dit, le mois de décembre était le mois sombre de Pog, le mois où ses cruels instincts s'exaspéraient jusqu'à une monomanie féroce.

Il n'avait osé se présenter sous un faux nom à M. le maréchal de Vitry, que pour examiner à loisir l'état de la côte et des fortifications de Marseille, ayant l'audacieux dessein de surprendre cette ville, de la ravager et d'incendier son port. Il comptait sur ses intelligences avec quelques Maures établis dans Marseille pour se rendre maître de la chaîne du port.

Quoiqu'elle paraisse presque insensée, cette attaque ou plutôt cette surprise pouvait réussir : Pog n'en désespérait pas. Si les intelligences qu'il s'était ménagées manquaient à son signal, s'il se voyait obligé de renoncer à cette entreprise, il était sûr au moins de pouvoir désoler une côte sans défense; et la petite ville de la Ciotat, à cause de son voisinage de la Maison-Forte, devait, en ce cas, subir le sort de Marseille.

Pendant le tumulte de la bataille, Reine des Anbiez serait facilement enlevée.

On a vu que les manœuvres du bohémien réussirent.

Longtemps caché au milieu des rochers qui avoisinaient la Maison-Forte, il avait plusieurs fois vu Reine au balcon de la fenêtre de son oratoire, et avait remarqué que cette fenêtre restait souvent ouverte. Grâce à son agilité, le bohémien s'y était introduit deux fois le soir : la première, avec le verre de cristal renfermant une amaryllis de Perse, plante bulbeuse, qui fleurit en très peu de jours; la seconde fois, avec la miniature.

Certain d'avoir assez bien établi ces mystérieux antécédents, destinés à irriter la curiosité de Reine et à la forcer de s'occuper d'Érèbe, Hadji, croyant pouvoir se présenter à la Maison-Forte sans éveiller les soupçons, s'était rendu chez Raimond V, et avait rencontré, sur sa route, le greffier Isnard et sa troupe.

Quinze jours après son arrivée à la Maison-Forte, le chebec, au coucher du soleil, devait venir croiser au large. Hadji lui envoyait alors un des pigeons porteur d'une lettre, qui apprenait à Érèbe s'il était aimé, et à Pog s'il pouvait tenter un débarquement dans le cas où il aurait renoncé à surprendre Marseille.

L'aigle du guetteur empêcha cette correspondance, en dévorant le messager. Malheureusement Hadji avait un double émissaire. Le lendemain, au coucher du soleil, le chebec parut encore, et une lettre portée par le second pigeon annonça à Érèbe qu'il était aimé, et à Pog que le moment le plus favorable pour une descente à la Ciotat était le jour de Noël, époque à laquelle tous les Provençaux sont occupés des fêtes de famille.

La tempête commença de souffler le soir même du jour où Érèbe reçut cet avis; il rejoignit les deux galères qui croisaient du côté d'Hyères; le temps devenant de plus en plus mauvais, les trois bâtiments relâchèrent dans le port Mage, à Port-Cros.

Ils y étaient mouillés depuis la veille, ainsi que nous l'avons dit, attendant avec impatience que le vent changeât, car les fêtes de la Noël avaient lieu le surlendemain. Avant de rien tenter sur la Ciotat, Pog voulait s'assurer que son entreprise sur Marseille n'était pas possible.

Maintenant que nous connaissons les liens funestes qui attachaient Érèbe à Pog, nous suivrons le jeune aventurier sur la galère de Trimalcyon, à bord de laquelle il se rendait, ainsi que nous l'avons dit dans le chapitre précédent.

Érèbe monta lestement à bord de *la Sybarite* et entra dans le gavon, où le dîner était servi.

CHAPITRE XXVI

CONVERSATION

Il portait un simple costume de marin qui faisait encore valoir sa grâce et sa beauté.

— Voilà notre amoureux transi, notre modeste soupirant, — dit Trimalcyon en le voyant.

Pour toute réponse, le jeune marin, sensible à cette plaisanterie, jeta son caban brodé de soie de couleur au nain nègre, donna un baiser à Peau-de-Cygne, caressa le menton d'Orangine, et prenant sur la table une coupe d'argent, il la tendit à Trimalcyon, en s'écriant :

— A la santé de Reine des Anbiez, la future favorite de mon harem!

Pog jeta un coup d'œil perçant sur Érèbe, et dit de sa voix lente et creuse :

— Ces paroles viennent des lèvres, son cœur démentira ce langage.

— Vous vous trompez, maître Pog; débarquez seulement vos démons sur la grève de la Ciotat, vous verrez si l'éclat des flammes qui grilleront les Français dans leur tanière m'empêchera de suivre Hadji au château de ce vieux Provençal.

— Et une fois dans ce château, que feras-tu, mon garçon? — dit Trimalcyon d'un air moqueur, — tu demanderas à la belle infante si elle n'a pas un écheveau de soie à dévider, ou si elle veut te permettre de tenir son miroir pendant qu'elle se peignera?

— Sois tranquille, Outre-Pleine, j'emploierai bien mon temps, je lui chanterai la chanson de l'Émir, chanson digne de Béni-Amer, que ce renard d'Hadji lui a fait si bien écouter.

— Et si le vieux Provençal trouve ta voix déplaisante, il te donnera les étrivières, comme à un enfant mal-appris, mon garçon, — dit Trimalcyon.

— Je répondrai au vieux gentilhomme en emportant sa fille dans mes bras, et en lui chantant ces vers d'Hadji :

Jusqu'à seize ans, la fille appartient à son père.
A seize ans, elle appartient à l'amant.

— Et si le bonhomme insiste, tu lui diras ton dernier mot avec ton kangiar pour finir la conversation?

— Cela est de rigueur, Vide-Coupe; qui enlève la fille, tue le père, — ajouta Érèbe avec un sourire ironique.

Trimalcyon hocha la tête et dit à Pog qui semblait de plus en plus absorbé dans ses sombres pensées :

— Le jeune paon se moque de nous, il raille, il fera quelque bergerade avec cette fille.

— L'espion français est-il revenu des îles? — demanda Pog à Érèbe.

— Pas encore, maître Pog, — répondit le jeune marin; — il est parti avec son bâton et sa besace, déguisé en mendiant; avant une heure, sans doute, il sera ici. En vain je l'ai attendu; voyant qu'il n'arrivait pas, je suis venu dans mon caïque; le canot qui l'a débarqué sur le rivage le ramènera ici. Mais attaquerons-nous la Ciotat ou Marseille, maître Pog?

— Marseille... à moins que le rapport de l'espion ne me fasse changer d'avis, — dit Pog.

— Et en revenant ne nous arrêterons-nous pas un moment à la Ciotat? — demanda Érèbe. — Hadji nous attend.

— Et ta belle aussi, mon garçon. Ah! ah! tu es plus impatient de voir ses beaux yeux que la gueule béante des canons du château, — dit Trimalcyon, — et tu as raison. Je ne te fais pas un reproche.

— Par les croix de Malte que j'abhorre! — s'écria Érèbe avec impatience, — j'aimerais plutôt ne voir jamais cette jolie fille dans la cabine de mon chebec, que ne pas jeter aussi mon cri de guerre à l'attaque de Marseille. Maître Pog sait que dans tous nos combats contre les Français ou contre les galères de la religion, mon bras, quoique jeune, a porté de rudes coups.

— Sois tranquille... que nous attaquions ou non Marseille, tu pourras approcher de la Ciotat avec ton chebec et enlever ton infante; je ne te laisserai pas perdre cette nouvelle occasion de damner ton âme, mon doux enfant, — dit Pog avec un rire sinistre.

— Mon âme? Vous m'avez dit qu'il n'y avait pas d'âme... maître Pog, — reprit le malheureux Érèbe avec une insouciance railleuse.

— Tu ne vois pas, mon garçon, que maître Pog plaisante, — dit Trimalcyon, — quant à l'âme s'entend, car pour ta belle!... Sardanapale! nous l'enlèverons; les peines d'Hadji et tes galanteries mystérieuses ne seront pas perdues, quoique, à mon avis, tu aies eu tort, pour plaire à cette Omphale, de te faire aussi romanesque qu'un ancien Maure de Grenade... Encore quelques enlèvements, mon doux enfant, et tu sentiras qu'il vaut mieux dompter violemment la résistance d'une pouliche sauvage que de la vaincre à force de douceur et de soins... Mais à ton jeune palais il faut encore du miel et du lait... Plus tard, tu en viendras aux épices.

— Vous me flattez, Trimalcyon, en me comparant à un Maure de Grenade, — dit Érèbe avec amertume, — ils étaient nobles et chevaleresques, et non de vrais bandits comme nous.

— Des bandits? L'entendez-vous, maître Pog? Cela est encore à moitié dans sa coquille, et ça vient parler des bandits? Et qui diable t'a dit que nous étions des bandits? Voilà comme on abuse la jeunesse, comme on la trompe, comme on la corrompt. Mais parlez-lui donc, maître Pog!... Des bandits! A boire, Peau-de-Cygne, pour avaler ce mot! Tudieu! des bandits!

Érèbe semblait assez peu touché de la grotesque colère de Trimalcyon.

Maître Pog leva lentement la tête, et lui dit avec une ironie amère :

— Bien... bien... mon doux enfant... tu as raison de rougir de notre métier. A mon retour à Tripoli, je t'achèterai une boutique près de la porte du port; c'est le meilleur quartier marchand; là, tu vendras en paix du maroquin blanc, des tapis de Smyrne, des soieries de Perse et des plumes d'autruche. C'est un tranquille et honnête métier, mon doux enfant, tu pourras y amasser quelque bien, et aller ensuite t'établir à Malte, dans le quartier des juifs; là, tu prêteras ton argent, au denier cinquante, aux chevaliers endettés. Ainsi, tu te vengeras de ceux qui ont égorgé ton père et ta mère, en empochant leur argent. C'est plus lucratif et moins dangereux que de te payer avec leur sang.

— Maître! — s'écria Érèbe, les joues pourpres d'indignation.

— Le seigneur Pog a raison, — reprit Trimalcyon; — mieux vaut être le vampire qui suce impunément le sang de sa proie endormie que le hardi faucon qui l'attaque au soleil.

— Trimalcyon, prends garde! — s'écria le jeune homme irrité.

— Et qui sait, — reprit Pog, — si le hasard ne fera pas tomber sous ta main usuraire le chevalier qui a massacré ta vieille mère, ton noble père?

— Et reconnaissez la main vengeresse de la Providence, — s'écria Trimalcyon, — l'orphelin devient le créancier de l'assassin... sang et massacre! mort et agonie! Ce fils vengeur assouvit enfin sa rage... en faisant endosser la robe jaune des débiteurs insolvables au meurtrier des siens!

— A ce dernier sarcasme, la colère d'Érèbe l'égara tellement, qu'il saisit Trimalcyon à la gorge et leva sur lui un couteau de table.

Sans le poignet de fer de Pog, qui lui tint la main serrée comme dans un étau, le gros pirate était, sinon tué, du moins dangereusement blessé.

— Par Éblis et ses ailes noires! maître, prenez garde; si vous êtes jaloux du coup que j'allais porter à ce pourceau, c'est à vous que je m'adresserai! — s'écria Érèbe, en voulant s'échapper des mains de Pog.

Peau-de-Cygne et Orangine se sauvèrent en poussant des cris aigus.

— Voilà ce que c'est de gâter les enfants, — dit Pog avec un sourire dédaigneux, en abandonnant enfin la main d'Érèbe.

— Et de les laisser jouer avec des couteaux, — reprit Trimalcyon, — en ramassant le couteau qu'Érèbe avait laissé tomber dans la lutte.

Un regard de Pog l'avertit qu'il ne fallait pas pousser le jeune homme hors de toutes mesures.

— Auriez-vous donc des velléités de tuer celui qui vous a élevé, doux enfant? — dit ironiquement Pog. — Voyons; vous avez votre poignard à votre ceinture, frappez...

Érèbe le regarda d'un air sombre, — et lui dit avec un ricanement farouche :

— C'est donc au nom de la reconnaissance que vous me demandez d'épargner votre vie? Pourquoi m'avez-vous donc prêché l'oubli des bienfaits et le souvenir des injures?

Malgré son impudence, Trimalcyon regarda Pog d'un air interdit, ne sachant comment son compagnon répondrait à cette question.

Pog jeta sur Érèbe un regard de mépris écrasant, et lui dit :

— Je voulais t'éprouver en te parlant de reconnaissance. Oui, l'homme véritablement brave oublie les bienfaits et ne se souvient que des injures... je t'ai fait la plus sanglante injure, je t'ai dit que tu n'avais pas le cœur de venger la mort des tiens... tu aurais déjà dû me frapper... mais tu es lâche...

Érèbe tira rapidement son poignard, et le leva sur le pirate avant que Trimalcyon eût pu faire un pas.

Pog calme, impassible, tendit sa poitrine, et ne sourcilla pas.

Deux fois Érèbe leva son arme, deux fois son bras retomba, il ne pouvait se résoudre à frapper un homme sans défense.

Il baissa la tête d'un air accablé.

Pog se rassit, et dit à Érèbe d'une voix impérieuse et sévère :

— Enfant, ne cite donc plus de maximes dont tu comprends peut-être le sens... mais que ton faible cœur ne peut pas mettre en pratique... Écoute-moi une fois pour toutes. Je te fais le champ libre... Je t'ai recueilli sans pitié... Je ressens pour toi, comme pour tous les hommes, autant de haine que de mépris... Je t'ai dressé au pillage et au meurtre, comme je me serais amusé à dresser un jeune loup au carnage, afin de pouvoir te lancer un jour sur mes ennemis. J'ai tué tous les chevaliers de Malte français qui sont tombés entre mes mains... parce que j'ai contre cet ordre une épouvantable vengeance à exercer... Je t'ai appris que ta famille avait été massacrée par eux dans l'espoir d'exciter ta rage et de la tourner contre ceux que j'exècre... Tu m'as déjà servi... dans un combat, tu as tué deux caravanistes de ta main... je ne t'en sais aucun gré... tu croyais venger ta mère et ton père... Je tiens à toi comme on tient à un bon cheval de guerre; tant qu'il vous sert, on l'éperonne et on le pousse à travers la mêlée; quand il faiblit, on le vend... Ne te crois donc lié en rien envers moi... Tue-moi si tu peux... Si tu n'oses pas en face... agis en traître... tu réussiras peut-être.

En entendant ces effroyables paroles, Érèbe croyait rêver.

S'il ne s'était jamais abusé sur la tendresse de Pog, il croyait au moins que cet homme ressentait pour lui un faible intérêt, l'intérêt qu'inspire toujours un pauvre enfant abandonné à celui qui en a pris soin. Le farouche aveu de Pog ne lui laissait aucun doute. Ces détestables maximes étaient trop d'accord avec le reste de sa vie, pour que le malheureux jeune homme n'en reconnût pas l'effrayante réalité.

Ce qui se passa dans son cœur fut inexplicable. Il lui sembla tomber dans quelque sanglant et profond abîme. Les pensées qui l'accablèrent en foule tenaient du vertige.

Ses tendres et généreux instincts tressaillirent douloureusement, comme si une main de fer les eût arrachés de son cœur.

Après un premier moment d'abattement, la détestable influence de Pog reprit le dessus.

Érèbe voulut lutter de cynisme et de barbarie avec cet homme.

Il redressa son front pâle, un sourire ironique plissa ses lèvres.

— Tu m'as éclairé, maître Pog: jusqu'ici ma haine des soldats du Christ n'était pas entrée assez avant dans mon cœur; jusqu'ici je ne voulais leur mort que parce qu'ils avaient tué mon père et ma mère; si je ne leur faisais pas merci, je les combattais épée contre épée, galère contre galère. Mais maintenant, maître, armés ou désarmés, jeunes hommes ou vieillards, loyalement ou honteusement, j'en tuerai tant que j'en pourrai tuer... sais-tu pourquoi, maître?... sais-tu pourquoi?

— Sa tête s'égare, — dit tout bas Trimalcyon.

— Non, il dit ce qu'il sent, — reprit Pog. — Eh bien, pourquoi cette belle haine, enfant ? — ajouta-t-il.

— Parce qu'en me rendant orphelin, ils m'ont mis en ta puissance, et que tu m'as fait ce que je suis...

Il y eut dans l'expression des traits d'Érèbe quelque chose qui révélait une haine si implacable, que Trimalcyon dit encore tout bas à Pog :

— Il y a du sang dans son regard.

Érèbe, quoique exaspéré par le mépris haineux de Pog, n'osa pas se venger ; il se sentait dominé par un sentiment de reconnaissance involontaire pour l'homme qui l'avait élevé ; le malheureux enfant sortit de la chambre d'un air désespéré.

— Il va se tuer ! — s'écria Trimalcyon.

Pog haussa les épaules.

Quelques moments après, au milieu du silence des deux convives, on entendit le bruit de rames qui frappaient l'eau.

— Il regagne son chebec, — dit Trimalcyon.

Sans lui répondre, Pog sortit de sa chambre et alla vers la proue.

Il était tard.

Le vent semblait un peu calmé ; les forçats dormaient sur leurs bancs.

On n'entendait que les pas réguliers des spahis qui se promenaient sur la coursie et dans les couroirs.

Pog, appuyé sur les bandins de poupe, regardait la mer en silence.

Trimalcyon, malgré sa corruption, malgré son cynisme et sa méchanceté, avait été ému de cette scène.

Jamais peut-être la cruelle monomanie de Pog ne s'était révélée dans un jour plus effrayant.

Trimalcyon éprouvait un certain embarras à engager la conversation avec son silencieux compagnon. Enfin, s'approchant de lui après quelques... Hem !... hem !... et de nombreuses hésitations, il lui dit :

— Le temps paraît assez beau, ce soir, maître Pog.

— Votre remarque est pleine de sens, Trimalcyon.

— Tenez, au fait, au diable la honte ! je ne savais comment vous dire... que vous êtes un terrible homme, maître Pog ; vous rendrez ce pauvre étourneau fou... Quel diable de plaisir trouvez-vous à tourmenter ainsi ce jeune homme ? Un beau jour, il vous quittera.

— Si tu n'étais pas un homme incapable de me comprendre, Trimalcyon... je te dirais que ce que j'éprouve pour ce malheureux est étrange, — dit Pog. — Oui, cela est étrange, — reprit Pog en se parlant à lui-même. Quelquefois, je sens en moi se soulever, contre Érèbe, des colères furieuses... des ressentiments aussi implacables que s'il était mon ennemi le plus mortel. D'autres fois, c'est une indifférence de glace... D'autres fois... je me sens pour lui comme de la compassion... je dirais de l'affection, si ce sentiment pouvait maintenant entrer dans mon âme... Alors... le son de sa voix... oui, surtout le son de sa voix... son regard... éveillent en moi... des souvenirs... oh !... des souvenirs... d'un temps... qui n'est plus.

En prononçant ces derniers mots, Pog avait parlé presque indistinctement.

Trimalcyon s'était senti presque ému de l'accent de son farouche compagnon.

La voix de Pog, ordinairement railleuse et dure, venait de s'adoucir presque jusqu'à la plainte.

Trimalcyon, stupéfait, s'approchait de Pog pour lui parler; il recula effrayé, en le voyant tout à coup lever ses deux poings vers le ciel d'un air de menace, et en l'entendant pousser un cri à la fois si douloureux, si menaçant, si désespéré, qu'il n'avait rien d'humain.

— Maître Pog... qu'avez-vous ?... qu'avez-vous ? — dit Trimalcyon.

— Ce que j'ai ! — s'écria-t-il presque en délire, — ce que j'ai !... Tu ne sais donc pas... que cet homme... qui est là... devant toi... qui rugit de douleur... qui pousse la cruauté jusqu'à la folie... qui ne rêve que sang et massacre... que cet homme a été béni de tous... a été aimé de tous... parce qu'il était bon... généreux. Tu ne sais pas... oh ! non tu ne sais pas tout le mal qu'il a fallu lui faire, à cet homme, pour l'exalter jusqu'à la rage qui le possède !

Trimalcyon restait de plus en plus stupéfait d'un langage qui contrastait si singulièrement avec le caractère habituel de Pog.

Il tâchait, malgré l'obscurité, de démêler l'expression de sa physionomie.

Après un long silence, il entendit retentir le rire sec et strident du pirate. — Eh !... eh !... compère, — dit ce dernier, avec le ton d'ironie qui lui était familier, — on a raison de dire que la nuit... les chiens seuls aboient à la lune!... Avez-vous compris un mot à toutes les sottises que je viens de vous débiter là? J'aurais été bon acteur, sur ma foi; ne trouvez-vous pas, compère?

— Je n'ai pas compris grand'chose, en effet, maître Pog, sinon que vous n'avez pas toujours été ce que vous êtes... Nous en sommes tous là... j'étais cuistre de collége avant d'être pirate...

Pog, sans lui répondre, fit un geste de la main pour lui commander le silence. Puis, écoutant avec attention du côté de la mer, il dit : — J'entends un canot, ce me semble.

— Sans doute, — dit Trimalcyon.

Un des hommes de guet sur les rambades poussa trois cris bien distincts : le premier séparé des deux derniers par un assez grand intervalle; les deux derniers, au contraire, très rapprochés l'un de l'autre.

Le patron du canot répondit à ce cri d'une manière opposée; c'est-à-dire qu'il poussa d'abord deux cris très précipités, suivis d'un cri plus prolongé.

— Ce sont des gens du chebec et l'espion, sans doute, — dit Trimalcyon.

En effet, le canot aborda bientôt aux espales.

L'espion monta sur le pont de la galère.

— Quelles nouvelles d'Hières? — lui dit Pog.

— Mauvaises pour Marseille, capitaine; les galères du marquis de Brézé, venant de Naples, y ont mouillé avant-hier.

— Qui t'a dit cela?

— Deux patrons de barque... J'étais entré demander l'aumône dans une hôtellerie, et les patrons ont donné cette nouvelle... Des muletiers, arrivant de l'ouest, avaient entendu dire la même chose à Saint-Tropez.

— Et sur la côte, quel bruit?

— On est en alarme du côté de la Ciotat.

Pog fit un signe de main; l'espion se retira.

— Que faire, maître Pog? — s'écria Trimalcyon. — Il n'y a que des coups à gagner à Marseille : l'escadre de galères du marquis de Brézé défend le port. Attaquer l'ennemi mal à propos, c'est lui faire du bien au lieu de lui faire tort; nous n'aurons rien à faire à Marseille.

— Rien, — dit maître Pog.

— Alors, la Ciotat nous tend les bras... Ces pourceaux de

citadins sont, il est vrai, en alarme, Sardanapale ! Qu'importe ! Les oisillons tremblent aussi quand ils voient l'épervier prêt à fondre sur eux ; mais leurs terreurs rendent-elles ses ongles moins aigus, son bec moins tranchant ? Qu'en dites-vous, maître Pog ?

— A la Ciotat, demain, au coucher du soleil, si le vent cesse. Nous surprendrons ces gens au milieu d'une fête ; nous changerons leurs cris de joie en cris de mort ! — dit Pog d'une voix sourde.

— Sardanapale !... ces citadins ont, dit-on, la poule aux œufs d'or cachée dans leur masure... On dit le couvent des Minimes rempli de vins précieux, sans compter qu'à la Noël les fermiers de ces riches fainéants leur apportent l'argent de leurs fermages ; nous trouverons leur caisse bien garnie.

— A la Ciotat, — dit Pog ; — le vent peut changer cap pour cap. Je vais retourner à bord de *la Gallione rouge* ; au premier signal, imitez ma manœuvre.

— C'est dit, maître Pog, — répondit Trimalcyon. . . .

. . . .

Pendant que les pirates, embusqués dans cette baie solitaire, se préparent à attaquer et à surprendre les habitants de la Ciotat, nous retournerons au cap de l'Aigle, où nous avons laissé le guetteur occupé à organiser la défense de la côte.

CHAPITRE XXVII

HADJI

La fête de la Noël était enfin arrivée.

Quoique la crainte des Barbaresques eût tenu la ville et la côte en alarme depuis plusieurs jours, on commençait à se rassurer.

Le coup de vent de tramontane avait duré si longtemps, il avait été d'une telle violence, qu'on ne pouvait supposer que des bâtiments pirates eussent pu se hasarder en mer par un temps pareil, encore bien moins qu'ils eussent osé relâcher dans un havre du littoral, ainsi que l'avaient pourtant fait les galères de Pog et de Trimalcyon.

La sécurité des habitants devait leur être fatale.

Il fallait au moins quarante heures pour que la galère du commandeur pût arriver du cap Corse à la Ciotat; la tempête n'avait cessé que depuis la veille, et Pierre des Anblez n'avait pu mettre à la voile que le matin même des fêtes de Noël.

Au contraire, les galères des pirates pouvaient être à la Ciotat en trois heures : l'île de Porte-Cros, où ils étaient réfugiés, ne s'en trouvait éloignée que de six lieues environ.

Mais, nous le répétons, les craintes avaient presque cessé sur la côte; on comptait, d'ailleurs, sur la vigilance bien connue du guetteur.

Il devait donner l'alarme en cas de danger; deux signaux de correspondance avec la logette du cap de l'Aigle étaient établis, l'un à la pointe opposée de la baie, l'autre sur la terrasse de la Maison-Forte.

A la moindre alerte, tous les hommes de la Ciotat capables de porter les armes devaient se rassembler à la maison de ville, pour y prendre les ordres du consul, et courir à la défense du point attaqué.

Une chaîne avait été tendue à l'entrée du port, et plusieurs grosses barques de pêche, armées de pierriers, mouillées à une très petite distance de cette chaîne.

Enfin, deux patrons de chaloupe, occupés depuis le matin à explorer les environs, avaient, à leur retour, augmenté la sécurité générale, en annonçant qu'on ne découvrait aucune voile à trois ou quatre lieues en mer.

Il était environ deux heures après midi.

Un vent d'est assez piquant remplaçait l'impétueuse tramontane des jours précédents.

Le ciel était pur, le soleil vif pour un soleil d'hiver, la mer belle, quoique encore un peu houleuse.

Un enfant, portant sur sa tête un panier, commençait à gravir, en chantant, la rampe des rochers escarpés, qui conduisait à la logette du guetteur.

Tout à coup, en entendant l'aboiement plaintif d'un chien, l'enfant s'arrêta, regarda autour de lui avec curiosité, ne vit rien, et continua sa route.

Le cri se répéta de nouveau; il semblait, cette fois, plus rapproché et plus douloureux.

Raimond V avait chassé, la veille, de ce côté : croyant qu'un des chiens du baron était tombé dans quelques fondrières, l'enfant posa son panier par terre, gravit un assez gros bloc

12

de rocher qui surplombait le chemin, et écouta avec attention.

Les cris s'éloignèrent un peu, quoique, en s'affaiblissant, ils parussent plus plaintifs encore.

L'enfant n'hésita plus : autant pour faire quelque chose d'agréable à son seigneur que pour mériter une petite récompense, il se mit avec ardeur à la recherche du pauvre animal, et disparut bientôt au milieu des rocs entassés.

Le chien semblait tantôt se rapprocher, tantôt s'éloigner de lui; enfin, ces abois cessèrent tout à coup.

L'enfant avait quitté le sentier. Pendant qu'il écoutait, appelait, criait, sifflait, Hadji le bohémien parut derrière un rocher.

Grâce à son habileté de jongleur, c'était lui qui avait imité les cris du chien, afin d'entraîner l'enfant à sa poursuite, et de l'éloigner ainsi de son panier. Depuis trois jours, Hadji errait au milieu de cette solitude : n'osant pas reparaître à la Maison-Forte, il attendait, d'un jour à l'autre, la venue des pirates, prévenus par son second message.

Sachant que, chaque matin, on portait les provisions à Peyroû, Hadji, qui guettait le pourvoyeur depuis quelques heures, avait usé du stratagème qu'on a dit, pour lui faire abandonner son panier.

Le bohémien ouvrit la cantine, soigneusement garnie par le majordome Laramée, il y prit une large bouteille, recouverte de paille, et y versa une petite quantité de poudre blanche, puissant soporifique dont le digne Luquin Trinquetaille avait déjà éprouvé les effets.

Le bohémien avait seulement vécu, depuis deux jours, du peu de provisions qu'il avait emportées de la Maison-Forte : craignant d'éveiller les soupçons, il eut le courage de ne pas toucher aux mets appétissants destinés au guetteur.

Il remit la bouteille en place, et disparut.

L'enfant, après avoir en vain cherché le chien égaré, revint prendre son panier, et arriva enfin au sommet du promontoire.

Maître Peyroû passait pour un être si mystérieux, si formidable, que son jeune pourvoyeur n'osa lui dire un mot des cris du chien; il déposa le panier sur le bord de la dernière pierre du sentier, et descendit à toutes jambes, après avoir dit d'une voix tremblante, en tenant son bonnet dans ses deux mains :

— Le bon Dieu vous garde, maître Peyroû !

Le guetteur sourit de la frayeur de l'enfant, se leva de son banc, alla chercher le panier, et l'apporta près de lui.

Les provisions se ressentaient des fêtes de la Noël.

C'était d'abord un très beau dindon rôti, mets obligé de cette solennité; puis, un pâté de poisson froid, des gâteaux au miel et à l'huile, et une corbeille de raisins et de fruits secs, en guise de calênos [1]; enfin, deux pains blancs à croûte dorée, et une grande bouteille, contenant au moins deux pintes du plus généreux vin de Bourgogne de la cave de Raimond V, complétaient cette réfection.

Le bon guetteur, tout solitaire et tout philosophe qu'il était, ne parut pas insensible à la vue de ces excellentes choses.

Il entra dans sa logette, prit sa petite table, la mit devant sa porte, et y plaça les préparatifs de son festin de Noël.

Pourtant une idée mélancolique vint attrister le guetteur.

Aux nuages de fumée inaccoutumés qui surmontaient la ville de la Ciotat, on voyait que les habitants, pauvres ou riches, faisaient de joyeux préparatifs pour réunir à table leur famille et leurs amis. Le guetteur soupira en songeant à l'espèce d'exil qu'il s'était imposé. Déjà vieux, sans parents, sans amis, il devait mourir sur ce rocher au milieu de cette imposante solitude.

Une autre cause aussi attristait Peyroü; il avait en vain espéré signaler à l'horizon l'arrivée de la galère du commandeur; il savait avec quelle joie Raimond V aurait embrassé ses deux frères; il savait aussi que la morne tristesse de Pierre des Anbiez, que ses profonds chagrins trouvaient seulement quelque adoucissement, quelque consolation au milieu des douces joies de sa famille.

Enfin, une autre raison non moins importante faisait encore ardemment désirer au guetteur le retour du commandeur.

Il était depuis plus de vingt ans dépositaire d'un terrible secret et de papiers qui s'y rattachaient. Sa vie retirée, sa fidélité à toute épreuve, étaient autant de garanties pour la sûreté de ce secret. Mais le guetteur voulait prier le commandeur de le délivrer de cette grave responsabilité et d'en charger Raimond V.

En effet, Peyroü pouvait périr d'une mort violente; sa scène avec le bohémien prouvait à quels dangers il se trouvait exposé dans un endroit si écarté.

---

[1] Présent qu'on se fait à la Noël.

Toutes ces raisons faisaient donc extrêmement désirer au guetteur l'arrivée de la galère noire.

Une dernière fois, avant de se mettre à table, il examina attentivement l'horizon.

Le soleil commençait à décliner. Le guetteur, quoiqu'il ne vît rien au loin, ne perdit pas encore l'espérance d'apercevoir la galère avant la fin du jour.

Afin de pouvoir la signaler plus vite, il résolut de dîner dehors.

La vue d'un bon repas dérida cependant quelque peu le front du guetteur.

Il commença par approcher de ses lèvres le flacon de vin de Bourgogne; après en avoir bu plusieurs gorgées, il s'essuya la bouche du revers de sa main, en disant le proverbe provençal : *A Tousan tou vin es san* (à la Toussaint tout vin est sain).

— Raimond V n'a pas oublié son juge, — ajouta-t-il en souriant; — puis il dépeça le dindon.

— Allons... allons... à vieil homme, vieux vin; je me sens le cœur déjà plus réjoui, et mes espérances de voir la galère du commandeur deviennent des certitudes.

A ce moment, Peyroü entendit un frôlement dans l'air, une des branches du vieux pin craqua, et Brillante s'abattit d'un vol pesant sur le toit de pierre de la logette; puis du toit elle descendit à terre.

— Ah! ah!... Brillante, — dit le guetteur, — tu viens prendre ta part du calênos de la Noël? Tiens, — ajouta-t-il en lui donnant un morceau de volaille que l'aigle refusa.

— Ah! vilaine farouche, tu ne dédaignerais pas ce morceau s'il était saignant... Veux-tu de ce pâté?... Non... Ah! tu ne trouveras pas tous les jours un régal comme le pigeon de ce bohémien maudit. Jamais je n'oublierai le service que tu m'as rendu, mon courageux oiseau, quoique ton goût pour les chairs sanglantes ait été pour beaucoup dans ta belle action... Mais il n'importe... Brillante... il n'importe; cela sent l'ingratitude, de chercher les motifs d'une conduite dont on a profité; j'aurais dû penser à te donner quelque bon quartier de mouton pour fêter ta Noël... Mais demain je n'y faudrai pas... Pour toi comme pour bien des hommes, le régal fait la fête... et ce n'est pas le saint qu'on glorifie...

Maître Peyroü finit son repas, tantôt causant avec Brillante, tantôt accolant la large bouteille du baron.

Le crépuscule commençait à descendre sur la ville.

Le guetteur s'enveloppa de son caban, alluma sa pipe, et se mit à contempler les approches de cette belle nuit d'hiver avec une sorte de béatitude recueillie.

Quoique la nuit approchât, il interrogea encore l'horizon avec sa longue-vue, et ne découvrit rien.

Il tournait machinalement la tête du côté de la Maison-Forte, en songeant que tout espoir de voir arriver le commandeur n'était pas encore tout à fait perdu, lorsqu'il vit avec étonnement une troupe de soldats commandés par deux hommes à cheval, s'avançant en toute hâte sur la grève, vers la demeure de Raimond V.

Il saisit sa lunette : malgré les ombres du soir qui commençaient à descendre, il reconnut le greffier Isnard monté sur sa mule blanche; il accompagnait un cavalier : à son hausse-col de fer, à sa jaquette de buffle, à son écharpe blanche, on reconnaissait ce dernier pour un capitaine.

— Que veut dire ceci? — s'écria le guetteur en se rappelant avec effroi l'animosité de maître Isnard. Vont-ils donc arrêter le baron des Anbiez, en vertu d'un ordre de monseigneur le maréchal de Vitry?... Ah! je ne le crains que trop... Et ce que je crains plus encore... c'est la résistance de Raimond V... Mon Dieu! qu'est-ce que cela va devenir?... Quelle triste Noël, si cela est ainsi que je le redoute!

Abîmé d'inquiétude, le guetteur restait les yeux fixés sur la plage, quoique alors la nuit fût devenue assez obscure pour ne pas lui permettre de rien distinguer.

Bientôt la lune se leva brillante, pure; elle inonda de sa vive clarté les rochers, la baie, la plage et la Maison-Forte.

Au loin, noyée de brume, la ville, dont la masse sombre et vaporeuse fourmillait çà et là de points lumineux, découpait la noire silhouette de ses toits aigus et de ses clochers sur le pâle azur du ciel.

La mer, tout à fait calmée, ressemblait à un lac paisible... on entendait à peine le sourd murmure de ses vagues endormies. Une ligne d'un bleu plus sombre marquait la courbe immense de l'horizon.

Le guetteur regardait avec anxiété les fenêtres de la Maison-Forte, qui toutes étaient vivement éclairées.

Peu à peu il sentit ses paupières s'alourdir.

Attribuant cette pesanteur de tête au vin dont il n'avait

pourtant que sobrement usé, il se leva et marcha avec vivacité.

Malgré ce mouvement, il sentit une espèce de lassitude se glisser dans tous ses membres.

Sa vue s'affaiblit... il fut obligé de revenir s'asseoir sur son banc.

Pendant quelques minutes il lutta de toute sa force contre l'engourdissement qui envahissait peu à peu ses facultés.

Enfin, quoique sa raison commençât de partager aussi cet état de torpeur générale, il eut la présence d'esprit d'aller dans sa logette, et de se plonger la tête dans un bassin d'eau presque gelée.

La fraîcheur de cette immersion lui rendit, pendant quelques secondes, l'usage de ses sens.

— Malheureux! qu'ai-je fait? — s'écria-t-il, — je me suis enivré...

Il fit quelques pas encore, mais il fut forcé de se rasseoir.

Un moment contrarié, le soporifique redoubla d'action... Adossé contre le mur de sa logette, le guetteur conserva malheureusement assez de perception pour être témoin d'un spectacle qui pensa le faire mourir de rage et de désespoir.

Deux galères et un chebec parurent à la pointe orientale de la baie, pointe que Peyroù pouvait seul découvrir des hauteurs du cap de l'Aigle.

Ces bâtiments doublèrent le promontoire avec lenteur et précaution.

Par un dernier et violent effort, le guetteur se dressa de toute sa hauteur, en criant d'une voix affaiblie : — Les pirates!

Il fit, en trébuchant, un pas vers le fourneau où étaient amoncelés les combustibles de toute espèce prêts à brûler. Au moment où il y touchait, il tomba privé de sentiment.

Le bohémien, qui avait épié tous ses mouvements, parut alors à l'entrée du sentier de l'esplanade, et s'avança avec la plus grande circonspection.

Arrêté d'abord derrière la logette, il écouta, et n'entendit que la respiration oppressée du guetteur.

Certain de l'effet de son soporifique, il s'approcha de Peyroù, se baissa, toucha ses mains, son front, et les trouva glacés.

— La dose est forte, — se dit-il, — peut-être même trop forte... Tant pis, car je ne voulais pas le tuer...

S'avançant alors sur le bord du précipice, il vit au loin, très distinctement, les trois bâtiments pirates.

Après avoir marché lentement, de crainte d'être découverts, ils faisaient force de rames pour atteindre l'entrée du port, où le bohémien devait aller les rejoindre.

L'œil exercé d'Hadji reconnut, à l'avant des deux galères, certains points lumineux, qui n'étaient autres que des torches incendiaires, destinées à brûler la ville et les bâtiments pêcheurs.

— Par Éblis ! ils vont enfumer ces citadins comme des renards dans leur terrier... il était temps que ce vieillard s'endormît peut-être pour toujours ; mais visitons sa logette... j'ai le temps de redescendre, je serai assez tôt sur la grève pour m'emparer d'une barque et rejoindre maître Pog, qui m'attend avant de commencer l'attaque. Entrons, on dit que ce vieillard cache ici un trésor.

Hadji prit dans l'âtre un tison et alluma une lampe.

Le premier objet qui frappa ses regards fut un bahut d'ébène sculpté, placé près du lit du guetteur.

— Voilà un meuble bien riche pour un tel reclus.

Ne trouvant pas la clef, le pirate prit la hache, brisa la serrure, ouvrit les deux battants ; les tablettes étaient vides.

— Il n'est pas naturel, — dit-il, — d'enfermer *rien* avec autant de précaution ; le temps presse, cette clef m'ouvrira tout.

— Il reprit la hache ; en un instant le meuble fut en morceaux.

Un double fond se brisa.

Le bohémien poussa un cri de joie en apercevant le petit coffret d'argent ciselé dont nous avons parlé, et sur lequel on voyait une croix de Malte.

Ce coffret assez lourd se fermait sans doute par un secret, car on n'y apercevait ni clef ni serrure.

— J'ai ma bonne part du butin, maintenant courons aider maître Pog à prendre la sienne... Ah !... ah !... — ajouta-t-il avec un rire diabolique, en montrant la baie et la ville, alors ensevelies dans le calme le plus profond, — tout à l'heure Éblis secouera là ses ailes de feu... Le ciel sera en flammes et les eaux en sang...

Puis, par dernière précaution, il vida une tonnelle d'eau sur les fourneaux des signaux et descendit en toute hâte, afin de rejoindre les bâtiments pirates.

CHAPITRE XXVIII

LA NOËL

Pendant que tant de malheurs menaçaient, on fêtait paisiblement la Noël.

Malgré les inquiétudes qu'avaient données les avis du guetteur, malgré les alarmes que causait la terreur des pirates, on avait fait dans chaque maison, pauvre ou riche, les préparatifs de cette fête patriarcale.

Nous avons parlé de la magnifique crèche préparée depuis longtemps par les soins de dame Dulceline.

Elle était enfin achevée et placée dans la salle du dais, ou salon d'honneur, de la Maison-Forte.

Minuit venait de sonner. La femme de charge attendait avec impatience le retour de Raimond V, de sa fille, d'Honorat de Berrol et de quelques parents ou hôtes que le baron avait invités à cette cérémonie.

Tous s'étaient rendus à la Ciotat, afin d'assister à la messe de minuit.

L'abbé Mascarolus avait dit la messe dans la chapelle du château, pour les personnes qui y étaient restées.

Nous conduirons le lecteur dans la salle du dais; elle occupait les deux tiers de la longue galerie qui communiquait aux deux ailes du château.

On ne l'ouvrait que lors des occasions solennelles.

Une splendide étoffe de soie rouge damassée couvrait ses murailles. A défaut de fleurs que la saison rendait très rares, des masses de branches d'arbres verts, arrangées dans des caisses, cachaient presque entièrement les dix grandes fenêtres cintrées de cette salle immense.

A l'une des extrémités, s'élevait une cheminée de granit grossièrement sculptée et haute de dix pieds.

Malgré le froid de la saison, aucun feu ne brûlait dans ce vaste foyer, mais un énorme bûcher composé de sarments de vigne, de hêtre, d'olivier, de pommes de pin, n'attendait que la formalité d'usage pour jeter dans le salon des flots de lumière et de chaleur.

Deux pins aux longues branches vertes ornées de rubans, d'oranges et de grappes de raisin, étaient dressés dans des caisses de chaque côté de la cheminée, et formaient au-dessus de son manteau un véritable bosquet de verdure.

Dix lustres de cuivre illuminés de bougies jaunes dissipaient à peine les ténèbres de cette pièce immense.

A son autre bout, en face de la cheminée, s'élevait un dais à peu près semblable au dais d'un lit, avec courtines, rideaux, rebrasses et épitoges de damas rouge.

Il couvrait de ses longs plis cinq marches de bois cachées par un tapis turc.

Ordinairement le fauteuil armorié de Raimond V était placé sur cette élévation.

C'est à cette place que trônait le vieux gentilhomme lors des rares occasions où il rendait la haute et basse justice seigneuriale.

Le jour de Noël, ainsi que nous l'avons dit, la crèche de l'enfant Jésus occupait cette place d'honneur.

Une table de chêne massive, recouverte d'une riche draperie orientale, garnissait le milieu de la galerie.

Sur cette table, on voyait un coffret d'ébène richement sculpté et armorié; il renfermait *le livre de raison*, sorte d'archives, dans lesquelles on inscrivait les naissances des membres de la famille, et les faits importants arrivés dans chaque maison.

Des fauteuils et des bancs de chêne sculptés à pieds tors complétaient l'ameublement de cette galerie, à laquelle son ampleur et sa nudité sévère donnaient un caractère imposant.

Dame Dulceline et l'abbé Mascarolus venaient de terminer la pose de la crèche sous le dais.

Cette merveille était un tableau en relief, d'environ trois pieds carrés de base sur trois pieds de hauteur.

La représentation fidèle de l'étable où naquit le Sauveur aurait trop limité la composition poétique du bon abbé.

Au lieu de se passer dans une étable, la pieuse scène se passait sous une espèce d'arcade soutenue par deux assises à demi ruinées; des interstices des pierres (véritables petites pierres tendres artistement taillées), s'échappaient de longues guirlandes de feuilles pariétaires aussi naturelles.

Un nuage de cire blanche semblait envelopper la partie supérieure de l'arcade. Cinq ou six chérubins d'un pouce de hauteur, modelés en cire peinte de couleur naturelle et portant des ailes d'azur faites de plumes d'oiseaux-mouches, étaient, çà et là, nichés dans le nuage et tenaient suspendue une banderole de soie blanche, au milieu de laquelle brillaient ces mots, brodés en lettres d'or : *Gloria in excelsis*.

Les assises de l'arcade reposaient sur une sorte de tapis de mousse fine et serrée comme du velours vert; en avant de cette fabrique, on voyait le berceau du Sauveur du monde, un véritable berceau en miniature, recouvert des plus riches dentelles. L'enfant Jésus y reposait.

Agenouillée tout auprès, la vierge Marie penchait sur lui son front maternel, le voile blanc de la reine des anges tombait jusqu'à ses pieds et cachait à demi sa robe de soie couleur d'azur.

L'agneau pascal, les quatre pieds attachés par un ruban rose, était couché au pied du berceau; derrière lui, le bœuf accroupi avançait sa lourde tête et de ses yeux d'émail semblait contempler l'enfant divin.

L'âne sur un plan plus reculé, et à demi caché par les montants de l'arcade, derrière laquelle il se trouvait, montrait aussi sa tête débonnaire.

Le chien semblait ramper auprès du berceau, pendant l'adoration des bergers vêtus de grossiers sayons, et des rois mages portant de riches robes de brocatelle.

Un quadruple rang de petites bougies de cire rose parfumée brûlait autour de cette crèche.

Il avait fallu un travail immense et véritablement beaucoup de ressources d'imagination, pour arriver à une perfection de ce genre. Ainsi, l'âne en relief, de six pouces de hauteur, était recouvert de peaux de souris qui imitaient sa robe à s'y tromper.

Le bœuf noir et blanc devait son pelage à un cochon d'Inde de cette couleur, et ses cornes noires, courtes et polies, aux pinces arrondies d'un énorme scarabée.

Les robes des rois mages révélaient un travail et une patience de fée; leurs longs cheveux blancs étaient de vrais cheveux dont dame Dulceline avait dégarni elle-même sa tête vénérable.

Quant aux figurines des chérubins, de l'enfant Jésus, et aux différents masques des acteurs de cette scène pieuse, ils avaient été achetés à Marseille chez des maîtres ciriers toujours merveilleusement assortis d'objets nécessaires à la confection des crèches.

Sans doute, tout cela n'était pas de l'art; mais il y avait dans ce petit monument d'une laborieuse et naïve piété quelque chose de simple, de touchant, comme la scène divine qu'on avait tenté de reproduire avec une si religieuse conscience.

Le bon vieux prêtre et dame Dulceline, après avoir allumé les dernières bougies qui environnaient la crèche, se complurent un instant dans l'admiration de leur ouvrage.

— Jamais, monsieur l'abbé, — dit dame Dulceline, — nous n'avons eu si belle crèche à la Maison-Forte.

— C'est vrai, dame Dulceline, la représentation des animaux approche autant de la nature qu'il est donné à l'homme d'approcher des merveilles de la création.

— Ah! monsieur l'abbé, pourquoi faut-il que ce soit ce mécréant, ce damné bohémien qu'on dit un émissaire des pirates, qui nous ait donné le secret de faire des yeux de verre à ces animaux!

— Qu'importe, dame Dulceline! peut-être un jour ce mécréant connaîtra-t-il la vérité éternelle. Le Seigneur emploie tous les bras pour travailler à son temple.

— Dites-moi donc, monsieur l'abbé, pourquoi on met la crèche sous le dais, dans la salle d'honneur? Voilà bientôt quarante ans que je fais des crèches dans la Maison-Forte des Anbiez; ma mère en a fait pour Raimond IV, père de Raimond V, pendant autant d'années... Eh bien! je ne lui ai jamais demandé, ni je ne me suis jamais demandé à moi-même pourquoi on choisissait de préférence la salle du dais pour cette exposition.

— Ah! voyez-vous, dame Dulceline, c'est qu'il y a toujours au fond de nos anciens usages religieux quelque chose de consolant pour les petits, pour les faibles et pour les souffrants... et aussi quelque chose d'imposant comme une leçon pour les heureux, pour les riches et pour les puissants de ce monde... Cette crèche, par exemple, c'est le symbole de la naissance du divin Sauveur... C'est le pauvre enfant d'un pauvre artisan; et pourtant, il doit être un jour autant au-dessus des hommes les plus puissants que le ciel est au-dessus de la terre... Aussi, vous le voyez, dame Dulceline, le jour anniversaire de la rédemption, la crèche rustique et pauvre de l'enfant Sauveur prend la place d'honneur dans le salon cérémonial du haut baron.

— Ah! je comprends, monsieur l'abbé, on met l'enfant Jésus à la place du haut baron pour signifier que les seigneurs doivent s'incliner des premiers devant le Sauveur?

— Sans doute, dame Dulceline; en faisant ainsi hommage au Seigneur du symbole de sa puissance, le baron prêche l'exemple de la communion et de l'égalité des hommes devant Dieu.

Dame Dulceline resta un moment pensive; satisfaite de cette explication, elle eut encore recours à l'abbé pour une question qui lui semblait plus difficile à résoudre.

— Monsieur l'abbé, — reprit-elle d'un air embarrassé, — vous dites qu'au fond de tout ancien usage il y a toujours un enseignement : peut-il y en avoir à laisser, le jour de Pâques fleuries, les enfants trouvés courir dans les rues de Marseille [1] avec des branches de laurier ornées de fruits ? Tenez... l'an passé, le jour de Pâques fleuries, j'en rougis encore, monsieur l'abbé, je me promenais sur la Canebière en compagnie de maître Talebard-Talebardon le consul, qui alors ne s'était pas déclaré l'ennemi de monseigneur; voilà-t-il pas un de ces petits malheureux enfants trouvés qui s'arrête devant moi et devant le consul, et qui nous dit d'une voix douce en nous baisant la main : « Bonjour, ma mère ! bonjour, mon père ! » Par sainte Dulceline, ma patronne, monsieur l'abbé ! je suis devenue pourpre de honte; maître Talebard-Talebardon aussi... Je vous fais grâce, par respect, des grossières plaisanteries que maître Laramée, qui nous accompagnait, s'est permises à mon sujet à propos de l'impudente apostrophe de cet enfant trouvé ! Mais ce M. Laramée n'a ni honte ni vergogne. Toujours est-il que, repoussant avec horreur ce nourrisson de la charité publique, je lui ai pincé vertement le bras en lui disant : « Voulez-vous bien vous taire, vilain petit bâtard que vous êtes ? » Il a senti sa faute, s'est mis à pleurer, et comme je me plaignais de cette audace indécente à un grave citadin, il m'a répondu : « Ma bonne dame, tel est l'usage ici, les enfants trouvés ont le privilège, le jour de Pâques fleuries, de parcourir les rues, et de dire *mon père* et *ma mère* à tous ceux qu'ils rencontrent. »

— C'est en effet l'usage, dame Dulceline, — dit l'abbé.

— C'est l'usage, monsieur l'abbé, soit; mais n'est-ce pas un usage bien impertinent que celui-là ? permettre à de petits malheureux sans père ni mère de venir appeler *ma mère* d'honnêtes et prudes personnes qui, comme moi, par exemple, préfèrent la paix du célibat aux inquiétudes de la famille... Quelle est la moralité de cet usage, je vous prie, mon-

---

[1] VILLENEUVE, *Statistique des Bouches-du-Rhône*. — MARCHETTI, *Usages marseillais*. — Voir les mêmes auteurs pour le reste de ce chapitre.

sieur l'abbé? J'ai beau y regarder de tous mes yeux, je n'y vois qu'une coutume furieusement indécente.

— Et vous vous trompez, dame Dulceline, — dit Mascarolus, — cet usage est digne de respect, et vous avez eu tort de rudoyer ce pauvre enfant...

— J'ai eu tort? Ce petit drôle vient m'appeler sa mère, et je souffrirai cela? Comment, grâce à cet usage...

— Grâce à cet usage, grâce au privilége qu'ont ces petits infortunés de pouvoir dire un jour dans l'année : *mon père, ma mère*, à tous ceux qu'ils rencontrent, ces noms si doux, qu'ils ne prononcent jamais, leur passent au moins une fois sur les lèvres! Combien y en a-t-il, hélas! et j'en ai vu, qui disent ces mots bénis, les larmes aux yeux, en pensant que, ce jour passé, ils ne pourront plus même répéter ces paroles sacrées! Aussi quelquefois, dame Dulceline, des étrangers, émus de tant d'innocence et de malheur, ou se sentant touchés de ces paroles caressantes, ont adopté quelqu'un de ces petits abandonnés; d'autres leur ont fait une abondante aumône, car ce naïf appel à la sensibilité de tous est presque toujours entendu. Vous voyez, dame Dulceline, que cet usage a aussi un but utile, une signification pieuse.

La vieille femme de charge baissa les yeux en silence, et répondit au bon chapelain :

— Vous êtes un habile homme, monsieur l'abbé; vous avez raison. Ce que c'est que la science, pourtant! Maintenant, je me repens d'avoir rudoyé ce petit malheureux. A la prochaine Pâque fleurie, je ne manquerai pas d'emporter quelques aunes de bon drap bien chaud, de bonne toile de lin; et cette fois, je vous le promets, je ne ferai pas la marâtre avec le premier de ces pauvres enfants qui me dira *ma mère!* Mais si ce vieil ivrogne de Laramée fait quelque indécente plaisanterie à mon sujet, aussi vrai qu'il a des yeux, je lui prouverai que j'ai des ongles.

— Cette preuve sera de trop, dame Dulceline. Mais puisque monseigneur ne rentre pas encore, et que nous parlons des usages de notre bonne et vieille Provence, et de leurs utilités pour les pauvres gens, tenez, qu'avez-vous remarqué le jour de la Saint-Lazare, dans le *Branle de Saint-Elme*[1]?

— Que voulez-vous que je vous dise, monsieur l'abbé? Main-

---

[1] *Usages de Marseille*, par M. de Ruffi. Cet usage s'est conservé jusqu'au commencement du dix-huitième siècle.

tenant je me défie de moi; avant votre explication, je pestais contre l'usage de la Pâque fleurie des enfants trouvés, maintenant je le respecte.

— Dites toujours, dame Dulceline, tout péché d'ignorance est excusable... Selon vous, quel est le but du Branle de Saint-Elme ?

— Dame, monsieur l'abbé, je n'y comprends rien. Je me demande à quoi bon, le jour de la fête de la Saint-Elme, faire habiller, aux frais de la ville ou de la commune, tous les jeunes garçons et toutes les jeunes filles pauvres le plus magnifiquement possible ? Ce n'est pas tout; non contente de cela, cette jeunesse s'en va de maison en maison, soit chez les riches bourgeois, soit chez les seigneurs, demander encore à emprunter, celle-ci un collier d'or, celle-là des boucles d'oreilles de diamants, cette autre une ceinture d'orfévrerie, celui-là un cordon de chapeau en pierreries, ou un ceinturon à tresses d'or. Eh bien ! à mon avis (sauf à en changer tout à l'heure), monsieur l'abbé, on a tort de prêter tous ces riches atours à des artisans, à des artisanes ou à de pauvres gens qui n'ont ni sou ni maille.

— Pourquoi cela ? Depuis qu'on fête ici la Saint-Lazare, dame Dulceline, avez-vous jamais entendu dire que quelqu'un de ces précieux joyaux ait été larronné ou perdu ?

— Bon Dieu du ciel ! jamais, monsieur l'abbé, ni ici, ni à Marseille, ni dans toute la Provence, je crois; Dieu merci, cette jeunesse est honnête, après tout ! Ainsi, l'an passé, mademoiselle Reine a prêté sa cordelière de Venise, qui vaut, dit Stéphanette, plus de deux mille écus. Eh bien ! Théréson, la fille du meunier de la Pointe-aux-Cailles, qui avait porté ce riche bijou pendant toute la fête, est venue le rapporter bien avant le coucher du soleil, quoiqu'elle eût la permission de le garder jusqu'à la nuit. Pour cette même fête de Saint-Lazare, monseigneur a prêté à Pierron, le pêcheur de la Maison-Forte, sa belle chaîne d'or et son médaillon entouré de rubis, que M. Laramée nettoie, ainsi que vous le lui avez dit, avec des pleurs de la vigne.

— C'est vrai; et si l'on peut joindre à ces pleurs de vigne une larme de cerf tué dans le temps de la cervaison, dame Dulceline, les rubis brilleront comme des étincelles de feu...

— Eh bien ! monsieur l'abbé, Pierre le pêcheur a aussi rapporté fidèlement cette précieuse chaîne, même avant l'heure fixée. Encore une fois, monsieur l'abbé, cette jeunesse est une honnête jeunesse; mais je ne vois pas quelle utilité il y a à risquer de perdre, non par larronnerie, mais par hasard, de beaux joyaux, pour le plaisir de voir, par les rues et les chemins, défiler ces farandoles de jeunes gens, au son des bachias [1], des cymbalettes et des galoubets, qui jouent des coubados et des bedocheos à vous assourdir.

— Eh bien! dame Dulceline, — dit Mascarolus en souriant doucement, — vous allez encore reconnaître que vous avez eu tort de ne rien voir dans cet usage, ni enseignement, ni utilité; quand mademoiselle a prêté à Théréson, la pauvre fille du meunier de monseigneur, une parure précieuse, digne de la demoiselle d'un baron, elle lui a montré une confiance aveugle; or, dame Dulceline, la confiance augmente l'honnêteté et chasse l'improbité. Ce n'est pas tout; en associant pour un jour Théréson aux jouissances de la parure, notre jeune maîtresse lui en a montré à la fois le plaisir et le néant; et puis, cette jouissance n'étant pas interdite aux pauvres gens, ils n'en conçoivent pas de jalousie. Cet usage, enfin, entretient, entre les riches et les indigents, de précieux rapports, basés sur la probité, sur la confiance, sur une touchante communauté... Que pensez-vous maintenant du Branle de Saint-Elme, dame Dulceline?

— Je pense, monsieur le chapelain, que je n'ai d'autres bijoux qu'une croix et une chaîne d'or, mais qu'à la première fête de Saint-Lazare je les prêterai de bon cœur à la jeune Madelon, la meilleure ouvrière de ma lingerie; car toutes les fois que je sors cette croix d'or de sa boîte, la pauvre fille la dévore des yeux, et je suis sûre qu'elle sera folle de joie... Mais que je suis donc étourdie, monsieur l'abbé! j'apporte de l'huile vierge pour remplir les deux lampes du calénos, que mademoiselle doit allumer, et je les oublie.

— A propos, dame Dulceline, n'oubliez pas de bien remplir d'huile le bocal dans lequel j'ai mis infuser ces deux belles grappes de raisin; je veux essayer si l'expérience citée par M. de Mauconys se réalisera.

— Quelle expérience, monsieur l'abbé?

— Ce docte et véridique voyageur prétend qu'en laissant

---

[1] Bachias, le tambourin. — Les cymbalettes étaient de petites cymbales en acier. — Les coubados et bedocheos, les airs nationaux qu'on jouait sur ces instruments. — Voir Marchetti.

pendant sept mois, dans un bocal d'huile vierge, des grappes de raisin cueillies le jour de la mi-septembre, l'huile acquerra une telle et si particulière propriété, que cette huile brûlant dans une lampe et jetant sa clarté sur une muraille ou sur un parquet, on apercevra sur cette muraille ou sur ce parquet des milliers de grappes de raisin [1] d'une couleur véritable, mais trompeuse comme des objets peints sur du verre.

Dame Dulceline allait témoigner de son admiration au bon et crédule chapelain, lorsqu'elle entendit dans la cour un bruit de carrosses et de chevaux qui annonçait le retour de Raimond V.

La femme de charge disparut précipitamment.

Une porte s'ouvrait.

Raimond V entrait dans la galerie avec plusieurs gentilshommes et plusieurs femmes de ses parents et de ses amis, qui avaient aussi assisté à la messe de minuit dans l'église paroissiale de la Ciotat.

Raimond V et les autres hommes étaient en habit de gala, les femmes aussi parées qu'elles pouvaient l'être, dans la nécessité où elles se trouvaient presque toutes de venir et de s'en retourner à cheval avec leurs maris, les carrosses étant extrêmement rares.

Quoique la physionomie de Raimond V fût toujours joyeuse et cordiale lorsqu'il recevait ses hôtes à sa Maison-Forte, une expression de tristesse voilait de temps en temps ses traits : il avait perdu tout espoir de voir ses frères assister à cette fête de famille.

Les hôtes du baron allèrent admirer la crèche de dame Dulceline, le chapelain reçut les louanges de la compagnie avec autant de modestie que de reconnaissance.

Honorat de Berrol paraissait plus mélancolique que jamais.

Reine, au contraire, soit qu'elle sentît le besoin de lui faire oublier à force d'amitié le refus de sa main qu'elle était bien décidée à lui faire, Reine regardait le jeune gentilhomme avec une affectueuse tendresse.

Néanmoins, Reine ressentait un embarras mortel; elle n'avait pas encore prévenu le baron de sa détermination de ne pas épouser Honorat. Elle avait seulement obtenu de son père que les fiançailles fussent retardées jusqu'au retour du com-

[1] *Voyage de Mouconys*, déjà cité.

mandeur et du frère Elzéar, qui, d'après leurs dernières lettres, devaient arriver d'un moment à l'autre.

On ne tarissait donc pas d'éloges sur la crèche, lorsque le baron, s'approchant du groupe, dit à ses hôtes : — M'est avis, mesdames, que nous ferions bien de commencer le *cachofué*[1] ; cette salle est humide et froide, et le feu ne demande qu'à flamber !

— Oui, oui, le cachofué, baron ! — dirent gaiement les femmes. — Vous êtes acteur dans la cérémonie, ainsi cela dépend de vous.

— Hélas ! mes amis, j'espérais bien que cette cérémonie de nos pères aurait été plus complète, et que mon frère le commandeur m'aurait amené mon bon frère Elzéar. Mais il n'y faut plus songer... pour cette nuit du moins.

— Que le Seigneur fasse que le commandeur arrive bientôt avec sa galère noire, — dit une des hôtesses du baron. — Ces maudits pirates que l'on redoute, le sachant dans le port, n'oseraient pas faire de descentes.

— Au diable les pirates, ma cousine ! — s'écria gaiement Raimond V. — Le guetteur les surveille du haut du cap de l'Aigle ; à son premier signal, toute la côte sera en armes : le port de la Ciotat est armé ; les bourgeois et les pêcheurs ne fêtent la Noël que d'une main, ils ont l'autre sur la crosse de leurs mousquets ; mes canons et mes fauconneaux sont chargés et prêts à faire feu sur la passe du port, si ces brigands de mer osaient s'y montrer. Maujour ! mes hôtes et cousins, si j'avais pourtant obéi au maréchal de Vitry, à cette heure ma maison serait peut-être désarmée et hors d'état de secourir la ville.

— Et vous avez bien bravement fait, baron, — dit le sieur de Signerol, — d'agir ainsi. Maintenant l'exemple est donné, et le maréchal ne s'occupera plus de nos affaires.

— Maujour ! je l'espère bien ! car sans cela nous nous occuperions des siennes, — dit le baron. — Mais où est mon jeune compère du cachofué ? — ajouta-t-il, — je suis le plus vieux ; il me faut le plus jeune pour aller chercher le calignaou[2].

— Voici le cher enfant, mon père, — dit Reine en amenant

---

[1] Feu caché : on appelle ainsi la cérémonie qui consiste à apporter une bûche de Noël et à l'allumer chaque soir jusqu'au nouvel an ; on l'allume et on l'éteint afin qu'elle dure cet espace de temps.

[2] La bûche de Noël.

un ravissant petit garçon de six ans, aux grands yeux bleus, aux joues roses, et que sa mère, cousine du baron, contemplait avec un certain orgueil mélangé de crainte, car elle tremblait qu'il ne se rappelât pas le rôle assez compliqué qu'il devait jouer dans cette cérémonie patriarcale.

— Sais-tu bien ce qu'il faut faire, mon petit César ? — demanda Raimond V en s'abaissant près de l'enfant.

— Oui, oui, monseigneur. L'an passé, chez mon grand-père, j'ai aussi apporté le calignaou, — répondit l'enfant d'un air capable et résolu.

— *Le linot deviendra épervier*, je vous en réponds, ma cousine, — dit Raimond V, enchanté de l'assurance de l'enfant.

Raimond V le prit par la main, et, suivi de ses hôtes, il descendit à la porte de la Maison-Forte qui s'ouvrait dans la cour intérieure, afin de commencer la cérémonie du cachofué.

Tous les habitants du château, laboureurs, métayers, vignerons, pêcheurs, domestiques, femmes, enfants ou vieillards, étaient assemblés dans la cour.

Quoique la clarté de la lune fût assez vive, un grand nombre de torches de bois résineux attachées à des perches éclairaient cette scène et illuminaient de leurs reflets tous les bâtiments intérieurs de la Maison-Forte.

Au milieu de la cour étaient amoncelés les combustibles nécessaires à un immense bûcher auquel on devait mettre le feu au même instant où on allumerait le cachofué dans la salle du dais.

Raimond V parut ; quatre laquais en casaque de livrée, portant des flambeaux de cire blanche, marchaient devant lui.

Il était suivi de sa famille et de ses hôtes.

A l'aspect du baron, des cris de : *Vive monseigneur !* retentirent à plusieurs reprises.

En dehors de la porte était couché à terre un olivier entier avec son tronc et ses branches.

C'était le calignaou, ou la bûche de Noël.

L'abbé Mascarolus, en soutane et en surplis, commença par bénir le calignaou ; puis l'enfant s'approcha, suivi de Laramée.

Ce dernier, en costume de majordome, tenait sur un plateau d'argent une coupe d'or remplie de vin.

L'enfant prit la coupe dans ses petites mains, et versa, par trois fois, quelques gouttes de vin sur le calignaou, en disant ces mots d'une voix douce et argentine :

Allègre, Diou nous allègre,
Cachofué ven, ton ben ven,
Diou nous fague la grâce de veire l'an que ven,
Se sian pas mai, que sigaen pas men.

Soyons joyeux, Dieu nous rende joyeux ;
Cachofué vient, tout vient bien ;
Dieu nous fasse la grâce de voir l'an prochain ;
Si nous ne sommes pas plus, ne soyons pas moins.

Ces paroles naïves, prononcées par l'enfant avec une candeur charmante, furent écoutées avec un recueillement religieux.

Alors l'enfant trempa ses lèvres dans la coupe et l'offrit à Raimond V, qui l'imita.

La coupe circula ainsi de mains en mains parmi tous les membres de la famille de Raimond V, afin que chacun pût tremper ses lèvres dans le breuvage consacré.

Alors douze vigoureux bûcherons, vêtus de leurs habits de fête, enlevèrent le calignaou et le transportèrent dans la salle du dais, tandis que, pour la forme, Raimond V tenait à la main une des racines de l'arbre, l'enfant une de ses branches.

Le vieillard disant : — Les noires racines sont la vieillesse.

L'enfant disant : — Les branches vertes sont la jeunesse.

Les assistants ajoutant en chœur : — Dieu nous bénit tous, nous qui l'aimons, nous qui le servons.

Le calignaou, enlevé sur les robustes épaules des bûcherons, fut bientôt transporté dans le salon et placé en travers de l'immense foyer de la salle du dais.

L'enfant prit une torche de pin enflammée, l'approcha d'un amas de sarments et de pommes de pin ; une flamme immense, blanche, pétilla dans le vaste et noir foyer, et jeta une joyeuse clarté jusqu'au fond de la galerie.

— Noël !... Noël ! — crièrent les hôtes du baron en frappant des mains.

— Noël !... Noël ! — répétèrent les vassaux assemblés dans la cour intérieure.

Au même instant, le bûcher qui y était élevé s'enflamma au milieu des cris d'une joie folle et des tournoiements de la farandole.

Une dernière formalité remplie, le souper allait rassembler les hôtes.

Reine s'avança près de la crèche ; Stéphanette lui apporta

sur un plateau une grande sébile de bois remplie de blé de la Sainte-Barbe[1] déjà tout verdoyant.

La jeune fille posa la sébile au pied de la crèche et alluma de chaque côté de cette offrande deux petites lampes d'argent carrées, nommées lampes de calénos.

— Blé vert à la Sainte-Barbe, belle moisson dans l'année! — s'écria le baron; — qu'ainsi soit ma moisson et les vôtres, mes hôtes et cousins! Maintenant, à table! à table! et viennent les calénos de la Noël, qui rassemblent les amis et les parents.

Maître Laramée ouvrit les deux battants des portes qui donnaient dans la salle à manger, et annonça le souper de monseigneur.

Il est inutile de parler de l'abondance de ce repas, en tout digne de l'hospitalité de Raimond V.

Seulement on fera remarquer que sur la table il y avait trois nappes selon l'usage.

Sur la plus petite, au milieu de la table, en manière de surtout, étaient les calénos ou présents de fruits et de gâteaux que les membres de la famille faisaient à son chef.

Sur la seconde, un peu plus grande et débordant la première, étaient rangés les mets nationaux les plus simples, tels que le raïto, la bouille-à-baisse, le thon salé, grillé.

Enfin, sur la troisième nappe qui couvrait le reste de la table, on voyait les mets les plus recherchés, disposés avec une abondante symétrie.

Nous laisserons les hôtes de Raimond V se livrer aux douces joies de cette fête d'une hospitalité patriarcale, parler des vieilles coutumes, s'animer en causant des franchises et des antiques priviléges, toujours si respectés, toujours si vaillamment défendus par ceux qui restent fidèles à ces touchantes et religieuses traditions des anciens temps.

Cette soirée paisible, heureuse, ne sera que trop tôt troublée par plusieurs événements auxquels nous allons initier le lecteur.

---

[1] Le 4 décembre, jour de la Sainte-Barbe, on sème des grains de blé dans une écuelle remplie de terre fréquemment arrosée. On expose cette terre détrempée à une température assez haute; et le blé lève. S'il est vert, la moisson s'annonce comme belle; s'il est jaune, comme mauvaise (MARCHETZI, Usages marseillais, déjà cité).

CHAPITRE XXIX

L'ARRESTATION.

Pendant que Raimond V et ses hôtes soupaient gaiement, la troupe des gens de guerre signalée par le guetteur et qui se composait d'une cinquantaine d'hommes appartenant au régiment de Guitry, était arrivée presque à la porte de la Maison-Forte.

Le greffier Isnard, toujours suivi de son clerc, dit au capitaine Georges, qui commandait ce détachement :

— Il serait prudent, capitaine, d'essayer une sommation avant de tenter une attaque de vive force, pour nous emparer de la personne de Raimond V. Ils sont dans son repaire une cinquantaine de démons bien armés, derrière de bonnes murailles.

— Eh! que m'importent les murailles?

— Mais, outre les murailles, il y a un pont; et vous le voyez, capitaine, il est levé.

— Eh! que m'importe le pont? Si Raimond V refuse de le baisser, eh bien!, mordieu! mes carabins monteront à l'escalade; cela leur est arrivé plus d'une fois dans la dernière guerre! Nous attacherons, s'il le faut, un pétard à la porte... Bien entendu, greffier, que, quoi qu'il arrive, vous nous suivrez pour protester et pour verbaliser.

— Hum!... hum!... — fit l'homme de loi. — Sans doute, moi ou mon clerc, nous devons vous assister; je pourrai même, dans cette circonstance, reconnaître la bonne conduite et le zèle du susdit clerc en le chargeant de cette honorable mission.

— Mais, maître Isnard, c'est votre office et non le mien, — dit le malheureux scribe.

— Silence, mon clerc! nous voici arrivés devant la Maison-Forte. Les moments sont précieux. Préparez-vous à suivre le capitaine et à m'obéir!

La troupe se trouvait, en effet, au bout de l'allée de sycomores qui débouchait sur l'hémicycle.

Le pont était levé, les fenêtres qui s'ouvraient sur la cour intérieure resplendissaient encore de lumières, car les hôtes du baron étaient partis depuis peu de temps.

— Vous le voyez, capitaine, le pont est levé ; et de plus, le fossé est large, profond et rempli d'eau, — dit le greffier.

Le capitaine Georges examina attentivement les abords de la place ; après quelques moments de silence, il tira violemment sa moustache gauche, signe certain de son désappointement.

Un factionnaire, placé dans l'intérieur de la cour, voyant briller des armes à la clarté de la lune, cria d'une voix forte :

— Qui va là ?... répondez ou je tire...

Le greffier recula trois pas, s'abrita derrière le capitaine, et répondit d'une voix haute :

— De par le roi et de par monseigneur le cardinal, moi, maître Isnard, greffier de l'amirauté de Toulon, je vous somme de baisser ce pont.

— Vous ne voulez pas vous retirer ? — dit la voix. En même temps une vive lueur éclairant une des meurtrières qui défendaient la porte, il fut facile de juger que la sentinelle soufflait la mèche de son mousquet.

— Prends bien garde ! — s'écria Isnard, — ton maître sera responsable de ce que tu vas faire !

Cet avertissement fit réfléchir le soldat, il tira son coup de mousquet en l'air en criant d'une voix de stentor : — Alerte !... alerte !...

— Il a tiré sur les soldats du roi ! — s'écria le greffier pâle de colère et d'effroi. — C'est un cas de rébellion armée... j'en prends acte... Clerc... prenez acte de ce fait.

— Non, greffier, — dit le capitaine, — il a aboyé, mais il n'a pas voulu mordre ; j'ai vu la flamme du coup, il a tiré en l'air pour donner l'alarme.

Aux cris de la sentinelle, on vit par-dessus les murs la lueur de plusieurs flambeaux.

On entendit dans la cour des pas nombreux, précipités, et un grand cliquetis d'armes.

Enfin, maître Laraméo, le morion en tête et la poitrine armée d'une cuirasse, parut à une des embrasures de la porte.

— Par la mort-Dieu ! que voulez-vous ? — s'écria-t-il. — Est-ce donc l'heure de venir troubler de braves gens qui fêtent la Noël ?

— Il s'agit d'un ordre du roi que nous venons mettre à exécution, — dit le greffier. — Et...

— J'ai encore du vin dans mon verre, greffier ; bonsoir, je

vais le vider, — dit Laramée; — seulement, souviens-toi des taureaux, et sache qu'une balle de mousquet atteint encore plus loin que leurs cornes; or donc, bonne nuit, greffier!

— Songe bien à ce que tu vas faire, insolent drôle, — dit le capitaine Georges. — Il ne s'agit plus cette fois d'une poule mouillée de greffier, mais d'un coq de combat, qui a le bec dur et les éperons pointus, je t'en préviens.

— Le fait est, maître Isnard, — dit humblement le clerc au greffier, — que nous sommes à ce gendarme ce qu'est une citrouille à une balle d'artillerie.

Le greffier, déjà fort choqué de la comparaison du capitaine, repoussa rudement le clerc, et ajouta avec suffisance, en s'adressant à Laramée :

— Vous avez cette fois, à votre porte, le droit et la force, la main de justice et le glaive... Ainsi, majordome, je vous somme d'ouvrir et de baisser le pont.

Une voix bien connue interrompit le greffier : c'était celle de Raimond V, qu'on avait été prévenir de l'arrivée du capitaine.

Éclairé par Laramée, qui portait une torche, le vieux gentilhomme parut bientôt debout sur la petite plate-forme que formait l'entablement de la porte, masquée par le pont-levis.

La clarté vacillante du flambeau jetait des reflets rougeâtres jusque sur le groupe de soldats, et étincelait sur leurs hausse-cols et sur leurs casques de fer.

Le reste de la scène était à demi dans l'ombre, ou éclairé par la clarté de la lune.

Raimond V portait un habit de gala richement galonné; ses cheveux blancs tombaient sur son collet. Rien n'était plus digne, plus imposant, plus résolu que son attitude.

— Que voulez-vous? — dit-il d'une voix retentissante.

Maître Isnard répéta la formule de son réquisitoire, et conclut à ce que Raimond V, baron des Anbiez, fût appréhendé au corps et conduit sous bonne escorte dans les prisons de la prévôté de Marseille, pour crime de rébellion aux ordres du roi, etc.

Le baron écouta le greffier dans un profond silence. Lorsque l'homme de loi eut terminé, des cris d'indignation, des huées et des menaces, poussés par les gens de la maison du baron, retentirent dans la cour intérieure.

Raimond V se retourna, réclama le silence, et répondit au greffier :

— Tu as voulu exercer, dans mon château, une visite illégale et contraire aux droits de la noblesse provençale; je t'ai chassé de chez moi à coups de fouet. J'ai fait ce que j'ai dû. Or, maujour! je ne puis me laisser appréhender au corps pour avoir fait ce que j'ai dû en châtiant un drôle de ton espèce. Maintenant, exécute les ordres dont tu es chargé; je ne t'en empêche pas plus que je ne t'ai empêché de visiter mes magasins d'artillerie. Je regrette que mes hôtes m'aient quitté tout à l'heure, car ils auraient aussi protesté en leur nom contre l'oppression du tyranneau de Marseille.

Ce discours du baron fut accueilli avec des cris de joie par la garnison de la Maison-Forte.

Raimond V allait descendre de son piédestal, lorsque le capitaine Georges, qui avait le langage rude et les manières brusques d'un vieux soldat, s'avança sur le revers du fossé; il mit son chapeau à la main, et dit à Raimond V, d'un ton respectueux :

— Monseigneur, je dois vous prévenir d'une chose... c'est que j'ai avec moi cinquante soldats déterminés, et que je suis décidé, quoique à regret, à exécuter mes ordres.

— Exécutez-les, mon brave ami, — dit le baron en souriant d'un air goguenard, — exécutez. Votre maréchal veut essayer si ma poudre est bonne... il vous charge de l'éprouvette... Nous commencerons l'essai quand vous voudrez.

— Capitaine, c'est trop parlementer, — s'écria le greffier. — Je vous somme d'employer à l'instant même la force des armes pour vous rendre maître de ce rebelle aux ordres du roi notre maître, et de...

— Greffier, je n'ai pas d'ordre à recevoir de vous; seulement, prenez garde de vous mettre entre la lance et la cuirasse, il pourrait vous en douloir... — dit impérieusement le capitaine à maître Isnard.

Se retournant vers le baron, il lui dit avec autant de fermeté que de déférence :

— Une dernière fois, monseigneur, je vous supplie de bien réfléchir; le sang de vos vassaux va couler; vous allez faire tuer de vieux soldats qui n'ont aucune animosité contre vous ni contre les vôtres... et tout cela, monseigneur, permettez à une barbe grise de vous le dire franchement, tout cela parce que vous voulez vous rebeller contre les ordres du roi... Que Dieu vous pardonne, monseigneur, d'avoir causé la mort de tant de braves gens, et à moi de tirer l'épée contre un des plus dignes gentilshommes de la province; mais je suis soldat, et je dois obéir aux ordres que j'ai reçus.

Ce noble et simple langage fit une profonde impression sur Raimond V; il baissa la tête en silence, resta quelques moments pensif, puis il descendit tout à coup de la plate-forme.

On entendit quelques murmures, dominés par la voix retentissante du baron:

Au même instant le pont s'abaissa, la porte s'ouvrit; Raimond V parut, et dit au capitaine en lui tendant la main d'un air à la fois imposant et cordial :

— Entrez, monsieur, entrez; vous êtes un brave et honnête soldat. Quoique ma tête soit blanche, elle est quelquefois aussi folle que celle d'un page... J'ai eu tort... Vous devez en effet exécuter les ordres qu'on vous donne. Ce n'est pas à vous, c'est à monsieur le maréchal de Vitry que je dois dire ma pensée sur sa conduite envers la noblesse provençale. Ces braves gens ne peuvent pas être victimes de ma résistance. Demain, au point du jour, si vous le voulez bien, nous partirons pour Marseille, monsieur.

— Ah! monseigneur, — dit le capitaine en serrant la main de Raimond V avec émotion, et en s'inclinant avec respect, — c'est maintenant que je suis véritablement désespéré de la mission que j'ai à remplir.

Le baron allait répondre au capitaine, lorsqu'un bruit lointain, formidable, s'élevant dans les airs, attira l'attention de tous ceux qui remplissaient la cour de la Maison-Forte.

On eût dit le sourd mugissement de la mer en furie...

Tout à coup, une lueur immense éclaira l'horizon dans la direction de la Ciotat; les cloches du couvent et de l'église commencèrent à sonner le tocsin.

La première idée qui vint au baron fut que le feu était à la ville.

— Le feu!... — s'écria-t-il, — le feu est à la Ciotat! Capitaine, vous avez ma parole, je suis votre prisonnier; mais courons à la ville... Vous avec vos soldats, moi avec mes gens, nous pouvons y être utiles.

— Je suis à vos ordres, monseigneur...

A ce moment, le son prolongé, retentissant de l'artillerie, fit trembler les échos de la plage... ébranla les vitres de la Maison-Forte...

— Du canon ! ce sont les pirates... Au diable le guetteur, qui nous laisse surprendre... Les pirates... Aux armes ! capitaine... aux armes ! Ces démons attaquent la ville... Laramée, mon épée... Capitaine, à cheval... à cheval ! Vous m'emmènerez prisonnier demain ; mais cette nuit, courons défendre cette malheureuse ville...

— Mais, monseigneur, votre maison.

— Du diable s'ils s'y frottent... Laramée et vingt hommes la défendraient contre une armée entière. Mais cette malheureuse ville est surprise... Vite à cheval... à cheval !

Les grondements de l'artillerie devenaient de plus en plus fréquents, les cloches tintaient à grande volée ; une sourde rumeur arrivait jusqu'à la Maison-Forte ; les flammes semblaient augmenter d'intensité.

Laramée apporta en toute hâte au baron son morion et une cuirasse. Raimond V prit le casque, mais ne voulut pas entendre parler de la cuirasse.

— Maujour ! est-ce que j'ai le temps d'agrafer cet attirail !... Vite, qu'on m'amène Mistraoû, — criait-il en courant vers l'écurie.

Il trouva Mistraoû bridé ; mais voyant qu'on était trop longtemps à le seller, il le monta à poil, dit à Laramée de garder vingt hommes pour la défense de la Maison-Forte, lui recommanda sa fille, et, accompagné du capitaine, il prit en toute hâte le chemin de la Ciotat.

Les soldats et les vassaux armés du baron se mirent au pas de course, et suivirent de très près Raimond V et le capitaine Georges. Le greffier et son clerc, entraînés malgré eux dans le mouvement général, furent obligés de se joindre à la troupe.

CHAPITRE XXX

LA DESCENTE

A mesure que Raimond V et le capitaine approchèrent de la ville, ils virent plus distinctement les tourbillons de flammes qui s'en échappaient.

Les cloches continuaient de sonner à toute volée ; mille cris alors distincts se mêlaient aux éclats de la mousqueterie et au grondement de l'artillerie des galères.

En arrivant derrière les murs du couvent des Ursulines, situé à l'extrémité de la ville : — Capitaine, — dit Raimond V, — faisons halte un moment pour rassembler nos gens et convenir de nos opérations. Manjour!... je me sens tout rajeuni, le sang me bout dans les veines, je n'avais pas ressenti cela depuis les guerres du Piémont; c'est qu'aussi un pirate est pire qu'un étranger ! tandis que dans les guerres civiles, on a toujours malgré soi le cœur un peu serré... Silence... — dit Raimond V à ses troupes... — Écoutons d'où vient le feu.

Après quelques minutes d'attention, le baron dit au capitaine : — Voulez-vous écouter mon conseil ?

— Je suivrai vos ordres, monseigneur, car je connais à peine la Ciotat.

Raimond V, s'adressant alors à l'un de ses gens, lui dit : — Tu vas conduire le capitaine et ses soldats au port, en tournant la ville... pour n'être pas aperçus. Une fois là, capitaine, s'il reste encore de ces démons à débarquer, vous les refoulerez dans leurs galères; s'ils sont tous débarqués, vous attendrez qu'ils reviennent, afin de tâcher de leur couper la retraite; pendant ce temps-là, moi, je vais tâcher de vous les rabattre comme une harde de sangliers.

— Dans quelle partie de la ville croyez-vous qu'ils soient, monseigneur?

— Autant qu'on en peut juger par le bruit de la mousqueterie, ils sont sur la place de la maison de ville, occupés à piller les maisons des plus riches bourgeois... Ils n'oseront pas s'aventurer plus avant, ils sont sans doute en communication avec le port par une petite rue qui va de la place au débarcadère. Ainsi donc, capitaine, au port, au port! rejetons ces coquins plutôt encore dans la mer que dans leurs bâtiments; si Dieu me prête vie, je vous attendrai à la Maison-Forte après l'affaire, car je n'oublie pas que je suis votre prisonnier, monsieur... Au port, capitaine, au port!

— Comptez sur moi, monseigneur, — dit le capitaine en s'éloignant à la hâte dans la direction indiquée.

— Maintenant, mes enfants, — dit le baron, — du silence, marchons rapidement à la maison de ville et faites main-basse sur ces brigands... Notre-Dame! et en avant!

Raimond V descendit alors de cheval et s'engagea dans les

rues de la Ciotat, à la tête d'une troupe déterminée, pleine de confiance dans son chef.

A mesure que Raimond V approchait du centre de l'action, il rencontrait çà et là des femmes qui poussaient des cris déchirants, fuyaient dans la direction de la montagne, suivies de leurs enfants éplorés, et emportaient sur leurs têtes leurs objets les plus précieux.

Ailleurs, des prêtres, des moines éperdus, saisis d'une terreur panique, quittant les maisons où ils fêtaient paisiblement la Noël, couraient se jeter au pied des autels et pouvaient à peine retrouver le chemin de leurs couvents.

Dans d'autres rues désertes, on voyait aux fenêtres des hommes armés bien résolus à défendre leurs maisons et leurs familles, et se préparant à recevoir vigoureusement les pirates.

Raimond V n'était plus qu'à quelques pas de la place de la maison de ville, des nuées d'étincelles tourbillonnaient vers le ciel en pétillant, les rues que traversait la troupe du baron étaient éclairées comme en plein jour.

Il déboucha enfin sur la place.

Ainsi qu'il l'avait prévu, la principale action était engagée de ce côté.

Les pirates s'aventuraient rarement dans l'intérieur des rues, afin d'être plus à portée de regagner leurs bâtiments.

Il est impossible de peindre le spectacle terrible qui frappa Raimond V.

A la lueur des flammes éblouissantes, une partie des pirates soutenaient un combat acharné contre un bon nombre de pêcheurs et de bourgeois retranchés dans l'étage supérieur de la maison de ville.

D'autres corsaires, ne songeant qu'au pillage (ils appartenaient à la galère de Trimalcyon), couraient comme autant de démons à travers l'incendie qu'ils avaient allumé, les uns chargés d'objets précieux, les autres emportant dans leurs bras robustes des femmes ou de jeunes filles qui jetaient des cris lamentables.

Le sol était déjà jonché de cadavres criblés de blessures, malheureuses victimes, qui témoignaient au moins d'une résistance désespérée de la part des habitants.

Presque au milieu de la place et non loin de la petite rue qui conduisait au port, on voyait un amas confus de toutes sortes d'objets gardés par deux Maures.

Les pirates augmentaient à chaque instant cette masse de rapines, en venant y jeter de nouveaux larcins, puis ils retournaient au pillage et au meurtre avec une nouvelle ardeur.

Le nombre des braves marins et de bourgeois qui se défendaient dans la maison de ville commençait à diminuer sensiblement sous les coups des spahis de Pog, comme lui plus altérés de sang que de pillage.

Armé d'une hache, Pog attaquait la porte avec furie; on voyait qu'il exposait volontairement sa vie : il ne portait ni casque, ni cuirasse, et était seulement vêtu de son yellek de velours noir.

Au fort de cette attaque, Raimond V arriva sur la place.

Sa troupe annonça sa présence par une décharge générale faite presque à bout portant sur les assaillants de la maison de ville.

Les pirates, attaqués à l'improviste, se retournèrent et se jetèrent avec rage sur les gens du baron. Chaque parti abandonna les armes à feu. Une lutte corps à corps s'engagea; la mêlée devint sanglante, terrible...

La bande de Trimalcyon, voyant ce renfort inattendu, quitta le pillage, rallia les pirates de Pog, et entoura la petite troupe de Raimond V qui faisait des prodiges de valeur.

Le vieux gentilhomme semblait retrouver la force de ses jeunes années.

Armé d'un lourd épieu garni d'un fer aigu et acéré, il se servait de cette arme meurtrière, à la fois lance et massue, avec une force effrayante.

Quoique son morion fût faussé en plusieurs endroits, quoique son baudrier fût teint de sang, Raimond V, dans son enthousiasme guerrier, ne sentait pas ses blessures.

Entraîné par le flot des combattants, Pog se trouva tout à coup face à face avec le baron.

La figure pâle, hautaine de Pog, sa longue barbe rousse, étaient trop remarquables pour n'avoir pas vivement frappé Raimond V.

Il reconnut dans ce pirate l'un des deux étrangers qui accompagnaient Érèbe lors de la rencontre des gorges d'Ollioules.

— C'est le Moscovite qui accompagnait le jeune audacieux à qui je dois la vie, — s'écria Raimond V; puis il ajouta en levant son épieu : — Ah! tu viens des glaces du nord, ours féroce! pour ravager nos provinces!

Et Raimond V lui porta un coup de son arme terrible en pleine poitrine.

Pog évita le coup par un brusque mouvement de retraite, mais il eut le bras traversé.

— Je suis Français comme toi, — s'écria le renégat avec un ricanement sauvage, — et c'est du sang français dont je suis altéré ! Pour que la mort te soit plus amère, apprends que ta fille est en mon pouvoir !

A ces mots terribles, Raimond V resta un moment stupéfait.

Pog profita de son inaction pour lui asséner sur la tête un terrible coup de hache d'armes... Raimond V, dont le casque fut brisé, chancela un moment comme un homme ivre... puis il tomba sans mouvement.

— Encore un de ces bœufs provençaux d'assommé ! — dit Pog en brandissant sa hache.

— Vengeons notre seigneur, — s'écrièrent les gens de Raimond V, et ils se jetèrent sur les pirates avec une telle furie qu'ils les refoulèrent vers la petite rue qui conduisait au port.

Bientôt renforcés par les marins qui avaient été assiégés dans la maison de ville, et que l'attaque de Raimond V venait de délivrer, les gens du baron eurent un avantage si marqué contre les Barbaresques, que les clairons de ceux-ci sonnèrent la retraite.

A ce signal, une partie des bandits se reforma en bon ordre au milieu de la place, sous les ordres de Pog. Cette troupe fit une vigoureuse résistance pour donner aux autres pirates le temps de transporter leur butin à bord des galères, et d'y entraîner les femmes et les hommes qu'ils emmenaient esclaves.

En restant maître de la position qu'il défendait, Pog couvrait l'entrée de la petite rue qui conduisait au port, et assurait ainsi la retraite de la bande de Trimalcyon occupée à traîner les captifs à bord des galères.

Pog, cédant le terrain pied à pied, se replia vers la petite rue, désormais sûr que sa communication avec le port et ses galères ne serait pas interceptée, et croyant pouvoir effectuer sans danger son rembarquement.

La rue était si étroite que vingt hommes déterminés pouvaient la défendre contre des forces dix fois plus considérables.

Le bruit de la retraite des pirates se répandit dans la ville; tous les habitants qui, retranchés dans leurs maisons, soit par crainte, soit pour veiller plus directement à leurs plus chers intérêts, n'avaient pas osé sortir, se hasardèrent dehors, et vinrent se joindre aux combattants dont le nombre augmentait ainsi à mesure que celui des pirates diminuait.

Pog, quoique blessé à la tête et au bras, continuait sa retraite avec une rare intrépidité.

Il n'était plus qu'à quelques pas de la petite rue, il se croyait sauvé. Il en fut autrement.

Les pillards, qui s'étaient dirigés vers le port pour regagner leurs galères, tombèrent dans l'embuscade du capitaine Georges.

Vivement attaqués par cette troupe fraîche, les pirates surpris se jetèrent en désordre dans la petite rue, au moment où Pog, abandonnant la place, y entrait par l'extrémité opposée.

Engagés dans cette voie étroite, dont les deux issues étaient encombrées d'assaillants, les pirates se trouvaient ainsi pris entre deux feux.

Du côté de la place, ils étaient attaqués par les habitants et par la troupe du baron.

Du côté du port, par les carabins du capitaine Georges.

Trimalcyon était resté à bord de sa galère, ayant temporairement celle de Pog sous ses ordres; il attendait sur ses rames et à une assez grande distance du quai le retour des caïques qui devaient ramener à bord le butin et les pirates.

Un pirate, se jetant à la nage, alla lui apprendre le danger que couraient ses compagnons. Trimalcyon eut recours à un moyen extrême.

Il fit déferrer et armer une partie de la chiourme, approcha ses galères si près du quai que leur éperon lui servit de débarcadère, et à la tête de ce renfort il se jeta, en poussant de grands cris, sur la troupe du capitaine Georges.

A son tour, celui-ci se trouva pris entre deux feux.

La troupe de Pog, qui tenait toujours dans la rue, sûre d'être appuyée, fit un dernier effort, tourna sa rage contre les carabins, déjà pris à dos par les gens de Trimalcyon, les perça, opéra sa jonction avec ce dernier; et, après une assez grande perte, les pirates se rembarquèrent en toute hâte, emmenant pourtant plusieurs prisonniers, au nombre desquels se trouvaient maître Isnard et son clerc.

Les plus hardis des marins et des bourgeois, et presque tous les carabins du capitaine Georges, se jetèrent dans des barques pour poursuivre les Barbaresques.

Malheureusement l'avantage était du côté des galères.

Leurs dix pièces d'artillerie foudroyèrent les barques qui voulurent s'approcher d'elles; puis les galères firent force de rames, gagnèrent rapidement la sortie du port, et se préparèrent à doubler la pointe de l'île Verte.

Pog se tenait debout à l'arrière de *la Gallione rouge;* il était pâle, ses cheveux et ses vêtements étaient ensanglantés; il jetait un regard de sombre triomphe sur les flammes qui s'élevaient encore au centre de la ville.

Tout à coup un coup de canon retentit, un boulet siffla au-dessus de sa tête, et emporta une partie de la poupe de sa galère.

Pog se retourna vivement; un second boulet emporta quatre forçats et vint briser une des espales.

Au petit nuage de fumée blanchâtre qui couronnait la terrasse crénelée de la Maison-Forte, qu'on voyait dans le lointain à la clarté de la lune, le pirate reconnut de quel endroit arrivaient ces projectiles.

Avec son habitude de la guerre, il s'aperçut, à la grande distance du point de tir, que les boulets devaient avoir été lancés par une couleuvrine de gros calibre, et que, conséquemment, il ne pouvait rendre à la Maison-Forte le mal que lui faisait sa batterie, l'artillerie de *la Gallione rouge* étant loin de pouvoir atteindre à cette portée.

Les premiers coups furent suivis de plusieurs autres, non moins heureux, qui causèrent beaucoup d'avaries, soit à bord de *la Gallione rouge,* soit à bord de *la Sybarite.*

— Enfer et damnation! — s'écria Pog; — tant que nous n'aurons pas doublé la pointe de la baie, nous serons sous le feu de cette masure... Forcez de rames... chiens, — s'écria-t-il en s'adressant à la chiourme; — forcez de rames, sinon, une fois à Tripoli, je vous fais couper les bras à la hauteur des épaules.

La chiourme n'avait pas besoin de cet encouragement pour redoubler d'efforts; les cadavres des forçats tués et encore enchaînés aux bancs où ramaient leurs compagnons, prouvaient aux esclaves le danger qu'ils couraient à rester sous le feu de cette couleuvrine meurtrière.

Cette pièce continua cependant de tirer avec une si merveilleuse adresse, qu'elle mit encore plusieurs boulets à bord des deux galères.

— Mort et furie! — s'écria Pog; — une fois hors du chenal, j'irai mouiller au pied des rochers, à demi-portée de mousquet, et il ne restera pas pierre sur pierre de la maison où cette couleuvrine est en batterie.

— Impossible, maître Pog, — dit un Français, renégat provençal qui servait de pilote; — les Roches-Noires s'étendent à fleur d'eau à plus d'une demi-lieue de la côte, ce serait sûrement perdre votre galère que d'essayer d'approcher plus près de la Maison-Forte.

Le pirate fit un geste de rage, et se promena sur le pont avec agitation.

Enfin les deux galères sortirent de la passe dangereuse où elles étaient engagées. Le feu de l'artillerie de la Maison-Forte leur avait mis plusieurs hommes hors de combat, et leur avait causé des avaries assez majeures pour qu'elles fussent obligées de relâcher promptement dans quelque havre de la côte avant de pouvoir faire voile pour Tripoli.

La Sybarite avait reçu plusieurs boulets au-dessous des flottaisons, et *la Gallione rouge* avait eu son arbre coupé.

Lorsqu'ils eurent complétement doublé le promontoire du cap de l'Aigle, le maître charpentier de la galère, renégat calabrais, homme d'un grand courage et très bon marinier, s'avança d'un air sombre vers Pog-Reis.

— Capitaine, — lui dit-il, — j'ai paré autant que je l'ai pu aux deux voies d'eau de la carène; mais elles sont trop considérables pour ne pas exiger un complet radoub : s'il faisait gros temps, nous ne tiendrions pas la mer deux heures avec de telles avaries.

Pog ne répondit rien, marcha quelques moments sur le pont avec agitation, puis il appela le pilote et lui dit :

— Ne pouvons-nous pas aller mouiller un jour ou deux aux îles de Sainte-Marguerite ou de Saint-Honorat? On dit ces îles désarmées... tu as quitté la côte il y a un an... est-ce vrai?

— C'est vrai, — dit le pilote.

— Il doit y avoir un bon mouillage entre les îlots de Pierès et de Saint-Fériol, au vent de l'île Saint-Honorat?—demanda Pog, qui connaissait ces atterrissements.

— Oui, capitaine, la côte est si haute, le havre si abrité par les roches que forment ces îlots, que les galères seront encore mieux cachées là qu'à Porte-Cros.

— Il n'y a pas, je crois, cinquante habitants dans l'île? — demanda Pog.

— Pas plus, capitaine, et vingt hommes en auraient raison;

il y a même une plage très commode pour abattre la galère en carène, si cela est nécessaire.

— Alors, fais gouverner sur ces îles, nous devons en être éloignés de vingt-cinq lieues?

— De trente lieues, capitaine.

— C'est beaucoup pour les voies d'eau que nous avons; mais c'est encore la relâche la plus sûre; nous y serons dans la journée... si le vent nous favorise.

La galère de Trimalcyon, ainsi que le chebec, imitèrent la manœuvre de *la Gallione rouge*, et les trois bâtiments firent force de voiles vers l'île de Saint-Honorat, située sur la côte de Provence, à peu de distance de Cannes.

Ces ordres donnés, Pog énuméra les pertes que son équipage avait faites; elles étaient assez nombreuses : dix-sept soldats avaient été tués à la Ciotat, et on comptait à bord un aussi grand nombre de blessés.

La couleuvrine de la Maison-Forte avait, en outre, ainsi que nous l'avons dit, tué cinq forçats.

On déferra les cadavres, on les jeta à la mer; on les remplaça par cinq soldats.

Les blessés furent plus ou moins bien pansés par un Maure, qui remplissait les fonctions de chirurgien.

Pog avait deux blessures, l'une à la tête, l'autre au bras.

L'épieu du baron lui avait fait cette dernière plaie, elle était assez profonde; mais celle de la tête n'offrait aucune gravité.

Le Maure qui remplissait les fonctions de chirurgien mit le premier appareil sur les plaies. Ce pansement venait d'être terminé, lorsque le chebec d'Érèbe, arrivant sous toutes voiles, s'approcha de la galère de Pog et le rangea à portée de voix.

CHAPITRE XXXI

LE CHEBEC

Nous retournerons maintenant quelque peu sur nos pas, pour apprendre au lecteur quelles furent les manœuvres de ce chebec pendant l'attaque de la Ciotat, attaque à laquelle il ne prit pas part. Nous dirons aussi comment Reine des Anbiez était tombée au pouvoir d'Érèbe.

Le bohémien, après avoir endormi le guetteur du cap de l'Aigle au moyen d'un narcotique, était descendu sur la plage, et avait gagné la pointe de terre derrière laquelle les galères et le chebec des pirates attendaient son arrivée, selon les avis qu'il avait envoyés à Pog-Reis par son second pigeon.

Hadji, quoiqu'il fît assez froid, se mit bravement à la nage, et atteignit bientôt *la Gallione rouge*, qui était sur ses rames à une très petite distance de la côte.

Après une longue conversation avec Pog-Reis, auquel il donna les derniers renseignements pour assurer le succès de sa descente à la Ciotat, le bohémien, suivant les ordres de Pog, se rendit à bord du chebec, commandé par Érèbe.

Ce bâtiment devait rester étranger à l'action, et seulement s'approcher de la Maison-Forte, pour servir à l'enlèvement de Reine des Anbiez.

Une fois la jeune fille au pouvoir d'Érèbe, le chebec avait ordre de faire un signal, à la suite duquel les galères des pirates commenceraient leur attaque sur la ville.

Pendant le combat, le chebec devait servir d'éclaireur et croiser au large, afin de donner l'alarme aux Barbaresques, si par hasard les galères royales de M. de Brézé apparaissaient dans l'ouest.

Ces dispositions prises, le chebec, s'éloignant des galères, et doublant le promontoire, guidé par le bohémien, qui connaissait parfaitement les localités, s'était avancé vers la ceinture de rochers qui s'étendait au pied de la Maison-Forte.

A la suite de sa conversation de la veille avec Pog, Érèbe avait été pris d'un accès de tristesse profonde.

Dans l'un de ces fréquents et amers retours sur lui-même, il avait vu sa conduite sous son véritable jour; il s'était ému de pitié en songeant aux malheurs qui allaient fondre sur cette petite ville alors si tranquille, et presque sans défense.

Lorsqu'il s'agit de distribuer les postes de combat, il avait formellement déclaré à Pog qu'il ne s'associerait pas à ce nouvel acte de brigandage.

Pog, qui voulait toujours le pousser au mal, ne contraria pas cette résolution, l'encouragea même, et conseilla à Érèbe de profiter de cette occasion pour enlever mademoiselle des Anbiez.

En conséquence, il lui laissa toute liberté de manœuvre pour exécuter ce projet.

Érèbe accepta; il avait ses desseins.

Depuis sa singulière entrevue avec Reine, depuis surtout que le rapport d'Hadji avait pu lui faire croire qu'il était aimé, sa passion pour cette jeune fille s'était chaque jour augmentée.

Le bohémien, en lui vantant la douceur, les charmes, l'esprit, l'élévation de caractère de mademoiselle des Anbiez, avait fait naître dans l'esprit d'Érèbe de vagues et de nobles espérances.

Sa dernière conversation avec Pog le détermina à tout risquer pour les réaliser.

Il avait jusqu'alors souvent entendu Pog se livrer à ses accès de misanthropie farouche; mais jamais la méchanceté de cet homme, jamais ses mépris pour l'humanité ne s'étaient si cruellement révélés.

Ne se trouvant plus attaché à lui par aucun lien, il résolut de saisir la première occasion d'échapper à son influence.

Il affecta donc, quelques heures avant l'entreprise, une gaieté brutale et licencieuse, en parlant du rapt qu'il allait commettre.

Pog fut ou parut dupe de ces démonstrations. Ainsi que nous l'avons dit, il donna à Érèbe entière liberté de manœuvre pour lui faciliter l'enlèvement de Reine.

Érèbe, bien décidé à profiter de ces circonstances, se proposa donc, avec l'aide d'Hadji, de se rendre maître de mademoiselle des Anbiez.

Sans doute cette action était criminelle; mais ce malheureux jeune homme, élevé pour ainsi dire en dehors de la société, ne connaissant que la violence de ses désirs, aimant passionnément, et se croyant non moins passionnément aimé, ne pouvait hésiter un moment devant cette détermination.

Dès qu'il fut en vue de la Maison-Forte, il laissa son chebec en panne à quelque distance, et descendit dans une barque légère avec Hadji et quatre rameurs déterminés.

Le bohémien avait mis à profit son séjour sur la côte.

Il dirigea parfaitement l'embarcation à travers les écueils et les récifs; la chaloupe fut amarrée à l'abri d'un rocher.

A ce moment, les hôtes de Raimond V le quittaient, le repas de la Noël étant terminé. A ce moment, le greffier Isnard, assisté du capitaine Georges, n'était pas encore venu pour arrêter le vieux gentilhomme.

Érèbe, Hadji et deux rameurs mirent pied à terre et s'avancèrent avec précaution jusqu'au pied du mur crénelé de la Maison-Forte.

On se souvient que le bohémien l'avait souvent escaladé, en apparence pour faire montre de son adresse aux yeux de Stéphanette et de Reine.

Il faisait clair de lune, mais l'ombre projetée par les bâtiments avait couvert la descente et la marche des pirates.

Un factionnaire qui se promenait sur la terrasse ne s'aperçut de rien.

Les fenêtres de la galerie du château flamboyaient, mais celles de l'oratoire de Reine étaient obscures.

Hadji pensa avec raison que mademoiselle des Anbiez ne s'était pas encore retirée chez elle.

Il proposa à Érèbe d'attendre le moment où Reine regagnerait son appartement, d'escalader alors la muraille, de poignarder le factionnaire et, une fois maîtres de la terrasse, de monter sur le balcon, comme le bohémien l'avait souvent fait.

En cassant un carreau, on ouvrait la fenêtre; après avoir étouffé les cris de mademoiselle des Anbiez, en la bâillonnant, l'on s'en rendait maître, et on la descendait par la fenêtre sur la terrasse, et de la terrasse sur les rochers, au moyen d'une sorte de ceinture imaginée pour embarquer et débarquer les esclaves récalcitrants, et dont le bohémien s'était provisoirement muni.

En cas d'alarme, les pirates comptaient sur leur adresse et sur leur intrépidité, pour fuir par les mêmes moyens, sûrs d'ailleurs de regagner leur barque avant que les hôtes de la Maison-Forte eussent pu sortir du château et faire le tour des murailles pour arriver à la grève, et s'opposer à leur rembarquement.

Le plan fut accepté par Érèbe, qui seulement s'opposa à ce que le factionnaire fût tué.

Les quatre pirates se préparèrent à l'escalade. La sentinelle se promenait du côté opposé à celui par lequel on devait monter sur la terrasse.

Hadji, suivi de l'un de ses compagnons, gravit donc la muraille à l'aide de trous formés par le temps, et de longs rameaux de lierre enracinés dans les creux des pierres.

Arrivés au sommet du mur, les pirates s'aperçurent avec joie que la guérite, se trouvant entre eux et la sentinelle, devait ainsi les cacher un moment à sa vue.

Ce moment était précieux ; ils sautèrent sur le terre-plein.

A l'instant où le soldat, dans sa marche régulière, revint dans la guérite, Hadji et son compagnon se jetèrent sur lui avec la rapidité de l'éclair :

Hadji lui mit ses deux mains sur la bouche, pendant que son compagnon s'emparait de son mousquet ; puis, à l'aide d'un *tap*[1] dont Hadji était muni, ils eurent bientôt bâillonné la sentinelle, dont ils enchaînèrent les mouvements au moyen d'une longue et forte écharpe de coton.

Alors Hadji jeta une corde à nœuds à Érèbe.

Celui-ci fut en un instant sur la terrasse ; il était alors environ une heure du matin.

Hadji savait qu'on ne relevait les postes qu'à deux heures.

Tout à coup les fenêtres de la chambre de l'oratoire de Reine s'éclairèrent.

Cachés à l'ombre de la guérite, Hadji et Érèbe délibérèrent un moment sur ce qu'ils avaient à faire.

Le bohémien proposa d'escalader seul le balcon dont la longueur dépassait de beaucoup la largeur de la croisée, de s'y cacher, d'épier à travers les vitres quel serait le meilleur moment d'agir, et d'en prévenir Érèbe par un signe.

Celui-ci adopta le projet, mais voulut s'y associer.

Hadji monta donc le premier, jeta l'échelle de corde à Érèbe, tous deux s'embusquèrent de chaque côté de la croisée.

Érèbe allait s'aventurer à regarder par les carreaux, lorsque les battants de la fenêtre, qui se projetaient en dehors, s'ouvrirent doucement, et Reine s'avança sur le balcon.

Érèbe et Hadji se trouvèrent ainsi un moment masqués par les vitraux.

La jeune fille, triste, soucieuse, voulait jouir un moment de cette belle et paisible nuit.

Les instants étaient précieux, l'occasion si favorable, que la même idée vint au bohémien et à Érèbe.

Fermant vivement derrière Reine les ventaux de la fenêtre qui les cachaient, les deux pirates la saisirent avant qu'elle eût pu pousser une plainte.

Qu'on juge de son effroi, de sa douleur, lorsqu'elle reconnut dans son ravisseur l'étranger des roches d'Ollioules.

---

[1] Sorte de bâillon fait de liége, dont on se servait pour bâillonner les forçats souvent pendant le combat pour empêcher leurs cris.

Érèbe mit, dans la faible lutte qui s'engagea entre lui et la malheureuse fille, tous les ménagements possibles, en s'excusant sur la violence de son amour...

En moins de temps qu'il ne faut pour l'écrire, mademoiselle des Anbiez fut entourée d'une sorte de ceinture qui lui ôtait tout mouvement.

Érèbe, ne pouvant se servir de ses mains pour descendre l'échelle à nœuds, puisqu'il emportait Reine dans ses bras, se fit attacher par Hadji une corde autour du corps ; à mesure qu'il descendait un échelon de l'échelle, le bohémien laissait doucement couler la corde qui soutenait le ravisseur.

Érèbe, tenant toujours ainsi Reine dans ses bras, atteignit le pied de la muraille.

Hadji allait à son tour quitter le balcon, lorsque Stéphanette entra dans la chambre, en s'écriant : — Mademoiselle ! mademoiselle !... le greffier et des hommes d'armes viennent pour arrêter monseigneur...

A ce moment, maître Isnard et le capitaine Georges venaient, en effet, sommer Raimond V de les suivre.

Ne trouvant pas sa maîtresse dans sa chambre, et voyant la fenêtre ouverte, Stéphanette y courut.

Le bohémien, qui s'était aperçu du danger que pouvait causer la présence de Stéphanette, s'était brusquement caché.

Celle-ci, étonnée de ne pas voir sa maîtresse, s'avança sur le balcon. Le bohémien ferma vivement la fenêtre derrière la jeune fille, et lui mit la main sur la bouche.

Quoique surprise et effrayée, Stéphanette tâcha de se délivrer des mains du bohémien, qui, pouvant à peine la contenir, cria à voix basse à Érèbe :

— A l'aide ! à l'aide ! Cette diablesse est forte comme un petit démon ; elle mord comme une chatte en furie. Si elle crie, tout est perdu.

Érèbe, ne voulant pas quitter Reine, ordonna à l'autre pirate d'aller au secours d'Hadji.

En effet, Stéphanette, beaucoup plus hardie que sa maîtresse, ayant des habitudes un peu plus mâles que mademoiselle des Anbiez, faisait une héroïque et vigoureuse résistance ; elle parvint même, en faisant usage de ses jolies dents, à faire lâcher prise à Hadji, et à pousser quelques cris.

Malheureusement, la fenêtre était fermée ; ses plaintes ne furent pas entendues.

Le second pirate vint en aide au bohémien. Malgré ses efforts, la fiancée du digne capitaine Trinquetaille subit le sort de sa maîtresse; elle fut affalée sur la terrasse par les deux ravisseurs, avec un peu moins de cérémonie que mademoiselle des Anbiez.

Une fois sur le terre-plein du rempart, l'entreprise ne pouvait plus rencontrer de difficulté sérieuse. En effet, les deux jeunes filles furent descendues le long de la muraille, à l'aide des précautions et des moyens déjà employés pour les descendre du balcon.

Érèbe et Hadji gagnèrent la chaloupe qui les attendait, et les deux captives étaient à bord du chebec, que les hôtes de la Maison-Forte ne soupçonnaient pas encore l'enlèvement de Reine et de sa suivante.

Tout, jusque-là, avait été au gré des désirs d'Érèbe.

Reine et Stéphanette, délivrées de leurs liens, furent respectueusement déposées dans la cabine du chebec, qu'Érèbe avait fait arranger avec toute la recherche possible.

Le premier mouvement de stupeur et d'effroi passé, Reine reprit toute la fermeté, toute la dignité qui la caractérisaient.

Stéphanette, au contraire, après avoir vaillamment résisté, cédait à un accablement presque désespéré.

Lorsque Érèbe se présenta devant elles, Stéphanette se précipita à ses genoux, en pleurant.

Reine garda un sombre silence, et ne daigna pas même jeter un regard sur son ravisseur.

Érèbe, alors, fut presque effrayé de la réussite de sa tentative. Il subit encore l'influence des bons et des mauvais instincts qui luttaient en lui. Ce n'était pas un audacieux ravisseur, c'était un enfant timide.

Le sombre silence, l'air à la fois digne et profondément irrité de Reine, lui imposaient et le désolaient à la fois.

Hadji, pendant tout le temps de leur fatale expédition, avait constamment répété à Érèbe que Reine l'aimait passionnément, et que le premier moment de honte et de colère passé, il trouverait la jeune fille remplie de tendresse et même de reconnaissance: il fit donc un effort de courage, s'approcha de Reine avec une aisance effrontée, et lui dit:

— Après l'orage, le soleil... Demain, vous ne penserez plus qu'à la chanson de l'émir, et mon amour séchera vos larmes.

En disant ces mots, Érèbe voulut prendre une des mains que la jeune fille tenait toujours sur son visage...

— Misérable! n'approchez pas!... — s'écria Reine, en le repoussant avec effroi, et en lui jetant un regard dédaigneux si irrité... qu'Érèbe n'osa faire un pas.

Un voile lui tomba des yeux. L'accent, l'émotion, l'indignation de Reine, étaient si sincères, qu'en un instant il perdit tout espoir. Il vit, ou plutôt il crut qu'il s'était grossièrement trompé, que la jeune fille n'avait jamais rien ressenti pour lui.

Dans sa douloureuse surprise, il tomba aux genoux de Reine, et, les mains jointes, il s'écria de la voix la plus douce et la plus touchante :

— Vous ne m'aimez donc pas?

— Vous... vous...

— Oh! pardon... pardon, mademoiselle, — dit Érèbe toujours à genoux, toujours en joignant les mains, et il ajouta avec une ingénuité charmante : — Mon Dieu... pardonnez-moi ; je croyais que vous m'aimiez... Eh bien, non, non, ne vous fâchez pas... je le croyais, le bohémien me l'avait dit... sans cela, je n'aurais pas fait ce que j'ai fait...

Sans la gravité des circonstances, on n'aurait pu s'empêcher de sourire, en voyant ce jeune pirate, naguère si hardi, si résolu, alors tremblant et baissant les yeux sous le regard irrité de Reine.

Stéphanette, frappée de ce contraste, malgré son chagrin, ne put s'empêcher de dire :

— Mais c'est qu'à l'entendre, on croirait qu'il s'agit d'une espièglerie de page, de quelque ruban ou de quelque bouquet dérobé... Fi... fi, monsieur... vous êtes un païen, un monstre...

— Ah!... c'est affreux... affreux... Et mon père... mon pauvre père! — s'écria Reine, ne pouvant retenir ses larmes qui coulaient avec abondance.

Cette douleur si vraie navra le cœur d'Érèbe ; il sentit toute l'étendue de son crime.

— Oh! par pitié... par pitié, ne pleurez pas ainsi! — s'écria-t-il, les yeux baignés de larmes. — Je reconnais mes torts... Dites ; que voulez-vous que je fasse pour les expier?... Je le ferai ; ordonnez : ma vie est à vous...

— Ce que je veux... c'est que vous me fassiez remettre à terre, à l'instant même... Et mon père... mon père, s'il s'est aperçu de cet enlèvement, quel coup affreux pour lui!... C'est peut-être encore un crime que vous aurez à vous reprocher...

— Accablez-moi... je l'ai mérité ; mais, au moins, n'oubliez pas que j'ai sauvé la vie de votre père.

— Et qu'importe, que vous la lui ayez sauvée pour la lui faire maintenant si malheureuse... Ce n'est plus pour vous bénir, mais pour vous maudire que je penserai à vous désormais...

— Non, non ! — s'écria Érèbe en se relevant. — Non, vous ne me maudirez pas ! Vous direz, vous direz bientôt que votre vue, que vos paroles ont arraché un malheureux à l'abîme d'infamie où il allait s'engloutir à jamais... Écoutez... Cette ville est maintenant paisible... D'affreux malheurs la menacent... Les pirates sont proches... Qu'un signal parte de ce chebec... la mort, le pillage et l'incendie vont désoler cette côte...

— Mon Dieu ! mon Dieu ! et mon père !... — s'écria Reine.

— Rassurez-vous : ce signal ne sera pas donné... Cette ville, je la sauverai... Vous êtes en mon pouvoir... A l'heure même, je vais vous reconduire à terre. Eh bien, alors... dites... si je fais cela, — reprit Érèbe avec un accent de tristesse profonde, — penserez-vous quelquefois à moi sans courroux et sans mépris ?

— Je ne remercierai jamais Dieu de m'avoir rendue à mon père, sans penser avec reconnaissance au sauveur du baron des Anbiez, — dit Reine avec dignité.

— Et Érèbe sera digne de votre souvenir ! — s'écria le jeune pirate. — Je vais tout préparer pour votre départ et je reviens vous chercher.

Il monta précipitamment sur le pont.

Le chebec était toujours en panne. On voyait au loin les deux galères. Quoique le chebec appartînt à Pog-Reis, Érèbe, depuis trois ans, commandait ce bâtiment ; il croyait avoir gagné l'affection de l'équipage. Il monta donc sur le pont. Hadji allait allumer une fusée, signal convenu entre Pog et Érèbe, pour annoncer que mademoiselle des Anbiez était à bord du chebec, et qu'on pouvait commencer l'attaque de la Ciotat.

— Arrête, — dit Érèbe à Hadji, — ne donne pas encore le signal. Depuis longtemps tu m'es dévoué ; encore dernièrement, aujourd'hui même, tu m'as fidèlement servi. Écoute-moi.

— Parlez promptement, seigneur Érèbe, car Pog-Reis attend

le signal, et si je tarde à l'exécuter, il me fera chevaucher sur le coursier de sa galère, avec un boulet à chaque pied, pour me tenir en équilibre.

— Si tu m'obéis, tu n'auras rien à craindre. Cette vie de meurtre et de brigandage m'est odieuse ; les hommes que je commande sont moins féroces que leurs compagnons ; ils m'aiment ; ils ont confiance en moi, je puis leur proposer d'abandonner les galères. Le chebec leur est supérieur en vitesse. Après une expédition dont je te parlerai tout à l'heure, nous ferons à l'instant voile pour l'Orient, pour l'Archipel grec ; arrivés à Smyrne, nous nous mettrons à la solde du bey : au lieu d'être pirates, nous deviendrons soldats ; au lieu d'égorger de malheureux marchands sur le pont de leurs navires, nous combattrons des hommes. Veux-tu me seconder ?

Hadji avait toujours à la main sa mèche allumée ; l'approchant de sa bouche, il aviva son feu avec un imperturbable sang-froid, et dit à Érèbe :

— Ce sont là tous vos projets, seigneur Érèbe ?

— Non, ce n'est pas tout... Pour empêcher les nouveaux crimes que Pog-Reis médite, nous allons mettre sous voiles, nous approcher des galères, et crier avec effroi que nous venons de voir à l'horizon les feux des galères du roi de France ; on les sait à Marseille... on redoute leur venue, on nous croira facilement. Pog-Reis prendra la fuite devant ces forces si supérieures, et cette malheureuse ville échappera au moins cette fois au sort horrible qui la menace. Eh bien ! que dis-tu de mon projet ? Tu as de l'influence sur l'équipage, seconde-moi.

Hadji souffla de nouveau sa mèche, regarda fixement Érèbe, et pour toute réponse, avant que celui-ci eût pu l'en empêcher, il mit le feu à la fusée qui devait servir de signal à l'attaque des pirates.

Elle s'élança dans l'espace comme un funeste météore.

Presque au même instant on entendit gronder le canon des pirates, et la descente à la Ciotat fut effectuée ainsi que nous l'avons raconté.

— Misérable ! — s'écria Érèbe en se précipitant avec rage sur Hadji.

Celui-ci, d'une force supérieure à celle du jeune homme, se délivra de ses mains, et lui dit avec un mélange d'ironie, de respect et d'attachement :

— Écoutez, seigneur Érèbe ; ni moi, ni ces braves gens, nous n'avons encore envie de changer notre liberté contre la discipline des beyliks. La mer est à nous dans toute son immensité ; nous aimons mieux être le fier coursier qui a pour carrière le désert sans fin, que le cheval aux yeux bandés qui use sa vie à tourner dans un manége pour tirer de l'eau d'un puits. Or, le service d'un beylik comparé à notre vie aventureuse n'est pas autre chose. En un mot, nous sommes des diables, et nous ne nous trouvons pas encore assez vieux pour nous faire ermites, comme disent les chrétiens. Le métier nous plaît ainsi ; nous n'abandonnerons pas la liberté pour la prison.

— Soit, tu es un scélérat endurci, je te croyais de meilleurs sentiments... Tant pis pour toi, l'équipage m'est attaché, il m'écoutera, et me prêtera main-forte pour me débarrasser de toi, si tu oses t'opposer à mes projets.

— Par Éblis ! que dites-vous, seigneur Érèbe ? — s'écria le bohémien d'un air ironique. — Me traiter ainsi, moi qui, pour vous servir, ai chanté à votre belle la chanson de l'émir ! moi qui ai consenti à faire le vil métier de chaudronnier ! moi qui me suis profané jusqu'à aider dame Dulceline à élever une espèce d'autel au Dieu des chrétiens ! moi qui, pour vous servir, ai remis la patte du lévrier de Raimond V ! moi qui enfin ai consenti à ferrer le cheval de ce vieil ivrogne !

— Tais-toi, misérable ! pas un mot de plus sur ce malheureux père à qui je porte peut-être maintenant un coup si douloureux ! Réfléchis bien, je vais parler à l'équipage, il m'écoutera ; il en est temps encore, rallie-toi à moi, redeviens honnête homme.

— Écoutez, seigneur Érèbe ; vous me proposez de redevenir honnête homme, je vais vous répondre en poëte et en chaudronnier. Quand les années ont entassé une rouille épaisse et corrosive sur un vase de cuivre, et que cette rouille y a été bronzée par le feu... on frotterait mille ans et plus sans parvenir à éclaircir ce vase et à lui redonner, non pas son éclat et sa pureté première, mais seulement un aspect un peu moins noir que les ailes d'Éblis !!! Eh bien ! voilà où nous en sommes, moi et mes compagnons, nous sommes bronzés par le mal. N'essayez donc pas de nous débaucher au bien... vous ne serez ni compris, ni obéi.

— Je ne serai pas compris, soit ; mais je serai obéi.

— Vous ne serez pas obéi si vos ordres contrarient certaines instructions que Pog-Reis a données à l'équipage avant de partir de Porte-Cros.

— Des instructions! Tu mens comme un chien.

— Écoutez, seigneur Érèbe, — dit Hadji avec un inaltérable sang-froid; — quoique je ne veuille pas rentrer dans le bon chemin, je vous aime à ma façon, je veux vous empêcher de faire une fausse démarche. Pog-Reis... depuis une certaine conversation, m'a-t-il dit, se défie de vous. Tout à l'heure, lorsque du haut du cap de l'Aigle, où j'avais endormi le vieux guetteur, j'ai vu nos galères s'avancer, je suis descendu sur la plage, et je me suis rendu à bord de *la Gallione rouge*; là j'ai eu à votre sujet un entretien secret avec Pog-Reis.

— Traître!... Pourquoi m'avais-tu caché cela?

— Le sage sur deux actions en cache trois. Pog-Reis m'a dit qu'il avait prévenu l'équipage et qu'il me prévenait que les ordres qu'il t'avait donnés étaient ceux-ci : — Enlever la jeune fille, — faire le signal que l'enlèvement avait réussi, — croiser au vent de la Ciotat pendant que les galères attaqueraient cette ruche de gros citadins, — veiller enfin à ce que nos gens ne fussent pas surpris par les galères du roi de France qui pouvaient venir de l'ouest; — est-ce vrai?

— C'est vrai.

— Eh bien donc! seigneur Érèbe, je te dis que si les ordres que tu vas donner contrarient ceux-là, on ne t'écoutera pas.

— Mensonge!

— Essayez.

— A l'instant même, — dit Érèbe. Et s'adressant au timonier et aux marins qui attendaient ses ordres, il commanda une manœuvre qui tendait à rapprocher le chebec de la Maison-Forte.

Quel fut l'étonnement d'Érèbe lorsqu'au lieu d'exécuter ses ordres, il vit, sur un signe d'Hadji, le timonier et les marins, par une manœuvre toute contraire, rapprocher davantage le chebec du lieu de l'action.

— Vous refusez de m'obéir! — s'écria Érèbe.

— Eh bien! seigneur Érèbe, que vous disais-je?

— Tais-toi, misérable...

Érèbe tenta en vain d'ébranler la fidélité des matelots; soit terreur, soit habitude de l'obéissance passive, soit amour de leur vie grossière et licencieuse, ils restèrent fidèles aux ordres qu'ils avaient reçus.

Érèbe baissa la tête avec désespoir.

— Puisque tu as le commandement de ce chebec, — dit-il à Hadji, avec un sourire amer, — c'est à toi que je m'adresse pour faire mettre le bâtiment en panne, et amener le long du bord la chaloupe qu'on traîne à la remorque.

— Le capitaine, ici, c'est vous, seigneur Érèbe; ordonnez sans contrarier les ordres de Pog-Reis, et je serai le premier à hâler sur les cordages, ou à mettre au timon.

— Trêve de mots; alors, fais armer cette chaloupe par quatre hommes.

— Mettre le chebec en panne? rien ne s'y oppose, — dit Hadji. — Le guet se fait aussi bien en place qu'en mouvement, et de temps à autre la sentinelle s'arrête. Quant à armer la chaloupe, cela se fera quand je saurai quel est votre dessein.

Érèbe frappa du pied avec impatience.

— Mon dessein est de reconduire à terre ces deux jeunes filles.

— Rejeter sur cette côte sauvage la perle du golfe! — s'écria le bohémien, — quand elle est en votre pouvoir! quand vous êtes aimé! quand...

— Tais-toi et obéis... cela m'est personnel, je pense, et Pog-Reis ne me forcera pas à enlever une femme, si je ne le veux pas!

— Cet enlèvement est aussi personnel à Pog-Reis, seigneur Érèbe; je ne puis ordonner d'armer la chaloupe.

— Que dis-tu? — s'écria le jeune homme presque avec effroi.

— Pog-Reis est un vieux routier... seigneur Érèbe... il sait que, malgré son courage et sa force, le tigre peut tomber, aussi bien que le buffle stupide, dans le piége qu'un lâche trapeur a tendu sous ses pas... Éblis a secoué ses ailes sur la Ciotat; les flammes pétillent, les canons tonnent, la mousqueterie éclate; nos gens se gorgent de pillage et mettent les chrétiens à la chaîne... c'est bien... Mais que Pog-Reis... mais que Trimalcyon-Reis, dans une surprise, restent prisonniers des chiens de chrétiens! que nos gens soient obligés de regagner leurs galères en abandonnant Pog et Trimalcyon prisonniers, ceux-ci sont écartelés et brûlés comme renégats...

— Finiras-tu? finiras-tu?...

— En gardant au contraire la perle de la Ciotat, Reine des Anbiez, comme otage jusqu'à la fin de l'entreprise, elle peut nous être d'un grand secours, et nous valoir, par son échange, la liberté de Pog-Reis, de Trimalcyon-Reis. Il faut donc que cette jeune fille et sa compagne restent ici jusqu'à ce que Pog-Reis ait décidé de leur sort.

Érèbe fut atterré.

Les menaces, les supplications ne purent ébranler de leur détermination ni Hadji ni l'équipage.

Un moment Érèbe, dans son désespoir, fut sur le point de se précipiter à la mer, et de gagner la côte à la nage pour s'y faire tuer en combattant les pirates ; mais il songea que c'était laisser Reine sans défenseur. Il redescendit donc sombre et désespéré dans la cabine.

— Voici notre généreux sauveur, — s'écria Reine en se levant et en allant au-devant de lui.

Érèbe fit un signe de tête mélancolique, et dit :

— Je suis maintenant prisonnier comme vous.

Et il raconta aux deux jeunes filles ce qui venait de se passer sur le pont. Un moment calmée par une trompeuse assurance, la douleur de Reine éclata avec une nouvelle violence, et, malgré le tardif repentir d'Érèbe, elle l'accusa, avec raison, d'être l'auteur des maux qui l'accablaient.

Tels étaient les faits qui s'étaient passés à bord du chebec, lorsque ce bâtiment (commandé par Hadji depuis qu'Érèbe avait rejoint Reine et Stéphanette) rallia les galères de Pog et de Trimalcyon, qui s'éloignaient à force de rames de la Ciotat, après leur funeste expédition.

Le bohémien était à poupe du chebec, lorsque Pog-Reis, le hélant de sa galère, lui dit :

— Eh bien ! cette fille est-elle à bord ?

— Oui, maître Pog... et, de plus, il y a une fauvette avec la colombe.

— Et Érèbe ?

— Maître Érèbe a voulu faire ce que maître Pog avait prévu... — dit le bohémien en faisant un signe d'intelligence.

— Je m'y attendais... Veille sur lui... garde le commandement du chebec, navigue dans mes eaux, et imite mes manœuvres.

— Vous serez obéi, maître Pog... Mais, avant de vous quitter, laissez-moi vous faire un présent... Ce sont des papiers et des jouets d'amour appartenant à un chevalier de Malte... C'est, je crois, une histoire digne de Ben-Absull. J'ai fait cette belle trouvaille dans la cabane du guetteur. Je croyais trouver un diamant, j'ai trouvé un grain de maïs... Mais cela vous intéressera peut-être, maître Pog... Il y a une croix de Malte sur la cassette ; tout ce qui porte ce signe abhorré vous revient de droit.

En disant ces mots, Hadji jeta aux pieds de Pog-Reïs le coffret d'argent ciselé qu'il avait volé dans le meuble d'ébène de Peyrou. Ce coffret était entouré d'une écharpe, destinée à contenir le couvercle brisé.

Pog-Reïs, peu sensible à l'attention du bohémien, lui fit signe de continuer sa route.

Le chebec prit son rang de marche à l'arrière de la galère de Pog.

Les trois bâtiments disparurent bientôt dans l'est, se dirigeant en toute hâte vers les îles Saint-Honorat, où ils comptaient se radouber.

CHAPITRE XXXII

DÉCOUVERTE

Pog était trop vivement préoccupé de la position fâcheuse où se trouvaient ses galères, pour avoir prêté beaucoup d'attention aux dernières paroles d'Hadji. Un des spahis ramassa le coffret et le porta dans la chambre de Pog, où ce dernier descendit bientôt, après avoir laissé au pilote le commandement de la galère.

Cette chambre était entièrement tendue d'une grossière étoffe de laine rouge. Sur cette tenture, on voyait çà et là une grande quantité de croix noires tracées à la main avec du charbon. Parmi elles, on remarquait aussi quelques croix blanches marquées à la craie, mais en petit nombre.

Une lampe de cuivre jetait dans cette pièce une lueur blafarde et sépulcrale.

On y voyait, pour tout ameublement, un lit recouvert d'une

peau de tigre, deux chaises et une table de bois de chêne à peine équarrie.

Lorsque le Maure eut mis le premier appareil sur les blessures de Pog, il se retira.

Celui-ci, resté seul, s'assit, appuya son front sur sa main, et réfléchit aux événements de la nuit.

Sa vengeance n'était qu'à demi satisfaite.

Sa retraite précipitée humiliait son amour-propre, et soulevait en lui de nouveaux ressentiments.

Néanmoins, en songeant au mal qu'il avait fait, il sourit d'un air sinistre, et se leva en disant :

— C'est toujours cela ! Ma nuit n'aura pas été perdue...

Puis, il prit un morceau de charbon, et fit plusieurs croix noires sur la tenture...

De temps à autre il s'arrêtait, en ayant l'air de rassembler ses souvenirs... Il venait de tracer une dernière croix, lorsqu'il se dit à lui-même :

— Ce baron des Anbiez est tué ! je le crois, je l'espère... A la sourde vibration du manche de ma masse d'armes dans ma main, j'ai cru sentir que le crâne était brisé; mais le baron avait un casque... la mort n'est pas sûre. N'augmentons pas faussement le nombre de mes victimes.

Après cette plaisanterie lugubre, il effaça la croix, et se mit à compter les croix blanches.

— Onze, — dit-il, — onze chevaliers de Malte... morts sous mes coups... Oh ! ceux-là sont bien morts... car je me serais mille fois fait tuer sur leurs cadavres, plutôt que de leur laisser un souffle de vie...

Pog resta plongé dans un nouveau silence... Debout, les bras croisés sur sa poitrine, la tête baissée, il dit ensuite avec un profond soupir :

— Depuis plus de vingt ans je poursuis ma vengeance... mon œuvre de destruction... Depuis vingt ans... ma douleur a-t-elle diminué ? mes regrets sont-ils moins désespérés ? Je ne sais... Sans doute... j'éprouve comme une horrible joie en disant à l'homme : « Souffre... meurs... » Mais après... après ! toujours le regret... toujours !!... Et pourtant je n'ai pas de remords, non; il me semble que je suis l'aveugle instrument d'une volonté toute-puissante... Oui, cela doit être... Ce n'est pas la cupidité qui me guide... c'est un besoin impérieux, un besoin insatiable de vengeance... Où vais-je ? Quel sera le réveil de cette vie sanglante, qui me semble quelquefois un songe horrible? Quand je pense à ce que fut autrefois ma vie, à ce que j'étais moi-même... c'est à devenir fou... comme je le suis... Oui, il faut que je sois fou... car quelquefois j'ai des moments où je me demande : Pourquoi tant de cruautés? Cette nuit, par exemple... que de sang... que de sang... Ce vieillard! ces femmes! Oh! je suis fou... fou furieux... C'est épouvantable. Que m'avaient-ils fait?

Pog cacha sa tête dans ses mains. Après quelques moments de morne réflexion, il s'écria d'une voix terrible :

— Eh! que lui avais-je fait, moi, à celui qui m'a précipité du ciel dans l'enfer? Rien... je ne lui avais rien fait! Que lui avais-je fait à elle... à sa complice? Je l'avais entourée de toute l'adoration, de toute l'idolâtrie que l'homme peut ressentir ici-bas pour la créature... Et pourtant!! Oh!... cette douleur... sera-t-elle donc toujours saignante? Ce souvenir sera-t-il donc toujours affreux, toujours brûlant comme un fer chaud?... Oh! rage! oh! misère! Oh! l'oubli! l'ou li... je ne demande que l'oubli!...

En disant ces mots, le pirate tomba la face sur son lit, froissa la peau de tigre entre ses mains crispées et fit entendre une espèce de rugissement sourd et étouffé...

Le paroxysme de cet accès dura quelque temps, une morne stupeur lui succéda.

Pog se redressa bientôt, le teint plus pâle encore que de coutume, les yeux ardents, les lèvres contractées.

Il passa sa main sur son front, pour raffermir le bandage de sa plaie qui s'était dérangé. En laissant retomber son bras avec accablement, il sentit près de la cloison un objet qu'il n'avait pas remarqué.

C'était la cassette qu'Hadji avait jetée à bord de *la Gallione rouge*, et que l'un des hommes de Pog avait descendue dans sa chambre.

Le pirate prit machinalement ce coffret et le mit sur ses genoux.

La croix de Malte damasquinée sur le couvercle frappa sa vue et le fit tressaillir.

Il rejeta brusquement le coffret loin de lui, l'écharpe se dénoua, il s'ouvrit.

Un assez grand nombre de lettres roulèrent sur le parquet avec deux médaillons et une longue tresse de cheveux blonds...

Pog était assis sur son lit, les médaillons étaient tombés à une assez grande distance de lui.

La lumière qui éclairait sa chambre était pâle, vacillante.

Par quel prodige de l'amour, de la haine, de la vengeance, reconnut-il à l'instant des traits... qu'il n'avait jamais oubliés?

Cet événement était si foudroyant, que Pog se crut d'abord le jouet d'un rêve.

Il n'osait faire un mouvement.

Le corps à demi penché, les yeux ardemment fixés sur ce médaillon, il craignait à chaque instant de voir évanouir ce qu'il prenait pour un fantôme de son imagination exaltée...

Enfin, tombant à genoux, il se précipita sur ces objets comme s'ils avaient encore pu lui échapper...

Il saisit les portraits...

L'un deux représentait une femme d'une éclatante beauté.

Il ne s'était pas trompé... il l'avait reconnue...

L'autre représentait une figure d'enfant.

Le pirate laissa tomber le médaillon à terre, et resta pétrifié...

Il venait de reconnaître Érèbe! Érèbe, tel qu'il était du moins lorsque, quinze ans auparavant, il l'avait enlevé sur les côtes du Languedoc!

Pog, doutant encore de ce qu'il voyait, sortit de cet anéantissement passager, ramassa le médaillon, rappela bien ses souvenirs pour se prémunir contre toute erreur, regarda de nouveau le portrait avec une anxiété dévorante... C'était bien Érèbe... c'était Érèbe à l'âge de cinq ans.

Alors, Pog se jeta sur les lettres et les lut à genoux sans songer à se relever.

Cette scène offrait quelque chose de terrible...

Cet homme, pâle, ensanglanté, agenouillé au milieu de cette chambre lugubre, lisait avec avidité ces pages qui lui révélaient enfin le sombre mystère qu'il cherchait depuis si longtemps...

CHAPITRE XXXIII

LES LETTRES

Nous mettrons sous les yeux du lecteur les lettres que lisait Pog avec une si douloureuse attention.

La première avait été écrite par lui-même, environ vingt ans avant l'époque dont nous parlons. On y verra un contraste si frappant entre sa vie d'alors, vie heureuse, calme, riante; vie si complètement opposée à sa vie de pirate et de meurtrier, que peut-être aura-t-on quelque pitié pour ce malheureux, en comparant ce qu'il avait été et ce qu'il était.

Peut-être même le plaindra-t-on en voyant de quelle élévation il était tombé.

Ces lettres dévoileront aussi quel lien mystérieux unissait le commandeur des Anbiez, Érèbe et Pog, auquel nous restituerons son véritable nom, celui du *comte Jacques de Montreuil*, ancien lieutenant des galères du roi.

M. de Montreuil (Pog) avait écrit la lettre suivante à sa femme au retour d'une campagne de huit ou neuf mois dans la Méditerranée.

Cette lettre était datée du lazaret de Marseille.

La galère de M. de Montreuil ayant touché à Tripoli de Syrie, où la peste s'était déclarée, devait, suivant l'usage, subir une longue quarantaine.

Madame Émilie de Montreuil habitait, près de Lyon, une maison de campagne située sur les bords du Rhône.

LETTRE PREMIÈRE

« Lazaret de Marseille, 10 décembre 1612,
à bord de *la Capitane*.

» Il serait vrai ! Émilie, il serait vrai ! mon cœur déborde de joie.

» Je ne saurais t'exprimer mon saisissement... c'est un vertige de bonheur, c'est un épanouissement de l'âme, ce sont de folles exaltations qui tiendraient du délire, si à chaque instant une pensée pieuse, sainte, ne me ramenait à Dieu, à Dieu ! tout-puissant auteur de nos félicités...

» Oh ! si tu savais, Émilie, comme je l'ai prié, comme je l'ai béni ! avec quelle ferveur profonde j'ai élevé vers lui ce cri de mon âme enivrée : « Merci à vous, mon Dieu, qui
» avez entendu nos prières... Merci à vous, mon Dieu, qui
» couronnez le saint amour qui nous unit en nous donnant
» un enfant... »

» Émilie... Émilie... mon Dieu ! je suis fou.

» En écrivant ce mot... *un enfant*... ma main tremble, mon cœur bondit... Tiens, je pleure. . . . .
. . . .

» Oh ! j'ai pleuré avec délices.

» Quelles douces larmes, qu'elles sont bonnes à pleurer !...

» Émilie, ma femme... âme de mon âme, vie de ma vie, chaste trésor des plus pures vertus... Il me semble maintenant que votre beau front rayonne de majesté...

» Je me prosterne devant vous, il y a quelque chose de si divin dans la maternité...

» Émilie... vous le savez, depuis trois ans que dure notre union, notre amour, jamais un nuage ne l'a troublé... Chaque jour a ajouté un jour à cette vie de délices...

» Pourtant, bien malgré moi, sans doute, je vous aurai peut-être causé, non quelque peine, non quelque déplaisir... mais quelque légère contrariété, et vous toujours si douce, si bonne, vous me l'aurez sans doute caché ? Eh bien ! dans ce jour solennel, je viens à genoux, à deux genoux, vous en demander pardon, comme je demanderais pardon à Dieu de l'avoir offensé.

» Vous savez si vous m'étiez chère, Émilie, notre tendresse toujours renaissante changeait notre solitude en paradis. Eh bien ! ce bonheur d'autrefois, qui me semblait alors dépasser toutes les limites du possible, va pourtant être doublé...

» Ne trouvez-vous pas, Émilie, que dans le bonheur à deux, il y a une sorte d'égoïsme, une sorte d'isolement, qui disparait lorsqu'un enfant chéri vient doubler nos plaisirs en les augmentant des plus tendres, des plus touchants, des plus adorables devoirs ?

» Oh ! ces devoirs, comme vous les comprendrez !...

» N'avez-vous pas été le modèle des filles ?... quel sublime dévouement pour votre père !... quelle abnégation !... quels soins !

» Oh ! oui, la meilleure, la plus adorable des filles sera la meilleure, la plus adorable des mères !

» Mon Dieu ! comme nous l'aimerons, Émilie !... comme nous l'aimerons, ce pauvre petit être...

» Ma femme, mon ange aimé... je pleure encore...

» Ma raison se perd... Oh ! pardon... mais depuis tant de temps je suis privé de nouvelles de toi... et puis, la première lettre que tu m'écris après tant de mois d'absence vient m'apprendre cela, mon Dieu ! cela !... comment résister !

. . . .

» Je ne saurais te dire les rêves, les projets... les visions que je caresse !

» Si c'est une fille... elle s'appellera Émilie, comme toi, je le veux... je t'en prie... Il n'y aura rien de plus charmant que ces heureuses méprises de noms. Vois-tu comme j'y gagnerai ? Quand j'appellerai tendrement une Émilie... deux arriveront près de moi. Ce doux nom... le seul nom qui maintenant existe pour moi... retentira dans deux cœurs à la fois...

» Si c'est un garçon, voudras-tu bien l'appeler aussi comme moi ?

» A propos, Émilie, il faut ne pas oublier de faire élever une petite palissade autour du lac et sur le bord de la rivière... Grand Dieu ! si notre enfant...

» Voyez, Émilie, comme je devine, comme je sais votre cœur... cette crainte ne vous paraîtra pas exagérée... ne vous fera pas sourire... non... une larme roulera dans vos yeux... Oh ! n'est-ce pas ? n'est-ce pas ? je te connais si bien !

» N'est-ce pas qu'il n'y a pas un battement de ton cœur qui me soit étranger ! Mais dis-moi donc comment j'ai mérité tant d'amour ? mais qu'ai-je donc fait de si beau, de si grand, pour que le ciel me récompense ainsi

» Tu sais que j'ai toujours eu des sentiments religieux.

» Tu sais que tu disais souvent, avec ta grâce inimitable, que, si je ne savais pas très exactement les fêtes de l'Église, je savais parfaitement la quantité des pauvres de nos environs ; maintenant je sens le besoin, non d'une foi plus ardente, car je crois... oh ! j'ai tant de raisons de croire ! de croire avec ferveur... mais je sens le besoin d'une vie plus gravement religieuse... encore...

» Je dois tout à Dieu, c'est un si imposant sacerdoce que celui de la paternité... *Maintenant*, il n'y a plus d'actions indifférentes dans notre vie ! rien ne nous appartient plus. Il faut prévoir non-seulement pour notre avenir à nous, mais pour celui de notre enfant...

» Tu penses bien, Émilie, que ce que tu désirais tant... que ce que tu n'osais me demander, par égard pour la volonté de mon père, tu penses bien que ma démission du service n'es pas une question...

» Il n'y a pas *maintenant* une heure, une minute de ma vie, qui n'appartienne à notre enfant. Si j'ai cédé aux instances que tu me faisais avec tant de regrets, pauvre femme, afin de m'engager à suivre fidèlement le dernier vœu de mon père, *maintenant* il n'en saurait plus être ainsi; quoique nos biens soient considérables, nous ne devons *maintenant* rien négliger de ce qui peut les améliorer.

» Jusqu'à présent nous en avons abandonné la gestion à nos gens d'affaires; je veux m'en occuper moi-même.

» Ce sera autant de gagné pour notre enfant. Les baux de nos fermes du Lyonnais expirés, nous mettrons nous-mêmes nos terres en valeur.

» Tu le sais, mon amie, le rêve de toute ma vie a été de mener ainsi l'existence de gentilhomme campagnard au milieu des douces et saintes joies de la famille. Tes goûts, ton caractère, tes angéliques vertus te faisaient aussi toujours désirer ces riantes et paisibles habitudes... que te dire de plus, mon Émilie, mon ange béni de Dieu?...

» On vient m'interrompre. La chaloupe du lazaret part à l'instant...

» Je me désespère en songeant que plus d'un grand mortel mois me sépare encore du moment où je tomberai à tes genoux et où nous joindrons nos mains pour remercier Dieu. »

. . . .

Cette lettre naïve, puérile peut-être, par ses détails, mais qui peignait un bonheur si profond, qui parlait d'espérances si radieuses, était renfermée dans une autre lettre, portant cette adresse : *Au commandeur Pierre des Anbiez*, et contenait ces mots écrits à la hâte, et d'une main presque défaillante.

LETTRE DEUXIÈME

« 13 décembre, minuit.

» Il me croit... lisez... lisez... je me sens mourir... lisez... que cette lettre soit notre supplice ici-bas, en attendant celui que Dieu nous réserve...

» Maintenant, j'ai honte de vous... de moi... nous avons été lâches... lâches comme des traîtres que nous sommes...

» Ce mensonge infâme... jamais je n'oserai le soutenir de-

vant lui... jamais je ne lui laisserai croire que cet enfant...
Ah! c'est un abîme de désespoir!

» Soyez maudit... partez... partez...

» Jamais ma faute ne m'a paru plus épouvantable que depuis cet exécrable mensonge fait à sa noble confiance pour nous assurer l'impunité...

» Que le ciel préserve ce malheureux enfant!...

» Sous quels horribles auspices il naîtra... s'il naît, car je le sens... il mourra dans mon sein... je ne survivrai pas aux tortures que je souffre... Pourtant mon mari va arriver... jamais je ne lui mentirai... Que faire? Non, ne partez pas... ma pauvre tête s'égare; au moins... vous... ne... m'abandonnez pas... non, non, ne partez pas,... venez. . . . .
. . . .

» ÉMILIE. »

Pog (M. de Montreuil), ainsi que la suite va le démontrer, en découvrant que sa femme était coupable, n'avait pu, ni à cette époque, ni depuis, connaître le séducteur de la malheureuse Émilie!

Il avait aussi toujours ignoré qu'Érèbe fût l'enfant de cette liaison adultère.

Un moment il fut accablé par les émotions les plus diverses.

Quoique, après tant d'années passées, un tel ressentiment semble puéril, la rage de Pog fut à son comble, en voyant que cette lettre, écrite autrefois par lui, dans l'ivresse de son bonheur, et remplie de ces confidences de l'âme qu'on n'ose épancher que dans le cœur d'une femme aimée, que cette lettre avait été lue, moquée, peut-être, par le commandeur des Anbiez.

Il songea dans sa fureur au sanglant ridicule dont il avait dû paraître couvert aux yeux de cet homme, en parlant avec tant d'abandon, avec tant d'amour, avec tant d'idolâtrie, d'un enfant qui n'était pas le sien, et de cette femme qui l'avait si lâchement trompé.

Les blessures les plus profondes, les plus douloureuses, les plus incurables sont celles qui atteignent à la fois le cœur et l'amour-propre.

L'excès même de sa fureur, sa soif ardente de vengeance, ramena, pour ainsi dire, Pog à une pensée religieuse. Il vit la main de Dieu dans le hasard étrange qui avait jeté sur sa route Érèbe, le fruit de ce criminel amour.

Il tressaillit d'une joie sauvage, en songeant que ce malheureux enfant, dont il avait perverti l'âme, qu'il avait conduit dans une voie si funeste, allait peut-être porter la désolation et la mort dans la famille des Anbiez.

Il vit dans ce rapprochement fatal un châtiment terrible... providentiel.

Le premier mouvement de Pog fut d'aller poignarder Érèbe.

Mais, poussé par une curiosité dévorante, il voulut pénétrer tous les mystères de cette sombre aventure.

Il continua donc de lire les lettres renfermées dans le coffret. Cette autre lettre de madame de Montreuil était aussi adressée au commandeur des Anbiez.

LETTRE TROISIÈME

« 14 décembre, une heure du matin.

» Dieu a eu pitié de moi.

» Ce malheureux enfant vit ; s'il ne succombe pas, il ne vivra que pour vous... que pour moi...

» Mes femmes sont sûres... cette maison est isolée... loin de tout secours... Demain, je ferai demander au village le vénérable abbé de Saint-Maurice... encore un mensonge... un mensonge sacrilége.

» Je lui dirai que ce malheureux enfant est mort en naissant. Justine s'est déjà occupée d'une nourrice ; cette nourrice attend dans la maison inhabitée du garde du carrefour... ce soir, elle lui portera ce pauvre petit être ; ce soir, cette femme partira pour le Languedoc, comme nous en sommes convenus...

» Me séparer de mon enfant... qui m'a coûté tant de larmes, tant de désespoir!!! m'en séparer pour jamais... ah! je n'ose, je ne puis me plaindre! c'est la moindre expiation de mon crime...

» Pauvre petit, je l'ai couvert de mes larmes, de mes baisers, il est innocent de tout ce mal... Ah! c'est affreux.

» Je ne survivrai pas à ces déchirantes émotions... c'est tout mon espoir.

» Dieu me retirera de cette terre... oui... mais pour me damner dans l'éternité...

» Ah! je ne veux pas mourir, je ne veux pas... oh! pitié... pitié... grâce!...

» Je reviens d'un long évanouissement. Peyroû vous portera cette lettre; renvoyez-le-moi à l'instant. »

Cette autre lettre d'Émilie de Montreuil annonçait au commandeur que le sacrifice était consommé.

LETTRE QUATRIÈME

« 15 décembre, dix heures du soir.

» Tout est fini... ce matin, l'abbé de Saint-Maurice est venu...

» Mes femmes lui avaient dit que l'enfant était mort, et que j'avais, dans mon désespoir, voulu, par une pieuse résignation, l'ensevelir moi-même dans son cercueil.

» Vous savez que ce pauvre prêtre est bien vieux; et puis il m'a vue naître, il a en moi une confiance si aveugle, qu'il n'a pas un moment soupçonné ce mensonge impie...

» Il a prié sur le cercueil vide.

» Sacrilége... sacrilége!...

» Oh! Dieu sera sans pitié... Enfin, le cercueil a été transporté et enseveli dans la chapelle de notre famille...

» Hier, à la nuit, pour la dernière fois... j'ai embrassé ce malheureux enfant, maintenant abandonné, maintenant sans nom, maintenant la honte et le remords de ceux qui lui ont donné le jour...

» Je ne pouvais me séparer de lui... je ne le pouvais pas... hélas! c'était toujours un baiser... encore un dernier baiser. Quand Justine l'a arraché de mes bras... il a jeté un petit cri plaintif...

» Oh! ce faible cri de douleur a retenti jusqu'au fond de mes entrailles... comme un funeste présage!

» Encore une fois, que va-t-il devenir?... que va-t-il devenir? Cette femme... cette nourrice! qui est-elle? quel intérêt prendra-t-elle à ce malheureux orphelin? Elle sera indifférente à ses larmes! à ses douleurs, la malheureuse! ses pauvres plaintes ne la remueront pas tout entière comme j'ai été remuée tout à l'heure par son faible cri!

» Qui est cette femme? qui est cette femme? Justine en répond, dit-elle... mais Justine a-t-elle le cœur d'une mère, pour en répondre, pour en juger?... Moi, j'aurais bien vite vu si je pouvais avoir confiance en elle. Comment n'ai-je pas songé à cela?... Ah! Dieu est juste... l'épouse coupable ne peut être qu'une mauvaise mère!...

» Pauvre petit!... il va souffrir... qui le protégera? qui le défendra?... Si cette femme est infidèle... si elle est cupide, elle va le laisser manquer de tout... il va avoir froid... il va avoir faim... elle va le battre, peut-être!... Mon enfant... mon enfant!...

» Oh! je suis une mère dénaturée... je suis lâche... je suis infâme... j'ai peur... je n'ai pas le courage de mon crime... Non... non... je ne veux pas... je ne veux pas... Je braverai tout, le retour de mon mari, la honte, la mort, mais je ne me séparerai jamais de mon enfant, je ne m'en séparerai qu'à la mort... il en est temps encore... Justine va venir... je vais l'envoyer dire à la nourrice de rester ici. . . . .
. . . .

» Rien, rien, mon Dieu! être à la merci de ces gens-là... Justine vient de refuser de me dire la route qu'a prise cette femme... elle a osé me parler de mes devoirs, de ce que je dois à mon mari... Oh! honte, honte! moi... autrefois si fière... en être réduite là... Pourtant, elle pleurait en me refusant..., pauvre femme, elle m'a crue folle...

» Ce qu'il y a d'affreux, c'est que je n'ose invoquer le ciel pour ce malheureux être abandonné en naissant; il est voué au malheur. Que deviendra-t-il?

» Ah!... vous au moins ne l'abandonnez pas... mais dans son enfance, à cet âge où il aura tant besoin de soins et de tendresse, que pourrez-vous pour lui? rien... mon Dieu!... rien... Et d'ailleurs, ne pouvez-vous pas mourir dans un combat? Oh! cela est affreux... heureusement je suis si faible, que je ne survivrai pas à cette agonie, ou bien je mourrai sous le premier regard de celui que j'ai si terriblement offensé...

» Chacune de ses lettres si confiantes, si tendres, si nobles, me porte un coup mortel... Hier je lui ai annoncé la fatale nouvelle... encore un mensonge... Combien il va souffrir!... il l'aime déjà tant...

» Ah! c'est affreux... affreux!... mais cette lutte aura une fin prochaine... oui, je le sens, bien prochaine...

» Pierre... je voudrais pourtant vous voir avant de mourir... C'est plus qu'un pressentiment... c'est une certitude... Je vous dis que jamais je ne le reverrai, *lui*.

» J'en suis sûre, si je le revois... je le sens... sa présence me tuera.

» Il faut que demain vous quittiez la France.

» Quand ce pauvre enfant pourra vous être confié, s'il survit à sa triste jeunesse, Pierre, aimez-le, aimez-le... il n'aura jamais eu de mère... Je voudrais, s'il était digne de cette sainte vocation, et si elle convenait à son âme et à son caractère... je voudrais qu'il fût prêtre... Un jour... vous lui apprendriez le terrible secret de sa naissance...

» Il prierait pour vous... pour moi... et peut-être le ciel entendrait-il ses prières... Je me sens faible... bien faible... Une fois encore, Pierre... je vous reverrai... Ah! nous expions bien cruellement quelques jours de folle ivresse...

» Tenez, ce qui me fait le plus de mal... c'est sa confiance... Oh! je vous dis que sa vue me tuera... je me sens mourir... »

On voyait encore la trace des larmes qui avaient effacé quelques mots de cette lettre écrite d'une main défaillante.

Pog, après avoir lu ces pages qui peignaient si douloureusement l'état de l'âme d'Émilie, resta un moment pensif.

Il baissa la tête sur sa poitrine.

Cet homme si cruellement outragé, cet homme endurci par la haine, ne put refuser un sentiment de pitié à cette malheureuse femme.

Une larme... une larme brûlante... la seule qu'il eût versée peut-être depuis bien longtemps, sillonna ses joues.

Puis ses ressentiments se soulevèrent plus furieux encore contre l'auteur de tous ces maux.

Il remercia le ciel de lui avoir fait enfin connaître le séducteur d'Émilie.

Mais il ne voulut point appesantir sa pensée sur la terrible vengeance qu'il méditait.

Il continua de lire.

Cette autre lettre était encore de la main d'Émilie. Elle apprenait au commandeur la suite de cette fatale aventure.

LETTRE CINQUIÈME

« 10 décembre, neuf heures du matin.

« Mon mari sait la mort supposée de cet enfant... son désespoir tient de la folie. Ce sont des regrets si déchirants, que sa lettre m'épouvante... La quarantaine se termine dans quinze jours... je ne vivrai pas jusque-là... mon crime sera enseveli avec moi... et il me regrettera... et il pleurera ma mémoire... peut-être. Oh! tromper! tromper toujours!... tromper jusqu'après le cercueil!... Dieu... me pardonnera-t-il jamais? C'est un abîme de terreur où je n'ose jeter les yeux... Ce soir... à onze heures... Justine vous ouvrira la petite porte du parc... Pierre... ce sont des adieux solennels, funèbres peut-être... A demain donc... »

CHAPITRE XXXIV

LE MEURTRIER

Un papier, dont une partie était déchirée, contenait cette espèce de confession écrite, on ne sait dans quel but ou à quelle personne, par le commandeur, sans doute peu de jours après les sanglantes catastrophes qu'il raconte.

Quelques passages, lacérés peut-être à dessein, semblaient se rapporter à un voyage en Languedoc que le commandeur fit à la même époque sans doute pour s'informer du sort de son malheureux enfant.

« . . . .
. . . . Et mes mains sont teintes de sang... je viens de commettre un meurtre...

» J'ai assassiné l'homme à qui j'avais déjà fait une mortelle offense...

» A onze heures, je me suis rendu à la petite porte du parc... J'ai été introduit près d'Émilie.

» Elle était couchée, pâle, presque mourante.

» Elle, naguère si belle, semblait le spectre d'elle-même. La main de Dieu l'avait déjà touchée.

» Je me suis assis à son chevet. Elle m'a tendu sa main défaillante et glacée...

» Je l'ai pressée contre mes lèvres... froides aussi.

» Nous avons jeté un dernier et douloureux regard vers le passé, je me suis accusé de l'avoir perdue...

» Nous avons parlé de notre malheureux enfant, nous avons pleuré, amèrement pleuré... lorsque tout à coup...

» Ah! je sens encore une sueur froide inonder mon front. Mes cheveux se dressent sur ma tête, une voix terrible me crie : — Meurtrier... meurtrier!...

» Oh! je ne chercherai pas à fuir le remords... jusqu'au dernier de mes jours je garderai devant moi l'image de ma victime...

» Par le jugement de Dieu qui m'a déjà condamné, j'en fais le serment. . . . .

» Rassemblons nos souvenirs...

» Ce fut un moment horrible.

» La chambre d'Émilie était faiblement éclairée par une lampe de nuit placée près de la porte.

» Je tournais le dos à cette porte.

» J'étais assis près de son lit, elle ne pouvait retenir ses sanglots, j'avais mon front appuyé sur sa main.

» Le plus profond silence régnait autour de nous.

» Je venais de lui parler de notre enfant, je venais de lui promettre de suivre sa volonté à son égard.

» J'avais tâché de la consoler, de lui faire espérer des jours meilleurs, de ranimer son courage, de lui donner la force de tout cacher à son mari, de lui prouver que pour son repos, que pour son bonheur *à lui*, il valait mieux le laisser dans sa confiante sécurité...

» Tout à coup la porte qui était derrière moi s'ouvrit violemment.

» Émilie s'écria avec terreur : — Mon mari!... Je suis morte.

» Avant que j'aie pu me retourner... un mouvement involontaire de son mari avait éteint la lampe.

» Nous restions tous trois dans l'obscurité.

» — Ne me tuez pas avant de m'avoir pardonnée! — s'écria Émilie...

» — Oh! si... toi d'abord... lui après, — dit M. de Montreuil d'une voix sourde.

» Ce moment fut horrible.

» Il s'avançait... à tâtons... je m'avançais aussi.

» Je voulais aller à sa rencontre et le contenir...

» Nous ne disions rien... rien...

» Le silence était profond.

» On n'entendait que le bruit de nos respirations oppressées, et la voix basse et saccadée d'Émilie qui murmurait : — Seigneur, ayez pitié de moi... Seigneur, ayez pitié de moi.

» Tout à coup, je sentis sur mon front une main froide comme du marbre.

» C'était celle de son mari.

» En cherchant dans l'obscurité il m'avait touché.

» Il tressaillit, et dit sans s'inquiéter davantage de moi : — Son lit doit pourtant être à gauche !

» Ce calme m'épouvanta.

» Je me précipitai sur lui.

» A ce moment, Émilie, qu'il avait sans doute déjà saisie, cria : — Grâce !... grâce !...

» Je tâchai de le prendre à bras-le-corps, je sentis la pointe d'un poignard m'effleurer la main.

» Émilie poussa un long soupir, elle était tuée ou blessée, son sang jaillit jusque sur mon front.

» Alors, ma tête se perdit.

» Je me sentis doué d'une force surnaturelle.

» De ma main gauche, je saisis le bras droit du meurtrier, de ma main droite je lui arrachai son poignard, et à deux reprises je le lui plongeai dans la poitrine.

» Je l'entendis tomber sans pousser un cri...

» De ce moment, je ne me souviens de rien...

» Je me suis retrouvé, au lever du soleil, couché le long d'une haie ; j'étais couvert de sang.

» Pendant quelques moments, je ne me suis souvenu de rien, puis tout m'est revenu à la mémoire, je suis rentré chez moi en évitant tous les regards.

» Je me suis aperçu, en rentrant, que ma croix de Malte était perdue. Peut-être m'avait-elle été arrachée dans la lutte.

» J'ai retrouvé Peyroü qui m'attendait avec mes chevaux, je suis arrivé ici... (*Quelques pages manquaient à cet endroit.*)

. . . .

. . . . et elle n'est plus.

» Il repose à côté d'elle dans la même tombe. Cette idée de meurtre me poursuit... Je suis doublement criminel...

Ma vie entière ne suffira pas pour expier ce meurtre et... »

. . . .

Le reste de cette page manquait.

La dernière lettre que contenait le coffret était une lettre adressée à Peyroŭ par un maître de barque des environs d'Aiguemortes, cinq ans après les événements qui viennent d'être exposés, et la même année, sans doute, de l'enlèvement d'Érèbe par les pirates, sur la côte du Languedoc.

Peyroŭ, qui servait alors à bord des galères de la religion avec le commandeur, avait été dans le secret de cette mystérieuse et sanglante tragédie.

La lettre suivante lui était adressée à Malte, où il avait continué de suivre le commandeur qui, cinq ans après cette fatale aventure, n'avait pas encore voulu rentrer en France.

A monsieur Bernard Peyroŭ, comite-patron de la Notre-Dame des Sept-Douleurs.

« Il vient d'arriver un grand malheur, mon cher Peyroŭ ; il y a trois jours, une galère barbaresque a fait une descente sur la côte qui n'était pas gardée.

» Les pirates ont tout mis à feu et à sang, ils ont emmené en esclavage ceux des habitants qu'ils ont pu mettre à la chaîne ; je ne sais comment vous apprendre ce qui me reste à vous dire. La femme Agniel et l'enfant que vous lui aviez confié ont disparu, et ont été, à n'en pas douter, ou massacrés ou emmenés captifs par les pirates. Je suis allé dans sa maison, tout y annonçait des traces de violence. Hélas ! je vous le répète, nul doute que la femme et l'enfant n'aient partagé le sort des autres habitants de ce malheureux village. Et l'enfant aura-t-il résisté aux fatigues de la navigation ? on ne peut pas malheureusement l'espérer. Je vous envoie les seules choses qu'on ait retrouvées dans la maison, le portrait de l'enfant que, d'après votre ordre, la femme Agniel avait conduit à Montpellier ; c'est là que le portrait a été fait, il y a un mois environ. J'ai vu dernièrement ce pauvre enfant, et je puis vous dire qu'il est très ressemblant. Hélas ! c'est peut-être tout ce qui reste de lui maintenant. J'envoie cette lettre directement à Malte par la tartane *la Sainte-Cécile,* afin que le tout vous parvienne plus sûrement.

» *P. S.* Dans le cas inespéré où on retrouverait l'en-

fant, il a une croix de Malte tatouée sur le bras gauche. »
. . . .

Pour compléter ces explications, il reste à dire que, dangereusement blessé, Pog (M. de Montreuil) eut assez de force et de présence d'esprit pour envelopper cette fatale nuit d'un profond mystère...

Après la mort d'Émilie, il ordonna à Justine, sous les plus effrayantes menaces, de dire que sa maîtresse, déjà malade du chagrin d'avoir perdu son enfant, avait succombé aux suites de ses couches.

Rien ne semblait plus naturel que cette version ; elle fut généralement adoptée.

Pog était resté caché dans sa maison, jusqu'à ce que sa blessure fût complétement guérie.

A force de promesses, de terreur, il avait voulu savoir de Justine où était l'enfant ; il ne put en être instruit.

Il reste à expliquer comment Pog avait surpris le tête-à-tête d'Émilie et du commandeur.

Apprenant, au lazaret de Marseille, la mort supposée de son enfant, Pog avait éprouvé un violent chagrin ; il avait cru sa femme si désespérée de cet affreux malheur, que, malgré la peine de mort qu'encouraient les déserteurs du lazaret avant l'expiration de la quarantaine établie, il avait, la nuit même, quitté à la nage l'île Ratonneau, où étaient alors situés les bâtiments sanitaires.

Arrivant sur la côte, où un domestique affidé l'attendait avec des vêtements, il avait pris en toute hâte la route de Lyon, courant la poste à franc étrier sous un nom supposé.

Laissant ses chevaux à deux lieues de chez lui, il était arrivé à pied par la traverse. Passant devant la petite porte, que le commandeur avait laissée ouverte, il était entré dans le parc.

Depuis quelques jours, et pour plus de prudence et de précaution, Émilie avait éloigné ses gens sous différents prétextes, ne gardant auprès d'elle que deux de ses femmes, dont elle était sûre.

Son mari, trouvant donc la maison presque déserte, était arrivé inaperçu jusqu'à la porte de la chambre d'Émilie ; celle-ci, le croyant retenu encore dix jours au lazaret par la quarantaine, n'avait pas eu le moindre soupçon de son arrivée.

Pog, entendant alors l'entretien de sa femme avec Pierre des Anbiez, n'avait plus douté de son déshonneur.

Lorsqu'il fut complétement guéri, Pog abandonna pour toujours sa maison du Lyonnais.

Sûr du silence de Justine, qui n'avait aucun intérêt à dévoiler le séjour qu'il avait fait chez lui, il quitta pour jamais la France, emportant une somme considérable en or.

Lorsqu'on s'aperçut de sa disparition du lazaret, on crut, et cette créance s'accrédita comme une vérité, que, dans sa douleur d'apprendre la perte de son enfant, M. de Montreuil s'était jeté à la mer par désespoir ; ce bruit se répandit en France, et le commandeur crut sa victime morte des suites de sa blessure.

Pog avait donc toujours complétement ignoré le nom du séducteur d'Émilie.

Le seul indice qu'il en eût était la croix de Malte du commandeur, qui, pendant sa lutte avec Pog dans la chambre d'Émilie, s'était détachée de son habit.

Cette croix portait les initiales L. P. sur son anneau ; ce signe prouvait que son possesseur appartenait à *la langue provençale*.

On comprend maintenant le sujet de la haine féroce que Pog nourrissait contre les chevaliers de Malte français.

Sa soif de vengeance était si aveugle, qu'il dirigeait de préférence ses attaques contre le Languedoc et contre la Provence, parce que le séducteur d'Émilie devait appartenir à un chevalier de Malte né dans cette province.

Il est inutile de dire si l'amour que Pog éprouvait pour Émilie, avant sa trahison, était violent et passionné.

La rage, ou plutôt la monomanie féroce qui s'était emparée de son esprit depuis qu'il s'était vu si affreusement trompé, était même une abominable preuve de sa douleur désespérée.

Le portrait que le commandeur des Anbiez avait fait placer au-dessus du cercueil qui lui servait de lit, en expiation du meurtre qu'il avait commis, était le portrait de Pog, portrait qu'il s'était procuré par Peyrou, lors de la vente de la maison du Lyonnais.

Après avoir lu ces lettres, qui dévoilaient tant de mystères, Pog resta un moment accablé.

Il ferma les yeux.

Mille pensées, mille idées confuses se heurtaient dans sa tête.

Il craignit un moment de devenir fou.

Peu à peu cette espèce de vertige s'apaisa.

Il envisagea avec un calme plus effrayant que la colère, les nouvelles chances que cette découverte offrait à sa haine.

CHAPITRE XXXV

PROJETS

Une fois éclairé sur la naissance d'Érèbe, Pog, dans son horrible joie, remercia l'enfer de lui avoir livré cet enfant.

Alors il s'expliqua les sentiments d'aversion qu'Érèbe lui avait presque toujours inspirés, et les rares velléités de tendresse qu'il avait parfois vaguement ressenties pour ce malheureux.

Érèbe était le fils de son plus mortel ennemi... mais il était aussi le fils d'une femme que Pog avait adorée.

Il se dit que sans le secret instinct de haine et de vengeance qui le poussait à son insu, il n'aurait sans doute pas pris un odieux plaisir à corrompre, à dénaturer l'âme de cet infortuné.

Les cœurs les plus endurcis éprouvent toujours une sorte de soulagement, lorsqu'ils croient leurs crimes justifiés.

De ce moment, Pog, si cela peut se dire, vit clair dans sa haine; il ne fut plus qu'indécis sur la manière de se venger.

Un homme du caractère de Pog devait agir avec une prudence terrible, pour ne pas compromettre l'occasion d'assouvir enfin sa rage.

La mort d'Érèbe ne pouvait le satisfaire; cette mort, si lente, si cruelle qu'elle fût, ne serait qu'un jour de supplice; cela ne lui suffisait plus.

Cette rage était insensée : si Érèbe était la personnification vivante du crime du commandeur, il était du moins innocent de ce crime; mais Pog avait depuis longtemps perdu toute conscience du juste et de l'injuste.

Il n'hésita donc pas à regarder Érèbe comme une victime justement dévolue à ses ressentiments. Il avait aussi frémi d'une joie sinistre en apprenant que Pierre des Anbiez avait été le séducteur de sa femme : maintenant il savait où ses coups devaient porter.

Tout semblait favoriser ses projets ; il croyait avoir tué Raimond V, baron des Anbiez, dans l'attaque de la Ciotat ; Reine, enlevée par Érèbe, était la nièce du commandeur : le destin semblait d'accord avec lui pour poursuivre et accabler cette famille. Telles étaient les pensées de Pog, lorsque les deux galères et le chebec arrivèrent au mouillage des îles Sainte-Marguerite.

A peine furent-elles mouillées qu'Hadji vint à bord de *la Gallione rouge*; il trouva Pog absorbé dans ses réflexions.

En peu de mots il l'instruisit des desseins d'Érèbe, et de ses vaines tentatives pour embaucher l'équipage du chebec et fuir en Orient.

Pog pâlit d'effroi... Érèbe aurait pu lui échapper sans la fidélité d'Hadji et de ses marins ! sa vengeance avortait !!!

Il témoigna au bohémien une si grande reconnaissance de sa conduite dans cette circonstance, que celui-ci demeura stupéfait ; ces sentiments contrastaient étrangement avec le caractère de Pog.

— Rassure-toi, maître Pog, — dit Hadji, — tu ne dois pas avoir sur la conscience le poids d'une lourde reconnaissance ; moi et les matelots, nous te sommes restés fidèles parce que notre intérêt nous le commande, ce lien en vaut bien d'autres ; mais, si tu m'en crois, Pog-Reis, tu profiteras de la première occasion pour mettre le jeune homme à terre : il se gâte, il devient faible ; tout à l'heure il a encore pleuré aux pieds de ces deux femmes. Je te conseille donc de l'abandonner à la première occasion, il ne peut que nous gêner...

— Abandonner Érèbe ! — s'écria Pog avec une expression si passionnée, qu'Hadji le regarda avec stupeur. — Abandonner Érèbe !... — reprit-il ; — mais tu ne sais donc pas... mais, que dis-je... tu dois ignorer... A l'instant... à l'instant, amène-moi cet enfant... tu m'en réponds sur ta vie... sur ta vie, entends-tu... Ou bien, non... je vais aller le trouver à bord de son chebec, ce sera plus sûr...

Le pilote de *la Gallione rouge* entra au même instant d'un air agité. — Maître, — dit-il à Pog, — en examinant l'horizon avec ma longue-vue, je viens de découvrir au large une galère et une polacre... Ces deux bâtiments peuvent passer au vent de nous sans nous apercevoir... Éblis le veuille !... car la galère noire est fatale à ceux qu'elle attaque...

— La galère noire ? — demanda Pog.

— Qui ne connaît pas la galère noire du commandeur des Anbiez ? — dit le pilote.

— Eh ! sans doute, — s'écria le bohémien, — on attendait le commandeur d'un jour à l'autre à la Maison-Forte de Raimond V... Pierre des Anbiez sera arrivé après nous, il aura vu le bouge de ces citadins en flammes, sa nièce enlevée, son frère tué... et il nous cherche sans doute pour se venger...

— Cette galère... est celle du commandeur Pierre des Anbiez ? — dit Pog en balbutiant, tant sa stupéfaction était profonde, — Pierre des Anbiez... le commandeur... ici... lui...

Il est impossible de peindre l'explosion de joie sauvage avec laquelle Pog prononça ces mots.

Après un moment de silence pendant lequel il passa sa main sur son front, comme pour bien s'assurer que tout ce qui arrivait était bien réel, il tomba tout à coup à genoux, joignit les mains, et dit avec l'expression de la plus profonde piété :

— Mon Dieu !... mon Dieu ! pardonnez-moi. Longtemps j'ai douté de votre justice, aujourd'hui elle se révèle à moi dans toute son éclatante majesté ! Seigneur !... Seigneur !... pardonnez-moi !... La douleur m'a égaré, votre toute-puissance se manifeste à ma vue. Le même jour vous mettez à la merci de ma vengeance le père et le fils ; après vingt ans de tortures, mon Dieu ! après vingt ans... Seigneur, Seigneur, à genoux, je vous remercie ; ma vie entière ne suffira pas pour vous prier et pour vous bénir !... Le père et le fils en ma puissance !... Mon Dieu ! vous êtes souverainement grand ! vous êtes souverainement juste !!!

Un violent accès de fureur de la part de Pog n'eût pas épouvanté Hadji ; cette prière, faite d'une voix basse, tremblante, convaincue, le remplit d'une vague inquiétude.

Ce misérable, qui ne reculait devant rien, eut peur...

Il fallait, en effet, quelque chose de bien formidable pour courber le front de Pog dans la poussière, pour lui arracher ce cri de reconnaissance, de soumission.

Après avoir prié, Pog se releva, il marcha longtemps avec agitation, sans dire un seul mot ; il oubliait la présence du pilote et d'Hadji.

Une demi-heure se passa ainsi. Le bohémien examinait Pog avec une avide et sombre curiosité.

Il s'attendait à voir sortir du chaos où ses idées semblaient plongées quelque résolution étrange et fatale.

Pog, comme s'il eût enfin succombé à tant de violentes émotions, se sentit faiblir; il devint pâle comme un spectre, s'affaissa sur lui-même, et, sans le secours d'Hadji et du pilote, il tombait à la renverse.

Le bohémien le porta sur son lit, tira un flacon de sa ceinture, le lui fit respirer, et bientôt Pog-Reis sortit de son évanouissement passager.

— Je me souviens de tout, maintenant, — dit-il en regardant autour de lui avec anxiété. — Je me souviens de tout. Tu me trouves faible... Hadji, mais, que veux-tu?... le temps des miracles revient... Oh! cette marque de la toute-puissance du Très-Haut m'impose des devoirs; maintenant je suis fort, maintenant je ne compromettrai pas les vues de la justice céleste en la devançant... Non... non... j'entends sa voix, elle sera écoutée, un terrible exemple sera donné au monde... Tu vas m'envoyer Érèbe, Hadji.

Ces paroles, l'accent calme et la physionomie presque tranquille de Pog furent un nouveau sujet d'étonnement pour Hadji.

— Qu'il soit fait comme vous le voulez, maître, je vais vous envoyer le jeune homme, ou vous l'amener moi-même pour plus de sûreté.

— Cela n'est pas tout, Hadji... Tu aimes le pillage comme Trimalcyon-Reis, mais tu aimes aussi le combat pour le combat, le danger pour le danger.

— Et je n'ai eu ni ma part de pillage, ni ma part de danger la nuit dernière, maître! J'ai tendu l'hameçon, mais le poisson n'a pas été pour moi.

— Écoute... Hadji... tu peux avoir tout à l'heure ta part d'un brillant combat... ou en demeurer spectateur. Il s'agit de sortir avec le chebec... de rejoindre la galère noire du commandeur des Anbiez... La marche de ton bâtiment est supérieure à celle de toutes les galères... Tu hisseras un pavillon noir, et tu attireras le commandeur dans cette rade...

— Je comprends, maître...

— Tu me comprends, Hadji! la couleuvrine de la Maison-Forte nous a fait de telles avaries dans les œuvres hautes, qu'il se passera plusieurs jours avant que nous soyons radoubés de façon à pouvoir tenir la mer; mais nous pouvons en quelques heures être en état de soutenir un combat à l'ancre, et on aura vu peu de combats pareils, Hadji, si tu m'amènes dans cette baie la galère noire!... Si tu veux conserver le chebec qui m'appartient, n'entre pas dans la baie, Hadji; une fois qu'elle aura vu *la Gallione rouge*, la galère noire ne songera guère à te poursuivre. Alors... fais voile vers le sud, je te donne le chebec et les esclaves, Hadji.

— Ce n'est pas pour posséder le chebec que j'agirai comme tu veux que j'agisse, — répondit Hadji avec un orgueil sauvage. — Qui m'aurait empêché de profiter des offres d'Érèbe? qui m'empêcherait à cette heure de dire que je consens à ce que tu désires, et de faire voile vers le sud, au lieu d'aller au large te chercher cette galère noire? Je t'amènerai le navire du commandeur, et je prendrai part au combat, parce que cela me plaît, parce que, malgré ton calme apparent, il s'amasse dans ton âme quelque effroyable tempête que je veux voir éclater. Je suis curieux, maître.

— Eh! par la colère du ciel, dont je suis l'instrument!... tu verras éclater un bel orage, si tu reviens!

— Aussi reviendrai-je, maître.

— Et amène-moi Érèbe à l'instant.

— A l'instant, maître.

— Surtout... ne dis rien à Trimalcyon de mon projet... cette brute grossière une fois engagée au milieu du feu fera son devoir malgré elle...

— Soyez tranquille, maître... avant une heure la galère noire à ma poursuite doublera cette pointe...

— Et alors... et alors, — se dit Pog en se parlant à lui-même d'un air inspiré, solennel... — alors cette baie, maintenant si tranquille, verra une de ces grandes tragédies dont le souvenir épouvante quelquefois l'humanité pendant plusieurs générations.

— Je pars et je reviens avec Érèbe, maître, — dit Hadji.

Il disparut.

Pog s'agenouilla et pria.

CHAPITRE XXXVI

L'ENTREVUE

Pendant que le bohémien se rendit à bord de *la Galiione rouge*, Érèbe, presque considéré comme prisonnier, partageait la cabine du chebec avec Reine et Stéphanette.

Malgré son courroux, malgré sa frayeur, malgré ses vives inquiétudes sur le sort de son père, mademoiselle des Anbiez n'avait pu rester insensible au désespoir d'Érèbe.

Il se reprochait l'enlèvement de Reine avec tant d'amertume, il avait tant fait pour obtenir du bohémien la liberté des deux jeunes filles, que Reine en eut pitié.

Au moins, dans l'affreuse position où elle se trouvait, elle pouvait compter sur un défenseur.

Un faible jour éclairait la petite chambre où étaient réunis ces trois personnages.

Stéphanette, épuisée de fatigue, dormait à demi couchée sur une natte.

Reine, assise, cachait son visage dans ses deux mains.

Érèbe, debout, les bras croisés, baissait la tête ; de grosses larmes sillonnaient ses joues pâles.

— Rien... rien... je ne trouve rien, — dit-il à voix basse ; puis, levant sur Reine un regard suppliant, il ajouta : — Que faire, mon Dieu ! que faire pour vous arracher des mains de ces misérables ?

— Mon père, mon père ! — dit sourdement mademoiselle des Anbiez. Puis, se retournant vers Érèbe : — Ah ! soyez maudit... vous qui avez causé tous mes maux... sans vous, je serais près de mon père... peut-être il est souffrant, peut-être il est blessé !!! mes soins ne lui manqueraient pas, au moins... ah ! soyez maudit !!!

— Oui... toujours maudit ! — répéta Érèbe avec amertume. — Maudit sans doute par ma mère à ma naissance... maudit par l'homme qui m'a recueilli !!! Maudit par vous ! — ajouta-t-il d'une voix déchirante.

— N'avez-vous pas enlevé une fille à son père ? N'avez-vous

pas été souvent le complice des brigands qui ont ravagé cette malheureuse ville ! — s'écria Reine avec indignation.

— Oh ! par pitié, ne m'accablez pas... Oui, j'ai été leur complice... Mais, mon Dieu ! plaignez-moi... j'ai été élevé au mal, comme vous avez été élevée au bien ! Vous avez eu une mère ! vous avez un père ! vous avez toujours eu sous les yeux de nobles exemples à imiter... Moi, jeté par le hasard au milieu de ces misérables, à l'âge de quatre ou cinq ans, je crois, sans parents, sans protecteur, victime de Pog-Reis, qui par passe-temps, m'a-t-il dit hier, m'a dressé au mal comme on dresserait un jeune loup au carnage, habitué à n'entendre que le langage des plus mauvaises passions, à ne connaître aucun frein, au moins je me repens des maux que j'ai causés... je pleure... je pleure de désespoir, car je ne puis vous sauver; ces larmes, les plus cruelles douleurs ne me les auraient pas arrachées... ces larmes, c'est le remords de vous avoir offensée qui les fait couler. Cette offense, j'ai tenté de la réparer en voulant vous reconduire à la maison de votre père. Malheureusement je n'ai pu y parvenir... Ah ! si dans les roches de Provence, je ne vous avais pas vue si belle ce jour...

— Pas un mot de plus, — dit Reine avec dignité. — C'est de ce jour que tous mes malheurs ont commencé... Oh ! ce fut un jour fatal que celui-là !

— Bien fatal... oui, bien fatal, car si je ne vous avais pas vue, je n'aurais senti aucune aspiration vers le bien... ma vie eût été toute criminelle... je n'aurais pas été tourmenté par les remords qui maintenant m'agitent, — dit Érèbe d'un air sombre.

— Malheureux ! — s'écria Reine, emportée malgré elle par son secret penchant, — ne parlez pas ainsi... Malgré tout le mal que vous m'avez fait, à moi et aux miens, je détesterai moins notre funeste rencontre si vous lui devez les seuls bons sentiments qui pourront peut-être un jour vous mettre en voie de sauver votre âme !

Reine des Aubiez prononça ces mots avec une émotion si vive, avec un tel accent d'intérêt, qu'Érèbe joignit les mains en la regardant avec autant d'étonnement que de reconnaissance.

— Sauver mon âme !... Je ne comprends pas vos paroles... Pog-Reis m'a dit qu'il n'y avait pas d'âme... mais enfin je vois que vous avez un peu pitié de moi. Ce sont les seuls mots de bonté que j'aie entendus depuis que j'existe. La dureté, la violence, me révoltent... la bonté me dominerait sûrement... me rendrait meilleur; mais, hélas! à qui importe-t-il que je sois meilleur? à personne!... Autour de moi, je ne vois que haine, mépris... ou indifférence.

Il mit sa main sur ses yeux et garda le silence.

Reine ne put s'empêcher de plaindre cet infortuné et de frémir des détestables principes qu'il avait reçus.

Un moment elle se sentit émue d'une compassion douloureuse, elle ne put s'empêcher de penser que la force des bons instincts d'Érèbe suffirait peut-être pour le ramener au bien, que ce jeune cœur n'était pas sans doute entièrement corrompu.

Depuis qu'elle était au pouvoir des pirates, Érèbe ne s'était pas écarté des bornes du plus profond respect. S'il l'avait enlevée avec la plus criminelle audace, il se montrait du moins envers elle de la soumission la plus timide, la plus craintive...

Mademoiselle des Anbiez, touchée de ce nouveau contraste qui prouvait la lutte d'une nature généreuse contre une éducation perverse, pensait malgré elle à tout ce qu'aurait pu prétendre Érèbe, si un sort cruel ne l'avait jeté dans une voie si désastreuse.

Mais bientôt rougissant de ces sentiments de commisération, se reprochant d'oublier les inquiétudes que lui causait le sort de Raimond V, elle s'écria : — Et mon père, mon père!... qu'est-il devenu? quand le reverrai-je? Oh! c'est affreux!

Érèbe, croyant que Reine s'adressait à lui, répondit tristement :

— Croyez-vous que je ne tente pas tout au monde pour vous arracher d'ici? Mais comment faire? Ah! sans vous... sans le vague espoir que j'ai de vous être utile... — Érèbe n'acheva pas... mais sa physionomie était si sombre, que Reine effrayée s'écria : — Que voulez-vous dire?...

— Je veux dire que, lorsqu'on ne peut plus supporter la vie, on s'en débarrasse; lorsque vous serez en sûreté et sauvée, Érèbe vous donnera une dernière pensée, et il se tuera.

— Encore un crime! il terminera une vie déjà si coupable par un nouveau forfait! — s'écria Reine. — Mais vous ne savez donc pas que votre vie n'appartient qu'à Dieu!

Érèbe sourit amèrement.

— Ma vie m'appartient, puisque je puis m'en délivrer quand elle me pèse... Lorsque je vous aurai quittée, je ne pourrai plus vivre!... Si je ne me tue pas à vos pieds, c'est que j'espère encore vous être utile. A quoi bon vivre désormais? vous m'avez fait comprendre combien l'existence que je menais était criminelle. Mais l'avenir! l'avenir pour moi... c'est vous... et je suis indigne de vous... et vous ne m'aimez pas... et vous ne m'aimerez jamais. Ah! maudit soit le bohémien qui m'a trompé, qui m'a dit que vous n'aviez pas oublié celui qui sauva la vie de votre père!...

— Jamais je n'ai oublié que vous êtes le sauveur de mon père! — dit Reine avec dignité, — je ne dois jamais oublier non plus votre violence à mon égard, mais je dois au moins vous savoir gré de ce que vous avez fait pour réparer cet outrage. Le repentir, le remords des plus grands crimes, trouvent grâce devant le Seigneur! S'il permet que je revoie mon père et ma maison, je vous pardonnerai... Avant de vous quitter, je vous dirai : « Ne désespérez pas de la bonté infinie de Dieu!... Au lieu de vous livrer à un désespoir insensé, abandonnez pour toujours ceux qui vous firent leur complice, faites-vous instruire dans notre sainte religion; apprenez à connaître, à aimer, à bénir le Seigneur... devenez homme de bien... prouvez, par une vie exemplaire, que vous avez quitté la funeste voie où l'on vous a engagé; alors, on pourra ressentir de la pitié... pour vos infortunes passées... alors on pourra oublier vos outrages... alors on croira qu'en effet vous avez voulu expier de bien coupables actions! »

— Et si je suivais vos conseils, — s'écria Érèbe, exalté par le noble et pieux langage de Reine, — et si je devenais un homme de bien, pourrais-je un jour me présenter à la Maison-Forte de Raimond V?

Reine baissa les yeux.

La porte de la cabine s'ouvrit brusquement, le bohémien entra, et sauva peut-être à la jeune fille une réponse embarrassante.

Stéphanette s'éveilla en sursaut, et dit naïvement :

— Ah! mon Dieu, mademoiselle, je rêvais que je me mariais avec ce pauvre Luquin, qui nous avait délivrées, et qu'il faisait pendre ce méchant vagabond.

— Tout ce que je désire, ma jolie fille, — dit le bohémien en souriant avec effronterie, — c'est que le contraire de votre rêve se réalise, ainsi que cela arrive ordinairement. Croyez que tels sont les vœux que je fais pour le capitaine Luquin.

— Que veux-tu? — s'écria Érèbe, en interrompant Hadji avec impatience.

— Je viens vous chercher... Pog-Reis vous demande : il vous attend à bord de *la Gallione rouge*.

— Dis à Pog-Reis que je ne quitterai le chebec que pour conduire à terre mademoiselle des Anbiez. Elle n'a ici que moi de protecteur, je ne l'abandonnerai pas.

Le bohémien, connaissant la résolution d'Érèbe, préféra recourir à un mensonge que d'employer la force pour l'éloigner de mademoiselle des Anbiez; il lui dit :

— Pog-Reis vous demande parce qu'il veut se débarrasser de vous; il sait que vous avez tenté de faire agir son équipage contre ses ordres. Quant à ces deux femmes, il préfère une rançon... C'est vous qu'il charge d'aller la demander à Raimond V. Une fois l'argent ici, vous pourrez reconduire ces deux colombes à la Maison-Forte.

— C'est un piége pour m'éloigner d'ici, — s'écria Érèbe.
— Tu mens.

— Et si je voulais seulement vous éloigner d'ici, mon jeune maître, qui donc m'empêcherait d'appeler à moi nos gens, et de vous faire enlever?

— J'ai un kandjar à ma ceinture!... — dit Érèbe.

— Et quand vous aurez poignardé un, deux, trois, de ces honnêtes pirates, ne succomberez-vous pas tôt ou tard sous le nombre? Croyez-moi donc, venez à bord de *la Gallione rouge*, Pog-Reis vous donnera ses ordres et son caïque; vous irez trouver Raimond V, et demain vous pouvez être ici avec une bonne somme d'or que vous remettra de grand cœur le vieux baron pour revoir sa fille; demain, vous dis-je, vous pouvez emmener ces deux infantes.

— Mon Dieu! que faire? — s'écria Reine, — cet homme dit peut-être vrai. Et mon père n'hésiterait pas à donner une somme si considérable qu'elle soit. Pourtant, si cet homme ment, nous perdons notre seul protecteur... — ajouta-t-elle en se retournant vers Érèbe.

Celui-ci se trouvait dans la même perplexité. Il sentait qu'il serait toujours obligé de céder au nombre, et qu'en refusant d'obéir à Pog-Reis, il pouvait aggraver la situation de mademoiselle des Anbiez.

Après quelques moments de silence, Reine dit à Érèbe d'un ton rempli de courage :

— Allez trouver mon père, et donnez-moi cette arme, — dit-elle en montrant le poignard qu'Érèbe portait à son côté.

— Je reste sans défenseur ; mais du moins la mort saura me garantir du déshonneur...

Frappé de ces paroles si simples, et imposantes, Érèbe s'agenouilla respectueusement devant Reine, et lui donna son kandjar, sans prononcer une parole, comme s'il eût craint de profaner la solennité de cette scène.

Il quitta la cabine suivi du bohémien, s'embarqua dans un canot, et se rendit près de Pog, à bord de *la Galliote rouge*.

Hadji laissa Érèbe à bord de ce bâtiment, et regagna son chebec, pour obéir aux ordres de Pog.

Le bohémien avait mis à la voile et était sorti de la baie, que Reine et Stéphanette l'ignoraient encore.

Après quelques bordées, il distingua parfaitement au vent à lui la galère noire du commandeur et la polacre du capitaine Trinquetaille. Ces deux bâtiments venaient de la Ciotat. Quelques mots expliqueront leur présence en vue de la baie, et comment ils avaient pu suivre les traces des pirates.

CHAPITRE XXXVII

LES TROIS FRÈRES

Au point du jour, Pierre des Anbiez était arrivé à la hauteur du cap de l'Aigle.

A peine la galère noire avait-elle été mouillée dans le port de la Ciotat, que le commandeur était descendu à terre avec son frère.

Partout ils avaient rencontré les traces de la barbarie des pirates.

Les habitants éplorés savaient alors toute l'étendue de leurs pertes. Chaque famille savait quels étaient ceux des siens qui avaient péri ou qui avaient été emmenés captifs.

Pendant la bataille, on n'avait songé qu'à se défendre, qu'à repousser l'ennemi ; la nuit avait voilé les désastres que le jour révélait dans toute leur horreur.

Là, des murailles noircies par l'incendie soutenaient à peine quelques débris de charpente.

Plus loin, c'était la maison de ville, dont il ne restait que les murs ; ses fenêtres brisées, son balcon démoli, sa porte réduite en cendres, ses assises charbonnées, où l'on voyait la trace d'une grêle de balles, prouvaient avec quelle vigueur les bourgeois s'étaient défendus.

La grande place de la Ciotat, théâtre de l'action la plus meurtrière de cette nuit fatale, était encombrée de cadavres.

Rien de plus désolant que de voir les malheureux habitants chercher parmi ces morts un père, un frère, un fils, un ami.

Lorsqu'ils avaient reconnu celui qu'ils cherchaient, les uns, pétrifiés de douleur, contemplaient d'un œil morne ces restes inanimés ; les autres poussaient des cris de vengeance impuissante, et jetaient au vent de vaines menaces ; ceux-là, enfin, dans leur rage insensée, couraient au port, comme s'ils avaient dû y trouver encore les galères des pirates.

Le commandeur et le père Elzéar parcoururent cette scène de désolation, répandirent parmi les malheureux de pieuses consolations, et s'informèrent de Raimond V.

Ils apprirent qu'il avait fait une utile et courageuse diversion, en venant attaquer les pirates à la tête des gens de la Maison-Forte, mais personne ne put leur apprendre si le baron était ou non blessé.

Les deux frères, dans leur inquiétude, se rendirent en hâte à la Maison-Forte, suivis de quelques bas officiers de la galère, et de Luquin Trinquetaille, qui avait aussi ancré sa polacre dans le port.

Ils arrivèrent au château des Anbiez ; le pont était baissé et la grande cour déserte, quoique ce fût l'heure du travail.

Ils montèrent l'escalier en toute hâte, arrivèrent à l'immense galerie où avait eu lieu la veille la pieuse cérémonie de la Noël.

Tous les habitants de la Maison-Forte, hommes, femmes, enfants, vieillards, étaient agenouillés dans cette vaste salle où régnait le plus profond silence.

Cette foule était si recueillie et regardait avec tant d'anxiété la porte entr'ouverte de la chambre de Raimond V, que personne ne s'aperçut de l'entrée du commandeur et du père Elzéar.

Au fond de la galerie, sous le dais, on voyait la crèche, chef-d'œuvre de dame Dulceline et du bon chapelain. Quelques bougies finissaient de brûler dans les lustres de cuivre. La colossale bûche de Noël fumait au fond de la vaste cheminée encore entourée de rameaux d'arbres verts ornés de fruits, de fleurs et de rubans.

Rien de plus saisissant que ce tableau éclairé par les premières et pâles clartés d'un jour d'hiver... Rien de plus douloureux que ce contraste entre la fête de la nuit et le deuil du matin.

Après avoir un instant contemplé cette scène à la fois sinistre et imposante, le commandeur écarta doucement de la main quelques vassaux du baron pour se frayer un chemin jusqu'à la porte de la chambre du baron.

— Monseigneur le commandeur! le bon père Elzéar.

Tels furent les mots qui circulèrent dans cette foule inquiète qui attendait avec angoisse des nouvelles de la santé de Raimond V.

On ne savait pas encore si ses blessures laissaient quelque espoir.

Pierre des Anbiez et son frère, marchant avec précaution, entrèrent dans la chambre du baron.

Le vieux gentilhomme, encore vêtu de ses habits de fête, était couché tout botté sur son lit.

Une pâleur livide couvrait sa figure vénérable. Ses longs cheveux blancs étaient souillés de sang.

L'abbé Mascarolus pansait les profondes blessures que le baron avait reçues à la tête. Honorat de Berrol assistait le chapelain dans ce pieux devoir.

Dame Dulceline, dont les larmes ne cessaient pas de couler, coupait des bandes de toile, tandis que le majordome Laramée, debout au pied du lit de son maître, contenait à peine ses sanglots, et semblait ne pas voir, ne pas entendre ce qui se passait autour de lui.

Les acteurs de cette triste scène étaient si douloureusement absorbés, que le père Elzéar et Pierre des Anbiez entrèrent inaperçus.

— Mon frère! — s'écrièrent à la fois le commandeur et le religieux en se précipitant à genoux auprès du lit de Raimond V, dont ils baisèrent avec ferveur les mains glacées.

— L'abbé, les blessures sont-elles graves? — dit le commandeur, pendant qu'Elzéar demeurait agenouillé.

— Hélas! c'est vous, monsieur le commandeur, — dit le chapelain en joignant les mains de surprise; — que n'êtes-vous arrivé hier, tous ces malheurs ne nous auraient pas accablés... monseigneur ne serait pas en danger de mort.

— Grand Dieu! — s'écria Pierre des Anbiez.

— Il faut vite envoyer quérir frère Anselme, le chirurgien de ma galère... il vous aidera... il connaît les plaies faites par des armes de guerre.

Voyant Luquin Trinquetaille à la porte, le commandeur lui dit : — Vite, va chercher frère Anselme et amène-le.

Luquin disparut pour aller exécuter les ordres du commandeur.

L'abbé semblait écouter avec anxiété la respiration pénible de Raimond V... Enfin, le baron fit un léger mouvement, tourna sa tête du côté du chapelain sans ouvrir les yeux, et poussa un long soupir.

Le commandeur et le religieux interrogèrent l'abbé d'un regard inquiet.

Celui-ci fit un signe approbatif et profita de la situation du baron pour terminer de poser l'appareil sur ses blessures.

Le père Elzéar, inquiet de ne pas voir Reine au chevet du lit de son père dans un tel moment, dit à voix basse à Honorat : — Et Reine? La malheureuse enfant n'aura pu supporter ce cruel spectacle.

— Grand Dieu ! — s'écria Honorat avec un étonnement douloureux, — vous ne savez donc pas, mon père, tous les malheurs qui ont accablé cette maison! Reine a été enlevée par les pirates!

Le père Elzéar et le commandeur se regardèrent stupéfaits.

— Mon Dieu! mon Dieu! épargnez ce dernier coup à sa vieillesse, — dit le religieux en joignant ses mains avec ferveur et en levant vers le ciel un regard suppliant, — faites qu'on puisse enlever cette malheureuse enfant de leurs mains.

— Et ces pirates... et ces pirates,... ne sait-on de quel côté ils ont fui? — dit le commandeur avec une rage concentrée. — Il faut interroger les patrons de barques qui vont arriver... la nuit était claire, on pourra avoir quelques renseignements.

— Hélas! monsieur, — dit Honorat, — je suis seulement arrivé depuis une heure à la Maison-Forte, à cette maison que moi et les hôtes du baron nous avions laissée cette nuit si paisible. J'ignorais complétement ces affreux désastres! Lorsqu'on a eu rapporté ici le baron évanoui, le bon abbé m'a envoyé aussitôt un exprès, et je suis venu pour voir mon second père presque mourant... et pour apprendre l'enlèvement de mademoiselle des Anbiez, — ajouta Honorat avec désespoir.

Raimond V était toujours sans connaissance. De temps à

autre il poussait un faible soupir, et retombait bientôt dans une sorte de torpeur léthargique.

Le commandeur attendait avec impatience le chirurgien de sa galère, il croyait ses connaissances supérieures à celles du chapelain.

Enfin, il arriva, suivi de Luquin Trinquetaille, qui, malgré le profond silence qu'on gardait autour du blessé, cria dès la porte au commandeur : — Monseigneur, les pirates doivent être mouillés sur la côte, au plus à vingt-cinq ou trente lieues d'ici.

Pierre des Anbiez, faisant signe au digne capitaine de se taire, alla rapidement vers lui, l'emmena dans la galerie, alors déserte, car les vassaux s'étaient retirés sur l'invitation du chapelain.

— Que dis-tu ? — demanda le commandeur à Trinquetaille, — qui t'a dit cela ?

— Monseigneur, c'est un patron de barque, Nicard. Cette nuit il a passé très près de deux galères et d'un chebec qui rangeaient la côte, il a reconnu facilement *la Gallione rouge*. Ces bâtiments marchaient lentement, lentement, comme s'ils avaient eu des avaries assez fortes pour les forcer à relâcher d'un moment à l'autre dans l'un des havres déserts de la côte.

— C'est juste, — dit le commandeur en réfléchissant, — il faut qu'ils aient de graves avaries pour rester sur ces côtes, au lieu de fuir vers le sud avec leurs captifs et leur butin.

— C'est sans doute, monseigneur, la couleuvrine de la Maison-Forte qui leur aura causé ces avaries; car Pierron le pêcheur m'a dit qu'ils avaient continuellement entendu et vu tirer cette artillerie, lorsque les galères de ces démons ont doublé la pointe de l'île Verte, et cette passe peut servir de point de mire à la couleuvrine; maître Laramée me l'a dit cent fois.

— La vengeance du Seigneur va donc atteindre ces bandits encore gorgés de sang et de pillage, — dit le commandeur d'une voix sourde. — Peut-être pourrai-je arracher de leurs mains la malheureuse fille de mon frère.

— Et aussi sa suivante Stéphanette, s'il vous plaît, monseigneur; — dit Luquin. — Ces brigands l'ont enlevée, sans doute, avec l'aide d'un bohémien maudit que le bon Dieu enverra peut-être un jour à la portée de mon bras.

— Il n'y a pas un moment à perdre, — dit le commandeur

après avoir réfléchi pendant quelques minutes. — Puis, s'adressant à Luquin : — Cours au port, donne l'ordre de ma part au roi des chevaliers de faire tout préparer pour le départ de ma galère, tu me suivras avec ta polacre. A quelle hauteur le patron Nicard a-t-il rencontré *la Gallione rouge*?

— A la hauteur de l'île Saint-Féréol, monseigneur.

— Nous n'aurons donc pas à visiter la côte en deçà de l'île Saint-Férèol. Une fois en mer, tu mettras toutes les voiles dehors pour aller examiner les points de la côte qui pourraient servir de retraite aux pirates. Si tu vois quelque chose de suspect, tu viendras me rendre compte. Je me tiendrai toujours à portée de vue de ton bâtiment.

— Que le ciel bénisse votre entreprise, monseigneur, et qu'il fasse que je puisse vous être en aide!...

Luquin Trinquetaille, enflammé de l'espoir de retrouver peut-être Stéphanette et de pouvoir se venger du bohémien, courut au port en toute hâte.

Pierre des Anbiez rentra dans la chambre de Raimond V. Le chirurgien de sa galère lui donna quelque espoir, la respiration du blessé était moins oppressée et sa somnolence semblait moins pesante.

Le commandeur resta quelques moments sombre et pensif en contemplant son frère. Des pressentiments qu'il ne pouvait vaincre, et qui vinrent subitement l'assaillir, lui disaient que cette journée lui serait fatale. Il était navré de quitter Raimond V sans avoir été reconnu par lui; le temps pressait, il approcha du lit de son frère, se pencha vers lui et baisa ses joues glacées en disant à voix basse et entrecoupée : — Adieu... adieu, mon pauvre frère... adieu...

Lorsqu'il se releva, sa figure austère et dure était émue, une larme sillonnait sa joue.

— Embrassez-moi, mon frère, — dit-il à Elzéar. — Je pars pour un combat... un combat acharné, car *la Gallione rouge* est intrépide. J'ai l'espoir de rencontrer les pirates dans quelque havre de la côte.

— Monsieur le commandeur... je vous suis, — s'écria Honorat de Berrol, — quoiqu'il m'en coûte de quitter Raimond V dans un pareil moment; je vous demande de me prendre comme volontaire.

Pierre des Anbiez semblait agité par une lutte intérieure; il connaissait le courage d'Honorat, mais il savait aussi combien était hasardeuse l'entreprise qu'il allait tenter, il prévoyait un de ces combats funestes pour tous ceux qui y prennent part.

— Je comprends votre ardeur, — lui dit-il; — nous pouvons rencontrer les pirates, peut-être leur enlever Reine des Anbiez; mais si je ne reviens pas, mais si sa fille ne revient pas? et lui? — dit-il, montrant Raimond V à Honorat, — lui? qui donc le consolera? ne vous aime-t-il pas comme un second fils?

— Et si vous ne revenez pas? et si sa fille ne revient pas? — s'écria Honorat, — qui me consolera, moi, de ne vous avoir pas suivi et de n'avoir pas partagé vos dangers?

— Venez donc, — dit le commandeur, — je ne puis plus longtemps combattre une si noble résolution... partons... Encore adieu, mon frère, priez pour nous, — dit le commandeur en serrant tendrement le père Elzéar dans ses bras.

— Hélas! puisse le Seigneur favoriser votre entreprise! Puissiez-vous ramener cette malheureuse enfant, et que notre frère, en sortant de ce douloureux sommeil, trouve sa fille agenouillée à son chevet!

— Que le ciel vous entende, frère! — dit le commandeur. Il serra une dernière fois la main glacée de Raimond V, sortit en toute hâte et se rendit au port. Il y trouva sa galère prête à partir, et mit à la voile suivi de la polacre du brave Trinquetaille.

. . . .

Ce fut ainsi que la galère noire se trouvait en vue de la baie de Lérins, où étaient mouillées les deux galères des pirates lorsque Hadji sortit de la rade avec son chebec pour exécuter les ordres de Pog et emmener à sa poursuite la galère de la religion.

CHAPITRE XXXVIII

PRÉPARATIFS DE COMBAT

Le vent était favorable à la galère noire et à la polacre; après avoir passé l'île de Lérol, les deux bâtiments ralentirent leur marche.

Luquin Trinquetaille visita les différents havres de la côte, sans rencontrer les bâtiments pirates qu'il devait signaler au commandeur par un coup de pierrier.

Vers le soir, au moment où le soleil commençait à s'abaisser à l'horizon, la galère noire et la polacre arrivèrent en vue des îles Sainte-Marguerite, au moment où le chebec d'Hadji était, ainsi que nous l'avons dit, sorti de la rade par ordre de Pog, pour aller à la rencontre des bâtiments des chrétiens, et les attirer à sa poursuite.

Le capitaine Trinquetaille signala le chebec, et fit force de voiles pour le rejoindre.

Le bohémien ralentit au contraire sa marche, et l'attendit.

Le fiancé de Stéphanette, à l'aide de sa longue-vue, reconnut Hadji, qui gouvernait lui-même son petit navire.

Le digne capitaine de *la Sainte-Épourante des Moresques* frémit de rage à cette rencontre; il eut besoin de tout son empire sur lui-même pour ne pas aller attaquer celui qu'il croyait l'auteur de l'enlèvement de Stéphanette; mais fidèle aux ordres du commandeur, il doubla la pointe de Lerol, et vit bientôt *la Gallione rouge* et la galère de Trimalcyon mouillées dans la baie, très proche l'une de l'autre.

Ayant ainsi connaissance certaine des pirates, il rallia la galère noire pour annoncer cette découverte à Pierre des Anbiez, pendant que le chebec d'Hadji rentrait sous toutes voiles dans la baie.

Lorsqu'il arriva à poupe du bâtiment de la religion pour donner cette nouvelle au pilote, celui-ci lui ordonna, de la part du commandeur, de mettre sa polacre en panne, et de monter à bord.

Luquin s'y rendit, voyant avec désespoir que le chebec d'Hadji, qu'il brûlait de combattre, lui échappait.

Les chevaliers étaient rassemblés sur le pont de la galère, qui avait fait, selon le langage maritime de ce temps, *armes en couverte*, ou *branle-bas de combat*, ainsi qu'on disait à bord des vaisseaux.

Les rambades, qui formaient à la proue une espèce de château d'avant, où étaient en batterie les cinq pièces d'artillerie de la galère, furent revêtues de *paillets*[1] de plusieurs pouces d'épaisseur. Cette couverture devait amortir l'effet des projectiles ennemis.

---

[1] Sortes de grosses toiles matelassées et rembourrées d'étoupe.

On avait ensuite, dans le cas d'un abordage, établi et élevé un retranchement appelé *bastion*, qui s'étendait dans toute la largeur de la galerie, à la hauteur du quatrième banc de proue.

Ce retranchement était construit de poutres et de traverses, dont les interstices étaient remplis de vieux cordages et de débris de voiles. Cet ouvrage, haut de six pieds du côté de la poupe, n'avait que cinq pieds du côté de la proue, vers laquelle il s'abaissait en forme de glacis jusqu'au niveau des rambades.

Ce bastion devait empêcher l'artillerie ennemie de prolonger la galère par des feux d'enfilade.

Les bas officiers et les soldats étaient armés de morions d'acier, de buffle et de hausse-cols de fer. Les mèches fumaient près des canons et des pierriers; les mâts avaient été désarborés et placés dans la coursie; car les galères ne se battaient jamais à la voile, mais à la rame.

Les esclaves qui composaient la chiourme regardaient ces préparatifs du combat avec une terreur muette ou une insouciance stupide.

Ces malheureux, enchaînés à leurs bancs, n'étaient pas autrement comptés que comme puissance locomotive. La manœuvre de force à laquelle ils étaient assujettis à bord de la galère, bien qu'horriblement fatigante, leur laissait le calme nécessaire pour envisager le péril.

Leur position était doublement cruelle; spectateurs bâillonnés [1] et passifs d'un combat acharné, ils ne pouvaient même, pour s'étourdir au milieu du danger, assouvir cette ardeur animale et féroce que l'instinct de conservation éveille toujours chez l'homme à la vue du carnage, ardeur ou courage qui fait rendre coup pour coup, ou tuer pour ne pas être tué.

Les esclaves n'avaient pas non plus l'espoir d'une félicitation banale après la victoire. Si leur bâtiment était vainqueur, ils continuaient de ramer à son bord; s'il était vaincu, ils ramaient à bord du vainqueur.

Placés pendant l'action entre les boulets de l'ennemi et les pistolets des argousins, qui les tuaient au moindre refus de voguer, les gens de la chiourme n'avaient qu'un moyen d'échapper à une mort certaine, c'était de s'exposer à une mort

---

[1] On bâillonnait généralement la chiourme au moyen d'un morceau de liége appelé *tap*; il y avait pour cela un commandement : *Alerte le tap en bouche!* Le tap s'attachait par des cordons derrière les oreilles.

moins certaine; comme, après tout, chaque boulet n'arrivait pas en pleine galère, et que le pistolet de l'argousin était appliqué en pleine poitrine, les esclaves se résignaient et voguaient.

Dans tous les cas, ils étaient indifférents à la victoire, et souvent intéressés à la défaite, car, selon que les vainqueurs étaient Turcs ou Arabes, ils délivraient souvent leurs nationaux; quant aux renégats, toute chiourme leur était bonne. Aussi les forçats de la galère noire, sachant qu'on allait combattre contre *la Gallione rouge*, étaient-ils assez insouciants du succès de l'engagement.

On se préparait au combat dans le plus profond silence.

La physionomie austère, tranquille des soldats de la croix, montrait qu'il n'y avait rien de nouveau pour eux dans ces apprêts.

Les chevaliers inspectaient soigneusement les différents services dont ils étaient chargés; tout se passait avec un calme grave. On eût dit qu'il s'agissait des préparatifs de quelque solennité religieuse.

Les chevaliers rassemblés à la poupe examinaient la position des deux galères des pirates.

Lorsque Luquin Trinquetaille arriva sur le pont, le comite lui ordonna d'attendre le commandeur, qui allait bientôt monter.

Pierre des Anbiez, agenouillé dans sa chambre, priait avec ferveur. Depuis son départ de la Maison-Forte, de noirs, de funestes pressentiments avaient assailli son esprit. Dans l'exaltation de ses remords, il avait vu une coïncidence providentielle entre son retour et les affreux désastres qui venaient d'accabler sa famille.

Il s'accusait d'avoir, par son crime, appelé la vengeance céleste sur les siens.

Son imagination, surexcitée par les violentes émotions qui venaient de l'assiéger, évoqua des fantômes étranges.

En jetant un regard sombre et craintif sur le portrait de Pog (M. de Montreuil), qu'il avait suspendu dans sa chambre, il lui parut que les yeux de ce portrait brillaient d'un éclat surnaturel.

Deux fois il s'approcha du cadre pour s'assurer qu'il n'était pas le jouet d'une illusion, deux fois il recula épouvanté, sentant son front baigné d'une sueur froide, ses cheveux se hérisser sur sa tête.

Alors il fut frappé de vertige, sa raison l'abandonna; il ne vit plus rien... Des objets sans nom passèrent devant ses yeux avec une effrayante rapidité; il lui sembla qu'il était emporté dans le même tourbillon.

Peu à peu il revint à lui; cette aberration cessa, il se retrouva dans la chambre de la galère, face à face avec le portrait de Pog.

Pour la première fois de sa vie, en songeant au combat qu'il allait livrer contre les pirates, le commandeur éprouva un pressentiment sinistre. Au lieu d'aller à la bataille avec l'impétuosité sauvage qui le caractérisait, au lieu de songer avec une sorte de joie farouche au tumulte de la mêlée, dont les mille voix furieuses pouvaient seules étouffer un instant la grande voix de ses remords, le commandeur eut des pensées de mort.

Il tressaillit en se demandant si son âme pouvait paraître devant le Seigneur... si les austérités qu'il s'imposait depuis tant d'années suffisaient à l'expiation de son crime.

Effrayé, il se jeta à genoux, et se mit à prier avec ferveur, suppliant Dieu de lui donner le courage et la force d'accomplir sa dernière mission, peut-être de faire encore une fois triompher la croix, et d'enlever Reine des Anbiez à ses ravisseurs.

Le commandeur terminait sa prière lorsqu'on frappa à sa porte.

Pierre se releva.

Le canonnier maître Hugues parut.

— Que veux-tu?

— Un homme, envoyé par ces mécréants, vient en parlementaire dans un canot. Monsieur le commandeur, faut-il le couler d'un coup de pierrier ou le faire monter à bord?

— Fais-le monter.

— Où le conduirai-je?

— Ici.

Pierre des Anbiez crut pénétrer le sujet de cette démarche. Les pirates, ayant Reine des Anbiez en otage, voulaient sans doute traiter de sa rançon.

Le maître canonnier revint suivi du bohémien.

— Que veux-tu? — lui dit le commandeur.

— Faites retirer cet homme, monseigneur; vos oreilles seules doivent entendre ce que ma bouche va dire.

— Tu es bien impudent, — reprit Pierre des Anbiez, en jetant un regard perçant sur Hadji.

Puis il ajouta, en s'adressant à maître Hugues: — Laisse-nous, va-t'en.

— Seul avec ce bandit, monsieur le commandeur?

— Nous sommes trois, — dit Pierre des Anbiez en montrant sa masse d'armes accrochée à la cloison.

— Me prends-tu donc pour un assassin? — dit Hadji avec fierté.

Le canonnier haussa les épaules, et sortit presque avec regret, quoique la haute taille et les membres robustes de son capitaine, comparés à la stature grêle du bohémien, eussent dû le rassurer.

— Parle... puisque je veux bien ne pas te faire crucifier encore à l'avant de ma galère, — dit Pierre des Anbiez au bohémien.

Celui-ci, conservant son audace accoutumée, répondit :

— Quand mon heure viendra, elle me trouvera. Pog-Reis, maître de *la Gallione rouge*, m'envoie vers vous, monseigneur. C'est bien lui qui, cette nuit, a attaqué la Ciotat; c'est bien lui qui a Reine des Anbiez en son pouvoir.

— Assez, assez, misérable! ne te vante pas plus longtemps de tes crimes, ou je te fais arracher la langue! Que viens-tu demander? J'ai hâte d'aller châtier tes complices et d'en faire un terrible exemple. Si tu viens parler de grâce et de rançon, écoute bien le sort qui attend toi et les tiens : qu'ils tentent ou non de se défendre, ils seront tous conduits enchaînés à la Ciotat, et brûlés au milieu de la place de la maison de ville... Entends-tu bien?

— J'entends bien, — dit le vagabond avec un imperturbable sang-froid. — Pog-Reis ne s'oppose pas à ce que vous fassiez brûler son équipage.

— Que veux-tu dire? Qu'il me livre ses complices, si je lui laisse la vie sauve? C'est juste, tant de barbarie doit cacher une ignoble lâcheté. S'il en est ainsi, je me ravise. Les deux capitaines de galère et toi, vous serez écartelés tous trois avant d'être brûlés, et cela lors même que vous me livreriez vos complices pieds et poings liés, pour subir le supplice qu'ils méritent... Ainsi, va-t'en... va-t'en dire cela aux tiens; va-t'en! Mon sang bouillonne en songeant à cette malheureuse ville, à mon frère! va-t'en, je ne veux pas souiller mes mains du sang d'un bandit, et je veux que tu ailles prévenir tes complices du sort qui les attend!

— Je ne suis pour rien dans le massacre de la ville, monseigneur.

— Finiras-tu !

— Eh bien, monseigneur, Pog-Reis et l'autre capitaine vous proposent un combat singulier à vous et à un de vos chevaliers, deux contre deux, à l'épée espagnole et au poignard. S'il est tué, vous attaquerez ses galères après le combat singulier, et vous les enlèverez plus facilement encore, car ce seront deux corps sans tête. Si vous êtes tué, votre lieutenant attaquera les galères de Pog-Reis. Le désir de venger votre mort donnera une nouvelle ardeur à vos soldats, et nul doute qu'ils n'offrent en holocauste Pog-Reis et son équipage à vos mânes ! Cela ne change donc rien à vos projets ; seulement le capitaine de *la Gallione rouge* veut se trouver face à face avec le capitaine de la galère noire. Le tigre et le lion peuvent bien s'affronter.

Le commandeur avait écouté cette proposition aussi insolente qu'inouïe dans le silence de la stupéfaction.

Lorsque le bohémien eut cessé de parler, Pierre des Anbiez, dans sa colère, ne put s'empêcher de le prendre à la gorge, et s'écria : — Comment, misérable ! c'est là le message dont tu es chargé !... Oser venir me proposer de croiser mon épée avec un assassin tel que Pog-Reis ou un de ses bandits !... Sainte croix !... — ajouta le commandeur en repoussant si vivement le bohémien qu'il alla trébucher à l'autre bout de la chambre, — pour te punir de ton impudence, je veux te faire donner vingt coups de fouet sur le coursier avant de te livrer au supplice.

Le bohémien lança un regard de tigre sur Pierre des Anbiez, serra convulsivement dans sa rage ses mâchoires l'une contre l'autre ; mais, voyant qu'il aurait le dessous dans une lutte contre le commandeur, il se contint et reprit :

— Pog-Reis, monseigneur, avait compté sur un premier refus ; pour vous décider, il m'a dit de vous rappeler que la fille de votre frère était en son pouvoir. Si vous refusez sa proposition, si vous attaquez ses galères de vive force, Reine des Anbiez et tous les captifs que nous avons faits seront à l'instant mis à mort...

— Misérable !...

— Si, au contraire, vous acceptez le combat et que vous m'en donniez pour gage votre gantelet... Reine des Anbiez sera à l'instant amenée à votre bord, et vous sera rendue sans rançon... ainsi que les prisonniers que Pog-Reis a emmenés de la Ciotat...

— Je ne ferai jamais de conditions avec de pareils meurtriers... Va-t'en.

— Songez-y, monseigneur, Pog-Reis, et vous l'attaquez, se défendra vigoureusement. S'il a le dessous, il fera sauter sa galère; vous n'aurez ni lui, ni Reine des Anbiez, ni les captifs, tandis que vous rendrez cette jeune fille à son père et les captifs à leur ville, en acceptant ce combat.

— Tais-toi... — dit le commandeur, qui ne put s'empêcher de réfléchir à ce que cette proposition avait d'avantageux malgré son audacieuse insolence.

— Enfin, — dit Hadji, comme s'il eût gardé cette dernière considération comme la plus décisive, — enfin l'esprit mystérieux veut le combat que Pog-Reis vous propose... Oui, ce matin, après l'attaque de la Ciotat, Pog-Reis, épuisé de fatigue, s'est endormi, il a eu un songe : une voix lui a dit qu'un combat singulier entre lui et un soldat de la croix devait aujourd'hui expier un grand crime.

Ces derniers mots du bohémien frappèrent le commandeur; il tressaillit. Déjà il croyait, dans l'exaltation de ses remords, que son crime avait attiré sur sa famille les maux affreux qui venaient de l'accabler. Quand il entendit Hadji parler de l'expiation d'un grand crime, il crut lire la volonté de Dieu dans ces paroles dites au hasard.

— Quel songe? quel songe?... Parle... — dit-il au bohémien d'une voix sourde, avec une secrète épouvante.

— Que vous importe le songe, monseigneur?

— Parle, te dis-je... parle.

— Pog-Reis a été emporté dans l'espace des visions, — reprit Hadji avec une emphase orientale. — Il a entendu la voix de l'esprit... Elle lui a dit : « Regarde... » et il a vu une femme dans un cercueil... et cette femme avait été frappée au cœur et sa blessure saignait. Et auprès de la femme morte, Pog-Reis a vu s'élever le fantôme d'un soldat du Christ... Ce fantôme, c'était toi.

— Moi... moi! — s'écria le commandeur, immobile de stupeur.

— Toi... — dit Hadji en contenant sa joie, car il voyait que le récit arrangé par Pog-Reis répondait aux vœux du pirate.

Pog (M. de Montreuil), jugeant du caractère religieux et exalté du commandeur par les lettres que le bohémien avait surprises dans la cabane du guetteur, ne doutait pas que Pierre des Anbiez ne fût vivement frappé, et ne fût peut-être décidé au combat par la supposition de ce songe. Cette révélation devait en effet l'impressionner profondément, lui paraître presque surnaturelle, puisqu'il croyait son crime à tout jamais enseveli dans l'oubli.

— Ah!... Dieu le veut... Dieu le veut... — murmura tout bas le commandeur.

Le bohémien continua sans paraître l'entendre :

— L'esprit a dit à Pog: « Demain, tu combattras ce soldat du Christ seul à seul, et un grand crime aura été expié... » Pog-Reis a commis de grands crimes, monseigneur; il n'avait jamais eu de remords, la révélation de l'esprit l'a touché... il a voulu lui obéir. Il vous offre donc le combat... Prenez garde de le refuser. Chrétien!, le Dieu de tous envoie à tous indistinctement ses songes... C'est par les songes qu'il leur dit sa volonté! peut-être il te choisit, toi, saint homme, pour l'instrument d'une grande vengeance, tu dois obéir... Peut-être, en te demandant le combat, Pog-Reis te demande-t-il la mort...

On comprend la stupeur, l'effroi du commandeur. Dans ces paroles, il vit une révélation divine, il crut entendre la voix du Seigneur lui ordonner cette expiation.

Au contraire du bohémien, il se croyait la victime que la colère céleste voulait faire tomber sous les coups de Pog.

Enfin, en acceptant le combat, il assurait le salut de Reine des Anbiez, il rendait une fille à son père, des prisonniers à leur famille éplorée... dernière preuve que la justice divine ne voulait frapper que lui, puisqu'elle lui offrait les moyens de réparer en partie les maux que son crime avait peut-être attirés sur les siens.

Si l'on réfléchit que les remords incessants de Pierre des Anbiez, sans altérer sa raison, l'avaient du moins prédisposé à une sorte de fatalisme religieux, sans doute peu orthodoxe, mais fait pour impressionner vivement son caractère sombre et concentré, on comprendra l'effet écrasant que le langage d'Hadji dut produire sur lui.

Après un moment de silence, il dit au bohémien :

— Va-t'en sur le pont, je te dirai mes ordres.

Puis le commandeur fit venir un comite, et lui commanda de conduire Hadji sur le pont, de le surveiller et de le prendre sous sa protection.

CHAPITRE XXXIX

LE DÉFI

Le commandeur fit prier le chapelain de la galère noire de descendre dans sa chambre... Pendant que Pierre des Anbiez se confessait de ses péchés (à l'exception du cas de meurtre réservé pour la grande pénitencerie de l'ordre) et recevait l'absolution, le bohémien remonta sur le pont. La première personne qu'il y rencontra fut le capitaine de *la Sainte-Épouvante des Moresques, avec la grâce de Dieu*.

Hadji, affectant une aisance parfaitement impertinente, s'approcha de Luquin Trinquetaille et lui dit :

— Qui aurait cru, mon garçon, que nous nous retrouverions ici, lorsqu'à la Maison-Forte de Raimond V, cette jolie fille que vous savez me donnait des rubans couleur de feu, ce dont vous enragiez si fort ?

Cet excès d'impudence rendit un instant muet le digne capitaine ; mettant la main sur son sabre, il allait attaquer Hadji, sans le comite qui lui représenta que le bohémien était sous sa protection par ordre du commandeur.

— Il est un endroit où nous nous retrouverons encore, misérable, — dit Luquin, — ce sera sous la potence où tu seras pendu ! car, mordieu ! quoique l'office du bourreau me répugne, je vendrais jusqu'à ma polacre pour avoir le droit de te mettre la corde au col.

— Ingrat, vous ne pensez pas au chagrin que vous causeriez à Stéphanette : la pauvre fille m'aime tant, qu'elle mourrait de chagrin de me voir pendu, et par vous encore !

— Tu mens... tu mens comme un chien. Oh ! que ne puis-je t'arracher ta langue maudite !

— Vous auriez raison, mon garçon, de m'arracher la langue, car ce sont mes paroles dorées qui m'ont ouvert le cœur de cette jolie fille ; tout à l'heure encore, à bord de mon chebec où elle était avec moi, elle me disait, en appuyant sa tête sur mon épaule...

— Tu mens... tu blasphèmes ! — s'écria Luquin en furie.

— Elle me disait donc, en appuyant sa tête sur mon épaule,

— reprit le bohémien avec un imperturbable sang-froid : — « Quelle différence, mon beau capitaine, entre votre langage galant et enchanteur, et le grossier ramage de cette espèce de héron à longues jambes qui venait lourdement voltiger autour de moi. » C'est de vous qu'elle parlait ainsi, mon pauvre garçon.

— Tenez, comite, — dit Luquin pâle de male-rage, — permettez-moi seulement de couper la figure de ce misérable à coups de fourreau de sabre.

— Si ses paroles vous blessent, ne l'écoutez pas, — dit le comite. — Le commandeur m'a confié la garde de ce païen, je ne puis souffrir qu'il lui soit fait aucun mal.

Luquin poussa un gémissement d'indignation concentrée.

— Après tout, — reprit le bohémien avec une suffisance dédaigneuse, — cette fille est assez gentille; mais vous l'avez rendue si sotte, mon garçon, qu'il m'a suffi du tête-à-tête que j'ai eu avec elle depuis hier, pour m'ôter la fantaisie de continuer l'entretien. Vous pouvez l'épouser quand vous voudrez, mon garçon; seulement, quand vous la verrez triste, vous n'aurez qu'à lui dire mon nom pour la faire tendrement sourire, puisque mon souvenir vivra éternellement dans son cœur. Pauvre fille, elle me le disait encore tantôt en me baisant la main comme à son seigneur.

Le malheureux Luquin ne put en entendre davantage; après avoir montré ses deux poings fermés au bohémien, il s'éloigna brusquement, poursuivi par un sourire ironique du vagabond...

Nous avons dit que le soleil commençait à décliner, la mer était calme; au loin, entre deux pointes de rochers, on voyait presque au fond de la baie *la Gallione rouge* et la galère de Trimalcyon mouillées près l'une de l'autre, et non loin d'elles et en panne le chebec d'Hadji.

Le canot qui avait amené Hadji se balançait sur les vagues, amarré à la poupe de la galère noire.

Le ciel était pur, seulement du couchant on voyait une large zone de nuages d'un gris rougeâtre.

Maître Hugues le canonnier s'approcha du comite qui gardait le bohémien, et lui dit, en secouant la tête et lui montrant l'occident :

— Frère, je n'aime pas ces nuées qui s'amassent là-bas, elles sont sinistres, nous sommes en plein calme... Si le soleil, en se couchant, dissipe ce nuage, la nuit sera belle;

et le nuage, au contraire, couvre le soleil... avant son coucher...

— Je vous entends, frère Hugues, il pourra y avoir une *saute de vent*, un ouragan, et la nuit sera mauvaise, — reprit le comite. — Heureusement nous avons encore du temps. — Et se retournant vers Hadji : — Peu importe à toi et aux tiens d'être pendus par un grand vent ou par un calme ?...

— J'aime mieux être pendu par un grand vent, comite ; le vent vous berce et l'on s'endort plus vite dans l'éternité, — répondit Hadji avec une indifférence dédaigneuse.

Le commandeur parut sur le pont.

Les chevaliers rassemblés à l'arrière s'écartèrent avec respect.

Pierre des Anbiez était complétement vêtu de noir. Sa figure semblait encore plus pâle, encore plus sombre qu'à l'ordinaire. A son côté il avait une lourde épée à garde de fer, et un long poignard dans son fourreau bronzé ; sa main droite était gantée de buffle noir, sa main gauche était nue.

Il fit un signe au bohémien et lui jeta son gantelet gauche.

Hadji le ramassa, il allait parler... Le commandeur, d'un geste impérieux, lui montra le canot qui l'avait amené.

Hadji descendit dans son embarcation ; on la vit bientôt se diriger à force de rames vers les galères des pirates.

Étonnés de l'action du commandeur, les chevaliers et Honorat de Berrol, qui était parmi eux, se regardèrent avec surprise.

Le commandeur suivit quelque temps des yeux le canot du bohémien, puis, se retournant vers le groupe qui l'entourait, il dit à haute voix :

— Frères, on combattra tout à l'heure les galères de ces mécréants : elles sont mouillées près l'une de l'autre. On mettra en mer le grand caïque. Les *buonvoglies* y rameront, la moitié des soldats y descendront ; pendant que la galère noire attaquera *la Gallione rouge*, le caïque attaquera l'autre bâtiment pirate. — S'adressant au roi des chevaliers, le commandeur continua : — Vous commanderez la galère noire, frère ; le frère de Blinville, le plus ancien lieutenant de galère, commandera le caïque. Maintenant, comite, vogue avant : partout ! forcez de rames ! le soleil baisse, il ne nous reste qu'une heure de jour pour châtier ces infidèles.

Quoique les chevaliers n'eussent pas compris pourquoi Pierre des Anbiez abandonnait le commandement de la galère noire et du caïque à d'autres qu'à lui, ils se hâtèrent d'exécuter ses ordres.

Une partie de l'équipage s'embarqua en armes dans la grande chaloupe de la galère qui fut mise à la mer sous les ordres du chevalier de Blinville, et les deux bâtiments se dirigèrent à toutes rames vers l'entrée de la baie.

Le second du capitaine Trinquetaille imita cette manœuvre, et dirigea la polacre de façon à suivre ce mouvement et à se tenir toujours dans les eaux de la galère noire, le commandeur ayant ordonné à Luquin de rester à son bord jusqu'à nouvel ordre.

Honorat s'approcha du commandeur.

— Je voudrais combattre à vos côtés, monsieur le commandeur. Reine des Anbiez était ma fiancée... Raimond V a été un second père pour moi, ma place est au fort du péril.

Pierre des Anbiez regarda fixement Honorat.

— C'est vrai, chevalier, — lui dit-il, — vous avez une double vengeance à tirer de ces misérables. Pour assurer la liberté de Reine, avant l'action, j'ai consenti à me battre en combat singulier avec l'un des deux capitaines pirates. Je dois emmener un second ; voulez-vous l'être?...

— Vous! monsieur... vous! accepter une telle proposition... — s'écria Honorat, — faire un tel honneur à...

— Voulez-vous ou non tirer l'épée et le poignard quand je les tirerai, jeune homme? — dit brusquement Pierre des Anbiez.

— Je ne puis qu'être fier de faire ce que vous ferez, monsieur le commandeur. Mon épée est à vos ordres.

— Allez donc vous armer, et tenez-vous prêt à me suivre quand je descendrai.

Après un moment de silence, il ajouta :

— Vous voyez cette chaloupe qui double la pointe... elle ramènera à bord de ma galère Reine des Anbiez et les captifs de la Ciotat.

— Reine! — s'écria Honorat.

— La voilà, — dit le commandeur.

En effet, la chaloupe d'Hadji approchait rapidement ; le chevalier de Berrol reconnut bientôt Reine, Stéphanette, deux autres jeunes filles et une vingtaine d'habitants de la Ciotat emmenés après la descente des pirates.

Les chevaliers ignoraient les conventions faites entre le

commandeur et le bohémien. Ils ne pouvaient comprendre comment les pirates renvoyaient ainsi leurs prisonniers.

Lorsque la chaloupe fut à portée de voix, le commandeur ordonna au comite de faire lever les rames de la galère pour attendre cette embarcation, qui accosta bientôt.

Pierre des Anbiez s'avança au haut de l'espale ; il y reçut sa nièce, qui se jeta dans ses bras avec toute l'effusion de la reconnaissance.

— Et mon père ! — s'écria la jeune fille.

— Votre retour calmera sa douleur, mon enfant, — répondit le commandeur, qui ne voulait pas instruire Reine du sort fatal de Raimond V.

— Honorat, c'est vous ! — dit Reine en tendant la main au chevalier, qu'elle n'avait pas encore aperçu. — Hélas ! mon ami, dans quelle triste circonstance je vous revois ! Mais qui donc est resté auprès de mon père ? comment l'avez-vous laissé seul ?

— Reine, il s'agissait de vous sauver, j'ai suivi le commandeur. Le père Elzéar est à la Maison-Forte près de Raimond V.

— Mais maintenant me voici libre ; n'allez-vous pas revenir avec moi retrouver mon père ?

— Revenir avec vous... non... Reine... je reste avec le commandeur. Demain, sans doute, je vous reverrai. Adieu bien tendrement !... adieu, Reine ! encore adieu !

— De quel air vous me dites adieu, Honorat ! — s'écria la jeune fille, frappée de l'expression presque solennelle des traits du chevalier. — Mais il n'y a aucun danger ; on n'attaquera pas les pirates. Maintenant, à quoi bon rester ?

— Non, sans doute, — dit Honorat avec embarras ; — on ne se battra pas ; le commandeur veut seulement s'assurer du départ de ces misérables.

Pierre des Anbiez, ayant donné quelques ordres, s'approcha et prit Reine par la main.

— Vite, vite, mon enfant, embarquez-vous, le soleil baisse. Luquin Trinquetaille va vous prendre à bord de sa polacre ; avant demain matin vous serez dans les bras de votre père. Puis, s'adressant au capitaine de *la Sainte-Épouvante des Moresques*, qui lançait des regards furieux au bohémien, car ce dernier ne quittait pas des yeux Stéphanette et affectait de lui parler à voix basse, le commandeur dit à Luquin :

— Sur ta vie tu réponds de mademoiselle des Anbiez. Pars à l'instant, tu la conduiras à la Maison-Forte, ainsi que les autres jeunes filles et sa suivante... les hommes resteront et renforceront l'équipage de ma galère... Allons,... adieu, Reine, embrassez-moi, mon enfant ; dites bien à mes frères que j'espère demain leur serrer la main.

— Vous espérez, mon oncle ! quel danger y a-t-il donc ?

— Le soleil baisse, embarquez-vous vite, — dit le commandeur sans répondre à la question de sa nièce et en la menant aux épaules pour la faire descendre dans le canot qui devait la conduire à bord de la polacre.

Pendant que Reine échangeait un dernier regard avec Honorat, le bohémien, toujours impudent et cynique, s'approcha de Luquin. Hadji tenait Stéphanette par la main presque malgré elle.

— Je vous donne cette jolie fille, mon garçon ; épousez-la en toute confiance. Hélas ! ma pauvre petite, il faut te résigner ; je me souviendrai de ta tendresse.

— Comment ! de ma tendresse ! — s'écria Stéphanette indignée.

— C'est vrai, nous étions convenus de ne rien dire devant cette espèce de cormoran.

— Luquin, à ton canot... — cria le commandeur d'une voix impérieuse.

Force fut donc au digne capitaine de dévorer ce nouvel outrage et de descendre en toute hâte dans son canot pour y recevoir mademoiselle des Anbiez.

Cinq minutes après, la polacre, gouvernée par Luquin lui-même, faisait voile pour la Maison-Forte, ayant à son bord Reine, Stéphanette et deux autres jeunes filles aussi miraculeusement arrachées au sort affreux qui les menaçait.

Lorsque la polacre fut éloignée, le bohémien s'approcha respectueusement du commandeur :

— Pog-Reis a tenu sa parole, monseigneur.

— Je tiendrai la mienne. Va m'attendre dans ta chaloupe.

Le bohémien s'inclina et quitta la galère.

Pierre des Anbiez dit au chevalier de Blinville qui devait commander la galère en son absence :

— Le sablier est plein... dans une demi-heure, il sera écoulé... Si je ne suis pas revenu à bord... vous entrerez dans la baie, vous attaquerez les pirates selon les ordres que je vous ai donnés : la galère noire combattra *la Gallione rouge*, le caïque combattra l'autre bâtiment.

— On commencera l'attaque sans vous attendre, monsieur le commandeur? — répéta le lieutenant, croyant n'avoir pas bien compris.

— On commencera le combat sans m'attendre si dans une demi-heure je ne suis pas revenu, — répéta le commandeur d'une voix ferme.

Un de ses gens lui apporta son feutre et un grand manteau noir où était écartelée la croix blanche de l'ordre.

Suivi d'Honorat, il quitta la galère, au grand étonnement des chevaliers et de l'équipage.

Hadji était au gouvernail de la chaloupe... quatre esclaves maures prirent les rames, l'embarcation vola sur les vagues, qui commençaient à s'enfler sourdement, et s'éloigna rapidement de la galère noire en se dirigeant vers la pointe occidentale de la baie.

Pierre des Anbiez, enveloppé dans son manteau, tourna la tête et jeta un dernier regard sur sa galère comme pour s'assurer de la réalité des événements qui se passaient.

Il se sentait pour ainsi dire entraîné par une force irrésistible à laquelle il obéissait aveuglément presque sans réfléchir.

Après quelques moments de silence :

— Où cet homme attend-il? — demanda-t-il à Hadji.

— Sur la grève, près des ruines de l'abbaye de Saint-Victor, monseigneur.

— Fais donc ramer tes gens, ils n'avancent pas, — dit Pierre des Anbiez dans sa fiévreuse impatience.

— Les vagues sont fortes, le nuage monte, monte, le vent va souffler ; la nuit sera mauvaise, — dit Hadji à demi-voix...

Absorbé dans ses pensées, le commandeur ne lui répondit pas.

Le soleil allait bientôt jeter ses derniers rayons... il fut bientôt complétement obscurci par une large zone de nuages noirs qui, d'abord pesants et immobiles à l'horizon, commencèrent à s'avancer avec une effrayante rapidité.

Quelques coups de tonnerre sourds et lointains, phénomènes assez communs durant les hivers de Provence, annoncèrent un de ces brusques ouragans si fréquents dans la Méditerranée.

CHAPITRE XL

LE COMBAT

Les nuages amoncelés à l'occident envahissaient rapidement le ciel jusqu'alors serein.

Le murmure croissant des vagues, le mugissement plaintif du vent qui s'élevait, les roulements lointains du tonnerre, tout annonçait une formidable tourmente.

La chaloupe atteignit le rivage, une grève solitaire, cernée de blocs de granit rougeâtre.

Le commandeur et Honorat mirent pied à terre. Hadji les précéda de quelques pas, s'arrêta et dit à Pierre des Anbiez :

— Monseigneur, suivez ce sentier creusé dans le roc, bientôt vous arriverez aux ruines de l'abbaye de Saint-Victor. Pog-Reis vous y attend.

Sans répondre à Hadji, Pierre des Anbiez s'engagea résolument dans une sorte de crevasse formée par une déchirure du rocher et à peine assez large pour qu'un homme pût y passer.

Honorat, non moins courageux, le suivit en réfléchissant qu'un traître placé sur la crête de l'un des deux rochers entre lesquels ils se glissaient plutôt qu'ils ne marchaient, pouvait les écraser en faisant rouler sur eux quelques-unes des pierres énormes qui couronnaient les escarpements.

La tempête approchait... approchait.

Les grandes voix du vent, de la mer, qui grondaient de plus en plus, éclatèrent enfin avec fureur dans l'immensité.

Du haut des nuages, la voix tonnante de la foudre leur répondit... la lutte commença entre la nature et les éléments.

Le commandeur marchait à grands pas. Il voyait dans ce violent orage un présage de plus ; il lui parut que la vengeance céleste s'entourait d'une majesté terrible... pour le frapper.

Plus il y réfléchissait, plus le songe étrange que lui avait raconté le bohémien lui apparaissait comme une manifestation de la volonté divine.

Par un de ces phénomènes ordinaires de la pensée, en une seconde, Pierre des Anbiez embrassa d'un souvenir toute la sanglante tragédie de son amour avec madame de Montreuil... la naissance de son malheureux enfant, la mort d'Émilie, le meurtre de son mari ; tout lui revint à la mémoire avec une aussi effrayante précision que si son crime eût été commis la veille.

L'étroit passage qui serpentait à travers les roches s'élargit un peu ; le commandeur et Honorat sortirent de cette muraille de granit et se trouvèrent en face des ruines de l'abbaye de Saint-Victor.

Ils ne virent personne en cet endroit.

Le bassin intérieur de la baie formait une anse profonde.

Au sud, elle était fermée par les rochers du milieu desquels le commandeur venait de sortir ; au nord et à l'ouest, par les bâtiments à demi détruits de l'abbaye ; à l'est on découvrait la rade où étaient mouillées les deux galères des pirates.

La masse imposante des ruines de l'abbaye, ses débris d'arceaux, ses lourdes ogives, ses tourelles à demi écroulées et couvertes de lierre, dessinaient leurs lignes tristes et grises sur les nuages noirs qui s'abaissaient de plus en plus.

Un jour blafard, qui n'était ni la lumière ni l'obscurité, jetait une étrange et sinistre clarté sur les rochers, sur les ruines, sur la grève, sur la mer.

Les vagues mugissaient, le vent rugissait, la foudre grondait... Personne ne paraissait.

Honorat, malgré son courage, fut frappé du spectacle lugubre et désolé qui s'offrait à sa vue.

Debout, enveloppé dans son long manteau noir, la figure sinistre et contractée, le commandeur semblait évoquer les mauvais esprits.

D'une voix émue et sépulcrale, par trois fois il appela : Pog-Reis!!! Pog-Reis!!! Pog-Reis!!!...

Personne ne répondit.

Une chouette énorme poussa un cri funèbre et s'envola pesamment d'une voûte, massive comme une arche de pont, qui servait jadis d'entrée au cloître.

— Personne ne vient, — dit Honorat. — Ne craignez-vous pas une embuscade, monsieur le commandeur? Peut-être avez-vous été trop confiant dans la parole de ces misérables.

— La vengeance divine revêt toutes les formes, — répondit Pierre des Anbiez.

Il retomba dans son silence ; il regardait machinalement

d'un air de sombre distraction la pesante arcade qui autrefois conduisait au cloître, et dont l'intérieur était noyé d'ombre.

Tout à coup un pâle éclair d'hiver jeta sa flamme sulfureuse sur cette arche et l'illumina d'une lueur livide.

La foudre éclata; par un hasard étrange, à ce moment même, deux hommes sortirent de l'obscurité de la voûte et s'avancèrent à pas lents vers le commandeur et vers Honorat de Berrol.

C'était Pog... c'était Érèbe.

Pog tenait de la main droite une épée nue; le bras gauche passé autour du cou d'Érèbe, il s'appuyait doucement sur lui, comme un père se serait appuyé sur son fils.

Érèbe tenait aussi une épée nue à la main.

Tous deux s'avancèrent à pas lents vers le commandeur et Honorat.

Pierre des Anbiez resta pétrifié.

Sans dire un seul mot, il se rejeta vivement en arrière, saisit le bras du chevalier de Berrol, et lui montra du doigt Pog et Érèbe, d'un geste épouvanté.

Malgré le changement apporté par les années dans les traits de Pog, le commandeur reconnaissait en lui M. de Montreuil, le mari d'Émilie, l'homme qu'il croyait avoir tué et dont il avait conservé le portrait par expiation.

— Les morts sortent-ils du tombeau? — dit-il à voix basse en entraînant Honorat et en reculant d'un pas à mesure que Pog avançait d'un pas...

Le chevalier de Berrol ignorait tout ce qu'il y avait de terrible dans cette tragédie; mais il se sentit secrètement troublé, moins de l'apparition des deux pirates que du visible effroi du commandeur, dont l'intrépidité était si reconnue.

Pour ajouter au sombre aspect de cette scène, la tempête augmenta de violence, la foudre tonna plus fréquemment encore.

Pog s'arrêta.

— Me reconnais-tu? me reconnais-tu? — dit-il au commandeur.

— Si tu n'es pas un fantôme, je te reconnais, — répondit le commandeur, en attachant sur le mari d'Émilie un regard fixe et stupéfait.

— Te souviens-tu de la malheureuse femme dont tu as été le meurtrier?...

— Je m'en souviens... je m'en souviens, je m'accuse, — Et le commandeur se frappait la poitrine avec contrition.

A ces mots prononcés à voix basse par Pierre des Anbiez, Érèbe, dont les traits exprimaient une rage désespérée, leva son épée et voulut se précipiter sur le commandeur.

Pog le retint d'une main ferme et lui dit : — Pas encore.

Érèbe appuya la pointe de son épée par terre et leva les yeux au ciel.

— Tu me dois une sanglante réparation, — dit Pog.

— Ma vie t'appartient. Je ne lèverai pas mon épée sur toi, — répondit le commandeur en baissant la tête.

— Tu as accepté le combat... J'ai ta parole... Voici ton adversaire, — il montra Érèbe... — Voici le mien, — il montra Honorat.

— L'épée à la main, donc, — s'écria le chevalier de Berrol qui voulait à tout prix mettre fin à cette scène qui, malgré lui, le glaçait d'effroi.

Il s'avança vers Pog.

— Eux d'abord, nous ensuite, — répondit Pog.

— A l'instant, à l'instant! — s'écria Honorat, — l'épée à la main !

Pog, s'adressant à Pierre des Anbiez, lui dit d'un ton impératif : — Ordonne à ton second d'attendre l'issue de ton combat avec le jeune capitaine.

— Chevalier, je vous en prie, — dit le commandeur avec résignation.

— Défends donc ta vie, meurtrier! — s'écria Érèbe en s'avançant l'épée haute contre Pierre des Anbiez.

— Mais c'est un enfant ! — dit ce dernier, en regardant son adversaire avec une sorte de compassion méprisante.

— Ta mère! ta mère! — dit tout bas Pog à Érèbe.

— Oui... un enfant... l'enfant de ceux dont tu es le meurtrier, — s'écria le malheureux en frappant le commandeur à la figure du plat de son épée.

Le visage livide du vieux soldat devint pourpre ; emporté par l'outrage, il se précipita sur Érèbe en disant : — Seigneur, que ta volonté s'accomplisse...

Alors... alors... une lutte parricide s'engagea.

Et comme si la nature entière se fût soulevée d'horreur à la vue de cet abominable spectacle, l'obscurité devint profonde.

La foudre sillonna les nues, la tempête déchaîna ses fureurs, les rochers semblèrent trembler sur leur base...

Et le combat parricide continuait toujours avec acharnement.

Les mains jointes, Pog se repaissait avec une avidité féroce de cet affreux spectacle.

— Enfin... depuis vingt ans... je goûte un moment de vrai, d'ineffable bonheur... Foudre... tonne!!! tempête... éclate!!! la nature entière prend part à ma vengeance! — s'écria-t-il avec une joie sauvage.

Honorat, sans pouvoir se rendre compte de ce qu'il ressentait, s'écria éperdu :

— Je ne sais pourquoi ce combat me fait horreur... Assez... assez...

Il voulut se jeter entre Pierre des Anbiez et Érèbe.

Pog, doué dans le moment d'une force surhumaine, saisit Honorat, paralysa ses mouvements, en disant à voix basse, et avec un accent féroce :

— Et ma vengeance!!!

Érèbe tomba...

— Pierre des Anbiez, tu as tué ton fils, vois ces lettres... vois ces portraits! — s'écria Pog d'une voix retentissante qui domina l'ouragan ; et il jeta aux pieds du commandeur le coffret dérobé par Hadji chez Peyrou.

Tout à coup la foudre éclata avec des fracas impossibles à rendre.

Le ciel, la baie, les ruines, les rochers, la mer, parurent en feu.

Une épouvantable explosion fit trembler le sol, une partie des ruines de l'abbaye s'écroula, tandis qu'une trombe de vent, enlevant, refoulant, brisant tout sur son passage, enveloppa toute la baie dans son irrésistible et gigantesque tourbillon. . . . .
. . . .

CHAPITRE XLI

CONCLUSION

Trois jours après le funeste combat du commandeur des Anbiez et d'Érèbe, la galère noire et la polacre de Luquin étaient mouillées dans le port de la Ciotat.

Neuf heures du matin venaient de sonner à l'horloge de la Maison-Forte.

Le capitaine Trinquetaille s'avança discrètement sur la pointe du pied dans la galerie où s'était passée la cérémonie de la Noël, et se dirigea vers l'appartement de mademoiselle des Anbiez.

Il frappa à la petite porte de l'oratoire. Stéphanette en sortit bientôt.

— Eh bien ! Luquin, — dit la jeune fille d'un air inquiet, — comment a-t-il passé la nuit ?

— Mal, Stéphanette, très mal, il n'y a plus d'espoir, dit M. l'abbé.

— Malheureux enfant ! — dit la jeune fille. — Et monsieur le commandeur ?

— Toujours dans le même état, assis à son chevet comme une statue, sans remuer, sans parler... sans voir, sans entendre... Le père Elzéar dit que si monsieur le commandeur pouvait pleurer... il serait sauvé, sinon...

— Eh bien ?

— Il craint que la tête... — et Luquin fit un geste indiquant qu'on pouvait redouter la folie.

— Ah ! mon Dieu ! si cela était, quel affreux malheur à ajouter aux autres !

— Et mademoiselle Reine, — demanda Luquin, — comment va-t-elle ?

— Toujours souffrante. Cette triste cérémonie du baptême d'hier l'a si émue ; monseigneur a voulu qu'elle fût, avec lui, marraine de ce pauvre jeune païen, que ces mécréants appelaient Érèbe ; sans cela, il ne pourrait pas mourir chrétien ! A cet âge, mon Dieu, il n'était pas seulement baptisé ! Heureusement le père Elzéar a pensé à lui faire donner ce sacrement ! Ah ! le malheureux, il ne portera pas jusqu'à ce soir les noms chrétiens que monseigneur et mademoiselle lui ont donnés.

— Et monseigneur ?... — demanda Luquin.

— Oh ! quant à monseigneur, il serait déjà sur pied... et auprès de M. le commandeur, si on l'écoutait ; du reste, l'abbé Mascarolus dit qu'un homme ordinaire aurait été tué par une pareille blessure, et qu'il faut que monseigneur ait les os de la tête aussi durs que du fer... pour avoir résisté à cet horrible coup de massue. Dieu merci, celui qui a donné le coup n'en donnera plus.

— A propos, vous savez, Stéphanette, qu'on n'a pu retrouver le corps de Pog-Reis sous les ruines de l'abbaye ?

— Ce n'était qu'un infidèle, mais mourir sans sépulture ! — dit Stéphanette avec effroi... — Comment donc a-t-il été enseveli sous les ruines ?

— Voici ce que M. Honorat m'a raconté, et il doit le savoir. Au moment où le malheureux jeune homme tomba blessé par M. le commandeur, Pog-Reis, comme ils l'appellent, tenait M. Honorat pour l'empêcher d'aller séparer les combattants. Tout à coup, comme vous savez, la foudre a éclaté au milieu de la baie, elle est tombée à bord de *la Gallione rouge*, les poudres ont pris feu, *la Gallione* a sauté, et, en sautant, elle a englouti avec elle l'autre galère déjà très avariée par les boulets de la couleuvrine de maître Laramée... Pas un pirate n'a échappé. Les vagues de la baie étaient si grosses, si furieuses, que le meilleur nageur s'y serait mille fois noyé...

— Mais, Pog-Reis ?... — demanda Stéphanette.

— L'explosion fut si forte, que le sol trembla. « Le pirate, surpris, m'abandonna alors, me dit M. Honorat, je courus au commandeur, qui s'était déjà jeté sur le corps de son fils, il l'embrassait en sanglotant. Au moment de l'explosion, Pog-Reis était resté au pied des ruines. Ces vieux murs, ébranlés par la commotion et par la violence de la trombe d'air, se sont écroulés et l'ont enseveli sous leurs débris. » Ce matin, des pêcheurs venant de la baie ont dit que les pierres étaient si énormes qu'on n'avait pu les remuer et qu'on avait renoncé à retrouver le corps de ce brigand.

— Mon Dieu ! mon Dieu ! quel événement, Luquin, et comme cela prouve bien que le ciel est juste... Voyez... les deux galères de ces bandits foudroyées ! pas un n'en réchappant ! Pog-Reis écrasé sous les ruines de l'abbaye !

— Sans doute, sans doute, Stéphanette, le ciel a déjà beaucoup fait, mais il n'a pas tout fait, il lui reste encore un autre compte à régler.

— Que voulez-vous dire?...

— Lorsque nous avons entendu en mer cette explosion, en revenant sous toutes voiles à la Maison-Forte et même un peu plus vite que je ne le voulais, car la tempête chassait ma polacre sur les lames comme une plume dans l'air...

— C'est bien vrai, Luquin; aussi nous nous crûmes perdues. Quel temps! quelles vagues! nous pensions n'avoir échappé à un danger que pour tomber dans un autre.

— Oui... oui... Eh bien, qui est-ce qui a passé à une portée de canon de nous pendant l'ouragan?

— Que sais-je, moi? j'avais trop peur, j'avais trop à m'occuper de ma maîtresse pour regarder ce qui se passait auprès de nous.

— Vraiment! Stéphanette. Eh bien, c'était le chebec de ce maudit bohémien, que l'enfer laisse sur cette terre, je ne sais pourquoi! Oui, c'était son chebec qui nous a prolongés. Il avait par hasard mouillé son navire assez loin des galères, et il ne s'est en rien ressenti de l'explosion. Deux heures après, lorsqu'il eut ramené M. le commandeur, M. Honorat et ce malheureux jeune homme à bord de la galère, profitant de l'incroyable oubli de M. le commandeur qui négligeait de le faire pendre, il a eu l'audace de remettre à la voile, et c'est lui que nous avons vu passer près de nous, retournant sans doute dans le sud, où il sera noyé ou brûlé si le bon Dieu tient à compléter l'exemple qu'il a déjà donné en engloutissant les deux galères de ces mécréants... Voilà ce que je lui souhaite.

— Allons, allons, Luquin, vous êtes bien acharné après ce misérable; ne vous en occupez plus. Enfin c'est lui qui nous a ramenés à bord de la galère noire, mademoiselle Reine, moi, mes compagnes, les prisonniers, le greffier Isnard et son clerc qui faisaient partie des captifs, et ne cessaient de l'appeler leur libérateur. Ayez donc un peu de pitié pour votre prochain...

— Mon prochain... ce misérable vagabond!... Mon prochain!... le prochain de Satan!

— Ah! que vous êtes méchant dans vos rancunes!

— Allons..., bon! — s'écria Luquin en fureur, — voilà que

vous le défendez maintenant! il ne vous reste plus qu'à le regretter... D'ailleurs, il le disait bien, que vous le regretteriez, et peut-être n'avait-il pas tort !

— Certes, si vous recommencez vos jalousies, vous me le ferez regretter.

— Le regretter... lui !... vous osez...

— Sans doute, car au moins une fois, dans son bâtiment, il m'a laissée pleurer, me désoler en repos...

— Ce n'est pourtant pas ce qu'il disait... Hum... hum... les paroles dorées de ce bavard insolent étaient bien capables de vous distraire d'un aussi profond chagrin que celui que vous éprouviez sans doute.

Stéphanette, indignée, allait répondre à son fiancé, lorsque le sifflet de mademoiselle des Anbiez la rappela dans l'intérieur de l'appartement.

Elle rentra après avoir jeté à Luquin un regard courroucé.

Le capitaine était en train de se repentir de ses soupçons, lorsque le majordome Laramée, sortant précipitamment de la chambre de Raimond V :

— Vous voilà, Luquin, venez vite m'aider à transporter monseigneur chez le commandeur. Il est trop faible pour marcher; nous le porterons dans son fauteuil.

Luquin suivit Laramée et entra chez Raimond V.

Le vieux gentilhomme était encore très pâle, un large bandeau noir enveloppait sa tête, mais il avait en partie recouvré toute sa vivacité, toute son énergie. L'abbé Mascarolus était près de lui.

— Vous dites donc, l'abbé... que ce malheureux enfant s'éteint et qu'il veut me parler encore?

— Oui, monseigneur.

— Et mon frère Pierre?...

— Toujours dans le même état, monseigneur.

— Vite... vite... Laramée, jette-moi un manteau sur les épaules, et marchons avec tes jambes et celles de ce garçon, car les miennes ne sauraient encore me porter.

Luquin prit le fauteuil d'un côté, Laramée le prit de l'autre, et ils transportèrent le baron dans une vaste chambre où Érèbe était couché.

A la porte de cette chambre, ils trouvèrent Peyroù le guetteur, qui attendait avec anxiété des nouvelles de son ancien capitaine.

La figure d'Érèbe était déjà décomposée par les approches de la mort. Ses traits naguère si beaux, si purs, se contractaient douloureusement. Il était pâle, de la froide pâleur des mourants. Ses yeux seuls brillaient d'un éclat d'autant plus vif qu'il allait s'éteindre...

Sa blessure était mortelle et ne laissait aucun espoir.

Pierre des Anbiez, portant les mêmes vêtements que le jour de cette fatale rencontre, était assis sur le pied du lit de son fils, dans une immobilité absolue, la tête baissée sur sa poitrine, ses mains sur ses genoux, son regard fixe, ardent, attaché à la terre; depuis la veille, il n'avait pas quitté cette position.

Le père Elzéar, assis au chevet d'Érèbe, penché vers lui, soulevait la tête appesantie de ce malheureux enfant, et la pressait doucement sur sa poitrine avec une douloureuse émotion.

Raimond V se fit déposer près du lit.

Luquin et Laramée se retirèrent.

— Dieu me pardonnera, n'est-ce pas, bon religieux? — dit Érèbe d'une voix faible à Elzéar. — Il aura pitié de mon ignorance en faveur de mon zèle... Hélas!... depuis deux jours seulement, je suis instruit de sa vérité sainte.

— Espérez, espérez dans sa miséricorde infinie, mon enfant, vous êtes chrétien maintenant. Deux jours de repentir, de croyance, rachètent bien des fautes. C'est la ferveur, et non la durée de la peine, qui touche le Seigneur...

— Oh!... je mourrais avec une espérance de plus, si mon père pouvait me pardonner aussi! — dit Érèbe avec amertume. Puis il reprit avec égarement : — Oh! malédiction sur Pog-Reis! Oh! pourquoi m'a-t-il fait croire, en me montrant ces portraits, que mon père avait été le meurtrier de ma mère et des miens?... Oh! comment a-t-il pu soulever toute ma haine?... Hélas! je l'ai cru... parce que lui, toujours si cruel pour moi, il a pleuré... oui... pleuré, en me serrant contre son cœur, en me demandant pardon du mal qu'il m'avait fait. Alors, moi, voyant cet homme si implacable pleurer... me serrer dans ses bras... je l'ai cru... et puis j'espérais que ce combat me serait fatal... je savais Reine des Anbiez en sûreté... je pouvais mourir... Et vous, vous, son père... me pardonnez-vous aussi? — dit Érèbe en s'adressant à Raimond V.

— Pauvre enfant... ne m'as-tu pas sauvé la vie dans les rochers d'Ollioules ? Quoique ma fille fût en ta puissance, ne l'as-tu pas respectée, défendue ? Enfin, n'es-tu pas le fils de mon frère... après tout... fils d'un amour coupable... si l'on veut, mais, aujourd'hui ! tu es de la famille.

— Raimond... Raimond, — dit doucement Elzéar à son frère, d'un ton de reproche.

— Mais, mon père !... mon père, il ne m'entend pas, — dit Érèbe. — Je mourrai donc sans qu'il m'ait dit : *Mon fils !* — s'écria le malheureux enfant d'une voix défaillante, et d'un brusque mouvement il se redressa sur son séant, jeta ses bras autour du cou de Pierre des Anbiez, et laissant retomber sa tête alourdie sur le sein paternel, il s'écria : — Mon père... mon père, entendez-moi !

Ce cri désolé, expirant, dans lequel Érèbe semblait avoir concentré le reste de ses forces, alla une dernière fois retentir au fond du cœur de Pierre des Anbiez.

Le commandeur leva lentement la tête, regarda autour de lui, puis baissa les yeux sur Érèbe, toujours attaché à son cou.

Alors, pressant la tête de son fils entre ses deux mains, il lui donna sur le front un baiser pieux d'une tendresse solennelle...

Puis il reposa doucement sur l'oreiller la tête de son enfant, et lui dit à voix basse, avec un sourire étrange et un accent rempli de bonté :

— Enfant... tu m'as appelé, j'ai entendu ta voix au milieu des ténèbres... je suis venu... maintenant j'y retourne. Adieu... dors... dors pour toujours, mon enfant...

Et il étendit le drap sur le visage d'Érèbe comme on fait pour les morts.

— Mon frère ! — s'écria le père Elzéar en écartant vivement le drap et en regardant Pierre des Anbiez avec étonnement.

Celui-ci ne parut pas l'entendre ; il retomba dans cette sorte d'accablement pour ainsi dire muet et sourd dont il ne devait plus sortir...

Érèbe s'affaiblissait de plus en plus...

Il dit à Raimond V :

— Une dernière grâce avant de mourir...

— Parle... parle... mon enfant ; d'avance je te l'accorde.

— Je voudrais voir, une fois, une fois encore votre fille...

celle qui m'a donné un nom chrétien... Elle aussi, hélas! a bien à me pardonner.

— Reine, ta cousine, ta marraine; j'y consens de grand cœur. Elzéar, mon frère... voulez-vous la prévenir?

— Les minutes sont comptées, il faut songer à Dieu, mon fils, — dit Elzéar à Érèbe.

— Par pitié, que je la voie... ou je meurs désespéré, — dit Érèbe d'une voix si déchirante que le père Elzéar sortit.

Raimond V prit les deux mains de son neveu dans les siennes. Déjà elles étaient glacées...

— Elle ne vient pas... — dit Érèbe... — et pourtant il faut que je...

Sa voix s'affaiblit... il ne put continuer.

Reine entra accompagnée du père Elzéar.

Érèbe se leva à demi sur son coude gauche; de sa main droite, il eut la force de briser une petite chaîne d'or qu'il avait au col, il la tendit à Reine en lui montrant, avec un faible sourire, la petite colombe émaillée qu'il y avait suspendue, autrefois prise à Reine dans les roches d'Ollioules, et lui dit :

— Je vous la rends... Me pardonnerez-vous?

— Je porterai toujours cette chaîne en souvenir du jour où vous avez sauvé mon père, — répondit Reine avec une émotion navrante.

— Vous la porterez toujours? — dit Érèbe.

— Toujours! — répondit Reine, ne pouvant retenir ses larmes.

— Ah! je puis mourir maintenant, — dit Érèbe.

Un dernier rayonnement sembla luire sur son visage assombri par les approches du trépas.

— Mon frère, — dit le père Elzéar d'une voix austère en se levant, — cet enfant va mourir.

Raimond V comprit que les derniers moments d'Érèbe appartenaient à Dieu. Il embrassa son neveu, fit venir Luquin et Laramée pour l'emporter, et sortit avec Reine.

Le commandeur était resté muet et immobile, toujours assis sur le lit de son fils mourant.

Raimond V lui envoya Peyrou, espérant que sa vue le rappellerait peut-être à lui.

Le guetteur, s'approchant de Pierre des Anbiez, lui dit :

— Monsieur le commandeur, venez.

Soit que la voix de Peyrou, qu'il n'avait pas entendue depuis longtemps, le frappât davantage... soit qu'il obéit à un instinct inexplicable, le commandeur se leva et suivit le guetteur, hélas! sans jeter un dernier regard sur son fils...

Le père Elzéar resta seul avec lui.

Un quart d'heure après, Érèbe n'était plus.

. . . .

Érèbe fut enseveli dans le cimetière de la Ciotat. Les pénitents noirs et gris de la Ciotat suivirent son convoi. Le service fini, ils se dispersèrent.

Un seul resta longtemps près de la tombe.

Chose étrange! il n'avait pris part ni aux chants ni aux cérémonies de l'église; il n'avait pas jeté de l'eau sainte sur le cercueil...

Ce pénitent resta jusqu'à la nuit.

Alors il regagna à pas lents une crique dans laquelle il trouva un bateau où il s'embarqua.

Ce faux pénitent était Hadji. Il avait laissé son chebec sous voiles et était venu à terre, bravant tous les périls pour venir rendre un dernier hommage à la mémoire du malheureux enfant qu'il avait pourtant concouru à perdre.

Depuis on n'entendit plus parler du bohémien.

Pierre des Anbiez, jusqu'à la fin de ses jours, resta dans un état qui n'était ni la raison ni la folie. On ne l'entendit jamais prononcer une seule parole, quoiqu'il continuât d'habiter la Maison-Forte.

Il ne répondait à aucune question. Il allait chaque matin s'asseoir près du tombeau de son fils, et il y restait jusqu'au soir, absorbé dans une méditation profonde. Peyrou ne le quittait pas. Le commandeur ne semblait pas s'apercevoir de sa présence.

Le père Elzéar, après quelques mois de séjour à la Maison-Forte, recommença sa vie aventureuse de rédempteur des captifs jusqu'à ce que l'âge ne lui permit plus de voyager.

Reine n'épousa pas Honorat de Berrol. Elle vécut fidèle au triste souvenir d'Érèbe.

Quelques années après, le chevalier se maria. Reine fut pour lui et pour sa femme la meilleure des amies.

Raimond V, guéri de ses blessures, chevaucha encore longtemps sur Mistraou.

Le cardinal de Richelieu, informé de la courageuse conduite du baron lors de la descente des pirates, ferma les yeux sur les méfaits du vieux mécontent à l'endroit du greffier Isnard.

Peu de temps après, le maréchal de Vitry fut envoyé à la Bastille par suite de son démêlé avec monseigneur l'archevêque de Bordeaux. Raimond V se crut vengé; et, autant par reconnaissance pour le cardinal que par raison, il ne prit plus qu'une part toute *ventelle* aux rébellions.

Le digne Luquin Trinquetaille épousa Stéphanette, et, quoiqu'il fût d'une confiance aveugle dans sa femme et qu'elle la méritât de tous points, il regrettait de n'avoir pas pu noyer le bohémien.

Maître Laramée mourut au service du baron.

Le vénérable abbé Mascarolus donna encore bien des recettes merveilleuses à dame Dulceline, et celle-ci fit encore bien des crèches pour des Noëls, qui heureusement ne ressemblèrent en rien à la Noël fatale de 1632.

FIN DU COMMANDEUR DE MALTE

TABLE DES CHAPITRES

		Pages
Introduction.		1
Chapitre Ier.	Mistraou.	7
— II.	Le guetteur.	17
— III.	Stéphanette.	23
— IV.	Les fiancés.	32
— V.	La Maison-Forte.	38
— VI.	Le souper.	44
— VII.	Le fiancé.	53
— VIII.	Le tableau.	60
— IX.	Le greffier.	66
— X.	Le recensement.	73
— XI.	Le bohémien.	84
— XII.	La guzla de l'émir.	89
— XIII.	Jalousie.	95
— XIV.	La sommation.	101
— XV.	Les prud'hommes de mer.	110
— XVI.	Le jugement.	118
— XVII.	La longue-vue.	132
— XVIII.	Le sachet.	139
— XIX.	Le sacrifice.	144
— XX.	La Notre-Dame des Sept-Douleurs.	152

TABLE DES CHAPITRES

			Pages
Chapitre	XXI.	Le frère de la Merci.	158
—	XXII.	Le commandeur.	165
—	XXIII.	La polacre.	172
—	XXIV.	Le Galione rouge et la Sybarite.	178
—	XXV.	Pog et Érèbe.	187
—	XXVI.	Conversation.	195
—	XXVII.	Hadji.	204
—	XXVIII.	La Noël.	212
—	XXIX.	L'arrestation.	225
—	XXX.	La descente.	230
—	XXXI.	Le chebec.	238
—	XXXII.	Découverte.	253
—	XXXIII.	Les lettres.	256
—	XXXIV.	Le meurtrier.	265
—	XXXV.	Projets.	271
—	XXXVI.	L'entrevue.	279
—	XXXVII.	Les trois frères.	281
—	XXXVIII.	Préparatifs de combat.	287
—	XXXIX.	Le défi.	296
—	XL.	Le combat.	303
—	XLI.	Conclusion.	308

FIN DE LA TABLE

PARIS. — IMPRIMERIE C. MARPON ET E. FLAMMARION, RUE RACINE, 26.

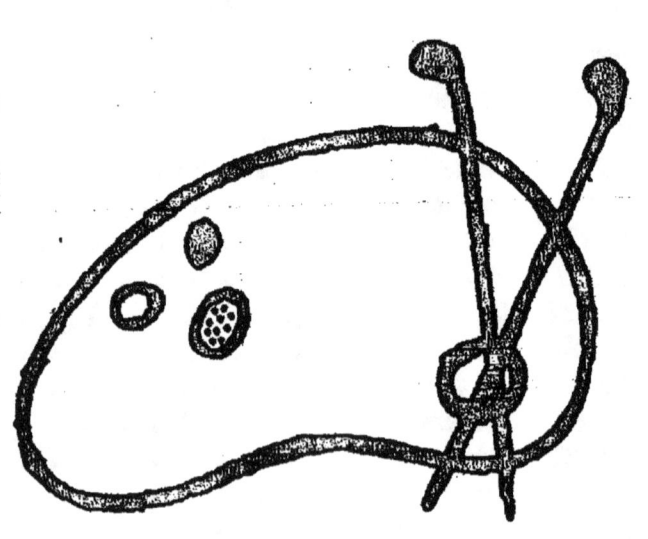

Original en couleur

NF Z 43-120-8

www.ingramcontent.com/pod-product-compliance
Lightning Source LLC
Chambersburg PA
CBHW060409170426
43199CB00013B/2068